多维视角下减污降碳协同增效
研究与实践

蒋平　著

群言出版社

QUNYAN PRESS

·北京·

图书在版编目（CIP）数据

多维视角下减污降碳协同增效研究与实践／蒋平著.
北京：群言出版社，2024. 12. -- ISBN 978 - 7 - 5193
- 1035 - 6

Ⅰ. F424. 1

中国国家版本馆 CIP 数据核字第 2024311KU0 号

责任编辑：刘大朋
封面设计：北京卓伟博文印刷设计有限公司

出版发行：群言出版社
地　　址：北京市东城区东厂胡同北巷 1 号（100006）
网　　址：www.qypublish.com（官网书城）
电子信箱：qunyancbs@126.com
联系电话：010 - 65267783　65263836
法律顾问：北京法政安邦律师事务所
经　　销：全国新华书店

印　　刷：北京九天万卷文化科技有限公司
版　　次：2024 年 12 月第 1 版
印　　次：2024 年 12 月第 1 次印刷
开　　本：710mm×1000mm　　1/16
印　　张：25
字　　数：396 千字
书　　号：ISBN 978 - 7 - 5193 - 1035 - 6
定　　价：198.00 元

　　本书由上海市 2023 年度"科技创新行动计划"自然科学基金项目"碳中和目标下重点区域二氧化碳与大气污染物协同减排耦合作用机制及协同治理路径研究"（项目编号：23ZR1404100）、国家自然科学基金委员会中德科学中心中德合作与交流项目"中国和德国低碳能源转型过程中的协同效益研究"（项目编号：M‑0049）、云南省生态环境科学研究院智库研究项目"以重点行业为抓手，构建减污降碳体系研究"（编号：2G‑2023154）和复旦丁铎尔中心项目"气候和环境变化对策研究"（编号：JIH1829202）提供资助。

前　言

　　面对环境质量改善与温室气体减排的双重压力与迫切需求，协同推进减污降碳已成为我国新发展阶段经济社会发展全面绿色转型的必然选择。二氧化碳等温室气体和常规污染物的排放具有同源性，大部分来自化石能源的燃烧和利用。控制二氧化碳和污染物排放对经济结构、能源结构、交通运输结构和生产生活方式都将产生深远的影响，有利于倒逼和推动经济结构转型，助推高质量发展。实施减污降碳协同治理、实现减污降碳协同增效是中国新发展阶段经济社会发展全面绿色转型的必然选择，也是实现美丽中国建设和碳达峰碳中和（"双碳"）目标以及推动生态文明建设的必由之路。

　　促进减污降碳协同增效目标的实现对我国经济社会发展既是重大机遇也是重大挑战，是一项复杂的系统工程，涉及多个重大科学问题。碳与大气污染物协同减排是减污降碳协同增效研究领域核心的基础科学问题之一，也是"双碳"目标下的环境协同治理研究领域的一个重点和难点。为解决我国"双碳"目标下的环境协同治理研究面临的科学问题，并突破相关的理论、方法学和应用研究瓶颈，本书以多维交叉学科的视角，从行业、城市、区域以及政策不同尺度，对能源消费结构、能耗强度、技术发展、经济产出、人口规模、产业结构和环境规制等不同角度展开对减污降碳协同增效的探讨，项目内容包括核算与评估 CO_2 和大气污染物排放量和空间分布；模拟"双碳"目标下 CO_2 和大气污染物减排协同效应多情景演变，解析 CO_2 与大气污染物排放耦合作用机理和传导机制；分析对比"双碳"目标下协同减排优化路径；构建并拓展"双碳"目标下的 CO_2 和大气污染协同治理研究的理论和方法学体系。我们希望利用本著作所呈现的研究达到以下目标：一是完善和拓展面向"双碳"的气候变化与大气污染协同应对的特征、规律、关键驱动要素以及内在机理和传导机制相关研究。二是为我国"双碳"目标下的碳减排与环境污染控制协同治理研究提供理论和方法学体系支撑。三是为促进国家生态文明建设和可持续发展战略决策以及环境协同治理政策设计和实施提供科学依据和参考。

目　　录

第三章　城市层面的减污降碳协同增效研究与实践

第四章　区域层面的减污降碳协同增效研究与实践

第五章 政策实施层面的减污降碳协同增效研究与实践

绪　　论

我国生态文明建设进入了以降碳为重点战略方向、推动减污降碳协同增效、促进经济社会发展全面绿色转型、实现生态环境质量改善由量变到质变的关键时期。习近平总书记多次强调，要把实现减污降碳协同增效作为促进经济社会发展全面绿色转型的总抓手，坚持降碳、减污、扩绿、增长协同推进是促进生态文明建设、加快绿色发展的关键，减污降碳协同将是我国下一阶段生态环境管理领域的重要目标和关键领域。

中国已经把 2030 年前实现碳达峰、2060 年前实现碳中和目标放在国家战略发展的高度，这也意味着"双碳"目标不仅是应对气候变化的需要，更是促进环境质量提升和绿色转型发展的需要。气候变化和大气污染很大程度上都来源于化石能源利用，这一同源性特征决定应对气候变化和治理大气污染应当协同考虑而非分离。近年来，中国出台了一系列应对气候变化和推进污染治理的政策，如《大气污染防治行动计划》《中国应对气候变化的政策与行动》《十四五控制温室气体排放工作方案》等政策规划，并在协同应对气候变化及大气污染方面取得了重大成果。但面对复杂的环境体系，目前一些政策、技术和工程等领域的措施在实现环境综合治理效果方面仍存在欠缺和短板。主要表现为：第一，在温室气体减排层面。虽然中国碳排放强度正在稳步降低（如 2020 年碳排放强度比与 2005 年和 2015 年相比，分别降低 48.4% 和 18.8%，已超过向国际社会承诺的 40%—45% 的目标，基本扭转二氧化碳（CO_2）排放快速增长的局面[1]），但碳排放总量增长幅度依然较大，且出现重点行业和特定区域性高排放现象。第二，在大气污染控制层面。虽然我国总体空气质量水平已有明显好转，但由于我国目前产业结构及能源结构在转型过程中具有耗时较长、对化石燃料需求较大的特点，依旧面临 $PM_{2.5}$ 和其他大气污染物污染形势严峻的多重压力。在此背景下，协同应对气候变化和大气污染将是推动我国社会经济高质量发展和美丽中国建设的重要抓手。

现阶段我国同时面临实现生态环境根本好转与碳达峰碳中和两大战略任务，一方面主要污染物排放量仍处于高位，生态环境改善任重道远；另一方面承诺实现从碳达峰到碳中和的时间仅有 30 年左右，实现"双碳"目标任务艰巨。碳排放和环境污染问题紧迫性和艰巨性为高水平环境治理提出了巨大的挑战。由于大气污染物与 CO_2 的产生具有同源性，其总体控制和减排措施也具有一致性，两者的协同效应研究因此日益受到关注[2-3]。从 CO_2 和大气污染物影响机制的微观角度分析而言，据国家统计局和环境保护局统计，全国工业部门消费了能源总消费额的近 70%，特别是工业部门排放的 CO_2 占比最高，且其排放的 SO_2、NOx 和烟尘均是空气污染排放最主要的来源[4]，中国工业化特定的发展背景及高强度、低起点、高集中的工业发展模式使得中国 CO_2 与大气污染物大量排放[5-6]。此外，诸多学者从宏观角度分析指出，经济发展水平、产业结构、能源消费结构、人口规模、环境规制等一系列宏观因素会直接或间接地影响 CO_2 与大气污染物排放量[7]。

中国实现碳达峰、碳中和目标时间紧任务重，需要用比发达国家更短的时间去实施更大体量的碳中和[8]。在进行减污降碳协同增效研究中，应聚焦行业、城市、区域以及政策，探索面向工业、交通运输、城乡建设、农业、生态建设等领域协同增效的创新路径，为国家实现减污降碳综合治理以及实现绿色低碳发展目标提供有力支撑。当前，我国同时面临生态环境保护与温室气体减排的迫切需求，并且正处于经济社会保持较快增长、工业化持续推进的发展阶段，需要在工业化保持高位发展背景下，快速协同推进减污降碳协同治理。

在构建碳排放和大气污染物协同治理路径时，首先需要厘清因关键影响因素带来的不确定性，这包括：一方面，在既有规模庞大的能源生产基础设施和产能格局下，未来不同行业和区域间与低碳能源体系相耦合的新技术、新业态及成本尚不可预知[9]；另一方面，协同减排与碳中和目标实现的路径设计和预测需考虑不同的应对气候变化远景目标下 CO_2 与大气污染物的协同效应。面对开放和动态的复杂生态环境能源体系，结合多目标协同调控，开展环境综合治理理论和技术政策体系的量化模型构建和系统优化综合评价、纳入经济社会等多学科开展跨学科和系统整合研究是解决上述难题的必要手段。

　　综上，在促进经济社会高质量发展、实现"双碳"目标、建设美丽中国等多重目标的多重压力与挑战之下，聚焦行业、城市和区域发展，开展 CO_2 和大气污染物协同减排核算和评估、探究 CO_2 和大气污染物的协同耦合作用机制、进行 CO_2 和大气污染物的协同发展路径多情景模拟与协同效应模拟评估等研究具有重要现实意义。本书呈现的研究与实践可拓宽和丰富气候变化与大气污染协同应对领域的研究。本书还针对性地构建 CO_2 和大气污染物的协同效应量化评估框架并对其展开深入、细致的情景模拟等，这将为碳排放和大气污染物排放协同治理提供更具操作性和技术成本有效性的政策依据，最终为有效实现碳中和及环境可持续发展等重大目标提供有力的依据与支撑。

参考文献

[1] 国新办举行《中国应对气候变化的政策与行动》白皮书新闻发布会 [N]. 中国环境报，2021 - 10 - 28 (002).

[2] Bollen, J., Brink, C. Air Pollution Policy in Europe: Quantifying the Interaction with Greenhouse Gases and Climate Change Policies [J]. CPB Discussion Paper, 2012.

[3] Chen, Y. L., Shih, Y. H., Tseng, C. H. Economic and health benefits of the co-reduction of air pollutants and greenhouse gases [J]. Mitigation & Adaptation Strategies for Global Change, 2013, 18 (8): 1125 - 1139.

[4] 肖严华，侯伶俐，毛源远. 经济增长、城镇化与空气污染——基于长三角城市群的实证研究 [J]. 上海经济研究，2021 (09): 57 - 69.

[5] Wei, X., Tong, Q., Magill, I., et al. Evaluation of potential co-benefits of air pollution control and climate mitigation policies for China's electricity sector [J]. Energy Economics, 2020, 92: 104917.

[6] Jiang, P., Khishgee, S., Alimujiang, A., et al. Cost-effective approaches for reducing carbon and air pollution emissions in the power industry in China [J]. Journal of Environmental Management, 2020, 264: 110452.

[7] 蔡闻佳，惠婧璇，赵梦真，等. 温室气体减排的健康协同效应：综述与展望 [J]. 城市与环境研究，2019 (01): 76 - 94.

[8] 余碧莹，赵光普，安润颖，等. 碳中和目标下中国碳排放路径研究 [J/OL]. 北京理工大学学报（社会科学版），2021: 1 - 10.

[9] 林卫斌，朱彤. 实现碳达峰与碳中和要注重三个"统筹" [J]. 价格理论与实践，2021: 1 - 3.

第 一 章

国内外减污降碳协同
增效研究与实践现状

第一节　国内外研究进展与实践状况

温室气体和大气污染物具有同源性特征，因此应当协同控制而非分别对待[1]。在政策成本一定的情况下，大气污染控制政策将带来诸如能效提高、环境优化、公共健康提升、社会效益增加等多重效应[2]，它们亦被称为协同效应。近年来，有关温室气体与大气污染物减排协同效应逐渐成为国内外研究的热点。对于CO_2和大气污染物减排的协同效应的量化评估、影响机制及多情景模拟研究等方面的国内外研究现状总结如下。

一、CO_2和大气污染物减排的协同效应研究

自 20 世纪 90 年代后期以来，国外有关协同效应的研究逐步发展，尤以欧美和日本关于协同效应的研究较为全面和丰富。在传统的污染物减排效果及成本核算中，由于并未分析不同环境主体之间的相互作用及其来源的同一性，空气质量改善及气候变化缓解的成本因此被夸大[3-5]。早期对 CO_2 与大气污染物减排协同效应的研究大多是针对发达国家，但是以中国为代表的许多发展中国家在经济快速发展过程中，往往伴随着化石燃料的高消耗，大气污染物与 CO_2 协同控制的需求更为紧迫[6]。Xue 等[7]以中国风能发电厂为研究对象，发现相比火力发电，风力发电所产生的 CO_2 减少97.48%，大气污染物也有不同程度的减少。除电力部门外，交通、钢铁、水泥、建筑等行业也是中国能源消耗和污染排放的重点部门，不少研究就工业部门[8]、交通部门[9,10]、建筑部门[11]内部的协同效应展开分析和评估。

国内约在 21 世纪初开始关注协同效应的研究。例如，中国 CO_2 和 SO_2 排放机理在统计意义上具有显著相关性[12]，但两者在东、中、西部的关联性存在差异[13]，整体来看普遍表现出显著的正向协同性[14]，究其原因与减排技术及措施有关，李丽平等[15]以"工程减排""结构减排"和"管理减排"三种手段，

探究不同减排技术和措施产生的不同协同效应。为进一步量化协同减排量，毛显强等[16]构建了大气污染物协同减排当量（APeq）指标，该指标在协同减排效应的研究中得到广泛应用[17]。除了大气污染物的控制措施所带来的碳减排效应外，节能减排技术的普及有助于降低大气污染物的排放量，具有显著的正向协同效应，即协同效益[18]，傅京燕和原宗琳[19]的研究也表明电力行业的各种低碳技术的采用能带来稳定的 SO_2 协同减排。

综上，从研究尺度来看，当前从全国层面或单一行业及部门层面研究居多，缺少对行业、区域及政策差别化、精细化的 CO_2 与大气污染物减排的协同效应评估。从污染物种类看，涉及的 CO_2 协同减排污染物主要为 SO_2、NO_x、$PM_{2.5}$、PM_{10}、烟尘、N_2O 等。从研究方法看，主要采用单位污染物减排量系数进行估算，仍未摆脱以减排量为评估标准的局限，较少利用各类能源或经济模型展开研究，且在进行情景分析时尚未考虑最新的碳中和目标。因此，从行业、城市、区域和政策等多维层面出发，引入能源及经济模型，研究碳中和目标下 CO_2 与大气污染物的协同效应对于丰富和扩展减污降碳协同增效领域的研究具有重要意义。

二、CO_2 与大气污染物减排的协同耦合作用机制研究

温室气体和大气污染物的同源性是两者协同耦合的前提，"协同耦合"与耦合效应相类似，即群体中两个或以上的个体通过相互作用而彼此影响进而联合起来产生增力[20]，耦合协同的主体被划分为要素和系统[21]，将耦合关联与协同发展相结合，强调要素间耦合关联与系统间协同发展[22]。国外研究更多强调协同合作机制，研究重点在于协同而非耦合，侧重通过多方协同合作产生增益，在环境协同治理、污染协同控制等方面研究较为深入，Daniel A. Coleman[23]提出跨区域的污染协同治理，为环境领域的协同研究打下了坚实基础；Niesten[24]指出可持续协同能有效提高可持续效益，如减少温室气体排放等；Yi[25]探讨协同机制在环境治理中的可行性，环境领域的耦合协同研究较少。而国内关于协同耦合的研究集中于耦合协同与发展[26]、耦合协调度[27-29]、耦合协同与速度[30]、耦合度[31-33]、耦合与系统[34]等方面，近年来开始逐步应用于环境领域的社会治理[35]、绿色低碳可持续发展[36]等方面，研究经济社会与能源环境的耦合协调发展特征[37]，在 CO_2 与大气污染物减排的协

同效应乃至影响机制方面还有待扩展。

化石能源燃烧大量排放温室气体和大气污染物，意味着能源消耗强度与 CO_2 与大气污染物排放的协同效应密不可分。为探究 CO_2 与大气污染物的影响机制，国外学者已针对 CO_2 与大气污染物排放进行多学科、多元、多角度的剖析研究，相关研究相对成熟[38-41]，而国内此前研究主体更关注大气污染，但近年来已日益重视 CO_2 与大气污染物的协同减排。国内学者一部分从微观层面梳理并核算 CO_2 与大气污染物的排放清单，从每项生产活动或行业部门等细化 CO_2 与每项大气污染物的来源[42]，以每项化学物质的含量揭示影响因素。另一部分从宏观层面验证经济发展水平、产业结构、能源消费结构、人口规模、对外开放水平、受教育程度、环境规制等宏观因素是 CO_2 与大气污染物排放的协同效应的影响因素[43-45]，量化研究方法多为计量经济学方法，分为因子分析、比较分析、相关性分析与回归等，如线性回归模型[46]、断点回归[47]、投入产出模型[48]、LMDI 分解法[49,50]、双重差分模型[51]等均得到广泛应用，线性回归依赖多变量的线性关系，更适用于基于历史数据的预测分析；断点回归数据类型受限于断点数据；投入产出模型需有投入产出量纲或生产函数，多用于效率分析；双重差分模型普遍应用于衡量政策实施效果。与其他计量方法相比，LMDI 分解法不对数据有严格要求，且最大的优势为可以消除余项，能够将研究对象的变动效果完全分解到每个因素[52]。

综上，现有相关文献多见于分别对 CO_2 和大气污染物进行影响因素和影响机制的研究，很少有文献从耦合协同的角度综合探讨 CO_2 与大气污染物排放协同效应，并探究其内在机理和影响机制，同时针对减污降碳协同增效研究较少。为进一步推动"双碳"目标的实现，揭示 CO_2 与大气污染物排放的协同耦合作用机制，需结合定性与定量分析，综合考虑宏观层面的社会经济、能源和环境等多维度的复杂体系与微观层面的 CO_2、SO_2、NO_x、CO、TSP 等多种污染物，科学解析减污降碳协同的关键驱动要素、内在机理和传导机制。

三、CO_2 和大气污染物减排的协同效应多情景模拟研究

有学者指出，碳减排政策的协同减排收益优于空气污染控制政策的协同收益。为了更好地寻求 CO_2 和大气污染物协同减排措施，国内外现有研究主要通

过建立综合评估模型或体系的方法，模拟多项单一政策和技术或不同政策和技术组合情况下协同效应的变化，如 CGE 模型能模拟经济、能源与环境三者间的互动关系，寻求解决能源短缺的核心方法[53]；EFOM - ENV 模型基于线性规划理论模型，从国家的能源消费需求与供应进行分析，以污染物排放为最终导向目标调整国家整体的能源消费情况[54]；3Es - Model 模型从宏观角度综合分析能源、经济与空气污染，通过判断政策对经济和空气质量的影响判断政策的可行性与有效性[55]；AM 模型分析温室气体排放对经济发展与气候变化的影响，全面衡量温室气体的影响[56]；TIMES 模型由动态规划与能源数据库两部分组成，可分析不同情景下能源消费与 CO_2 排放量，进而判断哪种情景更适合未来发展[57]；GAINS - city 模型用以评估不同温室气体和大气污染控制政策情景下 CO_2 和大气污染物协同减排效果[58]；而 LEAP 模型更为灵活，可以根据研究对象特点、数据可获得性、分析的目的和类型等针对不同能源种类消耗和大气污染物排放进行分析，评估不同情景下各项节能减排政策和技术措施的实施效果，且可以综合考虑关于人口、经济发展、技术、价格等一系列假设[59,60]。

CO_2 与大气污染物的协同控制是实现绿色低碳发展目标的重要措施，国内外研究从不同层面和尺度对协同减排开展探讨。从研究尺度来看，国内外均设置多元多类别全面的情景，Radu 等[61] 使用 IMAGE2.4 框架（评估全球环境的综合模型）的 10 个情景探讨未来气候和大气污染政策的不同假设对温室气体和空气污染物协同减排潜力的影响，但较少关注碳中和目标的情景模拟[62]；针对区域层面，国内外外主要以单一国家或城市为研究单位[63]，目前国内研究逐渐开始关注经济带或城市群[64]；聚焦行业层面，国内外目前已在交通[65]、建筑[66]、电力[67] 等行业与领域有普遍的应用；从情景设置来看，国外学者更加强调碳减排政策的情景模拟，而国内学者更多研究大气污染控制政策[68]，整体上预测碳排放的研究居多，而考虑 CO_2 排放与大气污染物协同的较少。为了确保实现 2°C 控温目标，不仅需要讨论低碳措施，还需讨论大气污染物协同控制效果[69,70]。尽管 CO_2 主要来源于能源生产等"上游活动"和公众生活消费等"下游活动"[71]，但防治大气污染和减排温室气体具有目标的共通性、对象的关联性以及产出的协同效应，因此协同推动 CO_2 和大气污染物减排被国内外广泛认可。现有研究较少将碳中和目标设为模拟情景专门针对 CO_2 与大气污染物协同应对进行关注与探讨。基于碳中和目标的情景预测和模拟研究将逐渐成为学术界研究的重点，探讨碳中和目标下的 CO_2 与大气污染物的协同控制与治理更具有现实意义。

总的来看，涉及 CO_2 与大气污染物多目标环境协同治理研究，目前在国内外研究中既是重点，亦是难点。特别是从多维角度出发，并基于生态环境能源不同体系的减污降碳协同治理的研究比较欠缺。根据中国 2030 年前实现碳达峰、2060 年前实现碳中和目标的需要，本课题以跨学科和多维视角，聚焦选定的行业、城市、区域和政策为案例开展研究，具有较好的代表意义。本项目研究首先对选定案例 CO_2 和大气污染物的排放量进行评估与核算，然后从能源消费结构、能耗强度、技术发展、经济产出、人口规模、产业结构和环境规制等不同角度进行解析，基于解析结果，模拟碳中和目标下 CO_2 和大气污染物减排协同效应多情景演变，实现对 CO_2 与大气污染物排放耦合作用机制解析、协同减排路径分析及协同效应多情景的量化模拟及评估。

本节参考文献

[1] Rafaj, P., Schoepp, W., Russ, P., et al. Co-benefits of post – 2012 global GHG-mitigation policies [J]. 2011.

[2] Smith, K. R., Haigler., E. Co-Benefits of Climate Mitigation and Health Protection in Energy Systems: Scoping Methods [J]. Annual Review of Public Health, 2008, 29 (1): 11 – 25.

[3] Moslener, U., Requate, T. Optimal Abatement Strategies for Various Interacting Greenhouse Gases [R]. 2001.

[4] ÖStblom, G., Samakovlis., E. V. A. Linking health and productivity impacts to climate policy costs: a general equilibrium analysis [J]. Climate Policy, 2007, 7 (5): 379 – 391.

[5] Williams, M. L. UK air quality in 2050—synergies with climate change policies [J]. Environmental Science & Policy, 2007, 10 (2): 169 – 175.

[6] Ma, D., Chen, W., Yin, X., et al. Quantifying the co-benefits of decarbonisation in China's steel sector: An integrated assessment approach [J]. Applied Energy, 2016, 162: 1225 – 1237.

[7] Xue, B., Ma, Z., Geng, Y., et al. A life cycle co-benefits assessment of wind power in China [J]. Renewable & Sustainable Energy Reviews, 2015, 41: 338 – 346.

[8] Zheng, J., Jiang, P., Qiao, W., et al. Analysis of air pollution reduction and climate change mitigation in the industry sector of Yangtze River Delta in China [J]. Journal of Cleaner Production, 2016, 114: 314 – 322.

［9］ Dulal, Bansha., H. Making cities resilient to climate change: identifying "win-win" interventions ［J］. Local Environment, 2016: 1 - 20.

［10］ Alimujiang, A., Jiang., P. Synergy and co-benefits of reducing CO_2 and air pollutant emissions by promoting electric vehicles—A case of Shanghai ［J］. Energy for Sustainable Development, 2020, 55: 181 - 189.

［11］ Xing, R., Hanaoka, T., Kanamori, Y., et al. Achieving China's Intended Nationally Determined Contribution and its co-benefits: Effects of the residential sector ［J］. Journal of Cleaner Production, 2017, 172 (3): 2964 - 2977.

［12］ 蔡博峰. 中国城市 CO_2 排放空间特征及与二氧化硫协同治理分析 ［J］. 中国能源, 2012, 34 (7): 33 - 33.

［13］ 薛婕, 罗宏, 吕连宏, 等. 中国主要大气污染物和温室气体的排放特征与关联性［J］. 资源科学, 2012 (08): 72 - 80.

［14］ 王军锋, 贺姝峒, 李淑文, 等. 我国省级温室气体和大气污染排放协同性及空间差异性研究——基于 ESDA-GWR 方法 ［J］. 生态经济, 2017, 33 (07): 156 - 160 + 221.

［15］ 李丽平, 周国梅, 季浩宇. 污染减排的协同效应评价研究——以攀枝花市为例 ［J］. 中国人口资源与环境, 2010, 20 (S2): 91 - 95.

［16］ 毛显强, 邢有凯, 胡涛, 等. 中国电力行业硫、氮、碳协同减排的环境经济路径分析 ［J］. 中国环境科学, 2012, 32 (04): 748 - 756.

［17］ 阿迪拉·阿力木江, 蒋平, 董虹佳, 等. 推广新能源汽车碳减排和大气污染控制的协同效益研究——以上海市为例 ［J］. 环境科学学报, 2020, 40 (05): 341 - 351.

［18］ 任明, 徐向阳. 京津冀地区钢铁行业能效提升潜力和环境协同效益 ［J］. 工业技术经济, 2018, 37 (08): 20 - 26.

［19］ 傅京燕, 原宗琳. 中国电力行业协同减排的效应评价与扩张机制分析 ［J］. 中国工业经济, 2017 (02): 43 - 59.

［20］ 郭云, 李鹏, 程维金, 等. 洞庭湖土地利用和生态服务功能时空变化及其耦合效应分析 ［J］. 环境科学学报, 2022, 42 (01): 121 - 130.

［21］ 杨玉珍. 快速城镇化地区生态—环境—经济耦合协同发展研究综述 ［J］. 生态环境学报, 2014, 23 (03): 541 - 546.

［22］ Zhao, Y. H., Hou, P., Jiang, J. B., et al. Coordination Study on Ecological and Economic Coupling of the Yellow River Basin ［J］. International Journal of Environmental Research and Public Health, 2021, 18 (20): 10664.

［23］ 科尔曼. 生态政治: 建设一个绿色社会 ［M］. 梅俊杰译. 上海: 上海译文出版社, 2005.

［24］ Niesten, E., Jolink, A., Jabbour, A. B. L. D., et al. Sustainable collaboration: The impact of governance and institutions on sustainable performance ［J］. Journal of Cleaner Production, 2017, 155 (2): 1 - 6.

［25］　Yi, H. T., Huang, C., Chen, T., et al. Multilevel Environmental Governance：Vertical and Horizontal Influences in Local Policy Networks ［J］. Sustainability, 2019, 11 (8)：2390.

［26］　蔡文伯, 赵志强, 禹雪. 成渝地区双城经济圈高等教育—科技创新—经济发展动态耦合协同研究 ［J］. 西南大学学报 (社会科学版), 2022, 48 (01)：130 – 143.

［27］　翁钢民, 唐亦博, 潘越, 等. 京津冀旅游—生态—城镇化耦合协调的时空演进与空间差异 ［J］. 经济地理, 2021, 41 (12)：196 – 204.

［28］　赵敏. 黄河流域城市高质量发展系统耦合协调度时空演变及驱动力研究 ［J］. 统计与信息论坛, 2021, 36 (10)：33 – 40.

［29］　李晓梅, 崔靓. 数字物流、区域经济与碳环境治理耦合及影响因素——基于我国 30 个省级面板数据的实证检验 ［J］. 中国流通经济, 2022, 36 (02)：11 – 22.

［30］　任保平, 杜宇翔. 黄河流域经济增长—产业发展—生态环境的耦合协同关系 ［J］. 中国人口·资源与环境, 2021, 31 (02)：119 – 129.

［31］　王晓鸿, 赵晓菲. 农业高质量发展水平测度与空间耦合度分析 ［J］. 统计与决策, 2021, 37 (24)：106 – 110.

［32］　宗鑫. 人口、经济与资源环境系统耦合演进问题分析——以宁夏回族自治区为例［J］. 北方民族大学学报, 2020 (03)：50 – 55.

［33］　孙红梅, 雷喻捷. 长三角城市群产业发展与环境规制的耦合关系：微观数据实证［J］. 城市发展研究, 2019, 26 (11)：19 – 26.

［34］　李雪铭, 郭玉洁, 田深圳, 等. 辽宁省城市人居环境系统耦合协调度时空格局演变及驱动力研究 ［J］. 地理科学, 2019, 39 (08)：1208 – 1218.

［35］　喻登科, 黄小彦. 市域知性管理对城市可持续发展的作用研究 ［J］. 科技进步与对策, 2022, 1 – 9.

［36］　程东亚, 李旭东. 贵州乌蒙山区人口—经济—农业生态环境耦合协调关系研究 ［J］. 世界地理研究, 2021, 30 (01)：125 – 135.

［37］　王宪恩, 王寒凝, 夏菁, 等. 典型国家工业化进程中经济社会与能源环境协调发展分析 ［J］. 资源科学, 2016, 38 (10)：2001 – 2011.

［38］　Hae, K. J., et al. The influence of climate regime shifts on the marine environment and ecosystems in the East Asian Marginal Seas and their mechanisms ［J］. Deep-Sea Research Part II, 2017, 143：110 – 120.

［39］　Meng, J., Yang, H. Z., Yi, K., et al. The Slowdown in Global Air-Pollutant Emission Growth and Driving Factors ［J］. One Earth, 2019, 1 (1)：138 – 48.

［40］　Zheng, B., Chevallier, F., Ciais, P., et al. Rapid decline in carbon monoxide emissions and export from East Asia between years 2005 and 2016 ［J］. Environmental Research Letters, 2018, 13 (4).

［41］　Gao, J. Heterogeneous Human Capital and Environment Influence Mechanism of FDI：An Empirical Research Based on the Panel Data Derived from Provinces of China ［J］. Modern

Economy，2016，7（3）：290 – 298.

［42］黄国华，刘传江，涂海丽. 湖北省碳排放清单测算及碳减排潜力分析 ［J］. 统计与决策，2019，35（12）：102 – 106.

［43］孙叶飞，周敏. 中国能源消费碳排放与经济增长脱钩关系及驱动因素研究 ［J］. 2021（6）：21 – 30.

［44］曲建升，刘莉娜，曾静静，等. 中国城乡居民生活碳排放驱动因素分析 ［J］. 中国人口资源与环境，2014，8：476.

［45］夏四友，赵媛，许昕，etal. 1997—2016 年中国农业碳排放率的时空动态与驱动因素 ［J］. 生态学报，2018，39（21）：7854 – 7865.

［46］吕倩，高俊莲. 京津冀地区交通运输碳排放模型及驱动因素分析 ［J］. 生态经济，2018，34（1）：6.

［47］林永生. 中国大气污染防治重点区污染物排放的驱动因素研究 ［J］. 中国人口·资源与环境，2016（S2）：4.

［48］周银香，洪兴建. 中国交通业全要素碳排放效率的测度及动态驱动机理研究 ［J］. 商业经济与管理，2018（5）：13.

［49］范丹. 中国能源消费碳排放变化的驱动因素研究——基于 LMDI-PDA 分解法 ［J］. 中国环境科学，2013，33（9）：1705 – 1713.

［50］王世进，姬桂荣，仇方道. 雾霾、碳排放与经济增长的脱钩协同关系研究 ［J］. 软科学，2022，1 – 15.

［51］张华，冯烽. 非正式环境规制能否降低碳排放？——来自环境信息公开的准自然实验 ［J］. 经济与管理研究，2020，41（8）：19.

［52］王冲. 基于 LMDI 分解模型的山东省粮食产量时空差异及影响因素研究 ［J］. 山东农业科学，2016（3）：169 – 172.

［53］Arvydas G. , Marko, J. V. A CGE Model for ithuania：The future of Nuclear Energy ［J］. Journal of Policy Modeling，2000，22（6）：691 – 718.

［54］Plinke，E. , Atak，M. , Hans-Dietrich，Haasis. , et al. Emission control strategies for Turkey in view of an integration into the European community ［J］. International Journal of Energy Research，1992，16（3）.

［55］Shyamal，P. , Rabindra，N. B. Causality relationship between energy consumption and economic growth in India：a note on conflicting results ［J］. Energy Economics，2004（26）：977 – 983.

［56］Jiang，K. J. , Masui，T, et al. Long term GHG Emission Scenarios for Asia-Pacific and the World ［J］. Technological Forecasting and Social Change，2000（63）：207 – 229.

［57］贾彦鹏，刘仁志. 基于 TIMES 模型的北京市节能减排分析 ［J］. 应用基础与工程科学学报，2013，05：857 – 865.

［58］Liu，F. , Klimont, Z. , Zhang, Q. , et al. Integrating mitigation of air pollutants and greenhouse gases in Chinese cities: development of GAINS-City model for Beijing [J]. Journal of Cleaner Production, 2013, 58: 25 – 33.

[59] 周健，崔胜辉，林剑艺，等. 基于 LEAP 模型的厦门交通能耗及大气污染物排放分析 [J]. 环境科学与技术，2011, 11: 164 – 170.

[60] Li, J. P., Yuan B. X., Wei L. An Analysis of Emission Reduction of Chief Air Pollutants and Greenhouse Gases in Beijing based on the LEAP Model [J]. Procedia Environmental Sciences, 2013, 18: 347 – 352.

[61] Radu, O. B., van den Berg, M., Klimont, Z., et al. Exploring synergies between climate and air quality policies using long-term global and regional emission scenarios [J]. Atmospheric Environment, 2016, 140: 577 – 591.

[62] Zhou, Y., Hao, F. H., Meng, W., et al. Scenario analysis of energy-based low-carbon development in China [J]. ScienceDirect, 2014, 26: 1631 – 1640.

[63] Cofala, J., Amann, M., Klimont, Z., et al. Scenarios of global anthropogenic emissions of air pollutants and methane until 2030 [J]. Atmospheric Environment, 2007, 41 (38), 8486 – 8499.

[64] Wu, W., Zhang, T. T., Xie, X. M., et al. Regional low carbon development pathways for the Yangtze River Delta region in China [J]. Energy Policy, 2021, 151: 112172.

[65] Feng, X. Z., Zhao, M. X., Wang, M., et al. Simulation research on co-controlling pollutants and greenhouse gases emission in China's transportation sector [J]. Progressus Inquisitiones de Mutatione Climatis, 2021, 17 (3): 279 – 288.

[66] Ma, M. D., Ma, D., Cai, W., et al. Low carbon roadmap of residential building sector in China: Historical mitigation and prospective peak [J]. Applied energy, 2020, 273: 115247.

[67] Ozer, B., Gorgun, E., Incecik, S., et al. The scenario analysis on CO_2 emission mitigation potential in the Turkish electricity sector: 2006 – 2030 [J]. Energy, 2013, 49: 395 – 403.

[68] Chen, H., Wang, Z., Xu, S., et al. Energy demand, emission reduction and health co-benefits evaluated in transitional China in a 2 degrees C warming world [J]. Journal of Cleaner Production, 2020, 264: 121773.

[69] 隗斌贤，刘晓红. 大气污染的区际差异、影响因素与治理政策选择——基于长三角与京津冀、珠三角的比较分析 [J]. 科技通报，2019, 35 (08): 197 – 202.

[70] Hanaoka, T., Masui. T. Exploring effective short-lived climate pollutant mitigation scenarios by considering synergies and trade-offs of combinations of air pollutant measures and low carbon measures towards the level of the 2℃ target in Asia [J]. Environmental Pollution. 2020, 261: 113650.

[71] Wu, P., Guo, F., Cai, B., et al. Co-benefits of peaking carbon dioxide emissions on air quality and health, a case of Guangzhou, China [J]. Journal of Environmental Management, 2021, 282: 111796.

第二节　本项目的意义

党的二十大报告中提出"积极稳妥推进碳达峰碳中和"，这为促进我国生态文明建设和推动我国社会经济可持续发展明确了方向和目标。长三角、京津冀、珠三角、成渝地区具有资源聚集、生产集中、人口密度大以及城市化水平高等特点，是 CO_2 与大气污染物的主要排放者，也是气候和环境风险承担者，同时还是应对气候变化和环境保护的主要参与和贡献者。在减污降碳协同增效研究中，CO_2 与大气污染物的减排协同效应研究是面向碳中和的多目标环境和气候协同治理研究领域的一个重点和难点，如何从多维角度出发，基于全面的生态环境能源分析，并纳入经济社会等多学科开展交叉和系统整合，解析行业、城市和区域减污降碳协同的关键驱动要素、耦合作用机制以及实现路径，是目前碳中和目标下实现减污降碳协同综合治理研究的热点。

现有研究大部分是从单一要素开展减污降碳的影响机制研究，对于基于生态环境能源的综合评价的模型构建和系统优化，结合多学科理论开展跨学科研究，解析减污降碳协同的影响要素、耦合作用机制以及实现路径的研究仍有待发展。

从理论价值而言，本项目基于生态环境能源的综合评价构建模型、优化系统，结合管理、经济和社会等多学科开展跨学科研究，针对减污降碳协同的关键驱动要素、内在机理和机制以及实现路径进行探讨，这是对中国碳中和目标下构建气候变化与大气污染协同应对理论和政策管控体系理论的重要完善和拓展，并为国家"双碳"战略决策和环境协同治理政策设计提供理论参考和依据。

从实际应用价值而言，本项目开展的针对 CO_2 和大气污染物协同减排核算和评估成果可以为地方政府评价现有政策实施效果提供依据和参考，也可为碳中和目标下实现 CO_2 与大气污染多目标协同治理的政策设计和实施提供重要基础。其次，碳中和目标的实现将深刻影响中国绿色低碳发展，本课题对于碳中和目标下碳污协同实现路径的模拟分析，可以为减污降碳协同增效最优发展路径设计提供科学支撑，并为国家碳中和战略决策和环境协同治理政策设计提供更具操作性和精准性的科学建议和依据。

第 二 章

行业领域的减污降碳
协同增效研究与实践

第一节　电力行业低碳发展的协同效益

一、绪论

(一) 研究背景

化石能源的巨大消耗量使得大气污染物排放量和温室气体排放量逐年增长，大气环境污染和全球气候变化愈演愈烈。联合国政府间气候变化委员会 (IPCC, Intergovernmental Panel on Climate Change) 预测，如果碳排放持续增长，到 2100 年全球平均气温将上升 1.4—5.8℃[1]。全球气温上升将导致冰川融化、海平面上升、气候灾害、影响公众健康、生态系统破坏等一系列关乎人类生存的灾害，而人口密集的城市已成为大气污染物和温室气体排放的主要来源[2-3]。从《京都议定书》(1997 年) 到《巴厘路线图》(2007 年)，再到哥本哈根世界气候大会 (2009 年) 和坎昆气候大会 (2010 年)，都体现了全人类联合控制温室气体排放，遏制全球变暖的努力和决心。目前，减少温室气体 (GHG, Green House Gases) 排放，减缓或应对气候变化以及改善环境质量已成为全球趋势。

我国作为世界上最大的碳排放国，未来一定要走低能耗、低资源消耗、低碳排放的路线，而且不能以牺牲社会经济发展为代价，这就是低碳可持续发展道路。作为全球应对气候变化的关键参与者，中国一直积极参与联合国框架公约框架气候变化 (UNFCCC) 下应对气候变化的行动，保持与国际社会同步的低碳节奏。巴黎协定生效后，中国已做出承诺：与 2005 年相比，2030 年前将每单位国内生产总值的二氧化碳排放量削减 60%—65%。此外，中国还将扩大非化石能源在一次能源消耗中的份额。在国内低碳政策方面，根据《中华人民共和国国民经济和社会发展第十三个五年规划纲要》(以下简称"十三五"规划纲要) 编制而成的《"十三五"能源规划》是我国未来五年低碳发展的科学政策指导。"十三五"时期是全面建成小康社会的决胜阶段，也是推动能源革命的蓄力及加速期，坚定贯彻落实创新、协调、绿色、开放、共享的发展理念，深入推进能源转型，建设清洁低碳、安全高效的现代能源体系是国家低碳发展的重大战略目标。

我国目前正处于高速的经济发展和城镇化进程中。"十二五"期间，我国国内生产总值的平均增长率为 10.37%，2015 年城镇化率已达 58%。预计到2030 年，中国城市人口将达到总人口的 62%[4]。为了支持经济飞速发展和城市化快速推进，我国能源的消耗总量居高不下且稳步增长[5-7]。2011 年我国超越美国成为世界上最大的能源消费体，2012 年能耗量占全球的 21.92%[8]，煤炭在我国一次能源消费中的比例为 70% 左右[9]。我国以煤炭为主导地位的能源消费结构决定了以火电为主的发电结构，且在未来十年不会有太大改变。"十二五"期间我国每年用于火力发电的煤炭约占其总耗量的 63%，且全国的电力消耗中约 90% 用于城市地区[4]。因此电力行业是支撑并推动我国城市高速发展的重点行业，未来仍将发展迅猛。据 2014 年的统计数据显示，2011—2015 年我国火电的装机容量从 76,834 万千瓦增长至 152,527 万千瓦（占总装机容量的65.93%），火电发电量从 30,003.0 亿 kWh 增长至 42,841.9 亿 kWh（占总发电量的 73.68%）[4,10]。尽管核电、风电、太阳能发电比重有所提高，但燃煤火电仍是供能的主力军（图 2-1）。

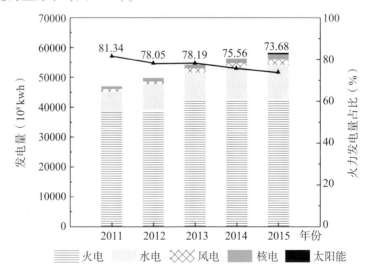

图 2-1　"十二五"期间我国电力行业的发电结构

但是我国电力行业仍存在结构不合理、粗放增长方式的问题，能耗高、污染严重的小机组又占了一定比例，导致燃煤电厂成为城市常规大气污染物排放和温室气体排放的最主要来源。2011—2015 年期间，燃煤电厂年均 SO_2、NOx 和 TSP（总悬浮颗粒物，TSP，Total Suspended Particulate）年均排放量分别约占全国 SO_2、NOx 和 TSP 排放总量的 30%、36.4% 和 11.8%[11]（图 2 - 2）。同期，我国燃煤电厂的 CO_2 排放量占全国化石燃料燃烧排放 CO_2 总量的 45%。大量排放的温室气体和大气污染物造成城市大气污染愈来愈严重。2013 年，我国 74 个重点城市中仅 3 个城市空气质量达标，超标城市比例为 95.9%；冬季中国北方 70 多个主要城市被雾霾笼罩，占国土面积的 15%[12]。那时，控制大气污染、改善空气质量以保护民众健康是中国政府的首要任务之一。

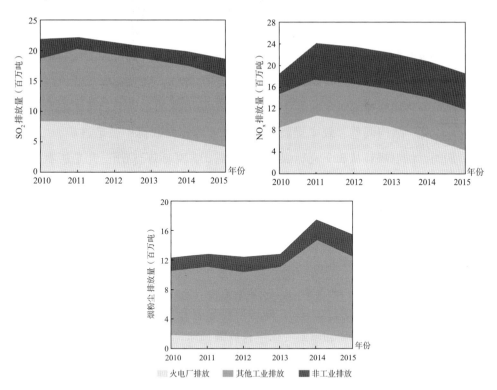

图 2 - 2　"十二五"期间我国燃煤电厂常规大气污染物排放情况

随着我国国民经济的不断增长，电力行业将持续发展，温室气体和大气污染物排放的攀升趋势将继续[12-14]。据预测，2035 年中国的一次能源消耗水平将与经合组织（OECD）国家持平，CO_2 排放量将增长 47% 并且约占到世界总量排放量的 1/3[5,11]。国际上已开始从《京都议定书》"自上而下"的强制承诺减排模式转变为《巴黎气候协定》中"自下而上"的"预期国家自主决定的贡献（INDC）"机制。我国是世界上最大的碳排放国和最大的大气污染物排放国，作为负责任的大国，我国承诺将降低碳排放强度，最迟于 2030 年达到碳排放峰值并将非化石能源占比提高到 20%（国家发展和改革委员会，2015 年）。面对国际温室气体自主减排趋势和国内大气污染的严峻形势，我国根据国家可持续发展战略的要求，陆续出台了一系列应对政策，全面明确地设置清洁减排目标（表 2 - 1，表 2 - 2）。面对经济发展需求与生态环境保护的矛盾，温室气体减排和大气污染物治理的双重压力，温室气体与大气污染的"协同控制"已成为我国城市重要的减排政策选择和低碳转型途径[14-15]。制定和实施协同控制战略，控制大气污染、提高能源利用效率并减少排放，火力发电行业就是这一战略的重要管理和控制对象。近年来，在科学发展观的指导下，我国电力行业在技术优化、结构调整、效率提高和节能减排等方面取得了长足进步。"十二五"期间，供电煤耗从 329 克标煤/kWh 降到 315 克标煤/kWh。几乎所有火电燃煤机组都安装了脱硫、脱销和除尘等末端大气污染物控制设备（APCDs，Air Pollution Control Devices）。可随着工业化和城市化进程的不断加深，太阳能、风能和核能发电量的增长还不足以弥补高能源需求和水力发电量的下降。2017 年全球碳预算（Global Carbon Budget 2017）显示[16]，由于经济回暖和工业复苏，中国煤炭消费自 2014 年起连续三年下降后首次回升，煤炭、石油消费分别增长 3% 和 5%，天然气用量增长 12%，碳排放量将会上升 3.5%。意味着我们必须在电力行业对大气污染物和温室气体进行有效地协同控制[12]，以效益最大化来实现有效的碳减排和大气污染物治理，建设环境友好型城市，实现可持续发展。

表 2 - 1　近年出台的关于节能减排和清洁治理的政策法规

减排方向	政策法规	发布年份	发布部门	相关规定内容摘要
技术减排	《火电厂大气污染排放标准（GB 13223 - 2011）》	2011	环保部	火力发电锅炉及燃气轮机组的大气污染物排放浓度限值。
	《大气污染防治行动计划》	2013	国务院	加快重点行业脱硫、脱硝、除尘工程改造建设。
	《中华人民共和国环境保护法》	2014	全国人大	建设项目中的防治污染设施，应与主体工程同时设计、施工、使用（即"三同时"）。
	《"十三五"节能减排综合工作方案》	2016	国务院	实现全国 SO_2、NO_x 的排放总量分别控制在 1580 万吨和 1674 万吨内。
	《"十三五"生态环境保护规划》	2016	国务院	至 2020 年，生产、生活方式的绿色化水平上升，主要污染物排放总量大幅减少。
GHG减排	《"十三五"控制温室气体排放工作方案》	2016	国务院	至 2020 年，单位国内生产总值 CO_2 排放量比 2015 年下降 18%。
结构减排	《大气污染防治行动计划》	2013	国务院	"控制煤炭消耗总量"并"加快清洁能源替代使用"；"现有多台燃煤机组装机容量合计达到 30 万 kW 以上的，可按照等煤炭量原则替换为大容量燃煤机组"（"上大压小"）。
结构减排	《国民经济和社会发展"十三五"规划纲要》	2016	国务院	能源、资源的开发利用效率显著提高，能耗量、碳排放总量得到有效控制，主要污染物排放总量大幅减少。具体指标列于表 1.2。

表 2 - 2　《中华人民共和国国民经济和社会发展第十三个五年规划纲要》
温室气体和污染减排相关的发展指标整理[17]

指标	2015 年	2020 年	年均增速［累计］	属性
单位 GDP 能源消耗降低（%）	—	—	［15］	约束性
非化石能源占一次能源消费比重（%）	12	15	［3］	约束性

续表

指标		2015 年	2020 年	年均增速［累计］	属性
单位 GDP 二氧化碳排放降低		—	—	［18］	约束性
空气质量	地级及以上城市空气质量优良天数比率（%）	76.7	>80	—	约束性
	细颗粒物（$PM_{2.5}$）未达标地级及以上城市浓度下降（%）	—	—	［18］	约束性
		—	—	［18］	约束性
		—	—	［18］	约束性
主要污染物排放总量减少（%）	二氧化硫			［15］	约束性
	氮氧化物			［15］	约束性

（二）研究内容

本研究采用排放系数计算和协同效应的综合比较方法，对东部较发达地区代表省市（即长三角地区的上海市、江苏省和浙江省），以及西部地区代表省份云南省的燃煤电厂展开研究，主要分析了结构性减排（水力发电、风力发电和太阳能发电）和技术性减排（脱硫、脱硝和除尘）措施的协同减排强度和效果，并结合成本－收益评估，全面分析上述技术措施的实际成本和净效益，最终将上述措施的协同效益和减排潜力进行优先度排序，并构建协同减排最优路径。通过对上述四个不同经济发展水平省份的比较，可以为全国性或区域性燃煤电厂协同减排措施的设计和有效实施提供科学建议和参考。

（三）研究意义

在全球性温室气体减排与区域性大气污染物"联防联控"的政策背景下，电力行业是我国节能减排政策的重要目标行业。近 10 年来，随着"上大压小"政策实施以及节能管理等技术改造，我国火电发电煤耗和供电煤耗均出现大幅下降，火电水平已与发达国家接近[9,18]。从电力行业"十一五""十二五"期间节能减排工作经验来看，单纯以末端治理为主的减排措施将面临边际减排成本递增、耗能和碳排放代价大、减排难度加大的困境[12,19]，难以有效地解决日益严重的大气污染问题和全球变暖趋势。温室气体和大气污染物的排放具有同源同步性和对环境的共同影响[11,19-24]，且各种 APCDs 之间还具有协同减排能力，故强化大气污染物与温室气体的"协同控制"，是统筹协调节能与减排、综合控制多种污染物、提高污染控制成效和经济效益的关键[23]。

本研究从电力行业的碳排放和大气污染物减排入手，建立系统全面的定量化方法，对技术减排措施的环境、技术、经济效果进行评估，对其协同效应和减排潜力进行分析，旨在加强我国电力行业协同控制和减排领域的研究。本研究，可以为促进城市和区域环境问题协同治理进程，为各省份火电厂有效地实现"超低排放协同控制路径"的技术设计、政策设计和实施提供科学支撑。研究案例间的横向比较分析也有助于引导区域建立与完善评价指标系统，加大协同减排力度，实现污染源一体化综合治理目标。同时也很有必要对"十二五"期间电力行业的大气污染控制与二氧化碳减排之间的协同效益实现情况进行分析和总结，以便为"十三五"期间的相关政策实施和调整提供科学的参考和建议，避免政策的重叠或不一致性，降低政策执行成本[7]。长远来看，这对环境友好型和资源节约型的国家城市发展模式很重要，对中国实现巴黎气候大会的碳减排目标以及提升总体环境质量都具有重要意义。

（四）技术路线

本研究通过计算 2015 年云南省、上海市、江苏省和浙江省电力行业技术减排措施和结构减排措施的减排量、减排系数、协同减排系数、减排成本，并构建大气污染物当量指标、协同控制坐标系、污染物减排路径来综合考量各类措施的经济和环境方面的效益和成本，最终得出这四个地区对于不同污染物的减排措施选择。初步筛选出以上四个地区电力行业主要的技术减排措施（脱硫、脱硝、除尘）和结构减排措施（水电、风电、太阳能发电），并从减排效果、协同减排效应和减排成本三个方面讨论这些措施的协同效益：计算各地区电力行业的大气污染物和二氧化碳的直接排放系数和间接排放系数；计算各地区上述措施对大气污染物和二氧化碳的减排量、减排系数，并得出大气污染物当量指标；根据减排系数得出各种措施对大气污染物和二氧化碳的协同减排系数，并结合协同控制坐标系分析来比较不同措施对这两类排放物的协同控制效应；将经济和环境影响因素纳入考量，计算各项措施的减排成本和货币化效益得到单位发电增量成本和单位污染物减排成本，最终由这两类成本得出不同地区针对不同减排目标的路径选择。研究技术路线如图 2 - 3 所示。

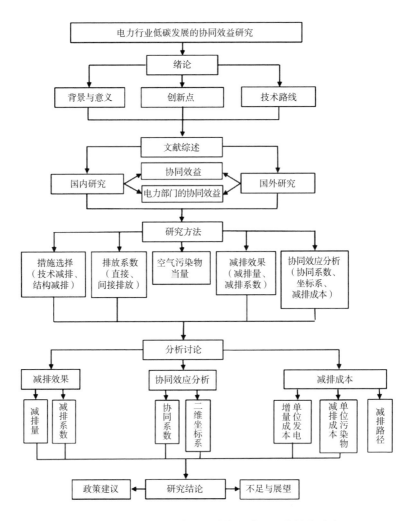

图 2 – 3　电力行业低碳发展的协同效益研究技术路线

（五）创新点

基于以上对国内外研究现状的综述，本研究的创新点主要体现在：

①基于独立火电厂层面的减排措施的协同效应分析。以往国内研究多是针对城市或整个电力行业的协同控制讨论，较少具体到独立火电厂层面，由于独立火电厂技术参数和数据较易更新、较全面，本研究的研究结论也更加精确和具时效性，这对于城市治理火电污染源头有很大的借鉴作用。②在区域内不同省份和城市间讨论电力行业减排措施的协同效应比较和集成。本研究关注了长

三角（江浙沪）区域内经济和环境发展的相互影响及融合，这有助于提升该区域的协同减排总体政策的设计和实施水平，为国家"区域联防联控"的治理目标的实现提供科学支撑。③首次对较发达与欠发达地区电力行业协同减排措施的协同效益进行分析。选择经济较发达的东部江浙沪地区与经济发展较缓慢的西部云南省进行比较，可以更加直观地看出不同发展水平省份之间电力部门协同控制措施产生的协同效益的效果和影响，这在之前的国内协同效益研究中是空白的。本研究将从经济和环境效益角度更全面、更准确地评价不同措施的协同减排效应，研究结果可以对不同发展水平的省份和地区的节能减排措施提供更有针对性的建议，同时结合不同省份和地区的自身情况设计和实施更加精准的碳减排和污染控制政策。

二、国内外研究进展

（一）协同效益的定义

政府间气候变化专门委员会（IPCC）2001 年的第三次评估报告中最早正式提出"协同效益"，并将其定义为温室气体减排政策带来的非气候类效益（non-climate benefits），使用了次生效益（secondary benefits）、伴生效益（ancillary benefits）等概念[11,17]。这些效益经货币化定量后即成为协同效益，不同的研究者赋予协同效益不同的定义。随后，欧洲环境局（EEA），经济合作与发展组织（OECD）和美国环境保护局（EPA）等国际组织都陆续给出了类似的定义，并开展相关研究。表 2 - 3 里列出了一些重要国际组织的定义。这些定义跟据不同时期、不同研究背景，在保留一定相似性或相关性的基础上又调整或添加了不同的内容。国外组织的定义主要探讨减缓或适应全球气候变化的政策或措施在社会、经济、环境领域带来的额外效益，如大气污染物排放的减少、农作物产量的提高、死亡人口的减少、民众健康的改善等[17,23-27]。国内的定义则强调协同效益双向性，即不仅强调国际定义包含的内容，还强调区域大气污染物减排或环境生态保护政策所带来的气候类效益，如对全球变暖的抑制作用。

由于能源消耗引发的温室气体和大气污染物排放及其相关的耦合和协同关系属于"协同效应"范畴，关于协同效应的研究可分为三类：①关注减缓或适应气候变化的政策可能带来的其他领域的协同效应；②关注其他领域政策措施

（例如减少大气污染物）对减缓或适应气候变化方面带来的协同效应；③关注两者结合的综合政策，研究其总成本和净效益。研究思路大致分为以能源、气候变化和环境保护等相关政策的宏观要素为主的自上而下的研究理论和以各种行业具体技术、措施等微观要素为主的自下而上的研究方法[19]。协同效应包括了"正向"和"负向"效应，协同效益便是"正向"协同效应。本研究主要关注电力行业的大气污染物控制对二氧化碳减排的"单向"正向协同效应，主要内容都是围绕"单向"协同效益展开。本文所探讨的"单向"协同效益，是指电力行业的结构减排和技术减排（主要针对独立火电厂末端减排）措施对大气污染物（SO_2、NOx、TSP）的减排效果及对温室气体（CO_2）排放的协同控制效果。

表 2-3　协同效益的定义[11,26,28]

机构或组织名称	定义	时间
政府间气候变化专门委员会（IPCC）	温室气体减排政策带来的非气候类效益，即可能有助于平等、可持续发展等目标的实现。	2001 年
欧洲环境局（EEA）	减排政策带来的其他社会效益，如大气污染减少带来的健康成本节省。	2007 年
日本环境保护部（MOEJ）	温室气体减排政策或措施在减少温室气体排放的同时满足发展中国家的需求，尤其是环保需求。	2008 年
经济合作与发展组织（OECD）	温室气体减排政策带来的区域大气污染减缓效益，可货币化讨论。	2009 年
美国环境保护局（USEPA）	由于一系列减少大气污染和温室气体的政策措施所产生的正效益，例如，能源节省，经济效益，空气质量效益和公众健康效益等.	2012 年
中国环境保护部环境与经济政策研究中心	协同效益一方面是控制温室气体排放的措施减少其它局域大气污染物（SO_2、NOx、CO、VOC 及 PM 等）排放的益处；另一方面是指在控制局域污染物排放或者生态建设过程中同时也可以减少或者吸收 CO_2 及其他温室气体排放的益处。	2004 年

（二）国外研究现状

国外学者对协同效益的研究方向主要集中在模型开发与应用、区域或城市协同效应潜力分析、方法论改进等方面[29]。最早对温室气体减排效益的评估，主要采用定量分析的模型工具，结合宏观经济学和情景分析对具体政策或项目进行评价，研究方法、体系较为成熟。随着协同效益概念的不断丰富，其研究范畴也越来越广泛，除了减少大气污染物、降低碳排放、降低政策成本等的"狭义的"协同效益，综合考虑物质资本累积、人力资本聚集、自然资本保护等因素的社会福利函数开始走进研究者的视线，学者逐渐开始关注健康、经济、环境、社会等领域出现的协同效益，即转向研究"广义的"协同效益。"广义的"协同效益概念的提出是对全面可持续发展理论和最优路径的延伸，并且丰富了相关定量研究[20]。

最初的协同效益研究多是针对国家或城市层面气候政策的理论分析和总结。Hunt[30-31]总结了与气候变化影响和城市规模适应相关的证据基础，重点讨论了其定量化的表达和使用方式，并展示了伦敦和纽约在城市尺度上量化和评估气候风险的进展。Puppim de Oliveira[26-27]分析了在中国、印度尼西亚和印度等发展中国家的城市地区实施环境政策的主要障碍、机遇和挑战，探讨气候政策协同效益的概念和设计实施的成功途径。Klausbruckner[32]通过政策视角分析了南非法律和政策文件及其关于能源、气候和空气质量政策的文献。Puppim de Oliveira[25]整理了亚洲各国不同部门的发展活动和政策，概述了地方一级行动如何能够增强发展影响，并考虑如何用这些政策创造强大的协同效益，以及如何利用治理框架来跟踪效应。

在定量化研究方面，国外研究大多使用模型对区域、国家或城市层面的政策、技术、项目进行评估和分析[30,33-35]。常用的模型或工具包括 GAINS 模型（Greenhouse gas-Air pollution Interactions and Synergies model）、CGE 模型（the Computational General Equilibrium Model）、AIM 模型（Asian-Pacific Integrated Model）、MEDEE 模型（Model Demand Energy Europe Model）、IPAC 模型（Integrated energy and environmental Policy Assessment model for China）、LEAP 模型（Long-range Energy Alternatives Planning System Model）、APEEP 模型（Air Pollution Emissions Experiments and Policy Model）和 MARKAL（Market Allocation of Technologies Model）模型。利用各种模型的研究原理整理于表 2-4。

表2-4 分析协同效应的模型原理[38]

模型名称	方法原理	研究学者
CGE	以经济学机理为出发点，以价格、弹性系数为主要经济指数，集约地反映这些经济指数与能源消费和生产的关系。	Bollen 等[35]，Steven 等[39]
IPAC	中国能源政策综合评价模型，共有能源与排放模型、环境模型和影响模型三个部分。	姜克隽等[40]
GAINS	大气污染与温室气体相互作用与协同效应模型，可应用于国家、城市等不同尺度。	Liu 等[41]，Wagner 等[42]
LEAP	基于能源消费、生产过程所使用的技术进行模拟。	Huang 等[43]、张颖等[44]
MEDEE	能源需求模型，以能源消费和生产过程中所使用的技术为基础进行模拟。与 LEAP 相似。	Lapillon 等[45]
AIM	大区域核算综合模型，较适用于亚太地区。	Kainuma 等[46]
MARKAL	综合能源系统动态优化模型，在给定的能源需求量和污染物排放量限制条件下，得到使能源系统成本最小的一次能源供应结构和转换技术结构。	Sherstha 等[47]

Chae[33]等运用 CGE 模型模拟不同节能减排情景下的污染物排放量和整体 GDP 的变化。Bollen[35]应用 CGE 模型分析世界五大区域的大气污染物（SO_2、NOx、NH_3、$PM_{2.5}$）、温室气体（CO_2、N_2O、CH_4）的排放量和减排量，系统证明了气候类政策的额外效益。Radu[20]结合评估全球环境的综合模型（IMAGE2.4, Integrated Model to Assess the Global Environment）、CO_2的代表性浓度路径和全球大气污染物排放轨迹，探讨了全球 26 个区域未来不同假设下的气候和大气污染政策对温室气体和大气污染物的排放影响；结果表明，2030 年后需要更严格的污染物控制政策，由于气候缓解政策对 SO_2 和 NOx 排放的影响最大，国此，亚洲国家和其他发展中国家需要将气候和大气污染政策结合起来。Schwanitz[36]面对欧洲各国脆片化的气候缓解政策，利用 11 个全球综合评估模型（IAMS）得出的不同气候周期的结果，分析了欧盟不同国家子集与一系列缓解努力相关的潜在协同利益，开始讨论不同国家或区域间形成协同效应协同体。Dulal[37]情景分析了中国、印度、马来西亚等城市化的亚洲国

家的协同效益和发展道路，证实现有的城市温室气体减排潜力可以通过更大的政策整合和一致性来实现，为了长期持续减少温室气体排放，必须对城市设计和基础设施、技术、城市生活方式、能源和废物管理、经济和社会机构进行大规模变革。

除了利用模型和情景分析来模拟协同效益，国外的学者也常结合交叉弹性系数、多变量回归分析等数学分析方法和生命周期评价法、成本—效益分析和货币化等经济分析方法，进一步对协同效应的成本效率、效益大小、减排潜力进行量化比较。Bollen 和 Radu 等[21-22]基于不同政策情景下的协同减排程度，用成本—效益分析法评估政策组合的成本有效性，由此探讨最佳碳减排目标或环境规制政策组合。Chae[33]分析了首尔地区空气质量管理和温室气体减排策略的综合成本—效益分析后发现其可带来 147 万亿韩元的经济价值。Wagner[42]利用 GAINS 模型，评估了《联合国气候变化框架公约》附件 I 国家在国际能源署三个世界能源展望基线情景下 2020 年和 2030 年温室气体的减排成本和潜力，发现这些地区能够更具成本效率的大量减少温室气体排放量，减排成本在不同国家和部门间存在差异。Sherstha 等[47]运用 MARKEL 模型模拟评估 2005 年到 2050 年不同 CO_2 减排力度下的泰国重点行业碳减排的成本及其大气污染物排放减少和国家能源安全等协同效益。Burtraw 等[48]利用电力模型和综合评价框架评估了不同碳税的成本、边际收益及协同效应。Lee[49]回归分析了 22 个亚洲主要城市环境政策下环境指标（绿地、公共交通、水、能源、大气污染和废物）、制度因素和人均二氧化碳排放量与二氧化碳排放之间的关系，发现城市的能源效率低下、人均废物产生量、人均 GDP 与人均二氧化碳排放量的增加有关，提高能源效率和减少废物产生是缓解气候变化的有效途径，建议欠发达国家的城市通过提高能源效率和废物管理来考虑气候协同效益，并从理论上将城市气候协同利益与环境政策的气候协同利益和气候政策的环境协同利益区别开来。Vandyck[50]结合大气污染物排放、气候、能源系统、环境大气污染物影响以及经济方面的数据集和模型，评估了《巴黎协定》背景下全球部分区域的减缓气候变化政策对死亡率、发病率、农业和空气质量的协同效益，结果显示空气质量对发病率、死亡率和农业的协同利益远超过宏观经济成本。

过去时协同效益的研究主要由空气质量、全球气候变暖和能源消耗三个关联密切的话题组成[51]，但近十年减排政策对公众卫生与健康的影响引起广泛关注，成为新的研究热点，深化了协同效益的综合评估体系。因此，基于一般的环境效益量化研究，一些学者开始量化评估协同减排所产生的健康收益。West 等[52]基于模型测算和情景分析发现，相对于基准情景，由于全球碳减排在 2010、2030、2050 年将分别减少死亡人数 50 万、130 万、220 万。Schucht 等[53]运用与健康影响评估工具相关联的综合大气建模链，首次对欧洲针对大气污染、能源和气候变化的不同政策组进行成本分析和货币化健康影响评估。Anenberg 等[54]使用流行病学衍生的浓度－反应函数计算针对黑碳（black carbon）和臭氧前体甲烷的 14 种特殊排放控制措施可分别避免 2030 年全球每年 4.4 万人—6 万人和 0.04 万人—0.52 万人过早死亡，该研究认为大约 98% 的死亡是可以避免的。健康效益货币化的研究主要采用的方法是支付意愿（Willingness to pay）估计法。Aunan 等[55]在 2003 年关注到中国山西煤炭业的二氧化碳减排的社会经济成本和健康利益，综合支付意愿和药价预估出价格参数并对健康利益进行货币化加总。Puppim de Oliveira 等[56]通过评估组织网络有效性分析印度两个城镇地区的气候政策与公共健康的协同效益。Groosman 等[57]使用 APEEP 模型进一步研究美国温室气体减排政策，发现这些政策在 2010 至 2030 年期间年均可避免 1030 亿—12000 亿美元的健康损失。Sarigiannis 等[58]分析北欧地区交通部门温室气体减排政策的公共健康效益及货币成本。Wiser 等[59]则研究在美国实现高太阳能渗透所带来的公共健康效益及环境效益。随着研究内容范围和方向的不断拓展，学者们也注重方法学朝着实用、科学、完备的方向改进。Smith[60]提供了一套范围界定的模型方法以快速评估能源部门气候变化适应和调整措施的成本和健康协同效应，在温室气体减排、健康改善和经济评估三个主要因素间建立可靠的潜在关系，结果说明发展中国家家庭能源部门的有针对性的干预措施具有明显的高效益。Thompson 等[61]提出了一种系统方法来量化美国减少温室气体排放政策的空气质量协同效益，还研究了协同效益对关键政策不确定性和可变性来源的敏感性，发现与针对特定行业（电力和运输）的政策相比，更灵活的将成本最小化的政策（如排放上限和贸易标准）具有更大的净协同收益。Sethi[62]详细回顾了涵盖城市缓解和适应气候变化领域的 44 个协同效益的数据库、模拟、评估工具，确定了城市协同效应系统评价中的概念性、方法性、实证性和政策性的研究差距。之后他又和 Puppim de Oliveira[63]合作提出了一个概念框架，讨论与印度城市相关的气候协同效益的不同方面、评估新的工具和框架、改变印度城市化道路的可能性，发现气候缓解的协同效益可以减少城市不平等。

（三）国内研究现状

国内的协同效益研究起步较晚，目前的研究已经显示了模型工具的改进以及研究内容的丰富。应用的模型及量化分析方法国内与国外大致相同；研究工具同样为货币化分析的自上而下或自下而上模型；调查尺度包括国家、区域、省市或行业部门层面；研究方向为大气污染物（SO_2、NOx、CO、TSP）和温室气体（CO_2）控制政策的协同减排效益。

国内学者常用自上而下的研究思路来评估国家层面的结构减排措施。Liu[13]测算了中国 GHG 减排，展望了未来的研究趋势和政策指标。贺晋瑜[29]研究发现控制区域能耗量（特别是煤炭消费量）是能源措施（即提高效率和优化结构）的本质，也是协同控制大气污染物和温室气体的出发点和关键点；并提出了适应我国国情的协同控制的基本思路、战略重点和估算方法。武群丽等[64]从燃煤技术提高、能源结构调整、需求侧管理等多方面设计节能政策情景，模拟分析我国电力行业在 2020 年至 2050 年期间不同政策措施对大气污染物和温室气体的减排贡献率。Dong[65]结合 AIM/CGE 模型和 GAINS-China 模型预测四个不同碳减排和排污政策情境下未来中国 CO_2 和大气污染物的减排成本和协同效益。在地理尺度的研究层面，学者们先是讨论能源政策的协同效应。Li 等[66]研究了 2000 年到 2020 年上海不同部门里不同能源结构下的协同效应。蒋平等[67]分析了沈阳铁西区和上海宝山区不同重点部门的减排政策对于减排大气污染物和减缓气候变化的效果，并对在国家和区域层面实现短期或长期的污染控制和能源节约的高效协同效应做出措施和政策建议。然后学者开始结合模型、情景分析、成本—效益分析等研究手段深入对减排政策或技术措施的协同效益的定量化进行分析评价。Liu[41]建立了 GAINS-City 模型并将其应用于北京市，评估 2005 年、2020 年、2030 年三种情景下（基准情景、空气质量情景、严格空气质量情景）一系列空气质量政策对于不同大气污染物和 CO_2 的协同减排效果和潜力，并据此将政策的选择优先度进行综合排序。李丽平等[68]通过其开发的分类式污染减排的协同效应评价方法，量化分析了攀枝花市"十一五"期间 29 项总量减排目标（大气、水、固体污染物），发现正协同效益主要来源于结构减排，负协同效益则主要来源于工程减排，CO_2 减排的协同效益可达 210.6 万吨。追随国际上对于健康领域协同效应的研究，国内研究人员也开始讨论减排政策带来的健康效应。He 等[69]结合能源预测模型、排放预测模型、空气质量模拟模型和健康效应评估模型建立了一套完整的方法，测算中国两套能源政策情景下显著的环境、健康协同效益。

对于能耗大、排污大的重点行业，学者们偏向于评估比较行业间、行业内部的不同减排措施、技术或政策的协同效应大小，研究多集中于电力、交通、钢铁、建筑等"双高"行业。杨曦[15]分类分析后发现工业、建筑和交通三个部门内有关于大气污染的协同效益多数是可量化或可经济化分析的。Liu 等[18]用基于能源会计的方法评估了大连市生态工业园区的协同效益和可持续发展潜力。Shen 等[70]测算了电力、钢铁和水泥行业在"十一五""十二五"期间结构减排和工程减排措施分别对 SO_2 的减排效果及其 CO_2 的协同减排效果，并针对"十三五"期间的总量减排手段和目标提出建议。杨岚[71]选择碳税、能源税、燃料税等政策工具研究了中国交通部门 CO_2 减排量和协同效益。耿勇分析了沈阳新排放标准和采用可替换燃料汽车条件下公共交通部门的协同效益。Wei[72]用 WRF-Chem 模型评估了 2015 年能源、工业、交通和建筑四个部门两类减排政策（加大空气污染物控制力度和产业能源技术优化）的短期潜在性协同效益；之后，又结合这个模型和流行病学关系在 2030 年煤密集和低碳电力系统情景下测算了交通和建筑部门电气化的空气质量、健康和气候变化的协同效益，发现电气化能带来一定的空气质量改善和健康效益（50%—75% 的电气化每年可避免41000 人—57000 人的死亡）。我国实证性研究的案例较为集中于城市或区域，顾阿伦[1]等的测算研究表明，相对于水泥和钢铁行业，2005 年至 2012 年电力行业单位煤耗的 SO_2 排放强度始终最高，且该行业末端治理技术对工业整体大气污染物减排量贡献巨大。Price 等[73]通过 LEAP 模型模拟乌鲁木齐市在"十一五"和"十二五"时期的节能减排政策的协同减排效益，认为不同时期节能减排措施的协同减排效果有显著差别。

（四）国内外关于电力行业协同效益的研究现状

具体到能源生产部门下的电力行业，国际上也有不少着重于清洁能源替代火电等能源政策的协同效益方面的研究。Driscoll[78]分析了美国电厂碳标准的三种替代方案情景下（2005年、2020年、2030年）发电燃料和技术的差异，以及由此产生的空气质量和公共卫生协同效应。Buonocore[2]评估发现大西洋中部的海上风力发电能够产生每兆瓦时54美元—120美元的健康和气候效益，定量展示了两个不同地点不同规模海上风电的公共卫生健康和气候效益；然后在Driscoll等人的空气质量和健康协同效益分析的基础上，对14个供电区域2020年以类似于美国清洁能源计划的政策情景下的协同效益和成本进行了估算和绘制，进一步回答了成本和协同收益大小变化、空间分布及其与政策的相互关系等问题。Plachinski[39]使用mypower电力部门模型模拟了威斯康星州的电力系统及其对能源政策的响应，通过比较工厂大气污染物减排量的观测值与模拟计算值，发现期减排量的空间和时间异质性很高。Partridge等[79]采用一种简单而合理准确的损伤函数健康效益评估方法，对中国风电或小型水电代替燃煤发电所带来的一些健康效益进行了货币化分析，发现与附加成本相比，它可能很小。国内学者尚未对中国的可再生能源进行全面的成本效益分析，也没有为协同利益提供一个良好的初步评估基础。

国内学者致力于从电力行业整体讨论协同减排的情况。杨勇平[9]根据能源统计数据对中国火力发电的能耗水平进行横向和纵向对比分析，并预估中国火力发电在2015年和2020年的发电供电煤耗率。Peng[72]测算比较了2030年省份层面的三种不同电力需求和低碳发展路径情景下对CO_2的减排效果及其电力生产、运输、环境等成本。傅京燕[51]综合分析我国东部、中部、西部各地区电力行业的协同减排情况及其扩张机制，得出区域异质性在协同减排过程中扮演着重要角色，并对不同区域提出针对性的减排政策建议。也有学者关注清洁能源替代化石燃料、发电结构优化升级的协同效益和成本的测算比较。Bing Xue[8]用中国排放清单标准对风电部门的协同效应进行全生命周期测算，结果显示同等发电量下，风电对CO_2的减排量占其总减排量的97.48%，同时占SO_2、NOx和PM10减排量的80.38%、57.31%和30.91%。Yi-HsuanShih[80]综合全面地对台湾核电、煤电、风电、光伏发电和天然气发电的社会成本进行生命周期评估，并与欧洲和日本的相关情况做比较。再细化到电力行业和燃煤火电厂，研究多是关于技术减排的末端治理措施对大气污染物和CO_2减排的协同效益及成本，较为常见的量化评估方法有：协同控制效应（二维/三维）坐标系、交叉弹性系数、成本—效益分析、减排路径构建等。毛显强[34,81]首次从环境—经济—技术角度系统地提出采用协同控制效应坐标系、减排量交叉弹性系数、单位污染物减排成本等方法多角度评价技术减排措施对 SO_2、NOx 和 CO_2 的协同控制效应及成本，得出末端技术减排措施不具有协同性且单位污染物减排成本高而前端和过程控制措施具有较好的减排协同性且单位污染物减排成本较低，认为针对不同污染物的治理措施选择排序不同，总体上看前端控制措施和过程控制措施较末端治理措施的排序靠前。之后，毛显强又将同样的方法运用于钢铁、交通、建筑等重点行业，评价分析各个行业节能减排技术的协同控制效应。汤烨[6]核算了天津某典型火电厂的末端脱硫、脱硝工艺对 CO_2 的协同产生量，结果发现该电厂脱硫和脱硝工艺不仅会通过化学反应产生 CO_2，还会由工艺运行造成的电耗而间接产生 CO_2。赵海君[19,38]利用 2014 年至 2015 年我国 39 个新建燃煤电厂机组的输入数据来测算其末端大气污染物控制设备对于碳排放和能耗的协同作用，发现 APCDs 对彼此的目标去除物有正的协同效应，但由于设备能耗和化学反应导致其对于 CO_2 的排放具有负的协同效应。另外，除了火电厂 APCDs 的协同效益得到学者关注以外，仅有少数学者讨论温室气体减排政策或技术对大气污染物的协同效益。傅京燕[51]着重研究电力行业的主要污染物 SO_2，量化了电力行业 CO_2 的减排活动对 SO_2 的协同减排效应并探讨其协同扩张路径，论证了协同减排的区域异质性。张绚[82]则重点评估我国电力行业中针对大气颗粒物及温室气体的 15 个治理措施的协同效应成本—效益，将评估结果进行排序和优化后提出低成本、高效率的协同减排方案。虽然碳封存技术（CCS）和碳捕获的应用普及度不高，但是也有很多关于 CCS 对污染物的协同控制效应及减排潜力的研究。

除了以上具体的理论或实证研究，也有不少学者善于梳理研究进展以探索研究角度或研究空白。郑佳佳[11]对国内外关于协同效益的研究文献进行梳理分析，从研究方向、方法、区域、部门和应用上区分了国内、国外研究的不同和差距。胡涛回顾了协同控制的定义、研究阶段，展望了研究方向，特别是协同控制的导则、综合试点及政策手段等。

（五）国内外研究对比分析

国外协同效应的研究起步较早且较为全面，注重模型的开发和使用，善于结合复杂的综合性情景分析方法，定量研究的层次较高。国内研究与之对比仍然存在一定差距，主要表现在：①研究尺度上，国际上针对欧洲、美国等发达地区的研究较多；国内研究多着重于某个特定的部门或区域，因为数据可得性，较少涵盖中国所有省份。②研究方向上，国际上主要关注温室气体减排政策和措施所产生对环境改善的协同效应；而国内则关注对大气污染物减排政策或措施所产生的减缓气候变化的协同效应。③研究内容上，环境政策的健康效益、社会效益、经济效益都是国际研究的关注点；由于国内对公众健康、能源安全等协同效益的货币化研究仍处于起步阶段，涉及更广范围的公众健康、社会安全等效益的研究较少。④研究精度上，国际上量化研究的工具和手段已比较完备成熟，国际研究偏向于对综合性政策组合协同效应的全面评价，研究深度和创新度较高；国内研究侧重于定性、半定量的研究，以对某类具体减排技术的研究居多。⑤研究方法上，国际层面的研究大多采用模型模拟；国内研究则利用排放清单等计算方法来讨论减排量指标。⑥研究目标上，国际研究涵盖了绝大部分的经济部门，而国内研究主要集中于电力部门、建筑部门和交通部门。⑦研究应用上，国外研究由于立足于全球尺度对中国国情的了解和分析不足，研究成果对中国双重减排目标的现实指导意义较弱；而国内注重国际新理论与国情有机结合的实证类、应用类研究较多，对我国协同减排工作和现行环境政策的评估及建议能提供较好的理论支持。

整体上看，协同效益无论从研究内容还是研究方法上都在不断改进和完善：①研究的区域越来越大，由单一城市扩大到城市群，城市带，由单一国家扩大到州际区域内的所有国家，甚至扩大到全球层面；②研究针对的部门也越来越多，由传统的工业部门扩展到日常的居民生活部门（建筑、交通等）；③研究涵盖的对象更多，由 SO_2 和 NO_x 排放到目前的细微颗粒物排放、水以及对人体健康的影响等；④研究的模型工具越来越复杂，自下而上的模型工具对技术和措施的划分方式越来越丰富；⑤研究的落脚点从实物减排量转向货币化度量，模型方法越来越复杂，其数据的数量和精度要求也越来越高。

就针对电力行业的现有研究来看，仍存在以下不足：①研究对象多为单一环境政策或多项减排措施的组合，协同减排效应评估数据源于政策目标预测或工程技术参数，量化结果仅为预测值或理论值，忽视了协同减排活动的历史性和即时性变化；②研究方法局限于 CGE 模型和自下而上的综合政策评估模型，这类模型内部设计复杂、数据要求高且难以跟踪其作用机制，也不能回答政策冲击下的协同减排幅度问题；③研究通常将"大气污染与温室气体可相互协同减排"作为既定条件，而忽略了温室气体减排活动增加大气污染物排放的可能性；④大部分研究都会关注减排大气污染物和温室气体的协同效应（包括健康效益），很少有研究会关注经济成本削减的协同效应[51]。

面对目前电力部门研究的现状，需要加强协同效益的量化研究，主要可以从以下三个方面拓展：①采用混合模型工具，加强模型的应用与开发；②加强协同效应的货币化研究，使环境效益、公众健康效益、社会效益更清晰化、量化；③进行多区域和多领域的对比研究，不断丰富协同效应理论的应用深度和广度。

三、电力行业协同效益量化分析方法体系

（一）案例选择

案例研究方法被广泛应用于社会科学研究领域。本文采取的案例研究方法是基于同一主题的多案例研究，即针对电力行业的技术减排和结构减排措施对大气污染物 SO_2、NO_x、TSP 和温室气体 CO_2 的协同效应，选取云南省、上海市、江苏省和浙江省为典型代表地区进行案例研究。选择经济较发达的东部江浙沪地区与经济欠发达的西部云南省进行比较，可以更加直观地分析不同发展水平省份电力部门协同控制措施产生的协同效益的效果和影响，这在之前的国内电力部门的协同效益研究中还是空白。上海市、江苏省和浙江省作为发达地区的代表，面临的经济、社会和环境问题也更为复杂，如能源结构、产业结构调整、人口压力、环境污染等。以江浙沪三个地区为案例的研究，对其可持续发展和低碳发展政策具有重要的指导意义，将对中国其他超大城市或高速发展地区具有一定借鉴意义。而云南省经济水平相对落后，电力行业的 APCD 普及度和先进性不高，但清洁能源尤其是水力代替煤炭发电的比例较高，结构减排的讨论空间较大。因此，同时比较这四个地区，有助于从经济和环境效益角度更全面准确地评价不同措施的协同减排效益，有利于对我国不同发展水平的地区制定更有针对性的节能减排措施，并结合地区的自身情况设计和实施更加精

准的碳减排和污染控制政策。更重要的是，本研究关注了长三角—江浙沪区域内城市间经济和环境发展的相互影响及融合，这可以为区域的协同减排总体政策的设计和实施提供科学建议，可以为国家"区域联防联控"的治理目标的实现提供支持。

本次研究对象包含电力行业下的火力发电和清洁能源发电（图2-4）。其中火电部分选定独立火电厂为主要研究对象，因为各地区独立火电厂数约占总火电厂数的60%，独立火电厂大气污染物的排放量约占所有火电厂大气污染物排放量的80%[10]，且独立火电厂的技术参数、排放数据、经济投资数据更易获得、更全面。因此技术减排措施主要针对独立火电厂，而结构减排措施则主要指水力发电、风力发电和太阳能发电。

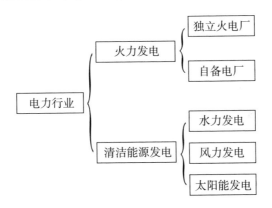

图2-4 研究对象关系图

（二）排放量计算

本研究首先根据统计数据得出云南省、上海市、江苏省和浙江省的独立火电厂大气污染物（SO_2、NOx、TSP）和CO_2的排放系数，接着计算被筛选出的火电厂末端技术减排措施和结构减排措施对上述废气的减排系数，然后基于协同控制评价方法，从协同减排系数、减排量交叉弹性系数、协同效应坐标系、大气污染物协同减排当量指标多角度综合评估这些措施的协同减排效应，并计算出单位污染物减排成本进行成本—效果评价，最终根据所选措施的减排潜力绘制出各地区独立火电厂针对不同大气污染物和CO_2的协同减排路径。具体的方法和公式详述于下文。

1. 二氧化碳排放量

本研究中对温室气体二氧化碳的排放量的分析采用了 IPCC 的排放因子分析法，其计算公式如下：

$$E_{CO_2} = EC \times EF_{CO_2} \qquad (1)$$

式中，E_{CO_2}——温室气体 CO_2 的年排放量，单位为吨（t）；

EC——独立火电厂的年能源消耗量，单位为吨（t）；

EF_{CO_2}——独立火电厂 CO_2 的排放系数，该系数参考《2006 年 IPCC 国家温室气体清单指南》和《中国能源数据分析手册2016》里的相关值。

2. 排放系数

计算不同地区火电行业的排放系数有助于初步比较各自的排放强度，也是后续计算分析步骤的基础数据，是整个研究的起点和根本。排放系数分为直接排放系数和间接排放系数。直接排放系数指消耗每单位火电燃料的污染物排放量，单位为吨/吨标煤（t/tce）；间接排放系数指消耗每单位火电产品（即电力）的污染物排放量，单位为克/千瓦时（g/kWh）。根据研究主题和能源消耗、污染排放数据的可获得性，本文以 2015 年为基准年。首先需要算出各个地区独立火电厂 CO_2、SO_2、NOx 和 TSP 的排放系数，分别估算直接节能和间接节能所产生的减排效果，并作为后续计算的基础参数。具体计算公式如下所示。

①直接排放系数

$$DI_j = E_j/EC \qquad (2)$$

式中，j——污染物 j（CO_2、SO_2、NOx、TSP）；

DI_j——污染物 j 的直接排放系数，单位为吨/吨标煤（t/tce）；

E_j——污染物 j 的年排放量，单位为吨（t）；

EC——独立火电厂的年能源消耗量，单位为吨（t）。

②间接排放系数

$$II_j = E_j/EP \qquad (3)$$

式中，j——污染物 j（CO_2、SO_2、NOx、TSP、APeq）；

II_j——污染物 j 的间接排放系数，单位为克/千瓦时（g/kWh）；

E_j——污染物 j 的年排放量，单位为吨（t）；

EP——独立火电厂的年发电量，单位为千瓦时（kWh）。

（三）减排效果

根据排放系数和各项措施的节能数据，计算节能减排措施对废气（大气污染物和温室气体）的减排量。本文的节能减排措施分为两类，一类是清洁能源发电措施，如水力发电、风力发电、太阳能发电等；另一类是火电厂末端大气污染物治理措施，即 Air Pollution Control Devices（以下简称 APCDs）本文选择讨论的是普及率最高的脱硫、脱硝、除尘三种设备。

1. 清洁能源发电措施的废气减排量

$$R_{i,j} = RC_i \times D I_j \tag{4}$$

式中，$R_{i,j}$——措施 i 对污染物 j 的年减排量，单位为吨（t）；

$D I_j$——污染物 j 的直接排放系数，单位为吨/吨标煤（t/tce）；

RC_i——措施 i 的年节能量，指该措施替代火力发电所节约的燃料煤消耗量，单位为吨标煤（tce）。可用下式表示：

$$RC_i = EP_i \times SC \tag{5}$$

式中，EP_i——措施 i 的年发电量，单位为千瓦时（kWh）；

SC——地区电力行业的供电煤耗，单位为克标煤/千瓦时（gce/kWh）。

2. 末端废气治理措施的废气减排量

参考课题组之前的研究，即赵海君的科研论文和硕士论文中的质量守恒法，核算出 2015 年全国各地区新建火电机组的 APCDs 对大气污染物和二氧化碳的协同作用系数。具体的协同减排系数列于表 2－5。

表 2－5　末端技术减排对温室气体和电能的协同系数

目标因子	减排措施	电能（10^6kWh）	CO_2（t）
SO_2（t）	WFGD	－3.990	－0.690
NOx（t）	SCR	－5.860	－0.480
	NSCR	－3.410	－0.480

续表

目标因子	减排措施	电能 (10^6 kWh)	CO_2 （t）
TSP （t）	EP	－0.054	0
	Bag	－0.030	0
	EP + Bag	－0.048	0

注：WFGD（Wet Flue Gas Desulfurization）为石灰石 – 石膏湿法脱硫；SCR（Selective Catalytic Reduction）为选择性催化还原法脱硝；SNCR（Selective Non-catalytic Reduction）为选择性非催化还原法脱硝；EP（Electrostatic Precipitator）为电除尘；Bag 为布袋除尘。

3. 节能减排措施的减排系数

$$IR_{i,j} = \frac{R_{i,j}}{EP_i} \tag{6}$$

式中，$IR_{i,j}$——措施 i 对污染物 j 的减排系数，单位为千克/兆瓦时（kg/MWh）；

$R_{i,j}$——措施 i 对污染物 j 的年减排量，单位为吨（t）；

EP_i——措施 i 的年发电量，单位为千瓦时（kWh）。

4. 空气污染物当量

毛显强等[34,81]构建了空气污染物当量指标 APeq（air pollutant equivalence），将减排效果归一化处理来反映大气污染物与温室气体协同减排的线性累计效果。本研究借鉴此指标来整体考量大气污染物和二氧化碳的排放、减排效益，以便绘制并比较地区的整体空气污染物减排路径。归一化计算公式为：

$$APeq = \alpha SO_2 + \beta NO_x + \gamma PM_{10} + \delta CO + ?NHMC + \theta CO_2 \tag{7}$$

本次研究主要针对 SO_2、NOx、TSP、CO_2 的排放和减排，故将上式调整为：

$$APeq = \alpha S + \beta N + \gamma T + \theta C \tag{8}$$

式中，S、N、T、C——分别代表 SO_2、NOx、TSP、CO_2 的减排量；

α、β、γ、θ——各污染物对应的效果系数或权重值，其取值是基于外部化影响的价格化评价值。本文通过"污染物排污费"来获取 APeq 当量的权重值。标准确定为 400×10^{-6}。各种大气污染物和温室气体的浓度限值及 APeq 当量系数见表 2 – 6。

表 2 – 6　APeq 当量系数的确定

地区	排污费（元/kg）			
	SO₂	NOx	TSP	CO₂
云南、江苏、浙江	1.263	1.263	1.263	0.030
上海	4.000	4.000	4.000	0.030

因此，本次研究中 APeq 确定的各项系数下对应的公式为：

$$APeq = S + N + T + 0.024C（云南、江苏、浙江）\tag{9}$$

$$APeq = S + N + T + 0.0075C（上海）\tag{10}$$

（四）协同控制效应分析

1. 协同效应系数

为了能够进一步分析减排措施的协同效应，本文通过计算减排措施的协同效应系数，它能够反映各项减排措施对不同大气污染物、温室气体及能耗是否具有协同控制效应及其"协同程度"。减排措施直接作用的称为目标因子，减排措施在管控目标因子的同时间接影响的称为协同因子。例如：脱硫工艺的目标因子是 SO_2，而协同因子包括其他大气污染物（NOx、TSP）、CO_2 和能耗。定义 F 为协同效应系数，其计算公式如下：

$$F_{i,a/b} = R_{i,a} / R_{i,b}\tag{11}$$

式中，$F_{i,a/b}$——协同效应系数，即减排措施 i 作用下协同因子 a 的变化量和目标因子 b 的变化量的比值；

$R_{i,a}$——减排措施 i 对协同因子 a 的间接影响，即其对大气污染物（NOx、TSP）、温室气体 CO_2 的减排量和节能量，如果其增加能耗和排放，$R_{x,a}$ 为负数；

$R_{i,b}$——减排措施 i 对目标因子 b 的直接作用，其余同 $R_{x,a}$。

如果 $F < 0$，减排措施 i 具有负的协同效应；如果 $F = 0$，减排措施 i 没有协同效应；如果 $F > 0$，减排措施 i 具有正的协同效应。如果 $0 < F < 1$，减排措施 i 具有正的协同效应，且对 b 的影响程度要高于 a；如果 $F = 1$，减排措施 i 具有正的协同效应，且对 a、b 的作用程度相同；如果 $F > 1$，减排措施 i 具有正的协同效应，且对 a 的影响程度要高于 b。

2. 协同控制效应坐标系分析

协同控制效应坐标系,即在二维四象限空间坐标系中,以不同的象限表达某项减排措施对于不同污染物的减排效果。某项减排措施在坐标系中所处的空间位置,可以直观地反映其减排效果及其协同效应。

以二维坐标系为例,横坐标表示减排措施对某种大气污染物的减排效果,纵坐标表示对温室气体的减排效果。坐标系中的每个点分别对应一项减排措施,点的横、纵坐标则直观地表达了该措施对大气污染物和温室气体的减排效果:位于第一象限表示该措施可同时减排两类污染物,位于第二象限表示减排温室气体但增排大气污染物,位于第三象限表示同时增排两类废气,位于第四象限表示减排大气污染物但增排温室气体。在第一象限中,某点到原点连线与横坐标的夹角越大,表明该点所代表的措施在减排等量大气污染物的同时,对温室气体的减排效果越好;同一连线上的点,距原点越远表明该措施对大气污染物和温室气体的减排强度越大。

3. 减排成本

综合考虑减排措施的经济成本和环境效益、直接减排效果和间接减排效果,使用"单位污染物减排成本"指标对减排措施进行成本有效性评价。

减排措施 i 的污染控制成本 C_i 计算公式如下:

$$CC_i = AC_i + OM_i \tag{12}$$

$$AC_i = TC_i \times \frac{\alpha(1+\alpha)N}{(1+\alpha)N+1-1} \tag{13}$$

$$MB_i = \sum (P_j \times R_{i,j}) \tag{14}$$

式中,CC_i——减排措施 i 的年均污染物控制成本(包括建设成本和运行成本);

AC_i——减排措施 i 的年均投资成本;

OM_i——减排措施 i 的年度运行维护成本;

TC_i——减排措施 i 的总投资成本(假设在一开始即发生);

α——折现率(基于亚洲开发银行 2007 年关于社会折现率的研究设定 3%);

N——减排措施 i 的使用期(起始年间);

MB_i——减排措施 i 的节能增效收益（大气污染物的环境成本）；

P_j——减排目标物 j 的市场价，如排污费、碳交易价格、电价；

$R_{i,j}$——减排措施 i 对污染物 j 的减排量。

因此，单位污染物减排成本的计算公式如下：

$$C_{i,j} = \frac{CC_i - MB_i}{R_{i,j}} \tag{15}$$

式中，$C_{i,j}$——减排措施 i 减排单位污染物 j 的成本。

单位污染物减排成本（元/kg）将减排措施的减排效果和减排成本综合考虑，反映了减排单位量的污染物所付出的净成本。该值较低的措施，成本有效性较好，在减排选择上有较高的优先度；该值较低的措施，成本有效性较差，优先度较低。

单位发电量增量成本（元/MWh）表示综合考虑了减排效益和成本后某项节能措施下新增单位发电量的净成本，可由上述成本转化单位得到。

$$C_{,i,j} = \frac{CC_i - MB_i}{EP_i}$$

（五）研究数据收集

1. 数据收集

本次研究分别对云南省、上海市、江苏省和浙江省的相关数据进行收集，数据主要来源为各类统计年鉴（2010—2016），包括：

● 《中国统计年鉴（2010—2016）》

● 《中国能源统计年鉴（2010—2016）》

● 《中国电力年鉴（2010—2016）》

● 《中国环境统计年鉴（2010—2016）》

● 《中国环境统计年报（2010—2016）》

年鉴中缺失不全的数据则通过对云南省和上海市实地调研获得。各地区的全部相关数据主要涵盖以下五大方面信息：经济增长、电力生产、能源消耗、废气排放治理和经济要素，具体参数列于表 2-7（a）、表 2-7（b）和表 2-7（c）。

表 2 - 7 （a） 各地区基本研究数据表

一级参数	二级参数		单位
经济增长	地区生产总值		亿元
	人均地区生产总值		万元
	地区 GDP 年增长率		%
	地区 GDP 平减指数 （1978＝100）		无
电力生产	注册信息	独立火电厂个数	个
		机组数	台
	发电量	火力发电	10^8 kWh
		水力发电	10^8 kWh
		风力发电	10^8 kWh
		核能发电	10^8 kWh
		太阳能发电	10^8 kWh
	供电线损率	—	%
能源消耗	燃料煤消耗量 （实物量）	发电消耗量	万吨
		供热消耗量	万吨
	燃料油消耗量 （实物量）	—	万吨
	单位煤耗量 （标准量）	发电煤耗	克标煤/kWh
		供电煤耗	克标煤/kWh

表 2 - 7 （b） 各地区基本研究数据表

一级参数	二级参数		单位
废气排放治理	独立火电厂产生量	SO_2	万吨
		NOx	万吨
		TSP	万吨
	独立火电厂排放量	SO_2	万吨
		NOx	万吨
		TSP	万吨

续表

一级参数	二级参数		单位
废气排放治理	工业排放量	SO$_2$	万吨
		NOx	万吨
		TSP	万吨
	地区排放量	SO$_2$	万吨
		NOx	万吨
		TSP	万吨
	废气治理设施	脱硫设施数	套
		脱硝设施数	套
		除尘设施数	套

表 2-7（c） 各地区基本研究数据表

一级参数	二级参数		单位
经济要素	电力行业投资	—	亿元
	平均上网电价	火力发电	元/10^{3}kWh
		水力发电	元/10^{3}kWh
		风力发电	元/10^{3}kWh
		核能发电	元/10^{3}kWh
		太阳能发电	元/10^{3}kWh
	平均销售电价	—	元/10^{3}kWh
	折现率	—	%
	废气治理设施运行费用	脱硫设施	万元
		脱硝设施	万元
		除尘设施	万元

2. 标准系数

在上述关于排放系数和减排系数的计算过程中，需要借助一些标准系数将原始数据转换成可计算的形式或参数。具体系数如表 2-8 所列。

表 2 – 8　各项计算标准系数

系数类别	能源	换算参考值	来源
能源折标系数	洗精煤	0.9000 吨标煤/吨	《综合能耗计算通则》（GB/T2589—2008）
	燃料油	1.4286 吨标煤/吨	
	天然气	13.300 吨标煤/万立方米	
火电厂 CO_2 排放系数	燃料煤	2.53 千克 CO_2/千克	《2006 年 IPCC 国家温室气体清单指南》《中国能源数据分析手册 2016》
	燃料油	3.11 千克 CO_2/升	

注：表中 CO_2 排放系数参考值 = IPCC 原始排放系数 * 我国燃料热值 * 碳氧化因子，我国燃料热值采用《中国能源数据分析手册 2016》的各项能源热值，碳氧化因子值为 1。

四、案例省市地区介绍

（一）经济发展

2015 年江苏和浙江的 GDP 在全国 31 个地区 GDP 的排名中分列第 2 位和第 4 位，上海位列第 11，云南位列倒数第 9 位；而当年的全国各地区人均 GDP 排名，上海、江苏、浙江分别位列第 3、4、5 位，云南位列倒数第 2 位（图 2 – 5）。因此从全国经济发展总体格局上看，江浙沪地区是经济发展的主力军和领导者，云南的经济发展相对落后。

"十二五"期间，云南省和江浙沪的 GDP 增长情况分别如图 2 – 6（a）和图 2 – 6（b）所示，由图可知全国和长三角在这一期间增速下降，趋于稳定；云南先下降后上升，"发展意愿"很强。位于长三角地区的江浙沪地区是中国的经济、金融、贸易和航运中心。《中华人民共和国国民经济和社会发展第十三个五年规划纲要》，也一再强调绿色发展和生态宜居标准要求，可见低碳和绿色发展以及环境的质量改善必然成为江浙沪地区省市发展战略的重要部分。云南省虽然经济发展水平较落后，但下一个五年发展期间将进行重工业结构转型，力求全省工业部门增加值年均增长 7.5%，并进一步推进绿色低碳发展和生态文明建设进程。

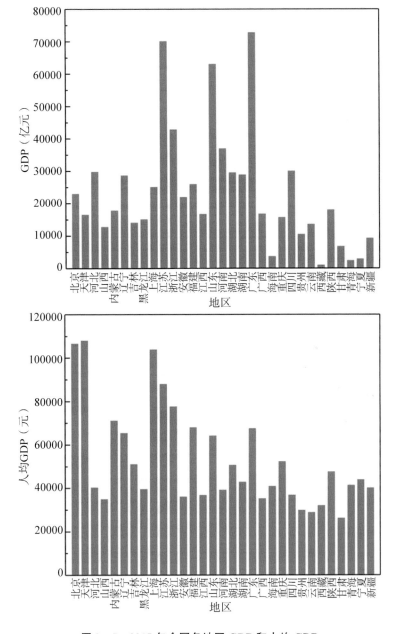

图 2-5　2015 年全国各地区 GDP 和人均 GDP

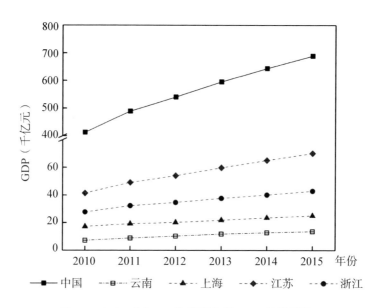

图 2-6（a）"十二五"期间各地 GDP 的增长情况

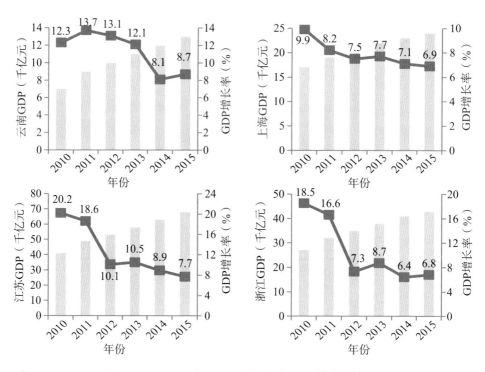

图 2-6（b）"十二五"期间各地 GDP 的增长情况

（二）电力行业情况

2015 年云南省和"江浙沪"各自的发电量组成情况如图 2 - 7 所示。云南省水力发电量占比（85.27%）约是火力发电量占比（10.81%）的 8 倍，风电和太阳能发电占很小的比重（3.92%）。上海市没有水力发电，火力发电量占比极高（98.66%），风电和太阳风发电量总和只占该市发电量的 1.34%。江苏火力发电量（93.81%）约是核电、水电、风电和太阳能发电总量的 16 倍，核电是占比最大的清洁能源发电方式（4%）。浙江省的火力发电量占比比上海和江苏省火电占比较低（74.76%），核电是占比最大（16.69%）的清洁能源发电方式，水电、风电和太阳能发电的占比（8.52%）。综上所述，2015 年电力生产方式中，云南省以水利发电为主，"江浙沪"三地均以火力发电为主导，上海、江苏、浙江三省的火电占比依次降低，核电在江苏、浙江两地均是占比最大的清洁能源发电方式。

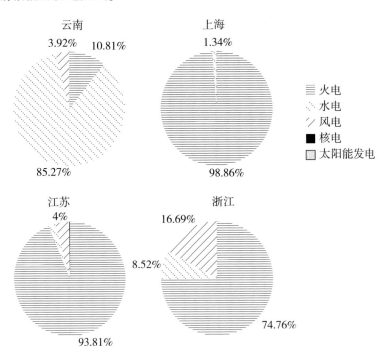

图 2 - 7　2015 年云南省和"江浙沪"各地的发电结构

（三）环境情况

1. 电力行业的大气污染物排放

"十二五"期间，云南省火电厂 SO_2 排放量占地区 SO_2 排放总量的百分比逐年下降至11.14%，年均占比为18.80%；火电厂 NOx 排放量占地区排放总量的百分比也是逐年下降至8.35%，年均占比为21.63%；TSP 占比起伏下降至1.79%，年均占比为3.74%（图2-8（a））。

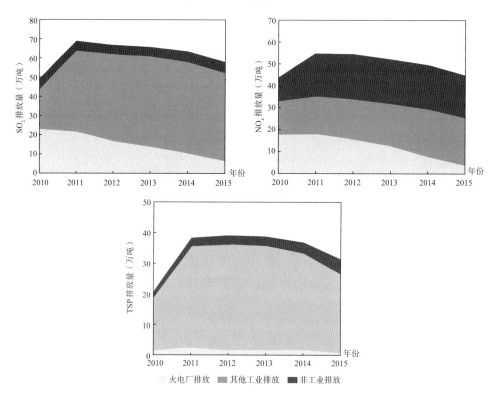

图2-8（a） 2010—2015年云南大气污染物排放组成

"十二五"期间，上海市火电厂 SO_2 排放量占地区 SO_2 排放总量的百分比逐年下降至21.98%，年均占比为24.99%；火电厂 NOx 排放量占地区排放总量的百分比急剧下降至17.85%，年均百分比为40.42%；TSP 占比起伏下降至13.90%，年均占比为15.60%（图2-8（b））。

江苏省火电厂 SO_2 排放量占地区 SO_2 排放总量的百分比逐年缓慢下降至30.20%，年均占比为36.98%；火电厂 NOx 排放量占地区排放总量的百分比急剧下降至31.42%，年均百分比为42.77%；TSP占比起伏下降至8.98%，年均占比为15.11%（图2-8（c））。

浙江省火电厂SO$_2$排放量占地区SO$_2$排放总量的百分比逐年缓慢下降至29.55%，年均百分比为35.45%；火电厂NOx排放量占地区排放总量的百分比急剧下降至36.96%，年均百分比为46.55%；TSP占比起伏下降至8.45%，年均占比为12.49%（图2-8（d））。

可以发现在经济发达的江浙沪地区，火电厂大气污染物排放量占地区大气污染物总排放量的比重比经济较落后的云南地区大很多，这一结论说明了电力行业（尤其是火电厂）是支撑地区经济发展的重要部门，也是大气污染物的主要来源，这也更加凸显了本研究的现实意义和价值。

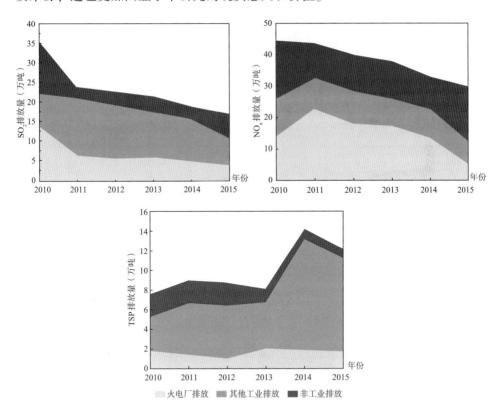

图2-8（b）　2010—2015年上海大气污染物废气排放组成

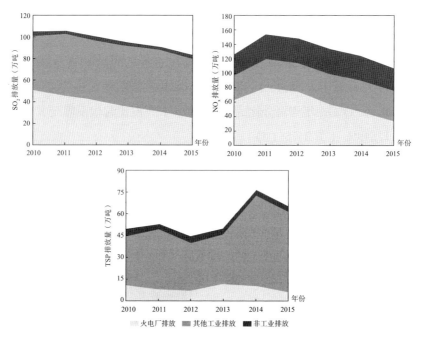

图 2 – 8 （c） 2010—2015 年江苏大气污染物废气排放组成

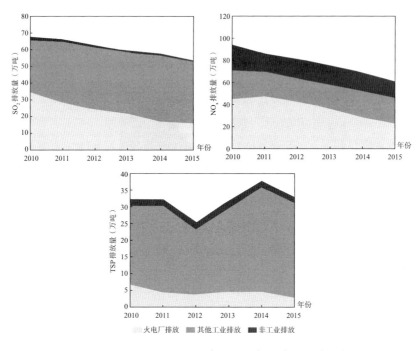

图 2 – 8 （d） 2010—2015 年浙江大气污染物排放组成

2．CO_2排放

利用上文提供的研究方法，可以得到 2015 年这四个地区独立火电厂（不包括钢铁、建筑等其他行业的自备电厂）的能量消耗和温室气体排放情况（表 2 － 9）。因为碳排放与能耗量成正比，从表中得出 2015 年江苏省独立火电厂的年能耗量和年 CO_2 排放量均是四个地区中最高，其次是浙江省，云南省的这个两个指标均是最小。

表 2 － 9　2015 年各地区独立火电厂的能耗量温室气体排放量

地区	能耗（10^4 tce）	CO_2 排放量（10^4 t）
云南	1111. 50	3124. 55
上海	2267. 37	6373. 83
江苏	14940. 72	42000. 02
浙江	8287. 92	23298. 26

注：tce 为吨标煤。

3．排放系数

利用上文提供的研究方法，计算出四个地区电力行业的独立火电厂的直接排放系数如表 2 － 10 所示。在这四个地区中，云南独立火电厂的 SO_2、NOx 直接排放系数最高，其次是浙江省，较低的是上海市和江苏省；上海独立火电厂的 TSP 直接排放系数最高，其次是云南，较低的是江苏和浙江；由于实地调研的排放数据的不可获得性，本研究中 CO_2 的直接排放系数由 IPCC 的碳排放因子计算得出，故四个地区的该项系数是一样的。四类废气中，CO_2 的直接排放系数数值最高，其次是 NOx，最次是 SO_2，TSP 的直接排放系数最低。

表 2 － 10　各地区独立火电厂直接排放系数

地区	SO_2（kg/tce）	NOx（kg/tce）	TSP（kg/tce）	CO_2（t/tce）
云南	5. 85	3. 38	0. 50	2. 81
上海	1. 66	2. 37	0. 74	2. 81
江苏	1. 69	2. 25	0. 39	2. 81
浙江	1. 92	2. 71	0. 34	2. 81

各地区的电力行业的独立火电厂的间接排放系数计算结果如表 2 – 11 所示。在这四个地区中,云南独立火电厂的 SO_2、NOx、CO_2 间接排放系数最高,其次是浙江省,江苏省和上海市较低;上海独立火电厂的 TSP 直接排放系数最高,其次是云南,较低的是江苏和浙江。四类废气间接排放系数数值的高低和直接排放系数一致:CO_2 的排放系数数值最高,其次是 NOx,再次是 SO_2,最后是 TSP 的直接排放系数最低。

表 2 – 11　各地区独立火电厂间接排放系数

地区	SO_2(g/kWh)	NOx(g/kWh)	TSP(g/kWh)	CO_2(g/kWh)
云南	2.34	1.35	0.20	1124.55
上海	0.46	0.66	0.21	786.89
江苏	0.61	0.81	0.14	1011.56
浙江	0.72	1.01	0.13	1048.53

综合上述结果,由于经济发展结构、燃料成分、燃烧方式、废气处理等各方面的差异,就独立火电厂的大气污染物和二氧化碳的排放强度而言,云南省远高于其他三个地区,上海的排放强度最低。

五、案例地区电力行业节能减排措施协同减排量分析

(一) 清洁能源发电措施的废气减排量

2015 年各地区的清洁能源发电措施对废气的减排量分析结果分别如图 2 – 9 (a,b,c,d) 所示。基于清洁能源发电措施的结构比重,云南和浙江省的水电对四类废气的去除作用最明显,风电和太阳能发电的废气去除作用较弱;上海风电的四类废气去除效果远远高于太阳能发电;江苏风电的四类废气去除效果最好,其次是太阳能发电,去除效果最差的是水电。

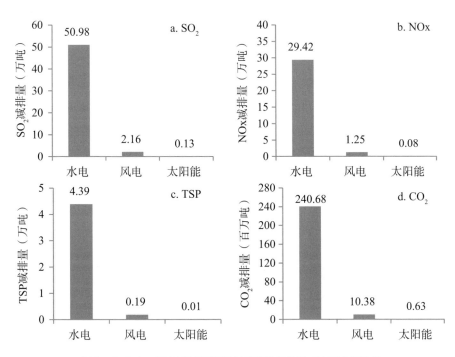

图 2 - 9（a）　2015 年云南清洁能源发电措施的废气减排量

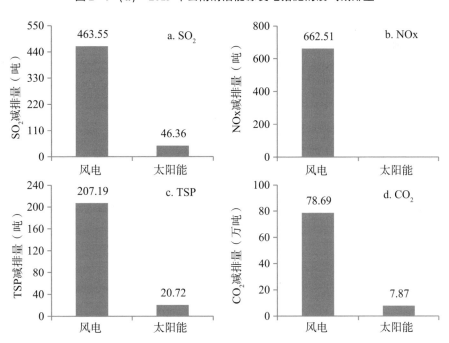

图 2 - 9（b）　2015 年上海清洁能源发电措施的废气减排量

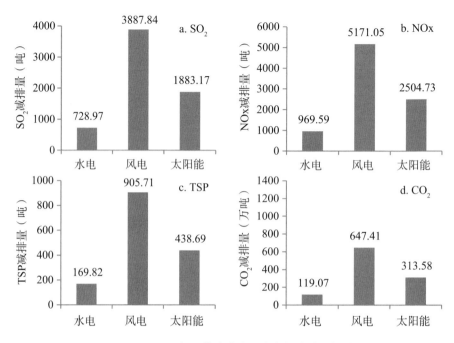

图 2 - 9（c） **2015 年江苏清洁能源发电措施的废气减排量**

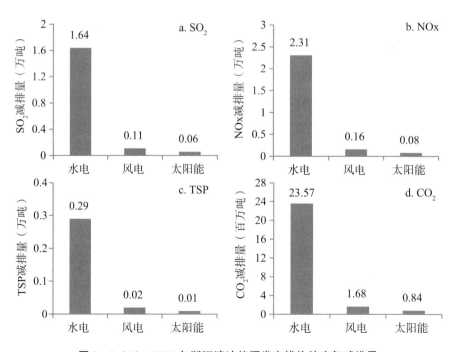

图 2 - 9（d） **2015 年浙江清洁能源发电措施的废气减排量**

（二）APCDs 的废气减排量

利用统计年鉴数据，2010 年至 2015 年四个案例地区的电力行业 APCDs 对废气的减排量变化分别如图 2 - 10（a，b，c，d）所示。由图可知，"十二五"期间云南省独立火电厂的 APCDs 对 SO_2、TSP 的减排量呈先上升后逐渐下降的趋势，2014 年至 2015 年期间下降尤其明显，TSP 的下降幅度更大，原因可能是减排设备未实时更新和完善；而 NOx 的减排量则逐年上升，在 2013 年至 2014 年猛升，2015 年保持稳定上升。上海市独立火电厂的 APCDs 对 SO_2、TSP 的减排量持续缓慢下降；NOx 的减排量则稳步升高并于 2014 年至 2015 年期间的数据。江苏省 APCDs 对 SO_2 的减排量保持稳定，NOx 减排量逐年上升但在最后三年上升幅度变小，TSP 减排量一直上升至 2014 年，2015 年开始下降。浙江省 APCDs 对 SO_2 和 TSP 的减排量基本保持不变，对 NOx 的减排量持续上升态势。

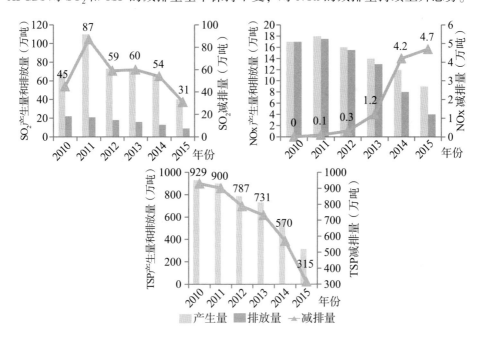

图 2 - 10（a） 2010—2015 年云南独立火电厂 APCDs 的废气减排量

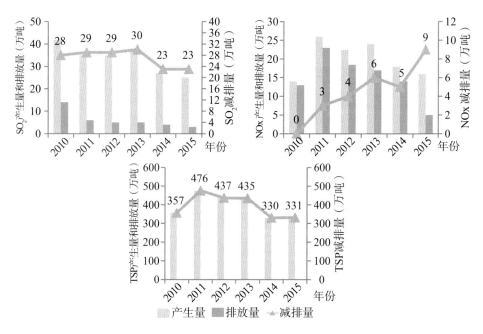

图 2 - 10 (b) 2010—2015 年上海 APCDs 的废气减排量

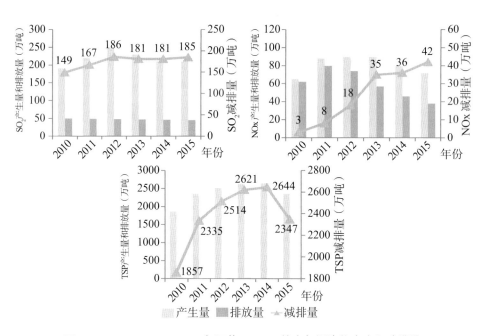

图 2 - 10 (c) 2010—2015 年江苏 APCDs 的大气污染物产生和减排量

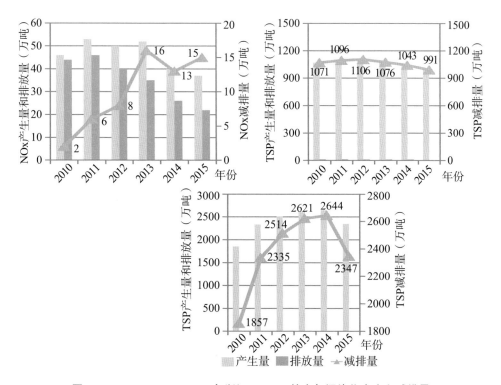

图2-10（d）　2010—2015年浙江APCDs的大气污染物产生和减排量

其中，云南、上海、江苏和浙江在2015年期间的独立火电厂不同APCDs对废气的减排量如图2-11（a）所示，各地区的APCD废气减排具有一些相似的特征和规律：即除尘设备均有极高的TSP去除量，远高于脱硫设备对SO_2的去除量和脱硝设备对NOx的去除量；三类设备由于消耗电能故对CO_2有一定的增排作用，且增排量按脱硫、脱硝、除尘顺序递减。其中江苏省由于经济发展的能源消耗，其火电厂的废气减排量均对应高于其他地区。

为了实现减排效果归一化的比较，制作了图2-11（b）表示各地不同APCD对大气污染物当量APeq的减排效果。各地区APCD对APeq的去除量均按除尘、脱硫、脱硝的顺序递减，除尘设备去除污染物的效果最好。同样，江苏省火电厂三类APCD的废气减排量均对应高于其他地区的三类设备。

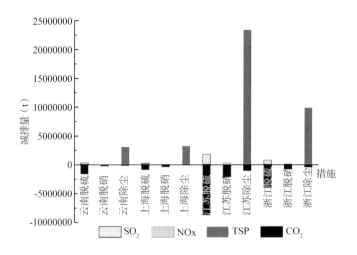

图 2 – 11 （a） 2015 年四个地区独立火电厂 APCDs 的大气污染物减排量

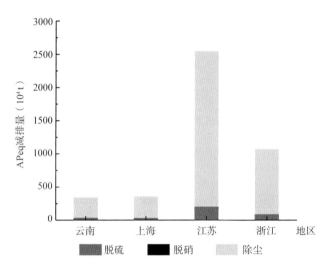

图 2 – 11 （b） 2015 年四个地区独立火电厂 APCDs 的 APeq 减排量

　　2015 年各案例地区不同节能减排措施对废气的减排系数和效果总结列于表 2 – 12。四个地区的减排系数仍然存在一定相同的规律和特征：清洁能源发电措施的各项减排系数均为正，对 CO_2 的减排系数远高于其他大气污染物；APCDs 对目标污染物的减排系数均对应大于清洁能源发电措施对此类污染物的减排系数，但每类 APCDs 对非目标污染物的减排系数均为负，即有增排作用；APCDs 对 APeq 的减排系数按除尘、脱硫年、脱硝规律递减，且除尘的减排系数高于清洁能源发电措施的 APeq 减排系数。

表2-12　各地区主要减排措施的减排系数及效果

地区	措施类别	措施简称	减排量（t）					减排系数（kg/MWh）				
			SO_2	NOx	TSP	CO_2	APeq	SO_2	NOx	TSP	CO_2	APeq
云南	技术减排	脱硫	311565.02	-1695.58	3520.66	-1628161.19	274314.23	11.21	-0.06	0.13	-58.57	9.87432
		脱硝	-510.81	46830.48	-44.06	-267984.91	39843.97	-0.02	1.68	-0.002	-9.64	1.42664
		除尘	-332.18	-191.73	3152862.70	-159563.71	3148509.26	-0.01	-0.007	113.41	-5.74	113.2552
	结构减排	水电	509793.55	294234.89	43968.34	240674970.10	6624196.06	2.34	1.35	0.20	1105.25	30.416
		风电	21603.78	12468.94	1863.27	10377306.96	284991.36	2.34	1.35	0.20	1124.55	30.8792
		太阳能发电	1329.75	767.49	114.69	638741.91	17541.74	2.34	1.35	0.20	1124.55	30.8792
上海	技术减排	脱硫	232139.34	-614.78	2598.57	-890671.64	227443.09	2.87	-0.008	0.03	-11.00	2.8095
		脱硝	-200.54	93151.88	-89.63	-385276.10	89972.14	-0.002	1.15	-0.001	-4.76	1.1113
		除尘	-68.95	-98.54	3304912.94	-117038.41	3303867.66	-0.001	-0.001	40.80	-1.44	40.7872
	结构减排	风电	463.55	662.51	207.19	786892.47	7234.94	0.46	0.66	0.21	786.89	7.231675
		太阳能发电	46.36	66.25	20.72	78689.25	723.50	0.46	0.66	0.21	786.89	7.231675

续表

地区	措施类别	措施简称	减排量（t）					减排系数（kg/MWh）				
			SO₂	NOₓ	TSP	CO₂	APeq	SO₂	NOₓ	TSP	CO₂	APeq
江苏	技术减排	脱硫	1841392.04	-5950.76	21108.13	-8723802.18	1647178.16	4.43	-0.01	0.05	-21.01	3.96576
		脱硝	-1177.46	417068.42	-274.30	-2161631.25	363737.51	-0.003	1.00	-0.001	-5.21	0.87096
		除尘	-641.40	-853.23	23465274.39	-1068213.35	23438142.64	-0.002	-0.002	56.52	-2.11	56.46536
	结构减排	水电	728.97	969.57	169.82	1190713.53	30445.48	0.61	0.81	0.14	992.26	25.37424
		风电	3887.84	5171.05	905.70	6473992.14	165340.40	0.61	0.81	0.14	1011.56	25.83744
		太阳能发电	1883.17	2504.73	438.70	3135839.94	80086.76	0.61	0.81	0.14	1011.56	25.83744
浙江	技术减排	脱硫	813603.68	-3290.45	9382.47	-3976544.85	724258.62	3.66	-0.01	0.04	-17.90	3.2604
		脱硝	-496.57	149249.29	-87.16	-799940.42	129466.99	-0.002	0.67	-0.0004	-3.60	0.5812
		除尘	-319.08	-450.89	9912963.23	-467756.74	9900967.10	-0.001	-0.002	44.61	-2.11	44.55636
	结构减排	水电	16379.03	23145.34	2874.98	23569292.18	608062.36	0.72	1.01	0.13	1029.23	26.56152
		风电	1144.39	1617.14	200.87	1677642.77	43225.83	0.72	1.01	0.13	1048.53	27.02472
		太阳能发电	572.19	808.57	100.44	838821.39	21612.91	0.72	1.01	0.13	1048.53	27.02472

注："-"表示负减排，即增排。

六、案例地区电力行业协同控制效果和减排成本分析

(一) 协同效应系数

由第二章提供的研究方法可知，对于目标因子 b 和协同因子 a：如果协同效应系数 $F_{i,a/b} < 0$，减排措施 i 具有负的协同效应；如果 $F_{i,a/b} = 0$，减排措施 i 没有协同效应；如果 $F_{i,a/b} > 0$，减排措施 i 具有正的协同效应。如果 $0 < F_{i,a/b} < 1$，减排措施 i 具有正的协同效应，且对 b 的影响程度要高于 a；如果 $F_{i,a/b} = 1$，减排措施 i 具有正的协同效应，且对 a、b 的作用程度相同；如果 $F_{i,a/b} > 1$，减排措施 i 具有正的协同效应，且对 a 的影响程度要高于 b。

由表 2-13 可知，云南、上海、江苏、浙江四个地区的结构减排措施（即水电、风电和太阳能发电等间接减少煤炭使用的措施）的协同效应系数均为正，均有正的协同效应（即"协同效益"），且这些措施对减排 CO_2 协同控制程度远高于其对各种大气污染物之间的协同控制程度。脱硫、脱硝、除尘由于消耗电能，结果显示其针对目标污染物（分别是 SO_2、NOx、TSP）减排的同时对 CO_2 减排具有负的协同效应，但程度不是很高；且其针对减排非目标污染物和 CO_2 具有很小的正协同效应（$0 < F < 1$）或很大的负协同效应。

故从协同控制 CO_2 排放的效果比较而言，云南、上海、江苏和浙江四个地区的结构减排措施（水电、风电、太阳能发电）优于火电厂技术减排措施（APCDs，脱硫、脱硝、除尘），主要原因是因为 APCDs 需要额外消耗电能而造成 CO_2 的增排。

表 2-13 各地区主要减排措施的协同效应系数

地区	措施类别	措施简称	协同效应系数						
			Fc/s	Fc/n	Fc/t	Ft/s	Ft/n	Fn/s
云南	技术减排	脱硫	-5.23	960.24	-462.46	0.01	-2.08	-0.01
		脱硝	524.63	-5.72	6082.27	0.09	-0.001	-91.68
		除尘	480.35	832.23	-0.05	-9491.43	-16444.28	0.58
	结构减排	水电	472.10	817.97	5473.82	0.09	0.15	0.58
		风电	480.35	832.25	5569.41	0.09	0.15	0.58
		太阳能发电	480.35	832.25	5569.29	0.09	0.15	0.58
上海	技术减排	脱硫	-3.84	1448.76	-342.75	0.01	-4.23	-0.003
		脱硝	1921.19	-4.14	4298.52	0.45	-0.001	-464.51
		除尘	1697.44	1187.72	-0.04	-47932.02	-33538.80	1.43
	结构减排	风电	1697.54	1187.74	3797.93	0.45	0.31	1.43
		太阳能发电	1697.35	1187.76	3797.74	0.45	0.31	1.43
江苏	技术减排	脱硫	-4.74	1466.00	-413.29	0.01	-3.55	-0.003
		脱硝	1835.84	-5.18	7880.54	0.23	-0.001	-354.21
		除尘	1665.44	1251.96	-0.05	-36584.46	-27501.70	1.33
	结构减排	水电	1633.42	1228.08	7011.62	0.23	0.18	1.33
		风电	1665.19	1251.97	7148.05	0.23	0.18	1.33
		太阳能发电	1665.19	1251.97	7148.03	0.23	0.18	1.33

续表

地区	措施类别	措施简称	协同效应系数						
			Fc/s	Fc/n	Fc/t	Ft/s	Ft/n	Fn/s	
浙江	技术减排	脱硫	-4.89	1208.51	-423.83	0.01	-2.85	-0.004	
		脱硝	1610.93	-5.36	9177.84	0.18	0.00	-300.56	
		除尘	1465.95	1037.41	-0.05	-31067.33	-21985.33	1.413094	
	结构减排	水电	1438.99	1018.32	8198.07	0.18	0.12	1.413108	
		风电	1465.97	1037.41	8351.88	0.18	0.12	1.413102	
		太阳能发电	1465.98	1037.41	8351.47	0.18	0.12	1.413115	

（二）协同控制效应坐标系

按照第二章提供的方法，分析四个地区的电力行业技术减排措施和结构减排的协同控制效应，从分析的结果来看：技术减排措施在减排目标污染物的同时都会增排其余两种污染物，且不具有对 CO_2 的协同控制效应，说明技术减排措施没有协同控制效应或协同控制效应较弱；相反结构减排措施均对三类大气污染物和 CO_2 有减排作用，具有协同控制效应，且风电和太阳能发电的协同控制强度高于水电。

（三）减排成本

为了综合分析直接和间接减排措施的经济成本和环境效益，本研究使用减排成本指标对减排措施进行了成本－效益有效性评价。本文中减排成本指标主要讨论单位发电增量成本和单位污染物减排成本两类，并由此推测出各地区不同减排目标下的减排路径。

1. 单位发电增量成本

单位发电增量成本（RMB/MWh）是从电力生产者（供给侧）的角度出发，考量各种减排措施下单位发电量的成本，进而比较各种措施的成本优先度。

技术减排措施成本即 APCDs 的单位发电增量成本，包括运行成本和减排效益两部分。运行成本包括固定成本（折旧、财务、维修、管理、人工）和变动成本（即物耗成本，包括吸收剂成本、电耗成本及水耗成本等）。减排效益包括货币化的经济效益以及可转换为货币化的环境效益：①减排的经济效益主要来源于排污费的减少、环保电价的补贴和副产品销售回收效益。针对单个燃煤电厂，经济效益包括环保电价补贴、节省的排污费；针对区域多个燃煤电站，经济效益包括污染物减排减少的环境退化成本（指环境污染带来的各种损害，如对农产品产量、人体健康、生态服务功能等的损害）。②减排的环境效益主要包括污染减排后降低的健康经济损失，农业减产损失以及材料损失等，由环境退化成本或环境价值表示，环境效益也可用污染物减排量来表现[83]。对于污染引起的环境质量下降和环境污染所导致的非环境方面的损失，很难获取直接评估环境损失所需的定量数据，本文采用的数据是综合考虑国内各种污染物的处理费用和排放总量评估得出的环境价值。目前国内 SO_2 的环境价值为 6.00 元/kg，NOx 的环境价值为 8.00 元/kg[29,68,82,87]。

结构减排措施成本，即清洁能源发电措施的发电成本。本研究采用了可再生能源署（IRENA）提出的加权平准发电成本（Levelized Cost of Electricity，简称 LCOE）。本文中讨论的可再生能源发电主要包括水力发电、风力发电、太阳能发电，每项可再生能源发电技术的成本等于各项的平准化成本减去火力发电成本；减排效益和 APCDs 的计算方式相同。美国国家再生能源实验室关于 LCOE 的定义为：发电项目在运营期内发生的所有成本与全部发电量的比[84-86]，但并未考虑环境效益。可再生能源署（IRENA）发布《可再生能源发电成本报告》，披露了全球范围内投运的水电、陆上风电、海上风电、光热发电等的加权平准发电成本。针对每一种技术，LCOE 的计算是将项目生命周期内各期的资产投入、资本成本、运营成本、发电收入等折算成现值。IRENA 认为，风电、光伏、光热成本下降主要源于三个因素：①技术进步带来的效率提高；②竞标逐步替代固定上网电价补贴；③出现了一批有实力有经验的开发商，开发的项目规模化。在 2017 年在 20 国集团（G20）范围内的化石能源发电 LCOE 成本在 0.05 美元/kWh 到 0.17 美元/kWh 之间[87-88]。可见，各类可再生能源发电技术中的成本已经低于或接近化石能源发电成本，增量成本越来越小，而减排效益却日益凸显。

由国务院和发改委相关政策公告、统计年鉴、行业调研报告等资料中提取出来的成本、效益相关基础数据列于表 2-14，以此计算出各地区的各项节能减排措施的单位发电增量成本列于表 2-15 和图 2-13。

表 2-14　各地区主要减排措施的成本—收益分析的基础指标数据

地区	措施类别	措施简称	投资—运行成本（RMB/MWh）[84-88]	收益				
				电价补贴[89]（RMB/MWh）	排污费减少（RMB/kg）[86-87]			
					SO_2	NOx	TSP	CO_2
云南	技术减排	脱硫	23.00	15.00	1.263	1.263	1.263	0.03
		脱硝	10.70	10.00	1.263	1.263	1.263	0.03
		除尘	7.10	2.00	1.263	1.263	1.263	0.03
	结构减排	水电	450.00	-209.97	1.263	1.263	1.263	0.03
		风电	555.00	262.77	1.263	1.263	1.263	0.03
		太阳能发电	910.00	1117.09	1.263	1.263	1.263	0.03
上海	技术减排	脱硫	30.00	15.00	4.000	4.000	4.000	0.03
		脱硝	10.70	10.00	4.000	4.000	4.000	0.03
		除尘	7.10	2.00	4.000	4.000	4.000	0.03
	结构减排	风电	845.00	306.69	4.000	4.000	4.000	0.03
		太阳能发电	910.00	978.95	4.000	4.000	4.000	0.03
江苏	技术减排	脱硫	30.00	15.00	1.263	1.263	1.263	0.03
		脱硝	10.70	10.00	1.263	1.263	1.263	0.03
		除尘	7.10	2.00	1.263	1.263	1.263	0.03
	结构减排	水电	450.00	137.36	1.263	1.263	1.263	0.03
		风电	845.00	190.41	1.263	1.263	1.263	0.03
		太阳能发电	910.00	1335.05	1.263	1.263	1.263	0.03

续表

地区	措施类别	措施简称	投资—运行成本（RMB/MWh）[84-88]	收益				
				电价补贴[89]（RMB/MWh）	排污费减少（RMB/kg）[86-87]			
					SO_2	NOx	TSP	CO_2
浙江	技术减排	脱硫	30.00	15.00	1.263	1.263	1.263	0.03
		脱硝	10.70	10.00	1.263	1.263	1.263	0.03
		除尘	7.10	2.00	1.263	1.263	1.263	0.03
	结构减排	水电	450.00	79.64	1.263	1.263	1.263	0.03
		风电	845	137.33	1.263	1.263	1.263	0.03
		太阳能发电	910	947.33	1.263	1.263	1.263	0.03

表 2 – 15　各地区主要减排措施的成本—收益比较

地区	措施类别	措施简称	发电量（10^8 kWh）	投资—运行成本（元）	收益		单位发电量增量成本（元/MWh）
					电价补贴（元）	排污费减少（元）	
云南	技术减排	脱硫	276	634800000	414000000	346966849	-4.57
		脱硝	276	295320000	276000000	50406556	-11.13
		除尘	276	195960000	55200000	3976616981	-140.98
	结构减排	水电	2177	97965000000	-45710469000	8291269033	511.85
		风电	94	5217000000	2470038000	356706369	-328.49
		太阳能发电	6	546000000	670254000	21955919	-1680.77
上海	技术减排	脱硫	810	2430000000	1215000000	909772401	3.77
		脱硝	810	866700000	810000000	359888546	-13.74
		除尘	810	575100000	162000000	13215470671	-160.05
	结构减排	风电	10	845000000	306690000	28939791	-117.32
		太阳能发电	1	91000000	97895000	2893979	-1396.84

地区	措施类别	措施简称	发电量（10^8kWh）	投资—运行成本（元）	收益		单位发电量增量成本（元/MWh）
					电价补贴（元）	排污费减少（元）	
江苏	技术减排	脱硫	4152	12456000000	6228000000	2083107844	9.98
		脱硝	4152	4442640000	4152000000	460074908	−10.41
		除尘	4152	2947920000	830400000	29602707318	−68.20
	结构减排	水电	12	540000000	164832000	38081147	−176.45
		风电	64	5408000000	1218624000	206805050	111.87
		太阳能发电	31	2821000000	4138655000	100171196	−2112.41
浙江	技术减排	脱硫	2222	6666000000	3333000000	915979323	10.88
		脱硝	2222	2377540000	2222000000	163766381	−10.04
		除尘	2222	1577620000	444400000	12505067397	−53.18
	结构减排	水电	229	10305000000	1823756000	760629144	−62.50
		风电	16	1352000000	219728000	54070794	216.55
		太阳能发电	8	728000000	757864000	27035397	−1338.45

2. 单位污染物减排成本

单位污染物减排成本（RMB/kg）则是在针对某种污染物控制的要求下构建的成本指标，该成本指标可使整个电力行业在减排某种污染物时做出针对性更强、更经济有效的措施选择。吨污染物减排成本同上节措施减排成本的逻辑关系相同，沿用上文的计算方法，对于吨污染物减排效益主要考虑污染物减排后降低的环境污染损失，包括减少的健康经济损失、农业减产损失及材料损失，同单位发电增量成本的减排效益计算方法相同。四个地区针对不同大气污染物的单位减排成本（考虑了减排效益后）列于表2-16，由此可以设计出的案例地区电力行业的协同减排选择路径。

表 2-16　四个地区电力行业减排措施的单位污染物减排成本

地区	措施类别	措施简称	单位污染物减排成本（RMB/kg）				
			SO_2	NOx	TSP	CO_2	APeq
云南	技术减排	脱硫	-5.23	960.24	-462.46	0.01	-2.08
		脱硝	524.63	-5.72	6082.27	0.09	-0.001
		除尘	480.35	832.23	-0.05	-9491.43	-16444.28
	结构减排	水电	472.10	817.97	5473.82	0.09	0.15
		风电	480.35	832.25	5569.41	0.09	0.15
		太阳能发电	480.35	832.25	5569.29	0.09	0.15
上海	技术减排	脱硫	-3.84	1448.76	-342.75	0.01	-4.23
		脱硝	1921.19	-4.14	4298.52	0.45	-0.001
		除尘	1697.44	1187.72	-0.04	-47932.02	-33538.80
	结构减排	风电	1697.54	1187.74	3797.93	0.45	0.31
		太阳能发电	1697.35	1187.76	3797.74	0.45	0.31
江苏	技术减排	脱硫	-4.74	1466.00	-413.29	0.01	-3.55
		脱硝	1835.84	-5.18	7880.54	0.23	-0.001
		除尘	1665.44	1251.96	-0.05	-36584.46	-27501.70
	结构减排	水电	1633.42	1228.08	7011.62	0.23	0.18
		风电	1665.19	1251.97	7148.05	0.23	0.18
		太阳能发电	1665.19	1251.97	7148.03	0.23	0.18
浙江	技术减排	脱硫	-4.89	1208.51	-423.83	0.01	-2.85
		脱硝	1610.93	-5.36	9177.84	0.18	0.00
		除尘	1465.95	1037.41	-0.05	-31067.33	-21985.33
	结构减排	水电	1438.99	1018.32	8198.07	0.18	0.12
		风电	1465.97	1037.41	8351.88	0.18	0.12
		太阳能发电	1465.98	1037.41	8351.47	0.18	0.12

3. 减排路径

由图 2-12 可知，若从发电厂经营者的角度出发，云南电力行业协同减排选择路径为：太阳能发电—风电—除尘—脱硝—脱硫—水电；上海电力行业协同减排选择路径为：太阳能发电—除尘—风电—脱硝—脱硫；江苏电力行业协同减排选择路径为：太阳能发电—水电—除尘—脱硝—脱硫—风电；浙江电力行业协同减排选择路径为：太阳能发电—水电—除尘—脱硝—脱硫—风电。可见，在这四个地区，太阳能发电的成本有效性最高，脱硝优先于脱硫。其中，云南虽然水电比重大，但由于水电电价较低，水电的经济效益较低，最终成本有效性较差。而江苏、浙江两地的海上风电目前发电成本较高，成本有效性同样较低。

由图 2 – 13（a）可知，在云南省电力行业，若减排 SO_2，则选择路径为：太阳能发电—风电—脱硫—水电—脱硝—除尘；若减排 NOx，则路径为：太阳能发电—脱硝—风电—脱硫—水电—除尘；若减排 TSP，则路径为：太阳能发电—风电—脱硫—除尘—水电—脱硝；若减排 CO_2，则路径为：太阳能发电—风电—脱硫—水电—脱硝—除尘。由图 2 – 13（b）可知，在上海市电力行业，若减排 SO_2，则选择路径为：太阳能发电—脱硫—风电—脱硝—除尘；若减排 NOx，则路径为：太阳能发电—脱硝—脱硫—风电—除尘；若减排 TSP，则路径为：太阳能发电—除尘—脱硫—风电—脱硝；若减排 CO_2，则路径为：太阳能发电—脱硫—风电—脱硝—除尘。有图 2 – 13（c）可知，在江苏省电力行业，若减排 SO_2，则选择路径为：太阳能发电—脱硫—水电—风电—脱硝—除尘；若减排 NOx，则路径为：太阳能发电—脱硫—脱硝—水电—风电—除尘；若减排 TSP，则路径为：太阳能发电—除尘—脱硫—水电—风电—脱硝；若减排 CO_2，则路径为：太阳能发电—脱硫—水电—风电—脱硝—除尘。有图 2 – 13（d）可知，在浙江省电力行业，若减排 SO_2，则选择路径为：太阳能发电—脱硫—水电—风电—脱硝—除尘；若减排 NOx，则路径为：太阳能发电—脱硫—脱硝—水电—风电—除尘；若减排 TSP，则路径为：太阳能发电—除尘—脱硫—水电—风电—脱硝；若减排 CO_2，则路径为：太阳能发电—脱硫—水电—风电—脱硝—除尘。

因此可以总结得到，上海、江苏、浙江省对于不同污染物的减排路径是一样的，唯一的差别是上海没有水电；同时，将云南省各种污染物的减排路径与其它三个地区对应污染物减排路径做比较，得出在云南省的减排路径中风电优先于水电，在其它三个地区的减排路径中水电优先于风电。得到这一结论的原因主要是因为云南水电电价低导致减排效益低，而海上则由于风电成本高导致减排成本高。

从减排效果归一化考虑，由图2-13（e）可知，在云南省减排APeq的协同措施选择路径为：太阳能—脱硝—除尘—脱硫—风电—水电；在上海市路径为：太阳能—脱硝—除尘—脱硫—风电；江苏省和浙江省路径为：太阳能—脱硝—除尘—脱硫—水电—风电。因此，从污染物总体减排效果看，上海（没有水电）、江苏和浙江的减排路径一致，云南省的路径与之唯一的差别在于风电优先于水电。这个结果也与图2-13（a）、2-13（b）、2-13（c）、2-13（d）的结论相一致。

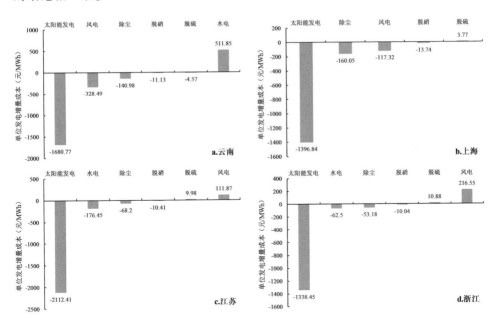

图2-12　四地区的单位发电增量成本

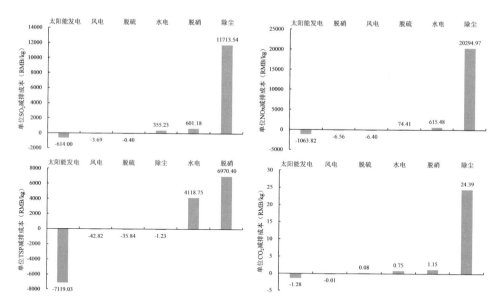

图 2 – 13（a） 云南电力行业技术减排措施单位污染物减排成本及优先度排序

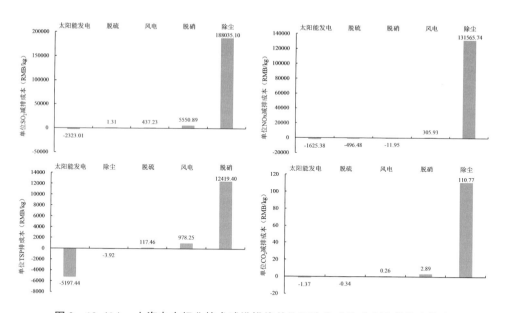

图 2 – 13（b） 上海电力行业技术减排措施单位污染物减排成本及优先度排序

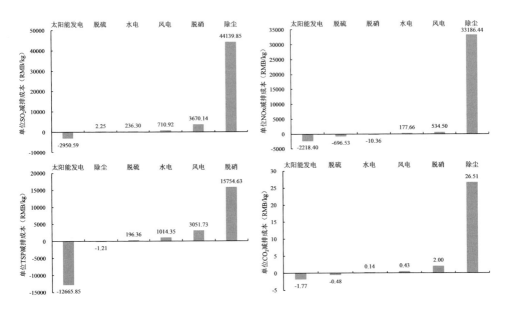

图 2 – 13（c）　江苏电力行业技术减排措施单位污染物减排成本及优先度排序

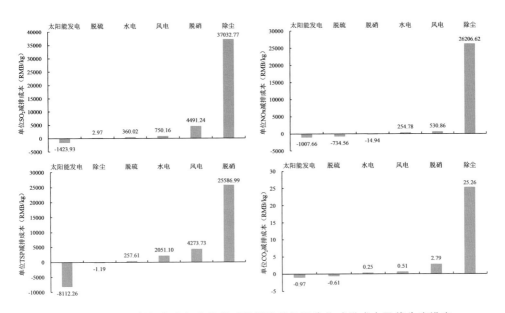

图 2 – 13（d）　浙江电力行业技术减排措施单位污染物减排成本及优先度排序

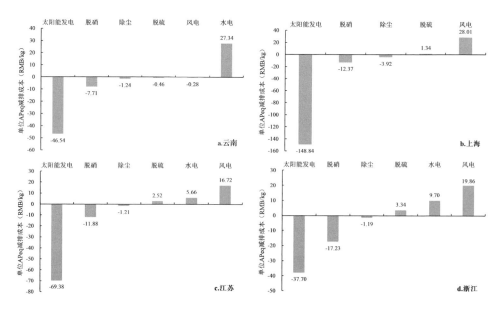

图 2－13（e）　四地区电力行业技术减排措施单位 APeq 减排成本及优先度排序

七、结论

通过对云南、上海、江苏和浙江四个地区电力行业节能减排措施的协同效益讨论，本研究得出的主要结论有：

①云南独立火电厂的排放强度最大。四类废气直接和间接排放系数数值的高低呈现相似的规律：CO_2 的排放系数数值最高，其次是 NOx，最后是 SO_2，TSP 的直接排放系数最低。综合各地区独立火电厂能耗量、碳和大气污染物排放量及其排放系数的比较结果，由于经济发展结构、燃料成分、燃烧方式、废气处理等各方面的差异，云南独立火电厂的大气污染物和二氧化碳的排放强度远高于其他三个地区。

②在直接去除目标污染物方面，技术减排措施优于结构减排措施。基于清洁能源发电措施的结构比重，在 2015 年，云南省和浙江省的水电对四类废气的去除作用最明显，风电和太阳能发电的废气去除作用较弱；上海风电的去除效果远远高于太阳能发电；江苏风电的废气去除效果最好，去除效果最差的是水电。2015 年云南、上海、江苏和浙江的独立火电厂的 APCD 废气减排具有一些相似的特征和规律：除尘设备均有极高的 TSP 去除量，远高于脱硫设备对

SO_2 的去除量和脱硝设备对 NOx 的去除量；三类设备由于消耗电能故对 CO_2 有一定的增排作用，且增排量按脱硫、脱硝、除尘顺序递减。其中江苏省由于经济发展对能源的需求强劲，造成其火电厂的各类废气减排量均对应高于其他地区（为了体现减排效果归一化的比较，各地区 APCD 对 APeq 的去除量均按除尘、脱硫、脱硝的顺序递减，除尘设备去除废气的效果最好。同样，江苏省火电厂三类 APCD 的废气减排量均对应高于其他地区的三类设备）。四个地区的减排系数仍然存在一定相同的规律和特征：清洁能源发电措施的各项减排系数均为正，对 CO_2 的减排系数远高于其他大气污染物；APCDs 对目标污染物的减排系数均大于对应清洁能源发电措施对此类污染物的减排系数，但每类 APCD 对非目标污染物的减排系数均为负，即有增排作用；APCDs 对 APeq 的减排系数按除尘、脱硫年、脱硝依次递减，且除尘的减排系数高于清洁能源发电措施的 APeq 减排系数。

③协同控制的效果方面，结构减排措施优于技术减排措施。从协同控制 CO_2 排放的效果而言，由于 APCDs 需要额外消耗电能造成 CO_2 的增排，云南、上海、江苏和浙江四个地区的结构减排措施（水电、风电、太阳能发电）优于火电厂技术减排措施（APCDs，脱硫、脱硝、除尘）。从四个地区的电力行业技术减排措施和结构减排的协同控制效应坐标系分析的结果来看，技术减排措施在减排目标污染物的同时都会增排其它两种污染物，且不具有对 CO_2 的协同控制效应，说明技术减排措施没有协同控制效应或协同控制效应较弱；而结构减排措施均对三类大气污染物和 CO_2 有减排作用，具有正向协同控制效应，且风电和太阳能发电的协同控制强度高于水电。

④结合"单位发电增量成本"和"单位污染物减排成本"的比较讨论，绘制出各地区不同要求下的减排选择路径。若从发电厂经营者的角度出发，太阳能发电在这四个地区的单位发电增量成本有效性都是最高的，且脱硝措施优选于脱硫措施；若从减排目标污染物的要求看，上海、江苏、浙江对于同一种污染物的减排路径几乎是一样的，唯一的差别是上海没有水电，同时云南的减排路径与其它三个地区唯一的差别在于风电优先于水电。这主要是因为云南水电电价低导致减排效益低，而其他三省市的海上风电成本高导致减排成本高。

本研究在收集数据过程中，由于各地区对电力行业排放端和经济投入数据的统计不完整和不完全公开，很难更细致、准确地比较各城市独立火电厂的排放情况和经济成本效益，这对于后续研究减排成本比较和减排路径选择造成了一定的困难。本次研究各地区的碳排放系数均是按照 IPCC 排放因子统一计算得到的一个相同数值，这与实际情况是有一定偏差的。目前，针对碳排放类数据，国家各级统计年鉴未予以公开，而国内外各类机构及专家学者对碳排放类数据的计算结果也因计算方法的不同存在差异。建议国家制定统一的碳排放统计标准，并将统计结果纳入统计年鉴，为国内外专家学者提供权威数据支持，便于其开展相关对比研究，也为公众提供其所生活的城市或国家的碳排放情况信息，进一步提高公众参与到碳减排和应对全球气候变化的意识。

本节参考文献

［1］ GU A, TENG F, FENG X. Effects of pollution control measures on carbon emission reduction in China：evidence from the 11th and 12th Five-Year Plans ［J］. Climate Policy, 2016：1 - 12.

［2］ BUONOCORE JJ, LUCKOW P, FISHEER J, et al. Health and climate benefits of offshore wind facilities in the Mid-Atlantic United States ［J］. Environmental Research Letters, 2016, 11 (7)：074019.

［3］ 世界卫生组织. 全球疾病负担报告 ［R/OL］. (2018 - 09 - 10) ［2019 - 03 - 22］. https：//gbd2016. healthdata. org/gbd-search/.

［4］ 国家统计局. 中国统计年鉴 ［M］. 北京：中国统计出版社, 2016.

［5］ JIANG P, CHEN Y H, GENG Y, et al. Analysis of the co-benefits of climate change mitigation and air pollution reduction in China ［J］. Journal of Cleaner Production, 2013, 58 (1)：130 - 137.

［6］ 汤烨. 火电厂大气污染物与温室气体协同减排效应核算及负荷优化控制研究 ［D］. 华北电力大学, 2014.

［7］ RUTH M, GHOSH S, MIRZAEE S, et al. Co-benefits andco-costs of climate action plans for low-carbon cities ［J］. Creating Low Carbon Cities, 2017：15 - 28.

［8］ XUE B, MA Z, GENG Y, et al. A life cycle co-benefits assessment of wind power in China ［J］. Renewable and Sustainable Energy Reviews, 2015, 41：338 - 346.

［9］ 杨勇平, 杨志平, 徐钢, 等. 中国火力发电能耗状况及展望 ［J］. 中国电机工程学报, 2013, 33 (23)：1 - 11.

［10］ 中华人民共和国环境保护部. 中国环境统计年报 (2015 年) ［M］. 北京：中国环境出版社, 2015.

［11］ 郑佳佳, 孙星, 张牧吟, 等. 温室气体减排与大气污染控制的协同效应——国内外研究综述 ［J］. 生态经济, 2015, 31 (11)：133 - 137.

［12］ 顾阿伦, 滕飞, 冯相昭. 主要部门污染物控制政策的温室气体协同效果分析与评价

[J]．中国人口资源与环境，2016（2）：10－17．

［13］LIU Z, ADAMS M, COTE R P, et al. Comprehensive development of industrial symbiosis for the response of greenhouse gases emission mitigation：Challenges and opportunities in China [J]．Energy Policy, 2017, 102：88－95．

［14］BUONOCORE JJ, LAMBERT K F, BURTRAW D, et al. An analysis of costs and health co-benefits for a U.S. power plant carbon standard ［J］．PLOS ONE, 2016, 11 (6)：e0158792．

［15］PENG W, YANG J, WAGNER F, et al. Substantial air quality and climate co-benefits achievable now with sectoral mitigation strategies in China ［J］．Science of The Total Environment, 2017, 598：1076－1084．

［16］全球碳项目．2017全球碳预算报告［R/OL］．（2017－12－21）［2018－01－05］．https：//www. wcrp-climate. org/news/science-highlights/1252－2017－global-carbon-budget-published．

［17］孙星．超大城市协同效益评价指标体系的建立［D］．复旦大学，2017．

［18］LIU Z, ADAMSM, COTE R P, et al. Co-benefits accounting for the implementation of eco-industrial development strategies in the scale of industrial park based on energy analysis ［J］．Renewable and Sustainable Energy Reviews, 2017：S1364032117308638．

［19］ZHAOH J, MA W C, DONG H J, et al. Analysis of co-effects on air pollutants and CO_2 emissions generated by end-of-pipe measures of pollution control in China's coal-fired Power Plants ［J］．Sustainability, 2017, 5 (26)．

［20］蔡佳楠，高烁，孙星，等．环境、经济与社会发展协同效益研究综述［J］．中国人口·资源与环境，2016（S2）：44－47．

［21］RADU O B, BERG M V D, KLIMONT Z, et al. Exploring synergies between climate and air quality policies using long-term global and regional emission scenarios ［J］．Atmospheric Environment, 2016, 140：577－591．

［22］BOLLEN J, BRINK C. Air pollution policy in Europe：Quantifying the interaction with greenhouse gases and climate change policies ［J］．Energy Economics, 2014, 46：202－215．

［23］BOLLEN J, ZWAAN B V D, EERENS H C, et al. Local air pollution and global climate change ［J］．Resource & Energy Economics, 2009, 31 (3)：161－181．

［24］BOLLEN J. Co-benefits of Climate Policy ［J］．Co-benefits of climate policy, 2009．

［25］PUPPIM DE OLIVEIRA J A P D, DOLL C N H, BALABAN O, et al. Green economy and governance in cities：assessing good governance in key urban economic processes ［J］．Journal of Cleaner Production, 2013, 58 (58)：138－152．

［26］PUPPIM DE OLIVEIRA J A P D, GENG Y, KAPSHE M, et al. Climate co-benefits approach in urban Asia：Understanding how to promote win-win situations in climate change mitigation, local environmental quality and development in Asian cities ［J］．Journal of Cleaner

Production, 2012, 32 (8): 273 - 275.

[27] PUPPIM DE OLIVEIRA J A P D, DOLL C N H, KURNIAWAN T A, et al. Promoting win-win situations in climate change mitigation, local environmental quality and development in Asian cities through co-benefits [J]. Journal of Cleaner Production, 2013, 58 (6): 1 - 6.

[28] 政府间气候变化专门委员会. IPCC 第三评估报告 [R/OL]. (2017 - 12 - 21) [2018 - 01 - 05]. https://www.ipcc.ch/reports/.

[29] 贺晋瑜. 温室气体与大气污染物协同控制机制研究 [D]. 山西大学, 2011.

[30] HUNT A, WATKISS P. Climate change impacts and adaptation in cities: a review of the literature [J]. Climatic Change, 2011, 104 (1): 13 - 49.

[31] HUNT A, FERGUSON J, BACCINI M, et al. Climate and weather service provision: Economic appraisal of adaptation to health impacts [J]. Climate Services, 2017, 7: 78 - 86.

[32] KLAUSBRUCKNER C, ANNEGARN H, HENNEMAN L R F, et al. A policy review of synergies and trade-offs in South African climate change mitigation and air pollution control strategies [J]. Environmental Science & Policy, 2016, 57: 70 - 78.

[33] CHAE Y. Co-benefit analysis of an air quality management plan and greenhouse gas reduction strategies in the Seoul metropolitan area [J]. Environmental Science and Policy, 2010, 13 (3): 205 - 216.

[34] 毛显强, 曾桉, 刘胜强, 等. 钢铁行业技术减排措施硫、氮、碳协同控制效应评价研究 [J]. 环境科学学报, 2012, 32 (5): 1253 - 1260.

[35] BOLLEN J. The value of air pollution co-benefits of climate policies: Analysis with a global sector-trade CGE model calledWorldScan [J]. Technological Forecasting & Social Change, 2015, 90: 178 - 191.

[36] SCHWANITZ V J. Evaluating integrated assessment models of global climate change [J]. Environmental Modelling & Software, 2013, 50 (50): 120 - 131.

[37] DULAL H B, AKBAR S, et al. Greenhouse gas emission reduction options for cities: Finding the "Coincidence of Agendas" between local priorities and climate change mitigation objectives [J]. Habitat International, 2013, 38 (none): 100 - 105.

[38] 赵海君. 中国燃煤电厂的大气污染控制与碳减排协同效应研究 [D]. 复旦大学, 2017.

[39] PLACHINSKI S D, HOLLOWAY T, MEIER P J, et al. Quantifying the emissions and air quality co-benefits of lower-carbon electricity production [J]. Atmospheric Environment, 2014, 94: 180 - 191.

[40] 姜克隽, 胡秀莲, 庄幸, 等. 中国 2050 年低碳情景和低碳发展之路 [J]. 中外能源, 2009, 14 (6): 1 - 7.

[41] LIU F, KLIMONT Z, ZHANG Q, et al. Integrating mitigation of air pollutants and greenhouse gases in Chinese cities: Development of GAINS-City model for Beijing [J]. Journal of Cleaner Production, 2013, 58 (Complete): 25 - 33.

［42］ WAGNER F, AMANN M, BORKEN-KLEEFELD J, et al. Sectoral marginal abatement cost curves: implications for mitigation pledges and air pollution co-benefits for Annex Ⅰ countries (Special Feature: Socio-technological transitions towards sustainable energy and climate stabilization)［J］. Sustainability Science, 2012, 7 (2): 169 – 184.

［43］ HUANG Y, BOR Y J, PENG C Y. The long-term forecast of Taiwan's energy supply and demand: LEAP model application［J］. Energy Policy, 2011, 39 (11): 6790 – 6803.

［44］ 张颖, 王灿, 王克, 等. 基于 LEAP 的中国电力行业 CO_2 排放情景分析［J］. 清华大学学报 (自然科学版), 2007, 47 (3): 365 – 368.

［45］ LAPOLLONNE B, CHATEAU B. The MEDEE models for long term energy demand forecasting［J］. Socio-Economic Planning Sciences, 2006, 15 (2): 53 – 58.

［46］ KAINUMA M, MATSUOKA Y, MORITA T. The AIM end-use model and its application to forecast Japanese carbon dioxide emissions［J］. European Journal of Operational Research, 2000, 122 (2): 416 – 425.

［47］ SHERTHA R M, SHAKYA S R. Benefits of low carbon development in a developing country: Case of Nepal［J］. Energy Economics, 2012, 34 (2): 503 – 512.

［48］ BURTRAW D, KRUPNICK A, PALMER K, et al. Ancillary benefits of reduced air pollution in the US from moderate greenhouse gas mitigation policies in the electricity sector［J］. Journal of Environmental Economics & Management, 2003, 45 (3): 650 – 673.

［49］ Lee T, Susan V D M. Comparative studies of urban climate co-benefits in Asian cities: an analysis of relationships between CO_2 emissions and environmental indicators［J］. Journal of Cleaner Production, 2013, 58 (Complete): 15 – 24.

［50］ VANDYCK T, KERAMIDAS K, SAVEYN B, et al. A global stock-take of the Paris pledges: Implications for energy systems and economy［J］. Global Environmental Change, 2016, 41: 46 – 63.

［51］ 傅京燕, 原宗琳. 中国电力行业协同减排的效应评价与扩张机制分析［J］. 中国工业经济, 2017 (02): 45 – 61.

［52］ WEST JJ, SMITH S J, SILVA R A, et al. E – 057: Co-benefits of global greenhouse gas mitigation for future air quality and human health via two mechanisms［J］. American Geophysical Union, 2011, 3 (5S): 885 – 889.

［53］ SCHUCHT S, COLETTE A, RAO S, et al. Moving towards ambitious climate policies: Monetized health benefits from improved air quality could offset mitigation costs in Europe［J］. Environmental Science & Policy, 2015, 50: 252 – 269.

［54］ ANENBERG S C, WEST JJ. The global burden of air pollution on mortality. Respond［J］. 2010.

［55］ AUNAN K, MESTL H E, SEIP H M, et al. Co-benefits of CO_2 – reducing policies in China-a matter of scale?［J］. International Journal of Global Environmental Issues, 2003, 3 (3):

287 – 304.

[56] PUPPIM DE OLIVEIRA J A P D, DOLL C N. Governance and networks for health co-benefits of climate change mitigation: Lessons from two Indian cities [J]. Environment International, 2016, 97: 146 – 154.

[57] GROOSMAN B, MULLER N Z, TOY E O, et al. The ancillary benefits from climate policy in the United States [J]. Environmental & Resource Economics, 2011, 50 (4): 585 – 603.

[58] SARIGIANNIS D A, KONTOROUPIS P, NIKOLAKI S, et al. Transport-related measures to mitigate climate change in Basel, Switzerland: A health-effectiveness comparison study [J]. Environment International, 2015, 85: 111 – 119.

[59] WISER R, BARBOSE G, HOLT E. Supporting solar power in renewables portfolio standards: Experience from the United States [J]. Energy Policy, 2011, 39 (7): 3894 – 3905.

[60] SMITH K R, HAIGLER E. Co-benefits of climate mitigation and health protection in energy systems: Scoping methods [J]. Annual Review of Public Health, 2008, 29 (1): 11 – 25.

[61] THOMPSON T M, RAUSCH S, SAARI R K, et al. A systems approach to evaluating the air quality co-benefits of US carbon policies [J]. Nature Climate Change, 2014, 4 (10): 917 – 923.

[62] SETHI M. Co-benefits assessment tools and research gaps [J]. 2018.

[63] SETHI M, PUPPIM DE OLIVEIRA J A P D. Cities and Climate Co-benefits [M]. 2018.

[64] 武群丽, 祖红莲. 基于 LEAP-Power 模型的电力产业碳减排政策情景研究 [J]. 预测, 2015 (4): 71 – 75.

[65] DONG H, DAI H, DONG L, et al. Pursuing air pollutant co-benefits of CO_2 mitigation in China: A provincial leveled analysis [J]. Applied Energy, 2015, 144: 165 – 174.

[66] LI L, CHEN C, XIE S, et al. Energy demand and carbon emissions under different development scenarios for Shanghai, China [J]. Energy Policy, 2010, 38 (9): 4797 – 4807.

[67] JIANG P, XU B, GENG Y, et al. Assessing the environmental sustainability with a co-benefits approach: A study of industrial sector in Baoshan District in Shanghai [J]. Journal of Cleaner Production, 2016, 114: 114 – 123.

[68] 李丽平, 周国梅, 季浩宇. 污染减排的协同效应评价研究——以攀枝花市为例 [J]. 中国人口·资源与环境, 2010, 117 (s2): 91 – 95.

[69] HE K, LEI Y, PAN X, et al. Co-benefits from energy policies in China [J]. Energy, 2010, 35 (11): 4265 – 4272.

[70] SHEN J, SONG X, MING Z, et al. Low-carbon development strategies for the top five power generation groups during China's 12th Five-Year Plan period [J]. Renewable & Sustainable Energy Reviews, 2014, 34 (34): 350 – 360.

[71] 杨岚. 基于 CGE 模型的能源税政策影响分析 [J]. 中国人口·资源与环境, 2009, 19

（2）：24 – 29.

[72] PENG W, YANG J, LU X. Potential co-benefits of electrification for air quality, health, and CO$_2$ mitigation in 2030 China [J]. Applied Energy, 2018（218）：511 – 519.

[73] PRICE L, LEVINE M D, NAN Z, et al. Assessment of China's energy-saving and emission-reduction accomplishments and opportunities during the 11th Five Year Plan [J]. Energy Policy, 2011, 39（4）：2165 – 2178.

[78] DRISCOLL C T, BUONOCORE J J, LEVY J I, et al. US power plant carbon standards and clean air and health co-benefits [J]. Nature Climate Change, 2015, 5（6）：535 – 540.

[79] PARTRIDGE I, GAMKHAR S. A methodology for estimating health benefits of electricity generation using renewable technologies [J]. Environment International, 2012, 39（1）：0 – 110.

[80] SHIH Y H, TSENG C H. Cost-benefit analysis of sustainable energy development using life-cycle co-benefits assessment and the system dynamics approach [J]. Applied Energy, 2014, 119（12）：57 – 66.

[81] 毛显强，曾桉，胡涛，等. 技术减排措施协同控制效应评价研究 [J]. 中国人口·资源与环境，2011, 21（12）：1 – 7.

[82] 张绚. 天津火电行业大气颗粒物及温室气体协同减排情景研究 [D]. 南开大学，2013.

[83] 卢晗，郑鑫，李薇，等. 燃煤电厂脱硫技术及超低排放改造费效分析 [J]. 环境工程，2018.

[84] 梁燕红，朱永强，王欣. 基于平准化电力成本分析的微电网电源优化配置 [J]. 南方电网技术，2016, 10（2）：56 – 61.

[85] 林哲明，赵磊，朱道立. 电力生产计划的鲁棒优化模型及应用研究 [J]. 电力科学与工程，2018（12）：1 – 9.

[86] 刘喜梅，白恺，邓春，等. 大型风电项目平准化成本模型研究 [J]. 可再生能源，2016, 34（12）：1853 – 1858.

[87] 盖兆军. 基于低碳经济的我国电力行业可持续发展研究 [D]. 吉林大学，2015.

[88] 盛鹏. 燃煤电厂超低排放环保运营成本研究 [D]. 华南理工大学，2016.

[89] 于崇德. 中国电力年鉴（2010—2016）[M/OL]. 北京：中国电力出版社. 2016 [2019 – 03 – 22]. http：//navi. cnki. net/KNavi/YearbookDetail? pcode = CYFD&py km = YZGDL&bh = .

第二节　交通领域推广新能源汽车的
碳和大气污染协同效应

一、绪论

(一) 研究背景

　　能源是维持经济发展和人们基本生活的主要资源，而化石能源作为世界能源系统的主要组成部分，其开采和消耗带来了两个直接影响到人类生存的问题：①全球范围内越来越频繁的气候变化；②地区范围内（城市）越来越严重的大气污染。城市的快速发展加剧了世界范围内的能源消耗以及环境问题，例如机动车、城市生活供暖、家用电器等等在消耗能源的同时间接排放大量温室气体和大气污染物。自 2000 年以来，到 2016 年全球二氧化碳排放量增长了近 40%（图 2 - 14），其中运输部门排放量占了全球总排放量的 25%，排放量高达 80 亿吨，中国交通行业的碳排放量更是增长为全球首位，在全球大气污染最严重的前 20 个城市之中，有 16 个是中国城市，占 80%。2016 年，中国机动车保有量达到 2.95 亿辆，随之带来的汽车尾气排放量以 0.9% 的年均增长率，增长至 3939.3 万吨[1]。同时，石油等地球资源随着人类的不断开采使用而日渐消耗。国际能源机构提出，世界可供运输用油预计到 2030 年之前将达到石油资源消耗总量的 55%[2]。随着石油需求量的逐渐提升，供需矛盾也日益紧迫，能源危机和能源安全成为了世界各国需要特别重视的问题。因此，如何高效率的减少交通部门的碳排放和环境污染是实现环境可持续发展的重要挑战之一。

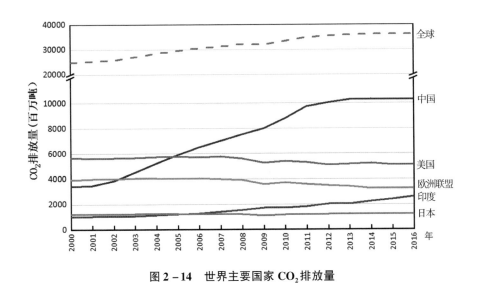

图2-14　世界主要国家 CO_2 排放量

新能源汽车作为汽车产业绿色发展的主要方向，具有效减少能源消耗和环境污染的两大优势。2016年世界新能源汽车的注册保有量创下历史新高，全球销量超过75万辆，挪威凭借29%的市场份额，成为了全球新能源汽车市场份额最大的国家，其次为荷兰（6.4%）和瑞典（3.4%），中国、法国和英国的新能源汽车市场份额均超过了1%。其中，中国作为迄今为止最大的新能源汽车生产地，占据了全球新能源汽车产量的40%以上，是美国的两倍多[3]，中国新能源汽车正式进入发展快车道。中国自2001年起便开始布局新能源汽车产业，相继制定了各类支持政策措施，对新能源汽车的发展进行了规划与安排，力求实现产业生产和生态环境保护的"互利共赢"（表2-17）。

表2-17　中国新能源汽车发展历程

年份	发展阶段	内容摘要
2001年	起步定义	启动了"863"新能源汽车重大科技项目，与世界水平并驾齐驱，建立了"三纵三横"布局，制定了向氢动力车目标靠近的战略。
2002—2007年	初期扶持	多次强调新能源汽车的技术创新和产业化，提出要突出发展节能和新能源汽车技术。

年份	发展阶段	内容摘要
2008 年	新能源汽车元年	中国自主研发的纯电动、混合动力和燃料电池汽车全面问世，并在 2008 年北京奥运会期间进行展示和使用，2008 年成为我国"新能源汽车元年"。
2009 年	破局之年	资金支持与各类扶持政策密集出台，启动了"十城千辆"电动汽车示范工程，推动汽车产业向绿色节能汽车的转型升级，正式驶入快速发展轨道。
2010 年	实质性实施	对新能源汽车采取更大的扶持力度，增加了节能与新能源汽车示范推广城市至 25 个，其中 5 个城市成为私人消费者购买新能源汽车给予补贴的试点，新能源汽车产业正式进入实质性实施和大力扶持阶段。
2011—2015 年	收获阶段	进入产业化生产阶段，努力实现新能源汽车动力电池等技术水平达到国际前列，并开始向社会大力推广新能源公交车和混合动力私家车。
2016 年	发展阶段	向社会进一步推广和普及新能源汽车，使其逐步进入普通家庭。

2008 年作为中国新能源汽车发展元年，是自 2001 年以来政府对新能源汽车的政策扶持力度最高的一年。2009 年中国正式将新能源汽车的定义确定为使用非常规汽车燃料（除了汽油、柴油、液化石油气、天然气、乙醇汽油、甲醇和二甲醚之外的燃料）或者使用了新型车载动力系统作为动力装置的汽车，主要包括了纯电动汽车（BEV）、插电式混合动力汽车（PHEV）以及燃料电池汽车（FCV）[7]，三类新能源汽车的定义和特点见表 2 – 18。

表 2 – 18　中国新能源汽车类型 [8]

类型	缩写	定义	特点
纯电动汽车 Battery Electric Vehicles	BEV	由电力进行驱动和控制的一类新能源汽车。动力装置一般为车载可充电池，例如铅酸电池、镍镉电池、镍氢电池或锂离子电池等。	由于在行驶过程中不会产生传统燃油汽车工作时产生的废气，因此被视为无尾气污染、符合道路交通及安全法规各项要求的车辆。

类型	缩写	定义	特点
插电式混合动力汽车 Plug-in Hybrid Electric Vehicle	PHEV	包括了燃油箱和动力电池组两种储能装置，是一类兼顾传统燃油汽车和纯电动汽车关键特性的新能源汽车。	既能克服纯电动汽车续航里程较短的弊端，也能克服传统燃油汽车环境污染大且油耗量多的缺点。
燃料电池汽车 Fuel Cell Vehicle	FCV	依靠电力行驶的一类新能源汽车，动力装置为车载燃料电池。燃料一般为高纯度的氢气或者高含氢重整气。	被视为真正的"零污染"车辆，是未来新能源汽车的主要发展方向之一。

中国汽车技术研究中心的统计数据显示，自 2009 年至 2016 年，中国累计生产了 104.99 万辆新能源汽车，其中纯电动汽车约 82.92 万辆，插电式混合动力汽车约 21.99 万辆，燃料电池汽车 695 辆。自 2014 年起，中国新能源汽车发展迅速，年产量达到了历年来的 2 倍，在 2015 年更是突破了 30 万辆（图 2 - 15）。从中国市场推广的具体新能源汽车类型来看，纯电动汽车是整个增长型市场的主力，占据了新能源汽车市场份额的 79%；插电式混合动力汽车则处于稳步增长阶段，续航里程和性能皆日渐成熟；燃料电池汽车则从早些年的年产量为个位数的技术研发阶段步入了产量超过 600 辆的商业推广阶段。从具体使用范围来看，截至 2016 年底，公共交通领域累计使用 34.9 万辆，主要是公交车和出租车，占整个公共交通领域使用新能源汽车总量的 80%；新能源汽车个人购买量 25.4 万辆，其他类型如公务车、邮政车、物流车、旅游大巴等累计售出 37.3 万辆[5]。

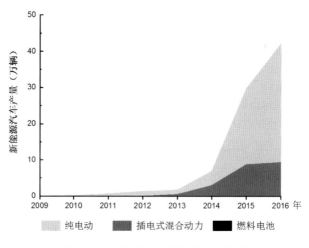

图 2 – 15　中国历年新能源汽车产量

2016 年作为"十三五"的开局之年，新能源汽车的产量创出了新高，年产量高达 51.62 万辆，推广量达 23.76 万辆，推广分布地域性也极其明显。上海，北京等地领先全国进入了新能源汽车累积推广量超过 10 万辆的城市[5]。

新能源汽车的快速发展带来了诸如能源安全（由于能源效率高，对石油的依赖性降低）、提高城市空气质量、缓解噪声污染和温室气体减排的多重利益。随着新能源汽车市场份额的提高，其充电需求极大的影响着电力行业。新能源汽车主要是通过家庭或公共充电设施进行充电，因此住宅或商业区域的低压配电网严重制约了新能源汽车的普及率的提升。2016 年，全球可供公众使用的充电点数量约为 32 万个，自 2015 年以来增长了 72%，新能源汽车耗电量则达到 446 亿千瓦时。我国作为新能源汽车的最大生产国，随着保有量的增加，对电力的需求日益增长，然而我国电力行业发电主要是以煤炭为原料，火电发电占比高达 79%，在不断增加的化石燃料总排放量中，来自电力行业的排放量占了近三分之二，2016 年中国发电产生的 SO_2、NO_x 以及烟尘排放量已高达 170 万吨、155 万吨和 35 万吨[9]。据国际能源署统计，在全球电力行业的 CO_2 总排放净增量中，有 85% 来自中国、印度和美国[3]。因此电力行业一直是大气污染物和温室气体排放的主要来源。可见，新能源汽车并非传统意义上的"零排放"，而是将污染转移到了电能端，这也是目前新能源汽车是否是绿色交通工具的重要争议点。

（二）研究内容

本研究选取了上海和深圳两个城市的私家车、出租车以及公交车作为研究对象，对比了纯电动汽车和插电式混合动力汽车（由于燃料电池汽车保有量较低，本文不做分析），并且以传统燃油汽车作为了参照，通过车辆行驶情况、能源消耗和排放因子等数据，对机动车和两类新能源汽车在使用期间的大气污染物 CO、NO_x、NMHC（非甲烷碳氢化合物）、SO_2 及 PM_{10} 和温室气体 CO_2 的排放量进行了测算，利用协同控制坐标系评价和污染物减排量交叉弹性分析方法探讨了纯电动汽车和插电式混合动力汽车的协同减排能力与效果，并根据整车寿命成本，核算了三类汽车的协同减排当量成本 AP_{eq}。基于协同效益潜力和经济成本分析结果，本研究对推广六类新能源汽车的协同减排效果进行了排序，并构建了协同效益最优路径。通过结合具体城市案例，本研究结果可以为实现新能源汽车协同控制大气污染物和 CO_2 提供科学参考和建议。

（三）研究意义

新能源汽车是一个新兴产业，目前的国内外研究中基于环境—经济视角对新能源汽车进行协同效应的研究还较少。本研究基于环境—经济视角，从不同类型汽车的角度出发对我国新能源汽车产业发展现状进行全面的分析和阐述。本文的研究意义主要体现在以下三个方面：

第一，通过完整的协同效应评价体系，从不同层面全面地对不同的能源驱动类型和行驶习惯的车辆进行比较与分析，提出最具经济效益的可持续发展方案。这有助于丰富协同效应评价体系，扩展该领域的应用范围。

第二，以我国推广新能源汽车的示范城市的运营实践为基础，对地方不同推广政策所带来的协同减排量的变化进行对比分析，对影响我国新能源汽车发展的主要障碍和问题进行更深入的探讨，这有助于全面的掌握我国新能源汽车的发展现状。

第三，通过结合环境协同效应分析和经济成本分析，综合考量成本效益和环境效益，并基于分析结果对不同类型车辆进行了排序，提出了具有最佳的协同效益的发展路径和政策措施。这对推广新能源汽车过程中实现减排目标和降低成本都具有重要意义。

（四）技术路线

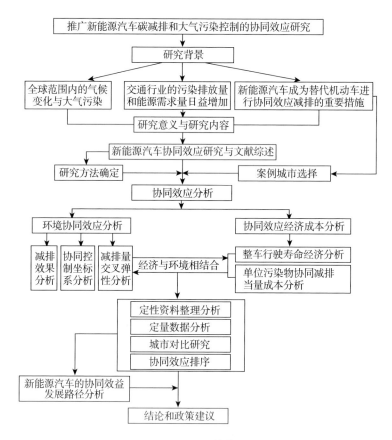

图 2-16　研究技术路线

（五）创新点

通过对以往研究进行整理分析，本文具有以下创新点：

①针对新能源汽车的协同效应分析。在以往的研究中，涉及交通领域，特别是新能源汽车的大气污染物和温室气体协同减排效应的研究较少。由于近些年来新能源汽车的数量不断增长，因此对新能源汽车的协同效应研究的结果可以作为未来制定推广和发展政策的参考资料。

②对不同城市推广新能源汽车政策带来的结果进行比较分析。通过比较同一个措施在不同城市的实施结果，可以筛选出更适合中国新能源汽车发展的推广方式。

③从环境—经济角度的整体分析。本文将环境协同效应和经济成本效益进行结合，并得出具有经济效益及环境效益的最佳协同减排方案，这为新能源汽车的发展提供了一个新的研究角度，同时也拓展和加强了交通领域环境管理的研究。

二、国内外关于交通行业新能源汽车协同效应的研究进展和现状

自1990年以来，研究人员在减少温室气体排放和大气污染物的背景下，开展了一系列关于共同减排并促进可持续发展的研究。政府间气候变化专门委员会（IPCC）首次将应对气候变化的政策措施所带来诸如环境质量提升、能源效率提高、改善公共健康等非气候类效益称为"协同效益"[10]。而包括中国在内的部分亚洲国家则强调气候变化政策和环境污染控制政策并重，认为协同效益：一方面是指在控制温室气体的排放过程中缓解其他大气污染物的排放，另一方面则是指在减少大气污染物排放的同时减少温室气体的排放[11]。于是在研究温室气体和大气污染物排放的相关协同和耦合关系，即"协同效应"的背景下，上述国家的研究人员提出针对不同行业，坚持以"协同控制"为导向设计最适合的减排路径，从而达到最佳协同效益[12-17]。

随着经济的快速发展，交通运输业迅速扩张，作为世界能源消耗量仅次于工业部门的重污染行业，逐渐成为了大气污染物和温室气体排放的主要制造部门[18]。越来越多的研究人员将焦点投向了交通领域的大气污染物和温室气体的协同控制。关于交通运输部门的早期研究大多集中在发达国家，Morrow等[19]研究发现燃油税，燃油经济标准的持续提高以及购买新车的购买税收抵免等可以减少美国交通运输部门的温室气体排放量和油耗。Baranzini等[20]回顾了欧洲几个国家的能源和碳税实施情况得到了相似的结论。同样，以伦敦[21]、德班[22]和荷兰[23]等国家为研究对象的交通协同控制研究也陆续展开。Newman和Kenworthy[24]则通过估算全球84个城市客运业的人均能耗和二氧化碳排放量，发现发达国家和发展中国家的城市之间存在显著差异，发展中国家具有更大的减排潜力。在中国城市机动车排放方面，高玉冰等[25]分析了乌鲁木齐市交通系统采用的12种典型减排措施的协同控制效果；程晓梅等[26]预测了珠江三角洲2015年的汽车污染物排放和温室气体排放；王慧慧等[27]基于2007—2012年的上海交通信息计算了车辆的污染物排放情况。研究发现轻型汽油车，重型柴油

卡车和重型柴油客车是主要的机动车污染源，占车辆总排放量的90%以上。

以往的研究表明，控制交通运输部门排放的措施可能会对温室气体排放产生直接或间接影响。例如，Stanley 等[28]研究了减少澳大利亚道路交通温室气体排放的六种政策措施，其研究分析表明车辆排放量的下降对于道路交通温室气体排放具有显著的改善作用。Creutzig 等[29]对北京交通运输业的协同效益进行了研究，发现道路收费不仅可以解决交通拥堵问题，而且可以带来环境效益。Dirgahayani[30]以印度尼西亚为研究对象，通过估算公共交通业的环境协同效应，发现乘客数量和出行方式的转变对改善公共交通排放具有重要的影响。Kim 等[31]基于汽油的价格弹性估算了韩国交通运输业碳排放的温室气体减排量，并证实在不同的碳税税率情景下，温室气体排放量可能会减少。Mao 等[32]比较了碳税、能源税、燃油税、清洁能源车辆补贴以及降低乘车票价政策等不同措施，分析发现中国交通部门在采用这些政策时可对二氧化碳排放量以及减少本地大气污染物有影响。蒋平等[33]回顾了在不同行业（能源和工业部门、建筑部门和运输部门）采取协同控制措施的实际效果。学者们均表示，政府参与率低可能是实现大气污染物和温室气体减排协同效益的主要障碍。更多研究则探讨了影响城市交通的车辆类型和可持续解决方案。例如，Mu 等[34]和 Geng 等[35,36]对城市公共交通进行了案例研究，发现 CNG 公交车和柴油车在现阶段具有总体经济和环境效益；Wu 等[37]探讨了客运部门减少二氧化碳排放的技术前景，发现推广纯电动汽车和插电式混合动力汽车也许能够解决二氧化碳减排问题上的地区差异。

新能源汽车作为车辆技术变革的典型代表，是否是一种清洁并高效的交通替代方式一直是政策决定者和研究人员关注的焦点。在环境和能源领域，国内外研究人员对发展新能源汽车的节能减排和污染控制等方面的协同作用和协同效益进行了研究，其中许多研究涉及能源[38-40]以及经济效益[41,42]。其他一些研究则把重点放在了由车辆引起的污染排放上，杨卫等[43]建立了污染物减排模型，Oxley T[44]在研究中采用了英国评估模型 UKIAM，江华[45]分析了由于发电结构、能源、车辆类型和城市交通条件而产生的污染，张磊[46]和郭文双[47]等将燃油汽车和纯电动汽车的尾气污染进行了比较分析，研究结果表明新能源汽车的污染主要集中在了发电厂端。在类似研究中，一些研究者分析了单一类型的新能源汽车或特定污染物的排放[48-50]，更多的研究者则使用了"Well-to-

Wheels（WTW）"生命周期分析模型来计算某类型新能源汽车的能耗和温室气体排放量[51-56]。研究发现在现有的煤电技术和煤电比例条件下纯电动汽车相比传统汽车具有减排优势，认为纯电动汽车和插电式混合动力电动汽车可以提供大量减排和节能效应。

随着对大气污染物和温室气体的协同控制变得日益重要，研究的重点逐渐集中在了汽车的减排协同作用上。关于新能源汽车的减排，大多数研究都是在探索其碳排放[57,58]，而关于新能源汽车大气污染物和二氧化碳的协同减排的研究很少。Wu 等[59]、刘东等[60]以及黄正伟等[61]在研究中使用了能源消耗和排放的比较模型，结果表明新能源汽车的使用可以大大节省化石能源消耗并减少温室气体排放，但会增加其他污染物的排放。Dhar 等[62]、王宁等[63]和舒晗等[64]也证明了在公共交通领域推广新能源汽车是一个很好的方向，可以有效地减少该领域的污染排放。但新能源汽车的成本问题一直是制约其快速发展的绊脚石[65-69]。

整体来看，国内外对协同效应的研究方向比较广泛，研究范围涵盖全球、国家、地区和城市，对特定部门的研究也相对丰富。模型预测、情景分析和货币化研究方法日益成熟。目前，仍然有很大比例的单一变量的研究，对于新能源汽车协同控制大气污染物和温室气体的研究还处于发现与摸索阶段，特别是针对不同类型汽车以及全生命周期的环境和经济成本的整体分析鲜有涉及。

因此，本研究选择了上海市和深圳市作为案例研究区域。重点分析通过在地方政策下实施推广新能源汽车达到节能和污染控制而实现的协同效益，讨论现有的发展障碍，并给出实现交通运输部门协同效益的发展路径和政策建议。

三、分析方法

（一）新能源汽车环境协同效应评价方法

为了对推广新能源汽车减少二氧化碳和大气污染物排放的协同效应进行研究，我们采用了一套定量分析方法。根据数据可获得性，本研究选择了2010—2016 年的数据，研究边界为新能源汽车运行过程以及所需电能生产过程中产生的污染物排放量。本研究选择上海市和深圳市为案例城市，从减排量、协同减排效果和减排成本三个方面讨论了推广新能源汽车的协同效应。首先根据传统燃油汽车和新能源汽车的排放因子等数据，计算不同类型的新能源汽车对大气污染物和CO_2的减排量，分析其减排效果。其次通过协同控制效应坐标系以及污染物减排量交叉弹性分析方法进行了协同控制效果的量化分析，最后通过上述方法的研究结果构建出新能源汽车发展的协同效益路径。

1. 协同减排量分析

（1）传统燃油汽车污染物排放量

由于传统燃油汽车在运行过程中只使用一种能源，因此使用机动车排放因子和机动车运行基础数据的乘积得到传统燃油汽车的污染物排放量。具体计算公式如下：

$$E_{油} = \sum (N_i \cdot L_i \cdot EF_{i,h}) \tag{1}$$

式中：i 为车辆类型；h 为大气污染物或 CO_2；N_i 为第 i 类车辆的保有量；L_i 为第 i 类车辆的年平均行驶里程（km）；$EF_{i,h}$ 为第 i 类车辆的 h 类大气污染物或 CO_2 排放因子；

（2）纯电动汽车减排量

因为纯电动汽车主要依靠电力运行，所以需要考虑在发电过程中排放的大气污染气体和温室气体，而其本身在行驶过程中几乎是零排放。新能源汽车所需电力生产过程中的电力排放量可采用如下公式计算：

$$E_{电力} = \sum (N_i \cdot \omega_i \cdot L_i \cdot EV_h)/(1 - k) \tag{2}$$

式中：i 为车辆类型；h 为大气污染物或 CO_2；N_i 为第 i 类车辆的保有量；ω_i 第 i 类车辆的百公里耗电量（kWh/100km）；L_i 为第 i 类车辆的年平均行驶里程（km）；EV_h 为第 h 类大气污染物或 CO_2 排放因子；k 为电力输送过程中的输电损失率，按6%计算[7]。

因此可通过计算替代之前同等数量的传统燃油汽车的污染物排放量得到纯电动汽车的直接减排量，再减去纯电动汽车本身所需电力排放量获得实际减排量。具体计算方式如下：

$$\Delta R_{BEV} = E_{油} - E_{电力} \tag{3}$$

式中：

ΔR_{BEV} ——纯电动汽车污染物减排量；

$E_{油}$ ——传统燃油汽车污染物排放量；

$E_{电力}$——新能源汽车电力污染物排放量。

（3）插电式混合动力汽车减排量

插电式混合动力汽车采用油电混动的形式运行。因此插电式混合动力汽车的排放量需要分别计算燃油减排量和电力排放量。其燃油减排量即可视为同等数量的传统燃油汽车的污染物排放量与节油率的乘积，即直接减排量。插电式混合动力汽车的实际减排量可采用如下方式计算：

$$\Delta R_{PHEV} = E_{油} \cdot \lambda_i - E_{电力} \tag{4}$$

式中：

ΔR_{PHEV}——插电式混合动力汽车污染物减排量；

λ——插电式混合动力汽车相对于燃油车型的节油率；

i——车辆类型

$E_{电力}$——新能源汽车电力污染物排放量；

$E_{油}$——传统燃油汽车污染物排放量。

其中，插电式混合动力车辆相对于燃油汽车的节油率可通过中机车辆技术服务中心编制的检验大纲进行计算[71]，具体计算公式如下所示：

$$\lambda = (C_{CPV} - C_{PHEV}) / C_{CPV} \times 100\% \tag{5}$$

式中：

λ——插电式混合动力汽车相对于燃油车型的节油率；

C_{CPV}——传统燃油车型的燃料消耗量；

C_{PHEV}——插电式混合动力汽车的燃料消耗量。

因此，根据不同类型插电式混合动力汽车燃油消耗量的差距，可以得出三类插电式混合动力汽车的节油率如表2-19：

表2-19　不同类型插电式混合动力汽车的节油率

汽车类型	私家车	出租车	公交车
节油率（%）	37.5%	55.6%	67.9%

2. 协同控制效应坐标系分析

协同控制效应坐标系分析是指通过在二维坐标系中的不同坐标，反映某一污染控制措施情境下对于不同大气污染物和温室气体的减排效果和程度。

在本研究中，横坐标表示对大气污染物的减排程度，纵坐标表示对 CO_2 的减排程度。位于二维坐标系中的不同象限位置可以表示对两类污染物的正负减排效应，例如，当研究点位于第一象限中时，表示该措施可同时减少大气污染物和 CO_2 的排放量；当研究点位于第二象限中时，表示该措施对 CO_2 有减排效果，但会增加大气污染物的排放量；当研究点在第三象限中时，表示该措施对大气污染物和 CO_2 均没有减排效果；当研究点位于在第四象限中时，表示该控制措施对大气污染物有减排效果，但会增加 CO_2 的排放量。另外，研究点与原点的连线与横坐标形成的夹角 β 的大小可以表示减排的程度大小。夹角 β 越大，表示该措施对 CO_2 的减排效果更好。相反，当夹角 β 越小，表示该措施对大气污染物的减排效果更好。

3. 污染物减排量交叉弹性分析

本研究通过污染物减排量交叉弹性分析方法来反映减排措施对大气污染物和温室气体减排是否具有协同控制效应以及两者之间的相对"协同程度"，即根据减排措施的弹性系数来评价温室气体对不同大气污染物变化量的敏感性。例如，减排措施对大气污染物 CO 和温室气体 CO_2 减排的交叉弹性系数计算公式如下：

$$Els_{CO_2/CO} = (\Delta CO_2 / CO_2)/(\Delta CO/CO) \tag{5}$$

式中：$Els_{CO_2/CO}$ ——CO 对 CO_2 的减排量交叉弹性系数；

$\Delta CO_2 / CO_2$ —— CO_2 排放量变化率；

$\Delta CO/CO$ ——CO 排放量变化率。

当 $Els > 0$ 时，减排措施具有正协同效应，即协同效益（排除对大气污染物和温室气体均无减排效果的情况）；当 $Els = 0$ 时，减排措施没有协同效应。当 $Els < 0$ 时，减排措施具有负协同效应；如果 $Els = 1$，减排措施具有正协同效应，即协同效益，且对 CO_2 和大气污染物的作用程度相同；当 $1 > Els > 0$ 时，减排措施具有正协同效应且对目标大气污染物影响程度要高于 CO_2；反之，如果 $Els > 1$，减排措施具有正的协同效应，且对 CO_2 的影响程度要高于目标大气污染物。

（二）新能源汽车协同效应经济成本评价方法

新能源汽车的经济分析主要包括计算单位汽车整车行驶寿命总成本以及构建单位污染物协同减排当量（AP_{eq}）来获得单位污染物减排成本，可通过两种成本来确定不同减排目标的不同类型新能源汽车的成本效益路径。

1. 整车行驶寿命经济分析

新能源汽车的经济成本是指相较于同等配置的传统燃油汽车所产生的整车行驶寿命的成本总和，具体成本内容如下所示：

①购置成本（AC）：鉴于新能源汽车存在政府补贴政策，因此该部分成本即为车辆的直接购置成本与政府补贴的差值。

②运行成本（OC）：指在维持汽车正常使用运行过程中消耗的能源所需的成本，三类汽车的的运行成本由下式可得：

$$OC_{燃油} = F_i \cdot \tau \tag{6}$$

$$OC_{电动} = \omega_i \cdot \mu \cdot \frac{1}{1-k} \tag{7}$$

$$OC_{混动} = F_i \cdot \tau_i + \omega_i \cdot \mu \cdot \frac{1}{1-k} \tag{8}$$

上式中：i 为车辆类型；F_i 为 i 类车辆的百公里耗油量（L/100km）；ω_i 为 i 类车辆的百公里耗电量（kWh/100km）；τ 为燃油价格，μ 为电价；k 为输电损失率，计为 6%[70]。

③维护成本（MC）：包括了维修保养成本和电池更换成本两部分。维修保养成本是指对新能源汽车的动力系统及机械等进行维护保养的成本以及对机动车机油的更换和机械的维修保养等成本。电池更换成本主要是新能源汽车在电池退化之后的替换成本。

④处置成本（DC）：指汽车在行驶至报废后的转售价格，该成本通过双倍余额递减法计算私家车使用 12 年，出租车使用 6 年，公交车使用 8 年的转售价格[72]，同时还应包含新能源汽车电池回收价格。

因此，车辆 i 的整车寿命成本 C_i 可由下式所得：

$$C_i = AC_i + OC_i + MC_i - DC_i \tag{9}$$

2. 单位污染物协同减排当量（APeq）成本分析

为了反映纯电动汽车推广政策的成本有效性，本文进一步借鉴毛显强等[14]构建的空气污染物当量指标 AP_{eq}（air pollutant equivalence），将各类污染物减排量按照其污染物效果系数确定权重之后归一化进行加总，归一化计算公式为：

$$APeq = \alpha \Delta(SO_2) + \beta \Delta(NO_x) + \gamma \Delta(PM_{10}) + \delta \Delta(CO)$$

$$+ \epsilon\Delta(NMHC) + \theta\Delta(CO_2) \tag{10}$$

式中：

ΔSO_2、ΔNO_x、ΔPM_{10}、ΔCO、$\Delta NMHC$ 和 ΔCO_2——协同控制措施所影响的 SO_2、NO_x、PM_{10}、CO、$NMHC$ 和 CO_2 排放的减少量；

α、β、γ、δ、ϵ、θ——各污染物的效果系数（或权重值）。

各污染物效果系数取值主要参考各类污染物的空气质量标准[73]，本文以 SO_2 为基准，确定 NO_x、PM_{10}、CO、$NMHC$ 的权重，并构建 AP_{eq} 的计算式。根据 IPCC 第四次评估报告，大气中 CO_2 的浓度应控制在 $340 \times 10^{-6} \sim 520 \times 10^{-6}$ 之间，因此本研究 CO_2 的浓度标准取值为 $430mg/m^3$[74]。各类大气污染物及温室气体的浓度限值和 AP_{eq} 当量系数见表 2 - 20。

表 2 - 20   各类污染物的当量值列表

污染物类型	CO_2	CO	NO_x	PM_{10}	$NMHC$	SO_2
浓度限值（mg/m^3）	430	4	0.1	0.15	2	0.15
AP_{eq}当量系数	0.00035	0.0375	1.5	1	0.075	1

根据当量系数进行归一化之后，AP_{eq} 的计算公式如下所示：

$$AP_{eq} = \Delta(SO_2) + 1.5\Delta(NO_x) + \Delta(PM_{10}) + 0.0375\Delta(CO)$$
$$+ 0.075\Delta(NMHC) + 0.00035\Delta(CO_2) \tag{11}$$

因此，推广新能源汽车政策的单位大气污染当量减排成本可由下式所得：

$$C_{i,AP_{eq}} = CC_i / Q_{i,AP_{eq}} \tag{12}$$

式中：

$C_{i,AP_{eq}}$——是第 i 类车辆单位大气污染物当量（AP_{eq}）减排成本；

$Q_{i,AP_{eq}}$——是第 i 类车辆大气污染物当量（AP_{eq}）减排效果；

CC_i——是第 i 类车辆的总成本，包括车辆购置成本、政府补贴成本、运行维护成本以及处置成本。

（三）环境协同效应分析数据来源

1. 燃油汽车排放因子

提高机动车排放标准一直是国内控制机动车污染的一项重要措施。自 1999 年以来，我国开始实施针对不同类型机动车的污染物排放标准，淘汰老化和高排放的车辆，仅用 17 年时间，就实现了从国 0 标准到国 V 标准的升级，以更严格的标准来控制道路机动车排放。2016 年中国道路小型机动车和柴油公交车不同排放标准的车辆占比见表 2 - 21。

表 2 - 21　2016 年中国不同排放标准机动车占比[75]

排放标准	国 0	国 I	国 II	国 III	国 IV	国 V
标准实施时间	1999 年	2000 年	2005 年	2008 年	2011 年	2016 年
小型车占比	0.96%	5.38%	6.37%	24.35%	52.47%	10.48%
公交车占比	0.95%	5.31%	6.29%	24.02%	51.76%	10.33%

在机动车尾气排放因子研究方面，谢绍东等[76]通过 COPERT 模型计算得到了符合不同尾气标准的机动车排放因子（表 2 - 22），并发现其结果很符合中国机动车实际排放情况。一些研究还通过使用 COPERT 模型进一步校正了中国现有的机动车排放因子[77-80]。本研究基于 2016 年不同排放标准的汽车占比，结合车辆构成和车辆运行的实际数据，在 COPERT 模型的基础上确定了机动车尾气排放因子。由于本研究分析的出租车和私家车均属于小型车，故出租车和私家车的排放因子使用统一数据，具体排放因子数据列于表 2 - 23。

表 2 - 22　符合不同尾气排放标准的机动车排放因子

车型	排放标准	污染物排放因子（g/km）					
		CO_2	CO	NO_x	PM_{10}	NMHC	SO_2
小型车	国 0	332.1	37.8	1.9	0.02	1.41	0.01
	国 I	319.5	9.5	0.6	0.02	0.47	0.01
	国 II	321.7	5.8	0.4	0.02	0.47	0.01
	国 III	325.0	4.6	0.2	0.02	0.47	0.01
	国 IV	322.3	1.4	0.1	0.02	0.24	0.01
	国 V	322.3	1.4	0.1	0.02	0.24	0.01

续表

车型	排放标准	污染物排放因子（g/km）					
		CO_2	CO	NO_x	PM_{10}	NMHC	SO_2
公交车	国0	1340.6	6.9	18.9	1.2	0.94	0.4
	国I	1125.9	3.3	11.6	0.6	0.94	0.4
	国II	1082.5	3.0	12.4	0.3	0.47	0.3
	国III	1129.7	3.2	11.2	0.3	0.47	0.4
	国IV	1072.8	0.3	6.4	0.1	0.02	0.3
	国V	1072.8	0.3	3.6	0.1	0.02	0.3

表 2 - 23　基于 2016 年排放标准的排放因子

车型	污染物排放因子（g/km）					
	CO_2	CO	NO_x	PM_{10}	NMHC	SO_2
小型车	322.90	3.25	0.19	0.02	0.33	0.01
公交车	1077.98	1.38	7.95	0.20	0.21	0.40

2. 新能源汽车排放因子

纯电动汽车以及插电式混合动力汽车在电力驱动条件下的碳排放的分析可以简化为对化石能源在发电过程中的排放。因此新能源汽车电力需求的排放因子采用了 2016 年全国电力行业污染物数据，其主要根据世界资源研究所提供的温室气体核算体系[81]、《中国能源统计年鉴》[82]中的火力发电能耗和年发电量以及《中国统计年鉴》[83]中电力行业 2016 年的大气污染物排放量计算得到，具体排放因子数据见表 2 - 24。

表 2 - 24　新能源汽车排放因子

车型	污染物排放因子（g/kwh）					
	CO_2	CO	NO_x	PM_{10}	NMHC	SO_2
新能源汽车	752.37	0.00	0.25	0.06	0.00	0.28

注：由于火电厂燃料燃烧充分情况下排放的污染物 CO、NMHC 很少，因此新能源汽车的 CO，NMHC 的排放量为 0 来计算。

3. 其它重要参数

①新能源汽车保有量

自 2010 年起，上海市和深圳市纯电动汽车，插电式混合动力汽车以及机动车的增长情况如表 2 - 25 所示。

表 2 - 25　上海市和深圳市 2010—2016 年的三类汽车累计保有量[5,82]

城市	车型	年份	2010	2011	2012	2013	2014	2015	2016
上海市	纯电动汽车	私家车	0	5	245	515	852	5230	8558
		出租车	0	0	0	0	137	931	931
		公交车	181	181	246	291	1563	2594	4389
	插电式混合动力汽车	私家车	350	350	350	771	7766	32473	52355
		出租车	0	0	0	0	437	437	437
		公交车	156	156	160	171	430	495	628
	机动车	私家车（万辆）	104	120	141	163	183	209	243
		出租车	50007	50438	50683	50612	50738	49586	47271
		公交车	17455	16589	16695	16717	16155	16531	16693
深圳市	纯电动汽车	私家车	53	111	1337	1795	1828	2255	5233
		出租车	0	300	300	351	411	1996	4997
		公交车	0	253	1506	2506	2662	6350	15988
	插电式混合动力汽车	私家车	310	597	1398	1820	4984	11803	21702
		出租车	0	0	0	0	0	3082	3082
		公交车	357	1727	3498	3498	3498	3498	3498
	机动车	私家车（万辆）	118	140	163	197	249	255	278
		出租车	14340	14735	15300	15973	16275	16596	17842
		公交车	12456	15365	14546	14617	15074	15120	15483

②年均行驶里程与百公里能耗

机动车和新能源汽车的百公里能耗和年均行驶里程见表 2 - 26。百公里能耗数据来源于中国节能与新能源汽车发展研究报告[84]以及车兆华[85]的研究成果。年均行驶里程数据参考商务部机动车报废标准[71]，并通过对传统燃油汽车分车型和分车龄的年均行驶里程取平均获得，再由于各车型的用途的差异，经公交公司调研及司机访谈后确定三类汽车的年均行驶里程的取值。对于三类汽车的行驶里程数据统一采取了传统燃油汽车的年行驶里程数据，假设新能源汽车完全替代传统燃油汽车，行驶相同里程的背景下进行污染物排放分析。

表 2 - 26　城市交通工具类型及数据

车辆类型		年均行驶里/km	百公里能耗
私家车	纯电动	18982	15 kWh/100km
	插电式混合动力		电：12 kWh/100km 油：5 L/100km
	汽油车		8L/100km
出租车	纯电动	150000	21.5 kWh/100km
	插电式混合动力		电：16 kWh/100km 油：4 L/100km
	汽油车		9L/100km
公交车	纯电动	74000	120kwh/100km
	插电式混合动力		电：110 kWh/100km 油：11.25L/100km
	柴油车		35/100km

（四）经济协同效应分析数据来源

本研究的经济数据以 2016 年的价格参数为基准进行计算。

①2016 年新能源汽车购置补贴

为支持新能源汽车的大力发展，对购买新能源汽车的消费者，中央政府会给予汽车购置补贴，各地方政府也相应推出了地方性补贴方案，具体补贴情况见表 2 - 27。

表 2-27　2016 年上海市和深圳市总购置补贴情况[5,86]

车辆类型		国家补贴 （万元）	地方补贴 （万元）		总计 （万元）
纯电动汽车	私家车	5.5	上海市	3	8.5
			深圳市	6	11.5
	出租车	5.5	上海市	3	8.5
			深圳市	6	11.5
	公交车	50	上海市	25	75
			深圳市	50	100
插电式 混合动力汽车	私家车	3	上海市	1	4
			深圳市	3.15	6.15
	出租车	3	上海市	1	4
			深圳市	3.15	6.15
	公交车	25	上海市	5	30
			深圳市	—	—

注：自从 2013 年起，深圳市已不再推广使用插电式混合动力公交车。

②充电补贴

除了新能源汽车的购置补贴，深圳市地方政府还分别为纯电动小型车和插电式混合动力小型车提供一次性充电补贴 5000 元和 1000 元，另外为纯电动出租车给予一次性补贴 11.08 万元（前提是出租车企业的月租低于燃油车）[5]。

四、案例城市介绍

（一）案例城市选择

中国各大城市为了支持清洁能源发展和低碳出行，在大力推进地铁和公共交通的同时用大量新能源汽车取代传统燃油汽车用于出行，并在 2009 年 1 月正式启动了"十城千辆"节能与新能源汽车示范推广应用工程，通过在 10 个城市给予财政补贴的方式，每年推出 1000 辆新能源汽车进行示范运行，车辆类型主要是公交车、出租车、物流车和公务车等。2009 年公布的第一批试点城市包括了：北京、上海、重庆、长春、大连、杭州、济南、武汉、深圳、合肥、长沙、昆明、南昌[87]。

上海以及深圳市在 2016 年的新能源汽车保有量均超过 5 万辆，是新能源汽车示范城市中发展较快的两个城市。其中，深圳市自发展新能源交通以来，坚持以纯电动汽车为主要推广方向。2016 年纯电动汽车累计推广量达 4.3 万辆，插电式混合动力汽车累计推广量为 2.4 万辆。深圳是全球在公交系统电气化和现代化方面最具雄心的城市之一，并制定了在 2017 年拥有 100% 纯电动公共汽车车队，在 2020 年拥有 100% 纯电动出租车车队的目标[88]。上海市则以纯电动汽车和插电式混合动力汽车作为主要推广对象，分别占据了新能源汽车推广总量的 26.81% 和 71.63%。其插电式混合动力汽车推广量是纯电动汽车的推广量的 3 倍，是插电式混合混合动力私家车发展速度最快的城市之一。

鉴于上海市和深圳市主推新能源汽车类型的特殊性，本研究重点选取上海市和深圳市作为案例城市，深入分析不同推广形式下新能源汽车协同减排的可行性和有效性。

(二) 上海市新能源汽车推广应用现状

1. 新能源汽车发展概况

上海市新能源汽车发展起步较早，是全国新能源汽车推广第一批试点城市。当 2009 年第一批新能源汽车出现在了上海道路中，上海从此开启了绿色交通出行时代，更是在 2010 年借助上海市世博会的契机推广了 1630 辆新能源汽车，实现了作为"十城千辆"工程第一批试点城市的推广目标。

截至 2016 年底，上海市新能源汽车保有量已超过 10 万辆，按汽车类型分，主要以纯电动汽车和插电式混合动力汽车为主，按用途分，主要是私家车、公务车、公交车和出租车为主。自 2014 年起，上海市新能源汽车市场呈现快速发展的趋势，在我国新能源汽车市场中的份额不断提高。2014 年，上海新能源汽车销售量突增至 10644 辆，约是 2013 年的 10 倍。其中私人消费者成为了新能源汽车市场的主要对象，仅 2014 年的推广量已超过历年总数，并逐年递增，更是在 2016 年达到了 5.24 万辆，占上海市插电式混合动力汽车的 68.5%[5]（图 2-17）。

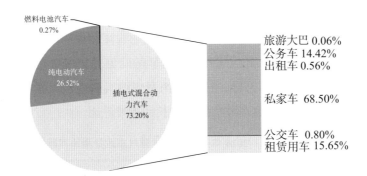

图 2 - 17 2016 年上海市推广新能源汽车结构

上海市新能源私家车、出租车和公交车推广情况如图 2 - 18 所示。除了插电式混合动力私家车的快速增长，插电式混合动力出租车在 2014 年停止了推广，插电式混合动力公交车也呈现增长缓慢趋势，截止 2016 年，仅有 628 辆。与其相反，纯电动的三类汽车呈现了正向发展趋势，特别是纯电动公交车在 2014 年直接增长了 7 倍，并以翻倍的速度增长[5]。

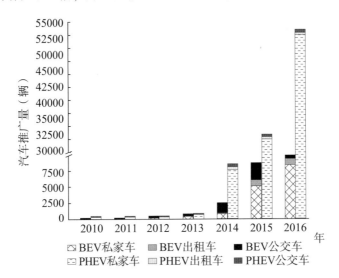

图 2 - 18 2010—2016 上海市新能源私家车、出租车和公交车推广量

2. 新能源汽车发展政策回顾

上海市新能源汽车政策措施见表 2 - 28。自 2010 年开始，上海市政府出台了一系列适用新能源车发展趋势的法规和措施，对新能源汽车市场的发展起到了明显的推动作用。

2014 年 5 月上海市政府发布了《上海市鼓励购买和使用新能源汽车暂行办法》，政策指出购买用于非营运的新能源汽车可以免费获得专用的上海牌照额度。免费牌照与上海的购车补贴，提高了消费者购买新能源汽车的积极性，是自 2014 年起上海新能源私家车数量快速增长的重要原因。

表 2 - 28　2010—2016 年上海市新能源汽车政策措施回顾[5]

年份	政策措施
2010 年	对上海市自主研发国家重大科技项目的企业给予专项资金支持，大力支持新能源汽车制造业。
2011 年	计划在国家补贴基础上，提供上海市地方补贴。其中纯电动汽车补贴不超过 4 万元，插电式混合动力汽车补贴不超过 2 万元。
2012 年	《上海市推进战略性新兴产业"新能源汽车与汽车电子"专项工程实施方案（2012—2015）》 《上海市鼓励私人购买和使用新能源汽车试点实施暂行办法》
2013 年	《上海市鼓励电动汽车充换电设施发展暂行办法》。 《上海市清洁空气行动计划（2013—2017）》
2014 年	《上海市鼓励购买和使用新能源汽车暂行办法》 《上海市新能源汽车推广应用实施方案（2013—2015）》 《关于推广应用节能和新能源等环保型公交车的实施意见》 《国网上海市电力公司新建住宅区供电配套工程技术导则（2014 版）》 《上海电动汽车自用充电设施用电业务管理细则》 《上海市新能源环卫车推广应用实施方案》 《上海国资系统新能源乘用车推广应用方案》
2015 年	《上海市电动汽车充电设施建设管理暂行规定》 《关于进一步推进各区（县）公共机构新能源发展利用及新能源汽车分时租赁推广应用工作的通知》

续表

年份	政策措施
2016 年	《上海市鼓励购买和使用新能源汽车暂行办法（2016 年修订）》 《上海市鼓励电动汽车充换电设施发展扶持办法》 《关于深入推进本市新能源公交车发展实施意见》 《上海市电动汽车充电基础设施专项规划（2016—2020）》 《关于本市促进新能源汽车分时租赁业发展的指导意见》 《关于支持本市新能源货运车推广应用的通知》 《上海市电动汽车充电基础设施建设技术规范》 《上海市充电设施运营服务规范》

注：上海市各地区的独立政策并没在上表中列出。

（三）深圳市新能源汽车推广应用现状

1. 新能源车汽车发展概况

深圳市是中国新能源汽车"十城千辆"工程的第一批试点城市，同时也是低碳交通建设的试点城市。作为"双试点"城市，深圳市的新能源公共交通应用规模居全国前列，是国内推广新能源公交车领域的领导城市[89]。

截止 2016 年底，深圳市累积推广各类新能源汽车 6.9 万辆，其中，公交行业推广新能源汽车 2.8 万辆（新能源公交车 1.9 万辆，新能源出租车 8079 辆），占全市公交车、出租车总量的 45.3%。推广新能源私家车 2.7 万辆，通勤车、物流车以及租赁车等 1.4 万辆[5]。

深圳市新能源私家车、出租车和公交车推广量见图 2 - 19。深圳市于 2012年停止了插电式混合动力公交车的推广，加强了纯电动汽车的推广力度，特别是其纯电动公交车在 2016 年甚至达到了 1.6 万辆，约是上一年的 2.5 倍。在新能源出租车方面，由于深圳市专门针对出租车制定了提前更新为纯电动车的补贴奖励措施，促进了纯电动出租车的快速发展，自 2014 年起纯电动出租车的数量逐渐递增。

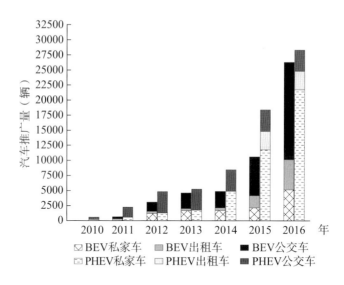

图 2 - 19   2010—2016 年深圳市新能源汽车推广量

2. 新能源汽车发展政策回顾

深圳市新能源汽车扶持政策措施列于表 2 - 29。深圳市作为广东省下辖的副省级市，在政策措施方面受到广东省和深圳市本市的共同管理，自 2010 年以来，在经济补贴、基础建设、安全管理、技术发展等方面出台了多项新能源汽车发展政策。

表 2 - 29   2010—2016 年深圳市新能源汽车政策措施回顾[5]

年份	政策措施
2010 年	《深圳市私人购买新能源汽车补贴试点实施方案》 《关于住宅区和社会公共停车场加装新能源汽车充电柱的通告》
2011 年	《深圳市节能与新能源汽车中央购车补贴资金管理办法》 《深圳市节能与新能源汽车示范推广扶持资金管理办法》 "融资租赁、车电分离、充维结合"新能源公交车购买、运营及维护方案 建立新能源汽车碳计量账户
2012 年	无地方新政策
2013 年	《广东省新能源汽车产业发展规划（2013—2020 年）》
2014 年	《关于加快推进珠江三角洲地区新能源汽车推广应用的实施意见》 《广东省省级新能源汽车推广应用专项资金管理办法》

年份	政策措施
2015 年	《深圳市新能源汽车推广应用若干政策措施》 《深圳市新能源汽车发展工作方案》 《深圳市新能源汽车充电设施运营商备案管理办法》 《深圳市新能源汽车推广应用扶持资金管理暂行办法》
2016 年	《深圳市关于 2016 年新能源小汽车增量指标配置有关事项的通知》 《深圳市新能源汽车充电设施核查机构遴选管理办法》 《深圳市 2016 年新能源汽车推广应用财政支持政策》 《深圳市关于新能源纯电动物流车继续实施通行优惠政策的通告》

五、环境协同效应分析与评价

(一) 上海市新能源汽车污染物排放协同效应分析

1. 协同减排量分析

通过公式（1）—（4）可以计算出 2010—2016 年上海市三类交通工具在推广使用纯电动汽车和插电式混合动力汽车之后对大气污染物及 CO_2 的直接减排量、电力排放量以及实际减排量。其中，实际减排量即新能源汽车在去除火电发电所产生的污染之后的减排量。

由图 2-20（a）可知，插电式混合动力私家车在减排 CO、NO_x 以及 NMHC 时所带来的减排效果均要优于纯电动私家车。主要原因是在计算减排上述大气污染物过程中插电式混合动力私家车所带来的直接减排量都要高于自身电力排放量，同时也远高于纯电动私家车的直接减排量。与此同时，在火电厂燃料燃烧充分的情况下，CO 和 NMHC 的排放量微乎其微，可忽略不计。因此其 CO 和 NMHC 的实际减排量即等于直接减排量。而纯电动私家车在 CO_2 的减排过程中其直接减排量与电力排放量的差值要大于插电式混合动力私家车的差值，从而实现了较好的减排效果。另外，随着插电式混合动力私家车的保有量的增加，其 PM_{10} 的电力排放量增长明显，使其明显高于直接减排量，导致了 PM_{10} 整体增排。

由图 2-20（b）和 2-20（c）可知，随着出租车以及公交车保有量的增长，纯电动汽车对温室气体 CO_2 以及大气污染物 CO、NO_x、NMHC、PM_{10} 的实际减排量均要优于插电式混合动力汽车。这主要是由于纯电动汽车的直接减排量要远高于其发电排放量且明显高于插电式混合动力汽车的减排量所致。

对于三类汽车，除纯电动公交车在 SO_2 的减排过程中实现了正减排，其余汽车都呈现了负增长。这是因为在对 SO_2 进行的减排的过程中，仅有纯电动公交车的直接减排量要高于其电力排放量，而其他类型汽车的电力排放量均要高于其本身替代燃油汽车所带来的直接减排量。

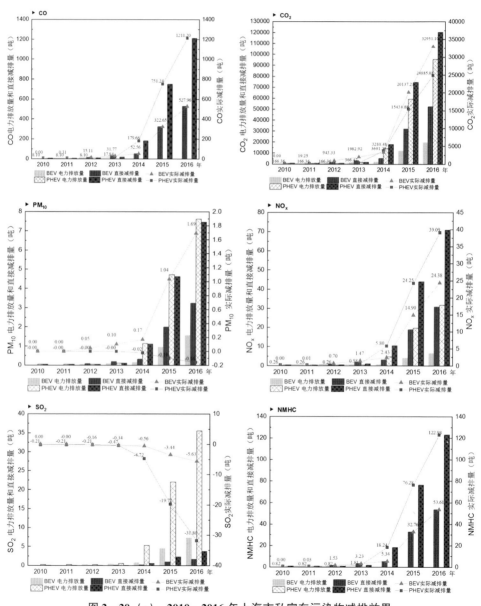

图 2 – 20（a） 2010—2016 年上海市私家车污染物减排效果

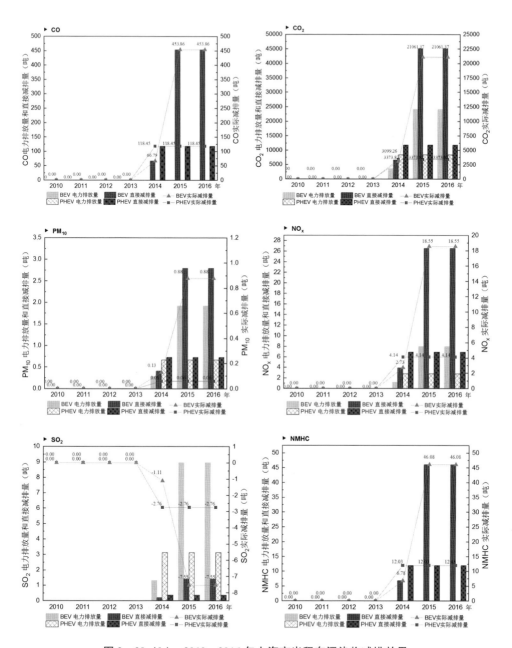

图 2 - 20 （b）　2010—2016 年上海市出租车污染物减排效果

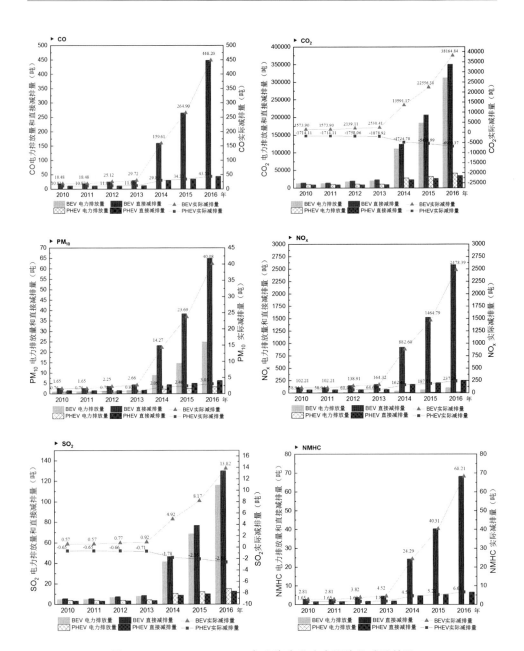

图 2 - 20（c） 2010—2016 年上海市公交车污染物减排效果

自 2010 年以来，上海市纯电动公交车和纯电动私家车的 CO_2 减排量处于稳健增长阶段，在 2016 年分别可减排 38165 吨和 32951 吨 CO_2。而纯电动出租车的数量自 2015 年起没有增加，因此按照存量保有量来看，在 2016 年可以减排

21061 吨 CO_2。其中纯电动公交车的 CO_2 减排量最高，占了 CO_2 总减排量的 41.4%。

2010—2016 年，插电式混合动力公交车的 CO_2 减排量处于负增长趋势，即增加了 CO_2 的排放量。这主要是因为插电式混合动力公交车所需电力的排放量要高于其本身替代燃油汽车所带来的直接减排量所致。而插电式混合动力私家车自 2013 年起，随着保有量的增加，具有较好的减排效果，低保有量的混合动力出租车也依然呈现了正减排效应，分别减排 24885 吨和 3374 吨 CO_2（图 2 – 21）。

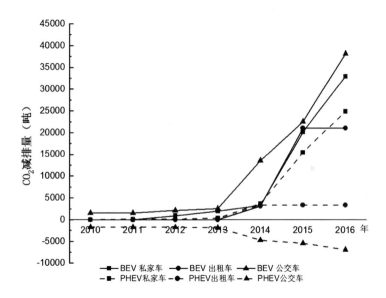

图 2 – 21　2010—2016 年上海市分车型新能源汽车对温室气体 CO_2 节能减排量

在 2010—2016 年期间，随着纯电动汽车保有量的不断提高，其对 CO、PM_{10}、NO_x 和 NMHC 等大气污染物的减排效果也明显增加（图 2 – 22）。截止 2016 年底，纯电动私家车和纯电动出租车的 CO 减排量分别为 527.96 吨和 453.86 吨，均超过了其他污染物减排量的总量，减排效果最佳。纯电动公交车则对 NO_x 呈现了较好的减排作用，减排了约 2478.39 吨（占比 98.3%）。对于大气污染物 SO_2，随着保有量的增加，纯电动公交车呈现了正向减排趋势，在 2016 年可以减排 13.82 吨 SO_2，但纯电动私家车和纯电动出租车分别增排 5.63 吨和 7.55 吨 SO_2，不具备减排效果。

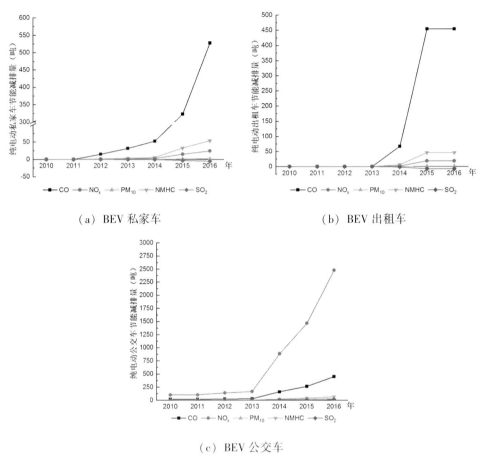

（a）BEV 私家车 　　　　　　　　　（b）BEV 出租车

（c）BEV 公交车

图 2 – 22　　2010—2016 年上海市分车型纯电动汽车污染物减排量

　　在 2010—2013 年期间，上海市插电式混合动力汽车推广量并没有明显波动，因此这期间三类汽车的节能减排量不太明显，自 2014 年起，插电式混合动力私家车和出租车的 CO 减排量皆呈现了较高的增长率，2016 年的 CO 减排量分别为 1211.20 吨和 118.45 吨。插电式混合动力公交车则对 NO_x 的减排效果最为明显，为 237.26 吨。从三类汽车整体的排放情况来看，SO_2 均呈现了负增长，这说明插电式混合动力汽车的推广措施增加了该大气污染物的排放，并没有减排效果。另外，插电式混合动力私家车的 PM_{10} 也呈现了负增长，不具备减排效果（图 2 – 23）。

　　在考虑电力生产过程污染物排放的背景下，插电式混合动力公交车在 CO_2

以及 SO₂ 的电力排放量要高于同等数量的污染物直接减排量，因此不具备整体减排效果。

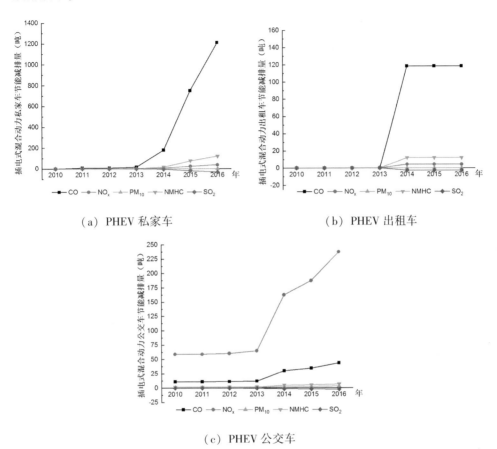

（a）PHEV 私家车　　　　　（b）PHEV 出租车

（c）PHEV 公交车

图 2 – 23　上海市插电式混合动力汽车污染物减排量

综上可得出结论，新能源汽车在未考虑电力生产发电过程中的排放时，是减少城市大气污染物排放的有力措施。但当考虑电力排放量时，部分新能源汽车会存在污染物增排的负面影响，因而不再具备综合减排优势。

2. 协同控制效应坐标系分析

通过第 3 章的协同效应坐标系方法，可以得到推广六种新能源汽车的减排程度效果坐标系，如下图 2 – 24 所示。

对协同效应坐标系分析可知，除插电式混合动力公交车之外的 5 类车辆大气污染物 CO、NOₓ、NMHC 的坐标均位于第一象限，因此推广纯电动汽车和插电式混合动力汽车对以上污染物和 CO_2 同时具有减排作用和协同效益。在对等量大气污染物进行减排时，纯电动公交车对于大气污染物 CO 和 CO_2 的协同减排效果要高于其余类型汽车，插电式混合动力出租车对于大气污染物 PM_{10} 和 CO_2 的协同减排效果要优于其余类型汽车，而纯电动私家车对于大气污染物 NO_x、NMHC 和 CO_2 的协同减排效果最好。其中纯电动车辆在对等量的目标污染物 NMHC 和 CO 进行减排时，对温室气体 CO_2 的减排则效果比同类型插电式混合动力汽车要更优。

相反，在对等量温室气体 CO_2 进行减排时，插电式混合动力私家车在协同减排大气污染物 CO 和 NMHC 上都呈现了良好的协同减排效果，纯电动公交车在 NO_x 和 PM_{10} 上实现了最好的协同减排效果。

插电式混合动力公交车减排 CO、NO_x、PM_{10} 和 NMHC 的坐标均位于第四象限。这表明插电式混合动力公交车对等量的目标污染物进行减排时，可减少相应大气污染物，但对温室气体并未起到减排效果，相反增加了 CO_2 的排放，不具备协同效益。插电式混合动力私家车的 PM_{10} 与 CO_2 协同减排坐标位于第二象限，这可以说明插电式混合动力汽车的替代仅仅减少了 CO_2 的排放，但却使 PM_{10} 的排放有所增加，同样不具备协同效益（图 2-24a）。

纯电动公交车在减排目标污染物 SO_2 的同时也在减排 CO_2，坐标位于第一象限，所以具有较好的协同效益。然而纯电动出租车和私家车以及插电式混合动力出租车和私家车的 SO_2 与 CO_2 协同减排坐标点位于第二象限，表明该类型车辆的推广措施能够减少 CO_2 的排放，但会增加大气污染物的排放量。对于插电式混合动力公交车来说，其 SO_2 与 CO_2 协同减排坐标均位于第三象限表明该控制措施对大气污染物和温室气体 CO_2 均不具备减排效应（图 2-24d）。

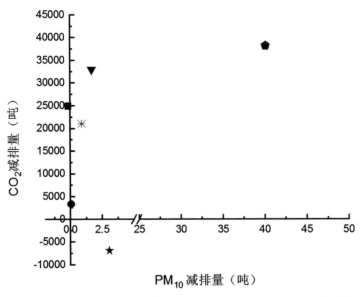

（a）

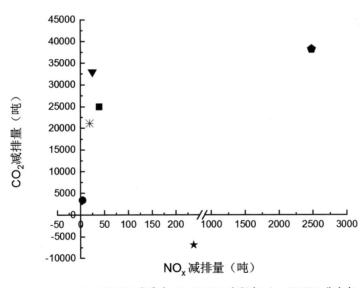

（b）

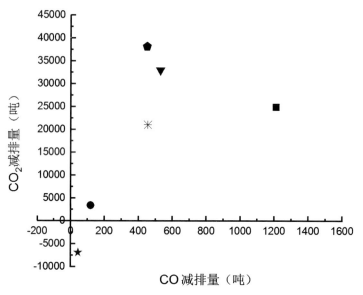

（c）

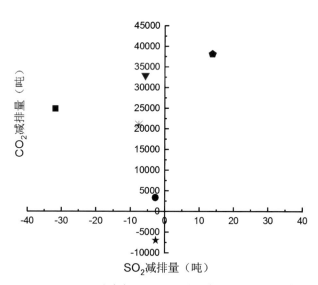

（d）

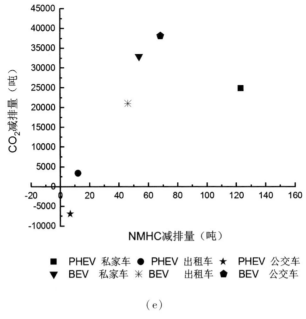

■ PHEV 私家车 ● PHEV 出租车 ★ PHEV 公交车
▼ BEV 私家车 ✳ BEV 出租车 ⬠ BEV 公交车

（e）

图 2-24 上海市分车型使用新能源汽车 CO、SO$_2$、

NO$_x$、NMHC 与 CO$_2$协同控制效应坐标系

（二）深圳市新能源汽车污染物排放协同效应分析

1. 协同减排量分析

计算出 2010—2016 年深圳市三类交通工具在推广使用纯电动汽车和插电式混合动力汽车之后对大气污染物及 CO$_2$的直接减排量，电力排放量以及实际减排量。

由图 2-25（a）可以看出，深圳市纯电动私家车的 CO$_2$减排量和 PM$_{10}$的减排量要明显高于插电式混合动力私家车，主要是因为纯电动汽车的对于 CO$_2$和 PM$_{10}$的直接减排量都要高于其电力排放量，而插电式混合动力汽车虽然直接减排量高于纯电动汽车，但其差距较小从而并不具备更优的排放效果，且插电式混合动力私家车的 PM$_{10}$的电力排放量更高，根本不具备减排效果。而插电式混合动力私家车在减排 CO、NO$_x$以及 NMHC 时所带来的减排效果在 2011 年及 2014 年出现过两次转折，自 2014 年开始稳定的增长且好于纯电动私家车。原因是 2011 年至 2013 年三年期间的纯电动私家车数量和插电式混合动力私家车数量极为接近，纯电动私家车的直接减排量明显高于插电式混合动力

私家车。自 2014 年起，插电式混合动力私家车的推广量几乎是纯电动私家车的
5 倍之多，因此出现转折，插电式混合动力私家车的直接减排量直接增长了
一倍。

根据图 2 – 25（b）和 2 – 25（c）可知，纯电动出租车和纯电动公交车在
减排温室气体 CO_2 以及大气污染物 CO、NO_x、NMHC、PM_{10} 的过程中其直接减
排量较高从而要明显具有更好的减排效果。对于三类汽车，除纯电动公交车在
SO_2 的减排过程中实现了正减排，其余汽车都呈现了负增长。另外，插电式混合
动力公交车也不具备碳减排优势，其电力排放量要更高。

值得注意的是，插电式混合动力公交车的 CO、NO_x、PM_{10}、NMHC 减排量
在 2013 年之前都要高于纯电动公交车，主要是因为在 2013 年之前其推广保有
量高于纯电动公交车。自 2013 年起，深圳市停止推广插电式混合动力公交车，
因此其大气污染物的减排量开始低于纯电动公交车，但与此同时也终止了其
CO_2 排放量的增加。

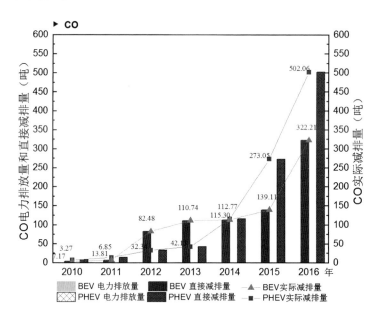

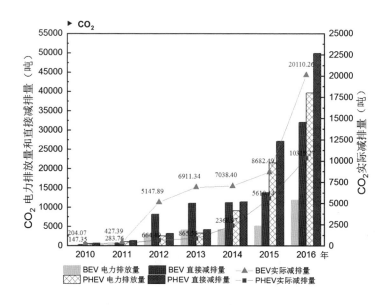

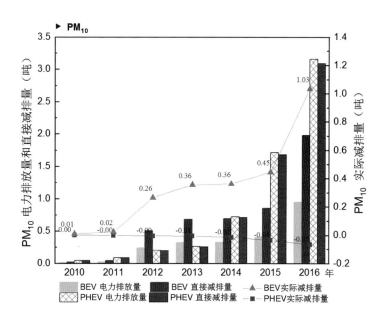

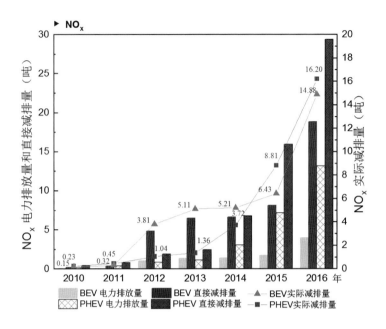

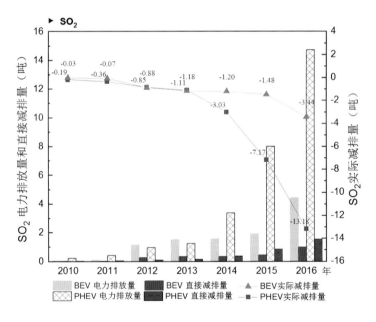

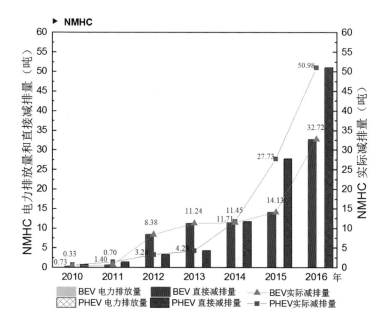

图 2 – 25 （a） 2010—2016 年深圳私家车污染物减排效果

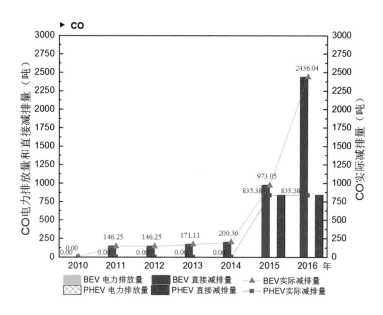

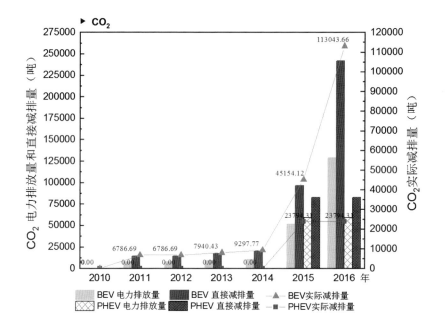

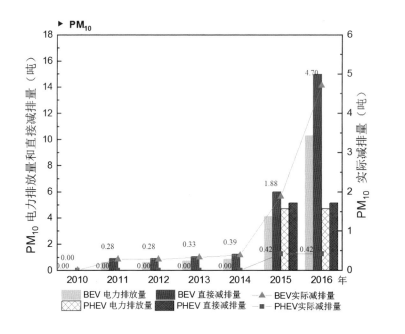

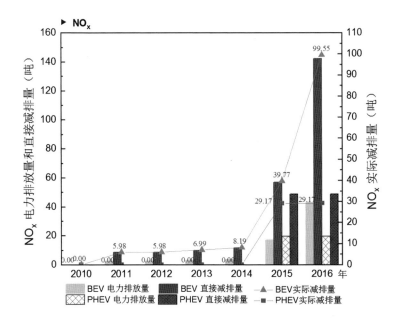

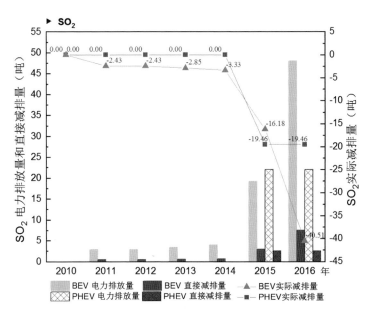

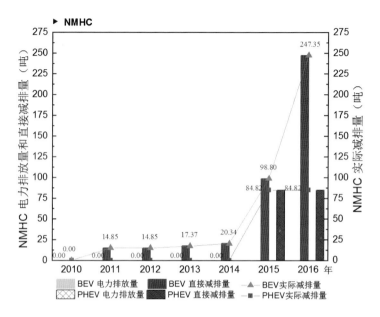

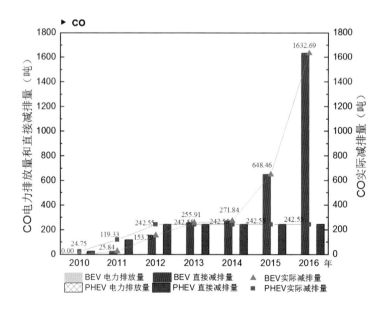

图 2 – 25 （b） 2010—2016 年深圳出租车污染物减排效果

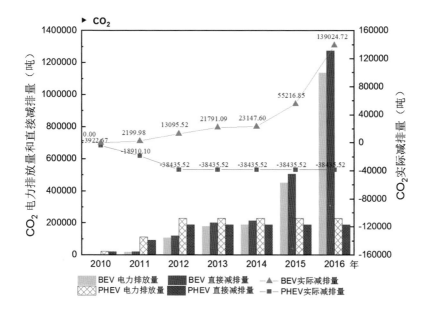

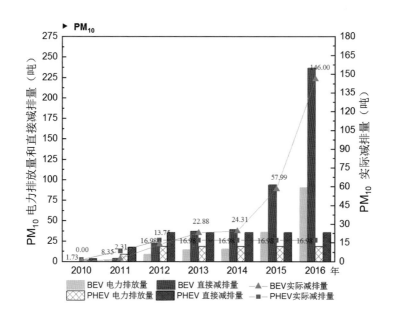

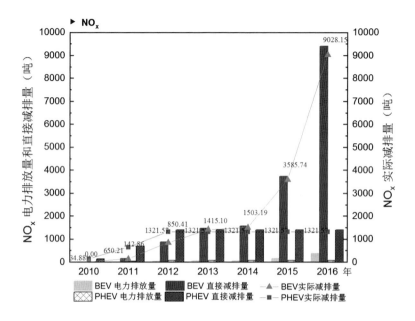

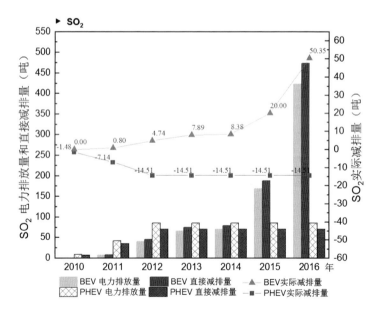

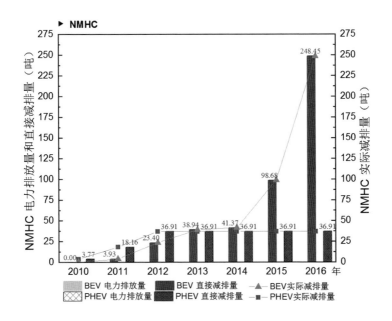

图 2 - 25（c）   2010—2016 年深圳公交车污染物减排效果

在深圳市大力推广纯电动公交车和纯电动出租车的背景下，2016 年其纯电动公交车和纯电动出租车的 CO_2 减排量高达 13.9 万吨和 11.3 万吨（图 2 - 26）。插电式混合动力出租车由于保有量没有明显提升，所以减排量较低。新能源私家车虽然具有较高保有量，但由于电力排放量与同等数量汽车减排量相差不大，导致整体减排量较低。深圳市于 2013 年起并没有新增插电式混合动力公交车，因此单看 2010 年至 2012 年期间，随着公交车保有量的增加，明显增加了 CO_2 的排放，增排量高达 38435 吨。

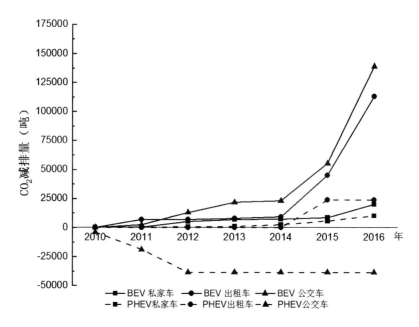

图2-26 2010—2016年深圳市分车型新能源汽车对温室气体 CO_2 节能减排量

在2010年至2016年期间，纯电动私家车和纯电动出租车均在CO减排上效果最佳，截止2016年底分别减排322.21吨和2436.04吨污染物，其次为NMHC减排量、NO_x 减排量和 PM_{10} 减排量（图2-27）。由于纯电动小型车在 SO_2 减排中不具备减排效果，随着保有量的增加，纯电动私家车和纯电动出租车分别增排了 SO_2，3.44吨和40.51吨。

纯电动公交车对 NO_x 的减排效果明显高于对其余各类大气污染物的减排效果，截止2016年底可减排9028.15吨污染物，在整体大气污染物减排中占81%。整体大气污染污减排量为：NO_x 减排量 > CO减排量 > NMHC减排量 > PM_{10} 减排量 > SO_2 减排量。

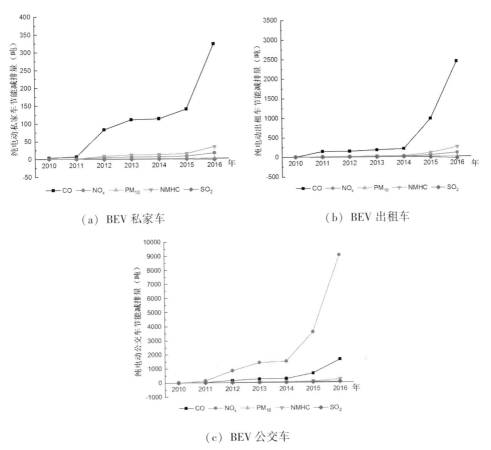

（a）BEV 私家车　　　　　（b）BEV 出租车

（c）BEV 公交车

图 2 - 27　2010—2016 深圳市分车型纯电动汽车污染物减排量

深圳对插电式混合动力公交车和出租车的推广力度要明显低于纯电动汽车，分别在 2012 年和 2016 年停止了对应汽车的推广。插电式混合动力私家车和出租车均在污染物 CO 的减排中实现了最多的减排，污染物减排量为：CO 减排量 > NMHC 减排量 > NO_x 减排量，都增排大气污染物 SO_2，其中插电式混合动力私家车对 PM_{10} 也会进行增排。

插电式混合动力公交车则与纯电动公交车存在明显差异。插电式混合动力公交车整体大气污染污减排量为：NO_x 减排量 > CO 减排量 > NMHC 减排量 > PM_{10} 减排量，但增排大气污染物 SO_2（图 2 - 28）。

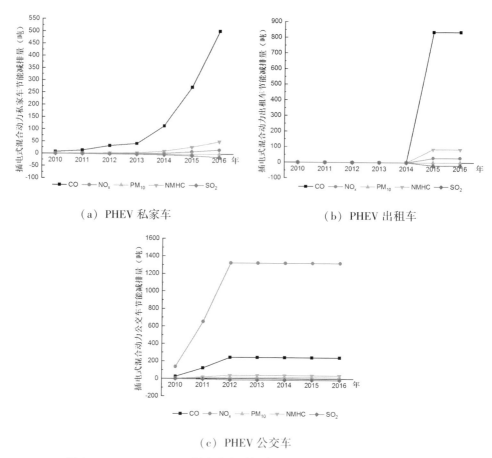

（a）PHEV 私家车　　　　　　　　（b）PHEV 出租车

（c）PHEV 公交车

图 2 - 28　2010—2016 深圳市分车型插电式混合动力汽车污染物减排量

总的来说，在深圳市的大力引导下，纯电动公共交通的污染物减排量明显提高，插电式混合动力公交车的污染物增排量得到了控制。

2. 协同控制效应坐标系分析

参考第三章的协同效应坐标系方法，可以得到推广新能源汽车的减排程度效果坐标系，如图 2 - 29 所示。

对协同效应坐标系分析可知，新能源小型车（私家车和出租车）以及纯电动公交车的大气污染物 CO、NO$_x$ 和 NMHC 的坐标均位于第一象限，因此推广使用此类新能源汽车对以上污染物和 CO$_2$ 同时具有减排作用和协同效益。

在对等量大气污染物进行减排时，纯电动公交车的所有坐标均位于第一象限，说明其对于各类大气污染物的减排具有较好的正减排效应，即协同效益。

相反，插电式混合动力公交车的 SO_2 与 CO_2 协同坐标均位于第三象限表明该控制措施对大气污染物和温室气体 CO_2 均不具备减排效应（（图 2 – 29（e））。CO、NO_x、PM_{10} 和 NMHC 坐标则位于第四象限，这表明插电式混合动力公交车对等量的目标污染物进行减排时，可减少相应大气污染物，但对 CO_2 并未起到减排效果，不具备协同效益（图 2 – 29（a，b，d））。

新能源小型车（包含私家车和出租车）在对等量大气污染物 NO_x 进行减排时，其 CO_2 协同减排效果要优于公交车，且彼此之间差距较小（图 2 – 29（b））。对 SO_2 则不具备协同减排效果，坐标位于了第二象限（图 2 – 29（e））另外，插电式混合动力私家车的 PM_{10} 与 CO_2 协同坐标也位于第二象限，说明仅可减排 CO_2，但会增加大气污染物的排放（图 2 – 29（c））。

相反，在对等量温室气体 CO_2 进行减排时，新能源小型车（含私家车和出租车）对大气污染物 CO 的协同减排效果要优于纯电动公交车。其中，插电式混合动力私家车在减排等量 CO_2 的同时，可使得大气污染物 CO 和 NMHC 的减排量最大化。

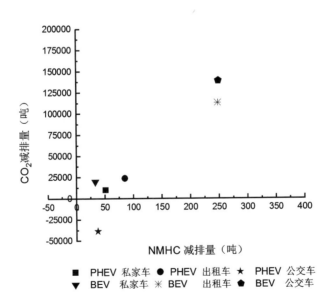

（a）

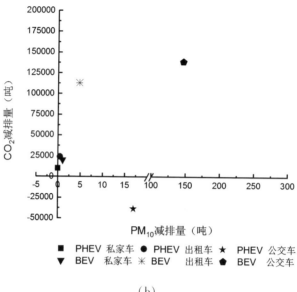

（b）

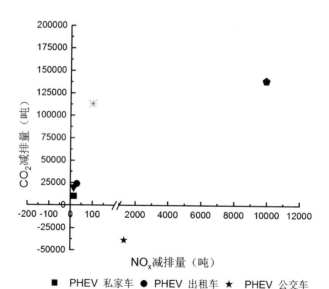

（c）

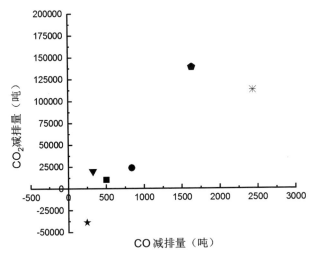

（d）

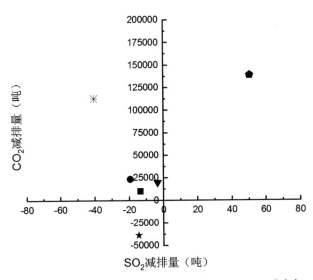

（e）

图 2 - 29　深圳市分车型使用新能源汽车 CO、SO_2、NO_x、
NMHC 与 CO_2 协同控制效应坐标系

（三）结果对比分析与评价

1. 污染物减排效果分析

通过对上海市和深圳市进行了系统化的协同效应分析，可以了解到在单一城市范围内推广某一类型的新能源汽车是否能实现大气污染物和温室气体的协同减排，两个城市2016年新能源汽车污染物排放与减排情况如图2-30所示。

推广插电式混合动力公交车不具备综合总量减排优势，从城市减排总量来看，CO_2的大量增排是插电式混合动力公交车不具备减排特点的主要原因。深圳市的纯电动公交车和纯电动出租车总量减排优势最为突出，均要高于其他新能源汽车，主要是因为深圳市大力推广纯电动公共交通所带来的保有量增加带来了更明显的减排效果。其次为上海市纯电动公交车、上海市纯电动私家车、上海市插电式混合动力私家车的顺序递减，具体的综合减排效果排序见图2-30。

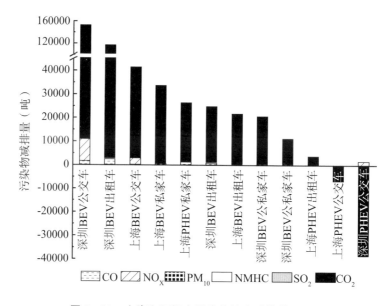

图2-30　上海和深圳市污染物综合减排效果排序

通过对上海和深圳市的对比分析，可以确定车辆保有量对新能源汽车的直接减排效果具有明显的影响，为了更加直观的探讨单位新能源汽车本身排放情况，本研究计算了单位新能源汽车和单位传统燃油汽车所带来的大气污染物和CO_2排放量，单位车辆污染物排放效果如图2-31所示。

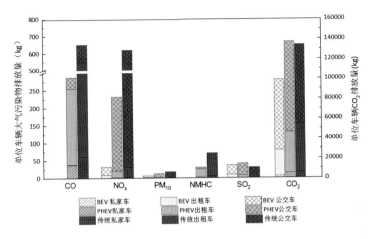

图 2 - 31　单位车辆污染物排放效果

由上图可知，由于纯电动汽车不存在 CO 和 NMHC 的污染物排放，因此纯电动汽车相对于传统汽车来说其属于真正的"零排放"。虽然插电式混合动力汽车的 CO 和 NMHC 电力排放同样为 0，但由于其动力来源不仅仅是电力，还包括燃油驱动，因此不是完全的零排放车辆。通过对比纯电动汽车和插电式混合动力汽车的排放数据，可以发现在减排 NO_x 和 PM_{10} 两类污染物时，单位纯电动汽车和插电式混合动力汽车的污染物排放量要低于单位机动车的污染物排放量，而插电式混合动力汽车因为其包含电力和燃油排放，所以要高于纯电动汽车的排放量。另外，纯电动汽车和插电式混合动力汽车的 SO_2 排放量要高于燃油车的排放量，这主要还是因为电力污染源的 SO_2 排放较高所致。在减排温室气体 CO_2 过程中，单位纯电动汽车的污染物排放量均要低于单位燃油车的排放量，具有减排效果。相反，插电式混合动力汽车的三类车辆的 CO_2 总排放要高于燃油车，主要是因为单位出租车和单位私家车的 CO_2 排放量虽然要低于燃油车的排放，但插电式混合动力公交车的 CO_2 排放量已经超出了传统公交车的污染物排放量。以上结论均与前述章节的分析结果一致。

单从电力排放量来看，虽然纯电动汽车的百公里耗电量要高于插电式混合动力汽车的百公里耗电量，因此所需的电力也相对较高，电力排放量也随之增加，但是由于纯电动汽车的替代效果属于完全替代传统车辆，使得纯电动汽车的直接减排量更为可观，因此在具有相同数量保有量的情况下，纯电动汽车将具备更好的减排效果（见表 2 - 30）。

表2-30 上海和深圳市主要新能源汽车的污染物减排效果

车型	地区	燃料类型	保有量（辆）	电力排放量（t/a）							减排量（t/a）						
				CO_2	CO	NO_x	PM_{10}	NMHC	SO_2	Q排	CO_2	CO	NO_x	PM_{10}	NMHC	SO_2	Q减
私家车	上海	BEV	8558	19503.35	0.00	6.48	1.56	0.00	7.26	19518.65	32951.10	527.96	24.38	1.69	53.61	-5.63	33553.11
		PHEV	52355	95451.99	0.00	31.72	7.61	0.00	35.52	95526.84	24885.08	1211.20	39.09	-0.16	122.98	-31.80	26226.39
	深圳	BEV	5233	11903.01	0.00	3.96	0.95	0.00	4.43	11912.35	20110.26	322.21	14.88	1.03	32.72	-3.44	20477.66
		PHEV	21702	39566.40	0.00	13.15	3.16	0.00	14.72	39597.43	10315.27	502.06	16.20	-0.07	50.98	-13.18	10871.26
出租车	上海	BEV	931	24031.62	0.00	7.99	1.92	0.00	8.94	24050.47	21061.37	453.86	18.55	0.88	46.08	-7.55	21573.19
		PHEV	437	8394.53	0.00	2.79	0.67	0.00	3.12	8401.11	3373.82	118.45	4.14	0.06	12.03	-2.76	3505.74
	深圳	BEV	4997	128986.03	0.00	42.86	10.29	0.00	48.00	129087.18	113043.66	2436.04	99.55	4.70	247.35	-40.51	115790.8
		PHEV	3082	59203.52	0.00	19.67	4.72	0.00	22.03	59249.94	23794.31	835.38	29.17	0.42	84.82	-19.46	24724.64
公交车	上海	BEV	4389	311947.97	0.00	103.66	24.88	0.00	116.09	312192.6	38164.84	448.20	2478.39	40.08	68.21	13.82	41213.54
		PHEV	628	40915.48	0.00	13.60	3.26	0.00	15.23	40947.57	-6900.37	43.55	237.26	3.05	6.63	-2.61	-6612.49
	深圳	BEV	15988	1136346.35	0.00	377.59	90.62	0.00	422.90	1137237.46	139024.72	1632.69	9028.15	146.00	248.45	50.35	150130.4
		PHEV	3498	227901.84	0.00	75.73	18.17	0.00	84.82	228080.56	-38435.52	242.55	1321.57	16.98	36.91	-14.51	-36832

*符号"-"表示负减排，即增排。

2. 污染物减排量交叉弹性分析

根据上海市和深圳市新能源汽车以及传统燃油汽车产生的大气污染物和 CO_2 排放量数据，可采用污染物减排量交叉弹性的计算公式（4）计算出三类车辆的 CO_2 随 CO、NO_x、PM_{10} 和 NMHC 变化的弹性系数。

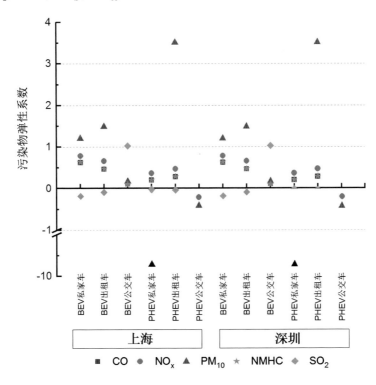

图 2 - 32　上海和深圳污染物减排量交叉弹性分析图

由图 2 - 32 可知，上海市和深圳市的弹性系数差距极小，因此可忽略地区差距，就不同车辆类型进行分析。

除插电式混合动力公交车之外的新能源汽车 CO、NO_x 以及 NMHC 的 CO_2 减排弹性系数均大于 0，说明该新能源汽车的推广在减排这三类大气污染物的同时对减排 CO_2 具有协同效益。其中，三类纯电动汽车以及插电式混合动力私家车和出租车对大气污染物 CO、NO_x 和 NMHC 的协同控制程度均要高于对 CO_2 的协同程度（1＞Els＞0）。而纯电动私家车和出租车以及插电式混合动力出租车对 PM_{10} 的 CO_2 减排弹性系数 Els＞1，表明这类汽车对 CO_2 的减排效应更加显著。而插电式混合动力私家车的 PM_{10} 减排弹性系数 Els＜0，因此不具备协同效益。

对于大气污染物 SO_2 来说，纯电动和插电式混合动力私家车和出租车的 CO_2 弹性系数均小于 0，说明新能源汽车的推广未能有效控制小型车 SO_2 的排放，不具有协同效益，即负协同效应（Els<0）。但纯电动公交车的 SO_2 同减排 CO_2 具有一定的协同效益（Els>1），且对 CO_2 的减排影响程度要高于对 SO_2 的减排。而插电式混合动力公交车对 CO、NO_x、PM_{10} 和 NMHC 的弹性系数均小于 0，不具备协同效益。对于 SO_2 来说，由于插电式混合动力公交车的变化率为负，因此不做弹性系数分析。

六、协同效应经济成本分析与评价

（一）整车行驶寿命经济分析

以 2016 年的价格为基准，选取同等配置的传统燃油汽车和两类新能源汽车作为研究对象，在年均行驶里程不变的情景下，估算私家车、出租车和公交车的整车寿命成本（表 2-31）。

（1）私家车

私家车选择了具有相似配置的比亚迪秦 EV300（续航 300km）纯电动版汽车、比亚迪秦（续航 70km）插电式混合动力汽车以及大众朗逸同配置小型燃油车。

私家车燃油价格选取 2016 年 92#汽油的市场平均价格，为 5.932 元/升[90]。私家车用户一般选择在自家小区夜间充电和白天单位公共充电桩充电，因此电价假设 70% 的充电时间在谷时段，30% 时间是高峰时段，平均电价为 0.6597 元/kwh[91]。

表 2-31 私家车整车寿命总成本

成本	项目	燃油车	纯电动汽车			插电式混合动力汽车		
			无补贴	有补贴		无补贴	有补贴	
				上海	深圳		上海	深圳
购置成本（万元）	购置成本	15	22	22	22	21	21	21
	政府补贴	0	0	8.5	12	0	4	6.25
	补贴后成本	15	22	13.5	10	21	17	14.75

续表

成本	项目	燃油车	纯电动汽车			插电式混合动力汽车		
			无补贴	有补贴		无补贴	有补贴	
				上海	深圳		上海	深圳
维护成本 （元/百公里）	维修保养成本	5	1	1	1	4.5	4.5	4.5
	电池替换成本	0	25	25	25	12.08	12.08	12.08
处置成本 （万元）	汽车转售价格	1.03	1.51	1.51	1.51	1.44	1.44	1.44
	电池回收价格	0	0.8	0.8	0.8	0.2	0.2	0.2
运行成本（元/百公里）		47.46	10.53	10.53	10.53	38.08	38.08	38.08
总成本（万元）		26.56	28.46	19.96	16.46	32.48	28.48	26.23

注：总成本为整车寿命的总成本，根据公式（9）计算，其中私家车整车行驶寿命为12年，24万公里。深圳补贴包含了购置补贴和充电补贴。

从表2-31中的数据可以得出结论，在私家车的整车寿命成本中，纯电动私家车和插电式混合动力私家车的费用为10.53元/百公里和38.08元/百公里，而燃油汽车的费用高达47.46元/百公里，可见两类新能源私家车的能耗消用均要低于传统燃油汽车，其中，纯电动私家车的能耗费用比传统燃油汽车减少了77.6%。但是对比同款车型两类车的购置成本和维护成本，新能源汽车的售价在没有补贴的情况下比燃油车要高，这是因为新能源汽车维修保养成本虽然比燃油车要低，但在汽车行驶寿命期间，至少更换一次电池的费用要高出很多。因此，在没有任何补贴的情况下，燃油私家车整车寿命成本为26.56万元，纯电动汽车和插电式混合动力汽车的整车寿命成本为28.46万元和32.48万元，总成本都高于燃油汽车的总成本。在考虑补贴的情况下，纯电动私家车均具有经济效益，而插电式混合动力私家车仅在补贴更高的深圳市才具有经济效益。

（2）出租车

出租车选取了具有相似配置的比亚迪e6纯电动车、荣威550插电式混合动力汽车以及桑塔纳燃油车。燃油价格选取2016年92#汽油的市场平均价格，为5.932元/升[89]，80%的出租车司机都会白天出行，因此电价参考80%的充电时间在谷时段，20%时间是峰时段，平均电价为0.6043元/kwh[90]。

对于出租车，能耗成本跟私家车类似，新能源汽车的运行成本要低于燃油汽车。但是由于新能源出租车日常维修保养次数多，折合到全寿命的电池更换成本就更低，因此在政府是否给予补贴的两种情境中，纯电动汽车和插电式混合动力汽车的总成本均低于燃油汽车的总成本，具有很好的经济效益，特别是在深圳市给予纯电动出租车的充电补贴的情况下，其总成本要比燃油出租车低了40万元（表2-32）。

表2-32　出租车整车寿命总成本

成本	项目	燃油车	纯电动汽车			插电式混合动力汽车		
			无补贴	有补贴		无补贴	有补贴	
				上海	深圳		上海	深圳
购置成本（万元）	购置成本	10	30	30	30	24	24	24
	政府补贴	0	0	8.5	22.58	0	4	6.15
	补贴后成本	10	30	21.5	7.42	24	20	17.85
维护成本（元/百公里）	维修保养成本	6.2	4	4	4	6	6	6
	电池替换成本	0	6.67	6.67	6.67	3.22	3.22	3.22
处置成本（万元）	汽车转售价格	2.62	7.86	7.86	7.86	6.29	6.29	6.29
	电池回收价格	0	0.8	0.8	0.8	0.2	0.2	0.2
运行成本（元/百公里）		53.39	13.82	13.82	13.82	34.01	34.01	34.01
总成本（万元）		61.01	43.38	34.88	20.80	56.42	52.42	50.27

注：总成本为整车寿命的总成本，根据公式（9）计算，其中出租车整车行驶寿命6年，90万公里。深圳补贴包含了购置补贴和充电补贴。

（3）公交车

本研究选择了上海申沃的柴油客车和纯电动客车及中通插电式混合动力客车。公交车燃油价格选取2016年0#柴油的市场平均价格，为5.531元/升[89]，电价是中国工业用电谷时段平均电价0.499元/kWh[90]。具体成本计算如表2-33。

表 2-33　上海市公交车整车寿命总成本

成本	项目/单位	燃油车	纯电动汽车			插电式混合动力汽车		
			无补贴	有补贴		无补贴	有补贴	
				上海	深圳		上海	深圳
购置成本（万元）	购置成本	50	150	150	150	100	100	/
	政府补贴	0	0	75	100	0	30	/
	补贴后成本	50	150	75	50	100	70	/
维护成本（元/百公里）	维修保养成本	11.57	3.47	3.47	3.47	10.34	10.34	
	电池替换成本	0	100	100	100	33.33	33.33	
处置成本（万元）	汽车转售价格	8.39	25.17	25.17	25.17	16.78	16.78	
	电池回收价格	0	8	8	8	2.38	2.38	
运行成本（元/百公里）		193.59	63.70	63.70	63.70	120.62	120.62	/
总成本（万元）		164.71	217.13	142.13	117.13	179.41	149.41	/

注：总成本为整车寿命的总成本，根据公式（7）计算，公交车整车平均行驶寿命 8 年，60 万公里。深圳市于 2012 年停止了插电式混合动力公交车的推广，因此此部分不计。

公交客车在没有补贴的情况下，纯电动公交车的整车寿命成本高达 217 万元，相较柴油公交车增加了 53 万元，插电式混合动力公交车相比柴油公交车增加了 14.7 万元。但是纯电动公交车在有补贴的情景下，总成本要明显低于燃油车，具有经济效益。且其能量消耗费为 63.7 元/百公里，仅占柴油公交车的油耗费用的 33%。而插电式混合动力公交车在有补贴的情况下，其购置成本、维护成本均高出了柴油汽车，但运行成本却低了 72.97 元/百公里，因此在有补贴支持的情况下总成本要低于柴油公交车，具有经济效益。

根据图 2-33 可以看出不同类型汽车各种成本的差距。在不考虑购置成本的情况下，新能源汽车的维护成本均要高于燃油汽车，但明显较低的百公里能耗成本使新能源汽车能够降低总成本。在有现行补贴的情况下，纯电动小型车（私家车和出租车）和公交车均显示了其经济效益。插电式混合动力出租车有无补贴同样具有经济效益，但插电式混合动力私家车和公交车只有在足够高的政府补贴下才能够实现其经济效益。

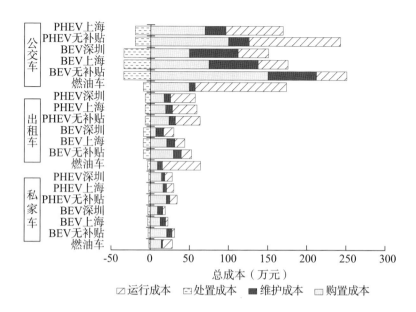

图 2 - 33　上海和深圳新能源汽车总成本汇总

（二）单位污染物协同减排当量（APeq）成本分析

在对三类车辆进行整车行驶寿命成本分析之后，按照公式（12）计算得出
新能源汽车推广政策所能获得的协同减排当量成本 AP_{eq}，见图 2 - 34。

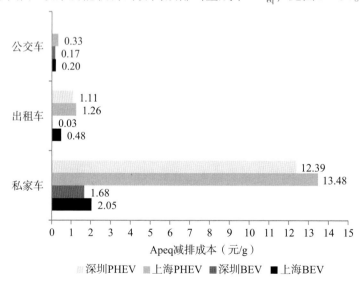

图 2 - 34　上海和深圳新能源汽车 Ap_{eq} 减排成本

通过比较三类交通工具的 AP_{eq} 减排成本可以得出结论，纯电动汽车的减排成本均要低于同类型插电式混合动力汽车，具有更好的成本有效性。在2016 年的补贴政策影响下，深圳市纯电动出租车的 AP_{eq} 为 0.03 元/g，在三类汽车中成本最低，因此成本有效性较好，优先度最高。其次为 AP_{eq} 值为 0.17 元/g 的纯电动公交车。成本有效性相对较差的为插电式混合动力私家车，AP_{eq} 值在上海和深圳市均超过了 10 元/g，这主要是因为上海和深圳市插电式混合动力汽车的保有量在 2016 年都超过了 2 万辆，投入的总成本极高，但高成本下的减排当量却不多，最后导致插电式混合动力私家车的单位减排成本相对较高。

七、我国新能源汽车的协同效益发展路径分析

（一）新能源汽车协同效益发展路径分析

根据上述研究结论，可以对我国新能源汽车的协同效益进行路径规划，由于上海和深圳市汽车保有量的不同并不会直接影响到新能源汽车的协同减排结果，因此可合并分析。

1. 新能源汽车环境减排路径分析

通过对上海和深圳市推广使用新能源汽车减排大气污染物和温室气体 CO_2 的协同减排效果进行对比分析，可以得出以下减排路径排序：

（1）减排大气污染物同时减排 CO_2

对于 CO 与 CO_2 协同减排，纯电动公交车具有最佳协同效益。减排效果排序为 BEV 公交车 > BEV 私家车 > BEV 出租车 > PHEV 出租车 > PHEV 私家车。

对于 NO_x 与 CO_2 协同减排，纯电动私家车具有最佳协同效益。减排效果排序为 BEV 私家车 > BEV 出租车 > PHEV 出租车 > PHEV 私家车 > BEV 公交车。

对于 PM_{10} 与 CO_2 协同减排，插电式混合动力出租车具有最佳协同效益。减排效果排序为 PHEV 出租车 > BEV 出租车 > BEV 私家车 > BEV 公交车。

对于 NMHC 与 CO_2 协同减排，纯电动私家车具有最佳协同效益。减排效果排序为 BEV 私家车 > BEV 公交车 > BEV 出租车 > PHEV 出租车 > PHEV 私家车。

对于 SO_2 与 CO_2 协同减排，在 6 类车辆中，仅有纯电动公交车具有最佳协同效益。

（2）减排 CO_2 同时减排大气污染物

对于 CO_2 与 CO 协同减排，插电式混合动力私家车具有最佳协同效益。减排效果排序为 PHEV 私家车 > PHEV 出租车 > BEV 出租车 > BEV 私家车 > BEV 公交车。

对于 CO_2 与 NO_x 协同减排，纯电动公交车具有最佳协同效益。减排效果排序为 BEV 公交车 > PHEV 私家车 > PHEV 出租车 > BEV 出租车 > BEV 私家车。

对于 CO_2 与 PM_{10} 协同减排，纯电动公交车具有最佳协同效益。减排效果排序为 BEV 公交车 > BEV 私家车 > BEV 出租车 > PHEV 出租车。

对于 CO_2 与 NMHC 协同减排，插电式混合动力私家车具有最佳协同效益。减排效果排序为 PHEV 私家车 > PHEV 出租车 > BEV 出租车 > BEV 公交车 > BEV 私家车。

对于 CO_2 与 SO_2 协同减排，在 6 类车辆中，仅有纯电动公交车具有最佳协同效益。

综上，若考虑大气污染物 CO、NO_x、PM_{10}、NMHC 以及 SO_2 和 CO_2 的协同减排，纯电动公交车是 6 类车辆中唯一可以整体减排的新能源车辆。

若仅考虑 CO、NO_x、PM_{10}、NMHC 和 CO_2 的协同减排，则在优先考虑减排大气污染物的前提下，纯电动的私家车、出租车和公交车均具备最佳的协同效益。反之，优先考虑减排 CO_2 的前提下，插电式混合动力出租车、纯电动出租车以及纯电动公交车具备最佳协同效益。

2. 新能源汽车经济效益路径分析

由于三类汽车购置价格差距较大，因此本部分分析将局限在同一类型车辆的经济效益分析。同时，根据上海和深圳补贴情况的差异，也将做补贴影响的分析。根据第六章的研究结论，可以针对补贴情况总结出以下两类情景分析：

（1）情景一：存在现行政府补贴

私家车经济优先度排序：深圳 BEV > 上海 BEV > 深圳 PHEV > 燃油车 > 上海 PHEV

出租车经济优先度排序：深圳 BEV > 上海 BEV > 深圳 PHEV > 上海 PHEV > 燃油车

公交车经济优先度排序：深圳 *BEV* > 上海 *BEV* > 上海 *PHEV* > 燃油车

从 AP_{eq} 减排成本归一化考虑：

私家车经济优先度排序：深圳 BEV > 上海 BEV > 深圳 PHEV > 上海 PHEV

出租车经济优先度排序：深圳 BEV > 上海 BEV > 深圳 PHEV > 上海 PHEV

公交车经济优先度排序：深圳 BEV > 上海 BEV > 上海 PHEV

综上，归一化后的结果与整车行驶寿命的减排路径一致，即纯电动汽车均要优于插电式混合动力汽车。

（2）情景二：取消政府补贴（以 2016 年的价格为基准）

私家车经济优先度排序：燃油车 > 纯电动汽车 > 插电式混合动力汽车

出租车经济优先度排序：纯电动汽车 > 插电式混合动力汽车 > 燃油车

公交车经济优先度排序：燃油车 > 插电式混合动力汽车 > 纯电动汽车

在取消政府补贴之后仅有新能源出租车具备经济成本优势。根据 AP_{eq} 减排当量成本来看，在现有保有量和减排量不变的情况下，只有降低新能源私家车和公交车的总成本才可得到较低的单位污染物减排成本。

八、结论

通过对上海和深圳推广使用新能源汽车替代传统燃油汽车的结果进行分析可以得出以下结论：

①结合环境分析和成本分析对推广新能源汽车进行综合讨论，发现纯电动公交车在实现整体减排的同时，单位污染物减排成本也较低，具有最佳的协同效益。而插电式混合动力公交车会增排 CO_2 以及部分大气污染物，不具备协同效益。在现行补贴政策下，推动公交车纯电动化的环境效益和经济效益都是巨大的。因此交通部门要实现温室气体和大气污染物协同控制应优先大力发展纯电动公交车，国家以及地方的政府补贴将正向激励城市公共交通的建设投入，达到纯电动汽车环境效益最大化以及温室气体减排效果。

②在对大气污染物 CO、NO_x、NMHC 以及温室气体 CO_2 进行减排时，新能源私家车和出租车都具有较好的协同效益。其中新能源出租车以及纯电动私家车可对 PM_{10} 进行减排，而插电式混合动力私家车会增排 PM_{10}。对于大气污染物 SO_2，新能源小型车都会产生增排，不具备减排效应，存在负协同效应。原因主要是新能源小型车电力端的 SO_2 排放量较高。若考虑成本最小化的推广减排措施，则新能源出租车在有无补贴的两种情况下，均具有良好的环境协同效益和经济效益，其中纯电动出租车的协同效益要优于插电式混合

动力出租车。

③通过比较上海市和深圳市的情况可以得到结论：深圳市大力发展纯电动公共交通的优势是十分明显的，且在发现有负排放的最初阶段就停止了插电式混合动力公交车的推广，减少了未来的总排放量。深圳市对新能源公交车的政府补贴也正向激励了城市公共交通的建设投入，使公众成本降低，达到了消费者经济效益和城市污染减排的协同效益。研究表明推广量的差异仅仅对整体减排量产生影响，不会影响协同控制效应。

④从有效实现协同效益的角度来看，高成本和发电厂端电力排放量是现阶段新能源汽车快速发展的主要阻力。如今中国主要以火力发电为主，而火力发电所带来的巨大排放影响了新能源汽车的整体减排效果。电力行业采取清洁能源发电以及降低火电厂化石能源的使用率等措施均可改变电力排放因子，降低新能源汽车的电力排放量，从而实现推广纯电动汽车和插电式混合动力汽车降低 CO_2 和大气污染物的排放效果。根据《电力发展"十三五"规划》，改变火力发电能源结构必定将减少烟尘、二氧化硫和氮氧化物排放总量[92]。此外，我国大型火电厂现阶段已实施严格的污染物排放标准，并强制要求安装脱硫、脱销和除尘等减排设备[93]。随着国家对环保要求的提升，未被关停的燃煤电厂的 SO_2 排放量会大幅减少，同时也有利于烟尘污染的控制，增加新能源汽车的协同减排潜力，进而提升协同效益实现效果。除此之外，更为成熟的动力电池技术和新能源汽车生产技术也将成为影响新能源汽车成本的重要因素，在低成本的作用下新能源汽车的单位减排成本也将逐渐降低，从而成为强有力的推广减排措施。

从本文的研究结果看，盲目扩大新能源汽车推广量是不明智的，在考虑电力能源排放的情况下，并非所有类型新能源汽车都具备整体减排优势。另外，如今新能源汽车的发展还存在着诸多的阻碍与问题，如充电桩设置与排放、电池安全、电力传输过程的排放等等。在考虑新能源汽车本身的性能提升和当地电力能源结构的前提下，政府不仅要重视量的发展，也需保证质的提升，有效实现新能源汽车的协同减排效果。未来，随着中国电力结构中火电比例的降低，以及可再生清洁能源的开发与使用，中国电网将逐渐走向清洁化和高效化，电力污染排放将不断降低。另外随着中国新能源汽车科技制造业的深入发展，未来新能源汽车协同减排潜力将进一步加大。

本书参考文献

［1］中华人民共和国环境保护部．中国机动车环境管理年报（2017）［M］．北京：中国环境出版社，2017．

［2］INTERNATIONAL ENERGY AGENCY. CO$_2$ emissions from fuel combustion：Overview［R/OL］．(2017 - 9 - 28) ［2018 - 2 - 10］．https：//webstore. iea. org/CO$_2$ - emissions-from-fuel-combustion - 2017 - overview.

［3］INTERNATIONAL ENERGY AGENCY. Global EV outlook ［R］. Paris：IEA Publications，2017．

［4］陈柳钦．我国新能源汽车产业的发展及其政策支持［J］．汽车工程师，2010（7）：12 - 15．

［5］中国汽车技术研究中心．节能与新能源汽车年鉴（2010—2017）［M］．北京：中国经济出版社，2017．

［6］财政部，科技部，工业和信息化部，国家发展改革委．关于开展私人购买新能源汽车补贴试点的通知．财建［2010］230 号［EB/OL］．(2010 - 5 - 31) ［2019 - 1 - 5］．http：//www. miit. gov. cn/n1146 295/n1652858/n1652930/n3757018/c3757144/content. html

［7］中国工业和信息化部．新能源汽车生产企业及产品准入管理规则．工产业［2009］44 号［EB/OL］．(2009 - 6 - 17)［2019 - 1 - 5］．http：//www. miit. gov. cn/n1146285/n1146352/n3054355/n3057 292/n3057308/c3576865/content. html

［8］负强．节能与新能源汽车［M］．山东：山东科学技术出版社，2018．

［9］TANG L, QU J, MI Z, et al. Substantial emission reductions from Chinese power plants after the introduction of ultra-low emissions standards［J］. Nature Energy，2019（4）：1 - 10.

［10］IPCC, Climate Change 2001［R］. Cambridge，UK：Cambridge University Press，2001.

［11］郑佳佳，孙星，张牧吟，等．温室气体减排与大气污染控制的协同效应——国内外研究综述［J］．生态经济，2015，31（11）：133 - 137．

［12］毛显强，曾桉，胡涛，等．技术减排措施协同控制效应评价研究［J］．中国人口·资源与环境，2011，21（12）：1 - 7．

［13］李丽平，周国梅，季浩宇．污染减排的协同效应评价研究——以攀枝花市为例［J］．中国人口·资源与环境，2010，20（117）：91 - 95．

［14］JIANG P, XU B, GENG Y, et al. Assessing the environmental sustainability with a co-benefits approach：a study of industrial sector inBaoshan District in Shanghai［J］. Journal of Cleaner Production，2016，114：114 - 123.

［15］毛显强，邢有凯，胡涛，等．中国电力行业硫、氮、碳协同减排的环境经济路径分析［J］．中国环境科学，2012（4）：748 - 756．

［16］SMITH K R, HAIGLER E. Co-benefits of climate mitigation and health protection in energy systems：scoping methods［J］. Annual Review of Public Health，2008，29（1）：11 - 25.

［17］ PUPPIMD O J A, DOLL C N H, KURNIAWAN TA , et al. Promoting win-win situations in climate change mitigation, local environmental quality and development in Asian cities through co-benefits ［J］. Journal of Cleaner Production, 2013, 58 （Complete）: 1 – 6.

［18］ ATABANI A E, BADRUDDIN I A, MEKHILEFS , et al. A review on global fuel economy standards, labels and technologies in the transportation sector ［J］. Renewable & Sustainable Energy Reviews, 2011, 15 （9）: 4586 – 4610.

［19］ MORROW W R, GALLAGHER K S, COLLANTESG , et al. Analysis of policies to reduce oil consumption and greenhouse-gas emissions from the US transportation sector ［J］. Energy Policy, 2010, 38 （3）: 1305 – 1320.

［20］ BARANZINI A, GOLDEMBERGJ , SPECK S. A future for carbon taxes ［J］. Ecological Economics, 2000, 32 （3）: 395 – 412.

［21］ BEEVERS S D, CARSLAW D C. The impact of congestion charging on vehicle emissions in London ［J］. Atmospheric environment, 2005, 39 （1）: 1 – 5.

［22］ THAMBIRANT , DIAB R D. Air pollution and climate change co-benefit opportunities in the road transportation sector in Durban, South Africa ［J］. Atmospheric Environment, 2011, 45 （16）: 2683 – 2689.

［23］ KOORNNEEF JORIS, VAN H T, HORSSEN A , et al. The impacts ofCO_2 capture on transboundary air pollution in the Netherlands ［J］, 2009, 1 （1）: 3787 – 3794.

［24］ NEWMAN P, KENWORTHY J. Evaluating the transport sector's contribution to greenhouse gas emissions and energy consumption ［J］. Climate and Sustainable, 2011: 7 – 23.

［25］ 高玉冰, 毛显强, Corsetti G , 等. 城市交通大气污染物与温室气体协同控制效应评价——以乌鲁木齐市为例 ［J］. 中国环境科学, 2014, 34 （11）: 2985 – 2992.

［26］ 程晓梅, 刘永红, 陈泳钊, 等. 珠江三角洲机动车排放控制措施协同效应分析 ［J］. 中国环境科学, 2014, 34 （6）: 1599 – 1606.

［27］ 王慧慧, 曾维华, 吴开亚. 上海市机动车尾气排放协同控制效应研究 ［J］. 中国环境科学, 2016, 36 （05）: 67 – 74.

［28］ STANLEY J K, HENSHER D A, LOADER C. Road transport and climate change: Stepping off the greenhouse gas ［J］. Transportation Research Part A Policy & Practice, 2011, 45 （10）: 0 – 1030.

［29］ CREUTZIG F, HE D. Climate change mitigation and co-benefits of feasible transport demand policies in Beijing. Transportation Research Part D: Transport and Environment ［J］. 2009, 14 （2）: 120 – 131.

［30］ DIRGAHAYANI P. Environmental co-benefits of public transportation improvement initiative: the case of Trans-Jogja bus system in Yogyakarta, Indonesia ［J］. Journal of Cleaner Production, 2013, 58 （Complete）: 74 – 81.

［31］ KIM Y D, HAN H O, MOON Y S. The empirical effects of a gasoline tax onCO_2 emissions reductions from transportation sector in Korea [J]. Energy Policy, 2011, 39 (2): 981 – 989.

[32] MAO X, YANG S, LIU Q, et al. AchievingCO$_2$ emission reduction and the co-benefits of local air pollution abatement in the transportation sector of China [J]. Environmental Science & Policy, 2012, 21 (none): 1 – 13.

[33] JIANG P, CHEN Y, GENG Y, et al. Analysis of the co-benefits of climate change mitigation and air pollution reduction in China [J]. Journal of Cleaner Production, 2013, 58 (Complete): 130 – 137.

[34] MU R, JONG M D, YU B, et al. The future of the modal split in China's greenest city: Assessing options for integrating Dalian \ " s fragmented public transport system [J]. Policy and Society, 2012, 31 (1): 51 – 71.

[35] GENG Y, ZHANG L, CHEN X, et al. Urban ecological footprint analysis: a comparative study between Shenyang in China and Kawasaki in Japan [J]. Journal of Cleaner Production, 2014, 75 (JUL. 15): 130 – 142.

[36] GENG Y, MA Z, XUE B, et al. Co-benefit evaluation for urban public transportation sector-a case of Shenyang, China [J]. Journal of Cleaner Production, 2013, 58 (nov. 1): 82 – 91.

[37] WU X, WU Y, ZHANG S, et al. Assessment of vehicle emission programs in China during 1998 – 2013: Achievement, challenges and implications [J]. Environmental Pollution, 2016, 214 (july.): 556 – 567.

[38] 苏利阳, 王毅, 陈茜, 等. 未来中国纯电动汽车的节能减排效益分析 [J]. 气候变化研究进展, 2013, 9 (4): 284 – 290.

[39] 施晓清, 李笑诺, 杨建新. 低碳交通电动汽车碳减排潜力及其影响因素分析 [J]. 环境科学, 2013, 1 (1): 385 – 394.

[40] HACKNEY J, NEUFVILLE R D. Life cycle model of alternative fuel vehicles: emissions, energy, and cost trade-offs [J]. Transportation Research, Part A (Policy and Practice). 2001, 35 (3): 243 – 266.

[41] 吴添, 欧训民, 林成涛. 从消费者的视角分析纯电动城市客车的生命周期成本 [J]. 汽车工程, 2012, (12): 94 – 98.

[42] COONEY G, HAWKINS TR , MARRIOTT J. Life cycle assessment of diesel and electric public transportation buses [J]. Journal of Industrial Ecology, 2013, 17 (5): 689 – 698.

[43] 杨卫, 王艳. 发展电动汽车污染物减排效果分析 ——以西安市为例 [J]. 科技资讯, 2016, 14 (35): 48 – 50.

[44] OXLEY T, ELSHKAKI A, KWIATKOWSKI L, et al. Pollution abatement from road transport: cross-sectoral implications, climate co-benefits and behavioral change [J]. Environmental Science & Policy, 2012, 19 – 20, 16 – 32.

[45] 江华. 低碳交通电动汽车碳减排潜力及其影响因素探讨 [J]. 中国高新技术企业,

2015，（4）：95－96.

[46] 张磊，许挺，江道灼，等. 电动汽车与传统汽车排放性对比分析 [J]. 浙江电力，2012，31（2）：57－60.

[47] 郭文双，申金升，徐一飞. 电动汽车与燃油汽车的环境指标比较 [J]. 交通环保，2002，23（2）：21－23.

[48] TRAN M，BANISTER D，BISHOP J D K，et al. Realizing the electric-vehicle revolution [J]. Nature Climate Change，2012，2（5）：328－333.

[49] MATSUHASHI R，KUDOH Y，YOSHIDA Y，et al. Life cycle ofCO_2－emissions from electric vehicles and gasoline vehicles utilizing a process-relational model [J]. International Journal of Life Cycle Assessment，2000，5（5）：306－312.

[50] JUAN C，GONZÁLEZ P，MIKIYA A，et al. Energy consumption andCO_2 emissions reduction potential of electric-drive vehicle diffusion in a road freight vehicle fleet [J]. Energy Procedia. 2017，142.

[51] 欧训民，张希良，覃一宁，等. 未来煤电驱动电动汽车的全生命周期分析 [J]. 煤炭学报，2010（1）：169－172.

[52] FANG Y，RUI O，XI L，et al. Regional comparison of electric vehicle adoption and emission reduction effects in China [J]. Resources，Conservation and Recycling，2019，149：714－726.

[53] QIAO Q，ZHAO F，LIU Z，et al. Life cycle greenhouse gas emissions of Electric Vehicles in China：Combining the vehicle cycle and fuel cycle [J]. Energy，2019，177：222－233.

[54] HAWKINS T. R，SINGH B，MAJEAU-BETTEZ G，et al. Comparative environmental life cycle assessment of conventional and electric vehicles [J]. Journal of Industrial Ecology，2013，17（1）：53－64.

[55] KE W，ZHANG S，HE X，et al. Well-to-wheels energy consumption and emissions of electric vehicles：mid-term implications from real-world features and air pollution control progress. Energy，2017，188，367－377.

[56] 高玉冰，毛显强，杨舒茜，等. 基于 LCA 的新能源轿车节能减排效果分析与评价[J]. 环境科学学报，2013，33（5）：1504－1512.

[57] WINYUCHAKRIT P，SUKAMONGKO Y，LIMMEECHOKCHAI B. Do electric vehicles really reduce GHG emissions in Thailand？[J]. Energy Procedia，2017，138：348－353.

[58] HOFMANN J，GUAN D，CHALVATZIS K，et al. Assessment of electrical vehicles as a successful driver for reducing CO_2 emissions in China [J]. Energy，2016，184：995－1003.

[59] WU Y，ZHANG L. Can the development of electric vehicles reduce the emission of air pollutants and greenhouse gases in developing countries？[J]. Transportation Research Part D：Transport and Environment，2017，51：129－145，210.

[60] 刘冬，闫志军，孙树军. 电动汽车推广对能源、环境、行业的影响研究 [J]. 中国科技纵横，2016，24：2－3.

［61］黄正伟，丰茂．新能源电动汽车节能减排效果分析——以宜昌市为例［J］．三峡大学学报（人文社会科学版），2017（6）.

［62］DHAR S，PATHAK M，SHUKLA P R. Electric vehicles and India's low carbon passenger transport：a long-term co-benefits assessment［J］．Cleaner Production，2017，146，139 - 148.

［63］王宁，龚在研，马钧．基于经济与排放效益的混合动力和纯电动公交车发展前景分析［J］．中国软科学，2011（12）：62 - 70.

［64］舒晗，何永秀．纯电动汽车替代方案及经济性分析［J］．电力科学与工程，2017，33（4）：26 - 31.

［65］齐兴达，李显君，章博文．中国温室气体减排成本有效性分析——以纯电动汽车为例［J］．技术经济，2017，36（4）：72 - 78.

［66］吴奇珂，程帆，陈昕儒．"电能替代"战略中电动汽车的推广潜力及经济性分析［J］．电气技术，2016，17（9）：88 - 92.

［67］AL-ALAWI B M，BRADLEY T H. Total cost of ownership，payback，and consumer preference modeling of plug-in hybrid electric vehicles［J］．Applied Energy，2013（3）：488 - 506.

［68］EAVES S. ，EAVES J. A cost comparison of fuel-cell and battery electric vehicles［J］．Journal of Power Sources，2004（1）：208 - 212.

［69］许光清，温敏露，冯相昭，等．城市道路车辆排放控制的协同效应评价［C］．中国金融学会．中国人民大学，2014：39 - 49.

［70］国家能源局．2017. 2017 年中国电力工业发展现状分析［EB/OL］．（2018 - 1 - 22）［2019 - 1 - 20］．http：//www. nea. gov. cn/2018 - 01/22/c_136914154. htm

［71］中机车辆技术服务中心．2009. 关于受理节能与新能源汽车节油率与最大电功率比技术认定申请的通知［EB/OL］．（2009 - 4 - 9）［2019 - 1 - 21］．http：//www. cvtsc. org. cn/cvtsc/notice/130. htm.

［72］中华人民共和国商务部．机动车强制报废标准规定（征求意见稿）［EB/OL］．（2012 - 12 - 27）［2018 - 12 - 10］．http：//www. mofcom. gov. cn/article/b/d/201301/20130100003957. shtml

［73］环境保护部，国家质量监督检验检疫总局．环境空气质量标准［M］．北京：中国环境科学出版社，2012.

［74］IPCC. IPCC Fifth Assessment Report of the Intergovernmental Panel on Climate Change（AR5）［R］．Geneva，Switzerland：IPCC，2015.

［75］中华人民共和国环境保护部．中国机动车环境管理年报（2017）［M］．北京：中国环境出版社，2017.

［76］蔡皓，谢绍东．中国不同排放标准机动车排放因子的确定［J］．北京大学学报（自然科学版），2010，46（3）：319 - 326.

[77] 樊守彬，田灵娣，张东旭，等．北京市机动车尾气排放因子研究［J］．环境科学，2015，5（7）：2374－2380．

[78] 丘福明．基于COPERT模型的道路交通部门节能减排潜力及其路径研究［D］．天津：天津大学，2016．

[79] 何晓云，张细雄，吴砚，等．基于COPERT 4模型的杭州市机动车排气污染特征研究［J］．环境污染与防治，2018，（2）：193－197．

[80] 宋翔宇，谢绍东．中国机动车排放清单的建立［J］．环境科学，2006，27（6）：1041－1045．

[81] IPCC国家温室气体清单特别工作组．2006年IPCC国家温室气体清单指南［R］．日本全球环境战略研究所，2006．

[82] 国家统计局工业交通统计司．中国能源统计年鉴2017［M］．北京：中国统计出版社，2017．

[83] 国家统计局．中国统计年鉴2017年［M］．北京：中国统计出版社，2017．

[84] 中国汽车技术研究中心．中国节能与新能源汽车发展研究报告（2017）［R］．北京：人民邮电出版社，2017．

[85] 车兆华．插电式混合动力电动城市客车油耗·能耗与排放的研究［J］．机电技术，2013（01）：34－36＋57．

[86] 财政部，科技部，工业和信息化部，等．关于2016－2020年新能源汽车推广应用财政支持政策的通知［EB/OL］（2015－04－22）［2019－04－22］．http：//jjs. mof. gov. cn/zhengwuxinxi/zhengcefagui

[87] 财政部，科技部，工业和信息化部，等．财政部 科技部关于开展节能与新能源汽车示范推广试点工作的通知．财建［2009］6号［EB/OL］．（2012－12－3）［2019－1－2］．http：//www. gov. cn/zwgk/2012－12/03/content_2280819. htm

[88] 汤深．深圳计划打造更便捷新能源汽车充电体系［N］．中国能源报．2017.09.11（第08版）．

[89] 杜纪栋．深圳"双试点"给力新能源汽车产业发展［J］．中国科技纵横，2011（1）：18－20．

[90] 金投网．中国油价查询［EB/OL］．（2018－11－1）．https：//www. cngold. org/crude/shanghai. html

[91] 王敏．国家电网公司年鉴2016［M］．北京：中国电力出版社，2016．

[92] 国家发改委、国家能源局．电力发展"十三五"规划［EB/OL］．（2016－12－26）［2019－12－20］．http：//www. cec. org. cn/yaowenkuaidi/2016－12－26/162924. html

[93] 国务院．大气污染防治行动计划［EB/OL］．（2013－9－10）［2019－12－20］．http：//www. jingbian. gov. cn/gk/zfwj/gwywj/41211. htm? from＝timeline

第 三 章

城市层面的减污降碳协同
增效研究与实践

第一节　财政分权政策对城市碳减排的影响作用

一、绪论

国际能源署（IEA）发布的《CO_2 Emissions in 2022》报告显示，2022 年全球二氧化碳排放量增加 0.9%，超过 368 亿吨，创造了新的历史记录。在 2022 年 3.21 亿吨二氧化碳的排放量的增长中，6000 万吨二氧化碳可归因于极端天气下的制冷和供暖需求，这反映了全球范围内对化石燃料依赖的持续，碳减排已经成为世界各国都在关注并为之努力的事。从全球碳排放情况来看，2022 年中国碳排放量提升至 114.77 亿吨，稳居世界第一。中国政府于 2020 年提出"2030 年实现碳达峰，2060 年实现碳中和"的双碳目标。虽然 2022 年中国的二氧化碳排放量相对平稳，同比下降 2300 万吨但仍然为 102 亿吨左右。由于中国工业生产活动造成的碳排放占全国碳排放总量的 77%，且目前大气环境改善速度与居民需求匹配性仍存在不足，保护与发展的两大目标仍然相互掣肘[1]。中国在发展经济的同时，通过政策协同、清洁能源技术的创新应用等减排行动实现双碳目标，将为全球实现减缓气候变化、践行可持续发展理念提供重要借鉴。

二氧化碳是导致全球温室效应的主要气体之一，其大量排放对生态系统、农业生产、水资源管理等造成了负面影响，阻碍中国乃至全球的可持续发展道路，减少排放刻不容缓。碳排放不仅是化石能源燃烧的结果，还深受地方政府行为的影响，具有典型的外部性特征[2]。此外，碳排放对经济增长、社会福祉及居民健康等都会产生不可估量的负面影响[3-5]。而从外部性抵偿机制出发，Li 和 Wei 认为，金融发展和科技创新将显著促进国家和地区经济增长且保持碳排放水平低于最佳阈值[6]。Ahmad 等认为提升卫生支出和数字经济的发展将有效降低碳排放[7]。鲁和白等指出碳税作为市场型碳减排政策工具，可以通过提高含碳能源的使用成本减少高碳能源需求，进而改善碳排放[8]。新制度经济学相关支持者认为，中央政府是环境治理政策的设计者，而地方政府则是充当环境保护政策的实践者[9]。诺贝尔经济学奖得主埃莉诺·奥斯特罗姆（Elinor Ostrom）的研究表明，即使在中央集权的环境治理体系中，地方政府和社区的参与也是实现有效环境管理的关键因素[10]。汪克亮等[11]研究则认为国家生态文明先行示范区的设立不仅显著降低了该区域的碳排放强度，而且邻近地区的碳排放强度也会因为生态文明示范区设立的空间溢出影响而显著下降。由此可见，以政府为主导的规制力量是当前促进碳减排的重要制度设计，但是随着环境问题的日益严重，自上而下的政府单边治理模式所发挥的作用也日益减弱，实现碳减排需要多级政府乃至多方主体的不懈努力。

财政分权是中央政府赋予地方政府一定的债务安排、税收管理和预算执行的自主权，地方政府可自主决定其预算支出规模、方向和结构[12]。鉴于环境健康发展的重要性，公共物品如环境质量因其特性需政府干预以实现帕累托最优。居民的迁移选择迫使地方政府增加环保等公共服务支出，提升公共物品效率[13]。同时，地方政府凭借对本地信息的深入了解，可更精准的提供符合居民需求的公共服务，财政分权有利于经济效率提升[14]。现有研究关于财政分权对碳排放的影响可以分为两方面。一方面，地方政府更了解地区环境类相关生产和生活的需求，财政分权的扩大有利于地方政府更好地提供相应产品与服务[15]。另一方面，财政分权扩大使地方政府提高碳减排相关生产生活的投资力度，以此吸引相关人才和资金流入[16]。丰富的资源引进，是实现财政分权对碳减排正向影响的基础。而财政分权对碳减排的负效应在于财政分权导致地方政府的竞争加剧，形成"逐底竞争"效应。周黎安认为，在政治晋升比赛中，地方政府很容易忽略民众对于经济发展以外的诉求，造成地方政府在财权扩大后"重基建、轻民生"的现象，继而环境治理投入不足，加剧碳排放[17]。此外，还有学者基于实证角度探究了财政分权与碳排放的关系。如 Halkos 和 Tzeremes 发现两者间存在显著非线性关系，财政分权还会从经济与政治激励两方面，改变政府支出行为间接影响碳排放[18]。还有学者研究发现，财政分权制度使地方政府重视区域内污染，而对具有外溢性的碳污染持旁观态度[19]。

在中国特色的财政分权体制下，地区间的竞争以及频繁的经济活动使碳排放问题更加凸显。现有相关研究已较为成熟，但在研究的视角、理论机制与实证设计经验检验等方面仍存在边际创新空间。现有研究大多从总体层面关注财政分权对大气污染和空气质量的影响[20]，或者是研究财政分权相关政策法规、政府行政行为或者技术实施对碳排放的影响[21-23]，很少剖析两者关系背后的深层逻辑。目前的研究更多聚焦在全国和城市群的省级层面或者一定数量具有代表性的城市[24-25]，较少从全国层面细化分析每个城市的情况。此外，既有研究多从线性视角实证探索环境规制与碳排放的关系，从非线性角度出发探索非正式环境规制与碳排放的研究还不多[26]。所以区别于既有研究，本文创新地以中国 288 个城市 2003 到 2021 年的数据为研究样本，重点探究财政分权是否会对碳减排产生积极效应这一问题，并设计了调节效应模型探索财政分权能否作为政府正式环境规制的有益补充，探究二者的协同联动机制是否存在。此外，本文还从城市能级差异、经济发展水平、非农产业发展程度差异等异质性特征着手，探索了财政分权影响中国碳排放的地域、经济发展和非农产业发展的差异特点。上述问题的探索对于实现双碳目标、协同减污降碳与社会可持续性发展具有重要作用。

二、理论分析与研究假设

(一) 财政分权对城市碳排放的影响

碳排放具有典型的外部性特征，其需要政府与市场形成合力。财政分权作为一种重要的公共政策工具，对碳排放的影响呈现出多元而复杂的动态关系。财政分权意味着中央政府将一部分财政管理与决策权下放给地方政府，这种权力的重构极大地改变了地方政府在经济激励与环境治理方面的权责边界，进而会对碳排放的演变过程产生深远影响。一方面，财政分权提升了地方政府的财政自主权和政策灵活性。地方政府可根据地方特点和环境压力，有针对性地配置财政资源，加大对环境治理、清洁能源开发和低碳技术研究的投资力度，从而有效遏制单位产值的碳排，促进绿色低碳发展路径的形成[27]。另一方面，财政分权的实施也可能导致不利的环境后果。在竞争性的地方政府环境中，财政自主性增大的地方政府可能会过于侧重于短期内的经济增长目标，倾向于支持化石燃料密集型产业，弱化环保标准和执法力度，这无疑会加剧碳排放的总量压力。此外，信息不对称和外部性问题也可能在财政分权背景下凸显，致使地方政府在追求地方经济发展时未能充分考虑跨区域的环境影响，从而导致碳排放的空间溢出效应[28]。中国的 1994 年分税制财政体制改革便是这一现象的典型例证。财政分权改革赋予了地方政府一定的税政管理权，增强了地方财政收入的多样性，但也造成了各地财政实力的差异化格局。基于以上分析提出假设1：

H1a：财政分权推动地方资源利用与技术创新，降低城市碳排放。

H1b：财政分权加剧地方政府的竞争与博弈，进而增加城市碳排放。

(二) 环境规制在财政分权和城市碳排放间的调节作用

财政分权下，地方政府在经济激励与环境保护决策中取得更大的自主权，环境规制政策的强弱与执行力度直接决定了地方政府在资源配置、产业导向以及发展策略上的生态倾向。现有诸多文献表明，在中国特色分税制下，地方政府基于财政的收入和支出考量所形成的决策会影响到污染产业分布、污染治理成本及碳排放，政府多通过各种环境规制工具和手段来达到目标[29]。一方面，严格的环境规制能够约束地方政府的短视行为，引导其在财政政策中嵌入环保考量，通过财政手段刺激低碳经济的发展，从而有效降低城市碳排放强度和总量。另一方面，恰当的环境规制可以弥补财政分权可能带来的环境负外部性，规避因过度竞争导致的环保标准下滑，实现经济与环境效益的双赢局面[30]。同时，环境规制还能协调不同地区的碳排放治理，避免资源流动带来的污染转移，推动区域间的协同减排[31]。但是，中国面临着经济发展与环境保护的双重挑战，自上而下的环境治理模式导致地方政府环境规制措施不一、规制过程难以协调，同时区域经济发展不平衡、地方政府对流动性资源渴望程度不同等因素促使污染密集型产业的区际转移，直接影响城市的碳排放[32]。基于以上分析提出假设2：

H2a：环境规制推动地方政府环境治理的效率，促进财政分权的碳减排效应。

H2b：环境规制未能发挥应有作用，加剧财政分权引起的碳排放。

(三) 不同经济发展水平下财政分权与城市碳排放的异质性效应

根据消费者行为理论，区域经济发展会促使居民收入增长，进而改善预算约束从而增加提升环境品质的资源投入可能性。伴随环保意识和参与能力提升，高收入群体因更强的支付能力及更高的环境要求，愿意为环保投入更多资金[33]。在财政分权制度下，地区间经济发展水平的差异也会导致财政分权对碳排放效应的不一致性，发达地区在财政分权条件下更易于实现绿色转型，而欠发达地区则可能因财政资源受限和治理能力不足，难以有效利用财政分权优势来调控碳排放[34]。在经济发展起步阶段，财政分权可能导致地方政府为追求经济增长而放宽环保标准，增加碳排放；随着经济进入发展阶段，尽管财政自主权的增强可能为环保投入提供资金支持，但由于经济增长压力和环保意识参差不齐，财政分权对碳排放的影响呈现复杂性；而在经济发达阶段，由于充足的财政资源和强烈的环保需求，财政分权更可能催化地方政府实施严格的环保政策和绿色发展战略，从而有助于降低碳排放[35]。基于以上分析提出假设3：

H3：财政分权对城市碳排放的效应会受到经济发展水平差异的影响，当经济发展水平达到或超过某一特定数值后，这种效应会发生变化。

（四）不同非农产业发展程度下财政分权与城市碳排放的异质性效应

自1978年以来，中国非农产业经济保持了快速增长，为中国经济持续强劲增长做出了重要贡献，同时也推动了中国能源消耗与碳排放的快速增长。目前，中国经济整体上依然处于重化工业主导的发展阶段，经济增长面临资源支撑力和环境承载力不足的威胁与挑战[36]。而工业增长源泉主要来自资本等要素投入增加与全要素生产率提高，在能源与碳排放约束日益刚性的背景下，过度依赖资本、能源等要素投入扩张的传统工业增长模式是不可持续的[37]。一般来说，在非农产业初级发展阶段，由于财政分权可能促使地方政府侧重于短期内的经济增长和产业扩张，尤其是在高能耗、高排放的工业领域，可能导致城市碳排放量显著增加。然而，随着非农产业逐步迈向中高级阶段，尤其是服务业和高新技术产业的快速发展，财政分权可能赋能地方政府实施更为积极的环保政策和绿色经济发展战略，通过调整财政支出结构、鼓励清洁能源与环保技术的创新与应用，有效降低城市碳排放强度[38]。基于以上分析提出假设4：

H4：财政分权对城市碳排放的效应会受到非农产业发展程度差异的影响，当非农产业发展程度达到或超过某一特定数值后，这种效应会发生变化。

三、模型构建与指标选取

（一）计量模型设定

由于财政分权对碳排放的影响存在滞后性，即财政分权会影响下一期乃至下两期的碳排放，因此本文将滞后二期的财政分权引入面板固定效应模型考察城市碳排放的影响效应，模型公式为：

$$\ln cei_{it} = \alpha_0 + \beta_1 fin_{it-2} + \beta_2 Control_{it} + \mu_i + \varepsilon_{it} \tag{1}$$

其中 i 和 t 分别表示城市维度和时间维度，$\ln cei$ 为因变量，表示城市 i 在 t 年的碳排放强度的对数值，fin_{it-2} 是滞后二期的财政分权度，α_0 表示截距项，β_1 表示财政分权对城市碳排放的影响系数，$Control it$ 表示除财政分权以外影响城市碳排放的一组控制变量，β_2 表示控制变量对城市碳排放的影响系数，μ_i 表示个体固定效应，ε_{it} 是模型的误差扰动项。

财政分权作为非正式环境规制的一种，是否可以和政府的正式环境规制相互补充形成相得益彰的效果，本文将运用调节效应模型进行分析。借鉴李欣等的做法[39]，以环保词汇占当年工作报告总词数比重表征环境规制强度（ERI），并且在公式（1）中加入财政分权和正式环境规制强度变量的交互项，构建调节效应模型，其公式为：

$$\ln cei_{it} = \alpha_0 + \beta_1 fin_{it-2} + \alpha_1 fin_{it-2} * ERI + \beta_2 Control_{it} + \mu_i + \varepsilon_{it} \tag{2}$$

其中 α1 表示财政分权和环境规制的交互项对城市碳排放的影响系数，用来反映环境规制对城市碳排放的调节作用。

为进一步探究经济发展水平和非农产业发展程度是否会让财政分权对城市碳排放的影响呈现异质性特征，本文借鉴 Wang 等[40]的研究方法，构建面板门槛模型，并将地区人均 GDP 表示的经济发展水平（PGDP）和第二产业和第三产业增加值占 GDP 比重表示的非农产业发展程度（NAI）作为门槛变量引入模型，其公式为：

$$\ln ceiit = \alpha_0 + \theta_1 fin_{it-2} * I(PGDP_{it}/NAI_{it} \leq \gamma_1) + \theta_2 fin_{it-2} * I(\gamma_1 < GDP_{it}/NAI_{it} \leq \gamma_2) + \cdots + \theta_n fin_{it-2} * I(GDP_{it}/NAI_{it} \geq \gamma_n) + \theta_0 Control_{it} + \mu_i + \varepsilon_{it} \tag{3}$$

γ 是门槛值，α_0 表示截距项，θ 是待估系数，$I(*)$ 是示性函数。本文将在以上计量模型的基础上进行实证分析。

（二）指标选取

本文采用城市碳排放强度作为被解释变量，选取 2003 到 2021 年中国 288 个城市的碳排放总量与 GDP 的比重来表征碳排放强度，并采用 Cong 的方法测度城市碳排放总量，城市碳排放总量应为以城市辖区内的所有直接排放（主要包括交通和建筑、工业生产过程、农林业与土地利用变化、废弃物处理活动产生的温室气体排放）、发生在城市辖区外的与能源相关的间接排放（主要包括为满足城市消费而外购的电力、供热或制冷等产生的排放）和由城市内部引起但产生于辖区之外且不包含于前面类别里的其他间接排放（包括城镇从辖区外购买的所有物品在生产、运输、使用和废弃物处理环节的温室气体排放）三个范围的总和[41]。本文选取财政分权作为核心解释变量。现有文献对财政分权指标的选取主要从收入和支出两个维度进行衡量，即收入分权度和支出分权度[42]。由于地区的工业生产生活造成的城市碳排放很大程度上依赖地区财政支出，因此本文从支出分权度来衡量财政分权。基于现有文献，考虑到不同城市人口和经济差异以及数据的可获得性，本文采用地级市人均财政支出与地级市、省级、全国人均财政支出总和的比重来表示财政分权。

结合学术界现有研究，本文在实证模型中控制了一组城市特征变量，以缓解由遗漏变量而造成的内生性问题。选取说明如下：①经济发展体量（gdp）：GDP 可以直接反映经济发展体量，一个城市经济发展体量越大，生产生活有越大的可能排放更多的二氧化碳[43]②产业结构（is）：采用第三产业增加值占GDP 比重表示，第二产业向第三产业转变是优化产业结构的必然要求，也是实现经济高质量可持续发展的必由之路[44]。③外商直接投资（fdi）：用外商直接投资占 GDP 比重表示，不同的外资来源与行业差异都不同程度地带来环境污染问题，此控制变量也可检测"污染天堂"假说是否存在[45]。④绿色创新度（ti）：采用绿色实用新型专利占当年获得实用新型专利比表示，诸多研究证实绿色技术创新会显著降低二氧化碳排放量[46]。⑤城镇化水平（ur）：采用城镇户籍人口占户籍总人口比重表示。城镇人口集中将对碳排放产生集聚效应和扩张效应，当前者大于后者时，碳排放将减少[47]。⑥科技发展水平（td）：用R&D 经费支出占 GDP 比重，财政科技投入的增加会加快技术研发的速度，既有利于提高生产效率，又可以降低能源消耗和碳排放强度[48]。⑦教育水平（ *edi* ）：采用教育支出占财政支出比重表示，研究表明人口教育结构变动会减缓中国碳排放量的增长[49]。⑧经济发展水平（ *PGDP* ），人均 GDP 可以直接反映经济发展水平，较高经济发展水平会增加地方财政收入，充足的环保资金会使政府更好地践行节能减排[50]。⑨非农产业发展程度（ *NAI* ）：采用第二产业和第三产业增加值占 GDP 比重表示，非农产业近年来发展迅猛，初期扩张常伴碳排放增加，后期升级有望通过结构优化和技术进步实现碳排放减少[51]。此外，本文还选取了环保词汇占当年工作报告总词数的比重表征环境规制强度（ *ERI* ），以此作为调节变量。

（三）数据来源与描述性统计

本文采用 2003 至 2021 年中国 288 个城市的面板数据进行实证分析。其中，地级市、省级、全国人均财政支出来源于各省统计年鉴、地级市统计年鉴和国家统计局。环境规制原始数据来源于《中国环境统计年鉴》、《中国工业企业数据库》和各级政府工作报告。碳排放数据主要来源于各级统计年鉴，其中能源消费数据来源于《中国能源统计年鉴》，工业过程和产品使用数据从《中国工业统计年鉴》获取，农业、林业和其他土地利用活动数据从《中国农业统计年鉴》《中国畜牧业年鉴》《中国林业和草原统计年鉴获取》。排放因子以官方公布的数据为准，具体包括《省级温室气体排放清单指南（试行）》、各级政府发布的碳排放清单指南，若有缺失数据通过 IPCC 排放因子数据库进行补充。绿色专利数据来源于国家知识产权局。其余变量数据均来源于《中国城市统计年鉴》、国家统计局官网、地方统计局官网、各级统计年鉴和 Wind 数据库等。各主要变量的描述性统计结果如表 3 - 1 所示。

表 3 - 1 变量描述性统计

VARIABLES	N	MEAN	SD	MIN	MAX
gdp	5472	1,905	3,179	31.77	43,215
fin	5472	0.0142	0.104	0.000108	0.937
cei	5472	4.697	5.671	0.131	111.6
ERI	5472	0.00338	0.0126	0	0.462

续表

VARIABLES	N	MEAN	SD	MIN	MAX
is	5472	0.398	0.0996	0.0858	0.839
fdi	5472	3.349	17.23	−0.000230	454.0
ti	5472	0.0941	0.0465	0	1
ur	5472	0.508	0.239	0.116	4.181
td	5472	0.0255	0.0546	1.73e−07	1.436
edi	5472	0.182	0.0445	0.0177	0.494
PGDP	5472	40,607	33,324	99	467,749
NAI	5470	0.864	0.106	0.501	2.903

四、实证结果与分析

(一) 基准回归分析

本文用固定效应模型对 2003 到 2021 年中国 288 个城市的面板数据进行回归分析，研究财政分权对城市碳排放的影响效应，表 3 − 2 展示了固定效应和随机效应模型的回归结果。两种效应的结果均符合实验标准，但在 Hausman 检验中的 p 值显著且拒绝原假设，并且固定效应模型识别出显著变量，与现实中财政分权对环境影响的复杂机制更契合，因此本文采用固定效应模型作为评估财政分权对城市碳排放影响的标准。

表 3 − 2　基准模型估计结果

lncei	固定效应				随机效应			
	Coef.	St. Err.	t − value	P > | t |	Coef.	St. Err.	t − value	P > | t |
L2. fin	6.174 ***	1.354	4.56	0.000	3.207 ***	0.337	9.51	0.000
gdp	0.000 ***	0.000	− 28.27	0.000	0.000 ***	0.000	− 34.31	0.000
is	− 0.824 ***	0.094	− 8.72	0.000	− 0.815 ***	0.094	− 8.67	0.000
fdi	0.033	0.189	0.18	0.860	0.040	0.192	0.21	0.834
ti	0.437 ***	0.133	3.28	0.001	0.416 ***	0.135	3.09	0.002
ur	0.323 ***	0.099	3.25	0.001	− 0.044	0.084	− 0.52	0.600

续表

lncei	固定效应				随机效应			
	Coef.	St. Err.	t – value	P > | t |	Coef.	St. Err.	t – value	P > | t |
td	2.672 ***	0.200	13.36	0.000	2.517 ***	0.201	12.50	0.000
edi	2.424 ***	0.213	11.40	0.000	2.206 ***	0.211	10.44	0.000
Constant	0.753 ***	0.085	8.83	0.000	1.043 ***	0.085	12.31	0.000
Mean dependent var		0.967			Mean dependent var		0.967	
SD dependent var		0.961			SD dependent var		0.961	
R – squared		0.355			Overall r – squared		0.366	
Number ofobs		4896			Number ofobs		4896	
F – test		316.223			Chi – square		2624.282	
Prob > F		0.000			Prob > chi2		0.000	
Akaike crit. （AIC）		3787.790			R – squared within		0.351	
Bayesian crit. （BIC）		3846.255			R – squared between		0.400	
Hausmanspecification test	Coef.							
Chi – square test value	593.042							
P – value	0.000							

Note：*** $p < 0.01$，** $p < 0.05$，* $p < 0.1$

从表3-2的回归结果可以看出，财政分权的估计系数在随机效应和固定效应中均显著为正，这表明财政分权扩大对城市碳排放具有显著的推动作用，这一结果印证假设1b。地方政府在获得更多的财政自主权时，参与竞争和发展当地经济的积极性充足，经济增长往往伴随着能源消耗的增加，特别是对化石燃料的依赖，导致碳排放量显著上升。改革开放以来的财政分权改革显著促进了地方经济活力，如深圳、上海等沿海开放城市实现了经济腾飞，但在工业化和城市化过程中公共支出结构扭曲，并造成"重基本建设、轻人力资本投资和公共服务"的现象，碳排放强度增速明显快于全国平均水平[52]。财政分权可能导致地方政府之间的竞争加剧，为吸引投资和促进本地经济发展，地方政府倾向于放宽环保标准或对高排放产业提供优惠。例如，辽宁阜新、山西太原等资源型城市更侧重于煤炭、钢铁等传统产业的发展，忽视或推迟实施严格的环保政策，导致碳排放强度居高不下。财政分权虽然增加了地方财政收入，但地方财政支出的优先级可能并不倾向于环保领域。在财政压力下，地方政府可能更倾向于投资见效快、经济效益明显的项目，而非长期投入、回报慢的环保项目。如山东淄博、河北唐山等重工业城市在面临基础设施建设、民生改善等多重财政需求时，环保投入可能被挤占，导致碳减排措施落实乏力[53]。此外，财政分权可能导致环保政策在不同城市间执行力度不一，形成"政策洼地"。中央政府制定的环保法规在地方层面的执行效果可能因财政分权而打折扣，导致碳排放控制的整体效果减弱。

经济发展体量的回归系数显著为负，这说明随着经济体量的增加，中国城市的经济结构将向绿色低碳方向优化。以第三产业增加值占比表征的产业结构的回归系数显著为负，揭示推进工业为主的第二产业低碳工艺革新，并向第三产业转型是实现低碳转型的关键[54]。绿色创新度的回归系数显著为正，说明绿色创新降低生产和消费的成本，提高生产和消费的效益同时，刺激更多的生产与消费活动，即"回弹效应"[55]。城镇化水平的回归系数显著为正，说明中国城市城镇化进程中产生的扩张效应大于集聚效应。科技发展水平与教育水平的回归系数显著为正，侧面印证各城市对清洁能源技术的重视程度仍不够，人们绿色低碳的环保理念普及度不足，研发资源大多投入到其他领域[56]。此外，外商直接投资的系数不显著，说明外商直接投资占 GDP 比重对碳排放强度的影响尚不明确，"污染天堂"假说尚未形成。

（二）财政分权对城市碳排放的调节效应

前文研究表明，财政分权会显著增加城市碳排放强度，但财政分权与环境污染治理是政府、企业及公众等多方参与的互动过程。本文基于调节效应的视角，构建模型公式（2），以财政分权是否能够通过影响政府正式环境规制对城市碳排放产生影响，以作为政府治理环境污染的重要补充，结果见表 3 - 3。结果显示，财政分权与环境规制强度的交叉项回归系数（L2. fin * ERI）显著为正，意味着财政分权可能导致环境规制强度的提升并未有效抑制碳排放，验证了假设 2b。财政分权加剧城市间的经济竞争，地方政府为吸引投资、促进经济增长，可能存在放宽环境规制、容忍高碳排放产业的倾向。即使环境规制强度看似提高，但实际执行力度可能因经济利益考量而削弱，导致碳排放强度不降反升。在中国的绝大多数城市，地方政府主要官员的任期一般不长，财政分权扩大会对地方政府产生较大的政绩考核压力，为了获得晋升，政府官员将降低环境准入标准，以期在短期内实现目标，导致环境规制并没有很好地发挥预期的作用，形成"绿色悖论"[57]。财政分权虽然增加了地方财政自主权，但地方财政资源可能优先满足短期经济增长需求，而非长期环保投资。即使环境规制强度提高，但由于缺乏充足的资金支持，导致环保技术改造、清洁能源推广等减排措施的实施效果受限，未能有效降低碳排放强度。财政分权可能导致环境监管能力在地方层面的分散，地方政府在环保执法、监测、评估等方面的资源与能力可能不足，造成环境规制虽严，但执行效果打折。此外，地方层面的规制可能存在碎片化现象，缺乏统一标准和协调机制，降低了规制对碳排放强度的整体调控效果[58]。财政分权下，地方利益集团对政策制定的影响力可能增强，高碳排放产业的利益诉求可能对环境规制的制定与执行产生干扰，使得看似严格的规制在实际操作中偏向排放大户，未能有效约束碳排放行为。

表 3 - 3　环境规制对财政分权的碳排放效应的调节效应分析

lncei	Coef.	St. Err.	t-value	P > | t |	95% Conf	Interval
L2. fin	3. 134 ***	0. 375	8. 35	0. 000	2. 398	3. 870
L2. fin * ERI	401. 551 ***	95. 618	4. 20	0. 000	214. 096	589. 006
gdp	0. 000 ***	0. 000	− 51. 63	0. 000	0. 000	0. 000
is	0. 060	0. 117	0. 51	0. 608	− 0. 169	0. 289
fdi	− 0. 179	0. 358	− 0. 50	0. 617	− 0. 881	0. 523
ti	− 0. 357	0. 230	− 1. 55	0. 120	− 0. 808	0. 093
ur	− 0. 298 ***	0. 053	− 5. 58	0. 000	− 0. 402	− 0. 193
td	− 0. 373	0. 301	− 1. 24	0. 216	− 0. 964	0. 218
edi	− 0. 008	0. 248	− 0. 03	0. 976	− 0. 493	0. 478
Constant	1. 547 ***	0. 078	19. 860	0. 000	1. 395	1. 700
Mean dependent var	0. 967		SD dependent var		0. 961	
R − squared	0. 445		Number ofobs		4896	
F − test	391. 147		Prob > F		0. 000	
Akaike crit. （AIC）	10649. 334		Bayesian crit. （BIC）		10720. 792	

Note：*** $p < 0.01$，** $p < 0.05$，* $p < 0.1$

在财政分权背景下，环境规制强度的提升未必导致碳排放强度下降，反而可能因地方经济竞争、财政资源错配、监管能力不足以及利益集团影响等因素，加剧碳排放问题。因此，在推进财政分权的同时，必须强化中央对地方环境政策的指导与监督，确保环境规制的有效执行，同时合理分配财政资源，加大对环保基础设施和技术创新的支持，以实现对碳排放的有效控制。

（三）门槛模型估计结果

为了更好地揭示不同经济发展水平和非农产业发展程度下财政分权的碳排放效应，本研究构建门槛面板模型。相较于普通的线性回归模型，门槛模型提供一个渐进分布理论来建立待估参数的置信区间，同时还可以运用bootstrap 自抽样将整体的回归分段并计算其门槛值，分析门槛值前后的变化趋势，在理论层面具有验证此问题的实证优势。因此，本文以 PGDP 和 NAI 为门槛变量，分析是否存在显著的门槛值，使财政分权的碳排放效应存在阶段性差异，结果见表 3 –4。

表 3 –4　经济发展水平和非农产业发展程度的门槛效应检验结果

门槛变量	门槛类别	门槛值	Fstat（P）	P	Crit10	Crit5	Crit1
PGDP	Single	10533	619. 47 ***	0. 000	175. 227	185. 8483	213. 5470
	Double	10533	197. 40 ***	0. 000	96. 1232	106. 8967	137. 1850
		128294					
	Triple	10533	85. 90	0. 983	220. 1281	236. 4341	306. 9869
		128294					
		74903					
NAI	Single	0. 757	172. 500 ***	0. 000	59. 890	71. 907	107. 039
	Double	0. 757	125. 520 ***	0. 003	44. 520	61. 214	95. 798
		0. 992					
	Triple	0. 757	83. 080	0. 710	335. 265	359. 718	406. 949
		0. 992					
		0. 825					

Note：***p < 0.01，**p < 0.05，*p < 0.1；Crit10、Crit5、Crit1 分别为 10%、5%、1% 显著性水平下的临界值，通过 boot - strap 反复抽样 300 次得到。

从表3-4来看，以PGDP作为门槛变量时，单一门槛和双重门槛的F统计量均在1%的显著性水平下拒绝原假设，但三重门槛的检验结果不显著，说明门槛回归存在双门槛效应。以NAI作为门槛变量的门槛回归也存在双门槛效应，单一门槛和双重门槛的F统计量均在1%的显著性水平下拒绝原假设。双门槛效应中，PGDP的第一门槛值为10533亿元（接近1456亿美元），99%水平置信区间为［10007，11146］；第二门槛值为128294亿元（接近17743亿美元），99%水平置信区间为［118015，139877］。NAI的第一门槛值为0.757，第二门槛值为0.992。为检验门槛估计值与真实值的一致性，图3-1和图3-2分别展示了以PGDP和NAI作为门槛变量的门槛值似然比函数图。从两张图可以看出，第一门槛和第二门槛值均在各自的置信区间内，并且门槛值通过了似然比检验，说明门槛值真实存在，可以进行门槛回归分析。

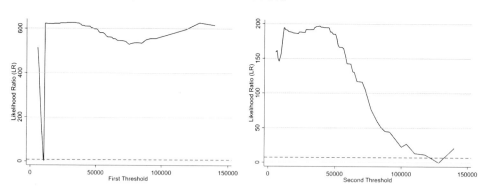

图3-1　PGDP双门槛似然比函数图

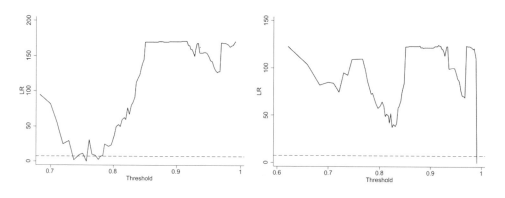

图3-2　NAI双门槛似然比函数图

　　表3-5是门槛效应回归结果。可以看出，经济发展水平对财政分权的碳排放效应存在复杂的非线性关系和门槛效应，验证了假说3。具体表现为随着经济发展水平的提升，财政分权对碳排放的正向影响经历了显著增强、减弱再增强的过程。在经济发展初期（PGDP≤10533亿元），财政分权对碳排放的回归系数为480.915，地方政府拥有更多的财政自主权时，会导致更多的碳排放。中国在人口基数很大且PGDP较低情况下，城市基础设施建设尚不完善，经济发展会经历粗放式的工业化和扩展型的城镇化进程，资源密集型产业发展模式成为主导。财政分权可能由于监管能力不足、环保政策执行力度弱化、资源密集型产业扩张等原因加剧了碳排放的增长[59]。在经济发展中期（10533亿元＜PGDP≤128294亿元），财政分权对碳排放强度的回归系数显著降低至7.525，揭示了一个显著的转折点：随着经济体量的增长和结构的优化，财政分权对碳排放的影响强度显著减弱。这表明随着经济规模扩大、技术进步、环保意识增强以及治理能力提升，财政分权在一定程度上可能更有利于地方层面实施针对性的环保政策，也可能是经济结构转型过程中，地方经济对高排放产业的依赖减轻，从而导致其对碳排放增长的推动作用显著减弱[60]。当PGDP跨过第二个门槛（PGDP≥128294亿元），财政分权对碳排放强度的回归系数升至9.729。这显示在经济高度发达阶段，财政分权对碳排放的影响重新呈现出较强的正相关性。尽管地方财政实力和环保意识普遍增强，但由于经济活动的复杂性和多元化，以及全球化背景下产业转移和贸易结构的影响，财政分权可能导致地方在追求经济竞争力和吸引投资的过程中，对某些高排放行业或项目采取更为宽松的政策，从而再次加剧碳排放。此外，由于高收入群体对生活质量的更高要求，可能推动地方政府在基础设施建设和公共服务提供中加大对能源消耗的数量，间接增加碳排放强度[61]。基于二氧化碳和大气污染物同根同源性特征，也进一步印证了协同减污降碳的必要性与紧迫性。

　　以非农产业发展程度作为门槛变量对财政分权影响碳排放的效应存在显著的非线性特征，印证假说4。具体表现为随着非农产业比重的提高，财政分权对碳排放强度的正向影响逐渐减弱，直至在高度非农化的经济状态下影响降至最低。当非农产业发展程度低于第一个门槛值0.757时，回归系数为377.546。这意味着在非农产业占比较低的发展阶段，财政分权对碳排放强度的正向影响显著且强度较大。此时，地方经济可能更多依赖于农业或初级资源开发，财政分权可能导致地方政府在追求经济增长和财政收入增加的过程中，倾向于支持高碳排放的传统产业，如煤炭开采、重化工等，同时对环境规制的执行力度可能较弱，从而加剧碳排放[62]。随着非农产业发展到第二个阶段（$0.757 < NAI \leq 0.992$），回归系数降至 134.422。这表明随着非农产业比重的提升，财政分权对碳排放强度的正向影响显著减弱。此时，经济结构逐渐向制造业、服务业等非农产业倾斜，地方财政实力增强，可能更有能力投资于环保设施和清洁能源项目，同时在公众环保意识提高和中央环保政策压力下，地方政府可能加强对环境规制的执行力度，从而在一定程度上缓解财政分权对碳排放的推动作用[63]。当非农产业发展超过第二个门槛值 0.992，即经济高度依赖非农产业时，财政分权对碳排放强度的回归系数进一步降至 6.857。这揭示了在高度非农化的经济背景下，财政分权对碳排放的影响显著降低。此时，地方经济已经形成较为成熟的现代产业体系，对环保技术和管理的投入较大。同时，由于产业结构和能源结构的优化，碳排放强度本身可能已经较低。财政分权可能更多地体现在地方对环保政策的灵活调整和创新实践上，对碳排放的影响相对较小[64]。

表 3-5　经济发展水平和非农产业发展程度的门槛效应回归结果

lncei	PGDP				NAI			
	Coef.	t	P > │t│	err.	Coef.	t	P > │t│	err.
L2. fin（PGDP/NAI≤Th-1）	480.915***	16.67	0.000	28.848	377.546***	9.17	0.000	9.170
L2. fin（Th-1 < PGDP/NAI≤Th-2）	7.525***	3.14	0.002	2.395	134.422***	5.91	0.000	5.910
L2. fin（PGDP/NAI≥Th-2）	9.729***	3.67	0.000	2.654	6.857***	2.92	0.004	2.920
gdp	-0.000***	-7.47	0.000	0.000	-0.000***	-6.43	0.000	-6.430
is	-0.539***	-3.08	0.002	0.175	-0.595***	-3.15	0.002	-3.150
fdi	0.021	0.41	0.679	0.051	0.016	0.28	0.780	0.280
ti	0.466***	2.98	0.003	0.156	0.405**	2.47	0.014	2.470
ur	0.030	0.05	0.960	0.594	0.178	0.28	0.782	0.280
td	1.992**	2.00	0.047	0.998	2.299**	2.07	0.040	2.070
edi	1.653***	5.15	0.000	0.321	2.205***	6.56	0.000	6.560

续表

lncei	PGDP				NAI			
	Coef.	t	P > | t |	err.	Coef.	t	P > | t |	err.
_cons	0.928 ***	2.65	0.008	0.350	0.731 *	1.95	0.053	1.950
sigma_u			0.832				0.824	
sigma_e			0.339				0.353	
rho			0.858				0.845	

Note：*** $p < 0.01$，** $p < 0.05$，* $p < 0.1$

五、讨论

（一）异质性分析

在研究选取的 288 个中国城市中，既有北京、上海、重庆、天津这 4 个直辖市，也有广州、成都、杭州、南京、武汉等 23 个省会城市。不同的城市化发展进程使得城市之间在商业资源集聚度、城市枢纽性以及生活方式多样性等方面的存在差异，无论是财政分权度还是碳排放强度，都存在较大的异质性。本研究将中国 288 个城市划分为直辖市、省会城市与其他城市两类，进行城市能级的异质性分析，结果见表 3－6。

从异质性分析结果可知，直辖市和省会城市的财政分权对碳排放的影响没有通过显著性检验，其他城市的财政分权对碳排放强度的影响显著为负，说明其财政分权并不能对碳排放产生明确的影响，但能降低其他城市的碳排放强度。直辖市和省会城市作为经济、政治、文化中心以及区域发展引擎，一方面，国家在这些城市实施了更为严格的环保法规和标准，以及更为严密的环保监管体系，有效遏制了财政分权可能导致的环境规制放松效应。另一方面，国家在科技创新、环保技术研发、绿色基础设施建设等方面的巨额投入，为这些城市提供了强大的减排支撑，进一步弱化了财政分权对碳排放的直接影响[65]。然而，对于除直辖市和省会城市以外的其他城市，由于被国家定位为地区经济增长极、特色产业基地或者是生态屏障，导致财政分权政策的实施与碳排放强度的降低呈现出明显的负相关关系。这可能得益于以下几个方面：首先，相较于直辖市和省会城市，其它城市在财政分权后，地方政府在环保投入和政策制定上的自主性增强，能够更灵活地根据本地实际情况制定和执行针对性的环保政策，从而有效抑制碳排放[66]。其次,这些城市在财政分权后,可能更倾向于发展低碳产业和绿色经济,通过产业结构调整来降低碳排放。最后,财政分权可能激发了这些城市在环保技术创新和节能减排项目上的投资积极性,通过技术进步来降低单位产出的碳排放强度。

从整个国家或地区的角度看,财政分权对碳排放的影响呈现出明显的地域差异。直辖市和省会城市由于国家的集中投入和严格监管,其碳排放强度受财政分权政策影响较小。而其它城市则受益于财政分权带来的环保政策自主性和技术创新动力,碳排放强度呈现出明显的下降趋势,这也从侧面反映出其他城市对财政分权参与环境保护的现实需求。因此,国家在推进财政分权的同时,应充分考虑城市能级差异,制定适应不同城市特点和需求的环保政策,以实现更有效的碳排放控制[67]。此外,国家还应加大对科技创新、环保技术研发、绿色基础设施建设等方面的投入,为各级城市提供强大的减排支撑,以更好更快地实现"双碳目标"。

表 3-6 异质性分析结果

lncei	直辖市和省会城市				其他城市			
	Coef.	St. Err.	t-value	p-value	Coef.	St. Err.	t-value	p-value
L2. fin	−0.394	1.064	−0.37	0.711	−282.587 ***	17.507	−16.14	0.000
gdp	0.000 ***	0.000	−6.31	0.000	0.000 ***	0.000	−32.16	0.000
is	−1.810 ***	0.314	−5.77	0.000	−0.359 ***	0.091	−3.93	0.000
fdi	−15.763 **	6.849	−2.30	0.022	0.019	0.176	0.11	0.912
ti	−1.220 **	0.486	−2.51	0.012	0.458 ***	0.126	3.64	0.000
ur	2.566 ***	0.336	7.64	0.000	−0.990 ***	0.103	−9.58	0.000
td	5.169 ***	0.629	8.22	0.000	1.647 ***	0.193	8.53	0.000
edi	0.110	0.510	0.220	0.829	1.453 ***	0.213	6.83	0.000
Constant	−0.512	0.383	−1.340	0.182	2.122 ***	0.092	22.96	0.000
Mean dependent var	0.031				1.064			
R − squared	0.680				0.445			
F − test	112.880				417.059			
Akaike crit. (AIC)	53.614				2764.752			

续表

lncei	直辖市和省会城市				其他城市			
	Coef.	St. Err.	t-value	p-value	Coef.	St. Err.	t-value	p-value
SD dependent var	1.007				0.903			
Number ofobs	459				4437			
Prob > F	0.000				0.000			
Bayesian crit. （BIC）	90.776				2822.331			
Note：***$p<0.01$，**$p<0.05$，*$p<0.1$								

（二）稳健性检验

考虑到财政分权可能存在"测量误差"以及控制变量中的产业机构、外商直接投资、城镇化水平等因子与碳排放强度的相关性，模型中可能存在反向因果关系。为此，本研究使用工具变量法克服内生性问题。借鉴詹新宇和刘文彬的做法，对于某一城市的财政分权，研究采用其他城市财政分权度的平均值（ *end* ）作为工具变量[68]。使用上述工具变量的理由是：一方面，各个城市政府间的财政分权体制和债务管理制度具有一定的相似性，该工具变量与内生变量具有很强的相关性，满足相关性要求。另一方面，单一城市层面遗漏变量与其他城市财政分权度无直接联系，符合外生性要求。基于该工具变量，本研究采取两阶段最小二乘法（2SLS）进行工具变量回归。

$$fin_{it-1} = \alpha_0 + \beta_1 end_{it} + \beta_2 Control_{it} + \mu_i + \delta_t + \varepsilon_{it} \qquad (4)$$

$$lncei_{it} = \alpha_0 + \beta_1 fin_{it-1} + \beta_2 end_{it} + \beta_2 Control_{it} + \mu_i + \delta_t + \varepsilon_{it} \qquad (5)$$

公式（4）中的第一阶段以工具变量 end 解释财政分权度，利用回归系数得到预测值。公式（5）中的第二阶段以预测值代替财政分权的实际统计值作为核心解释变量，并用固定效应模型进行回归分析，结果见表3-7。由于所选工具变量的数量正好与内生解释变量的数量相等，故不存在过度识别问题。内生变量与核心解释变量存在1%显著性水平下的负相关关系，同时由第一阶段的F统计量可知，工具变量的选择是合理的。从第二阶段回归结果可以看出，财政分权和碳排放强度的关系与基准回归结果相似，进一步支持了当前财政分权对碳排放存在正向效应的基本结论。

表 3 – 7   工具变量（2SLS）回归结果

	第一阶段 L2. fin			第二阶段 lncei		
	Coef.	t	P > | t |		Coef.	z	P > | z |
end	− 0. 585 ***	− 3. 41	0. 001	L2. fin	6. 846 ***	38. 42	0. 000
gdp	0. 000 ***	27. 39	0. 000	gdp	− 0. 000 ***	− 52. 04	0. 000
is	− 0. 004 ***	− 4. 16	0. 000	is	0. 150	1. 24	0. 214
fdi	0. 001	0. 46	0. 643	fdi	− 0. 259	− 0. 70	0. 485
ti	− 0. 001	− 0. 67	0. 505	ti	− 0. 498 **	− 2. 09	0. 036
ur	− 0. 009 ***	8. 58	0. 000	ur	− 0. 203 ***	− 3. 66	0. 000
td	− 0. 008 ***	− 3. 46	0. 001	td	− 0. 660 **	− 2. 11	0. 035
edi	− 0. 002	− 1. 00	0. 316	edi	0. 337	1. 31	0. 190
Constant	0. 018 ***	6. 87	0. 000	Constant	1. 467 ***	18. 22	0. 000
R – squared		0. 6659			0. 404		
F		4764. 17					
Prob > F		0. 000					

Note: *** $p < 0.01$ ，** $p < 0.05$ ，* $p < 0.1$

六、结论与建议

在全球气候变局与可持续发展愿景的背景下，中国作为负责任的大国，已庄严承诺实现碳达峰与碳中和的宏伟目标，这不仅是对国际社会的庄重承诺，更是关乎国家长远利益、人民福祉与地球家园未来的重大战略抉择。在此进程中，财政分权作为国家治理体系的重要一环，其制度安排与实施成效对引导地方政府行为、推动经济社会绿色转型、促进经济社会高质量发展、实现"双碳"目标具有举足轻重的影响。本研究抽取中国 288 个城市 2003 到 2021 年的面板数据，运用固定效应、调节效应以及门槛面板模型，创新性地揭示了财政分权对碳排放的影响及其与环境规制、经济发展水平、非农产业结构及城市能级的交互效应。研究首次证实环境规制可有效调节财政分权背景下的碳排放，并发现财政分权效应存在随经济发展、产业结构变化的门槛特征及城市能级差异。

研究结果表明：第一，财政分权显著推动城市碳排放，地方政府获得更多财政自主权时，因地方政府经济竞争与能源消耗增加、公共支出结构扭曲、财政资源分配失衡、环保政策执行分散与不一致、环境规制弱化及地方利益集团干扰而增加碳排放。第二，环境规制强度提升不能减少财政分权引起的碳排放，反而因放宽环境规制形成"绿色悖论"，财政资源分配优先短期经济需求，环保投资不足，监管能力分散，规制碎片化等导致未能有效约束碳排放。第三，随着经济发展，财政分权对碳排放影响先增强后减弱再增强，初期因粗放工业化、资源密集型产业主导，监管弱、环保政策执行不力会加剧碳排放；中期经济规模扩大、结构优化、技术进步、环保意识增强及治理能力提升，财政分权对碳排放的正向影响减弱；后期因地方追求竞争力、吸引投资对高排放行业宽松政策，以及高收入群体对生活质量要求导致能源消耗增加，财政分权与碳排放再次呈现强正相关。第四，随着非农产业发展，财政分权对碳排放强度的正向影响逐渐减弱，至高度非农化时影响最小。初期因依赖农业或初级资源开发，支持高碳排放产业，环境规制执行弱；中期财政分权影响减弱，经济向非农产业倾斜，地方财政增强，投资环保设施，加强环境规制执行；后期财政分权对碳排放影响显著降低，经济形成成熟现代产业体系，环保技术和管理投入大，产业结构和能源结构优化，碳排放强度低。第五，直辖市和省会城市由于国家的集中投入和严格监管，其碳排放强度受财政分权政策影响较小。而其它城市则受益于财政分权带来的环保政策自主性和技术创新动力，碳排放强度呈现出明显的下降趋势，这也从侧面反映出其他城市渴望财政分权参与环境保护的现实需求。

基于上述结论，本研究提出以下建议：第一，强化中央对地方环保政策的指导与监管。财政分权可能导致地方环保政策执行力度弱化、规制分散与不一致，中央政府应加强环境政策的顶层设计与指导，建立统一的环保标准与考核体系，强化对地方环保工作的监管与评估，确保环保政策的连贯性与执行力。第二，优化财政资源配置，支持环保投入。为解决财政资源分配失衡、环保投资不足的问题，应调整中央与地方的财权分配，确保地方财政在满足基本公共服务需求的同时，有充足资金用于环保相关的设施建设、技术研发、污染治理等绿色项目。同时，可通过设立专项环保基金、推行绿色金融等手段，引导社会资本投入环保领域。第三，完善环境规制体系，遏制"绿色悖论"。针对环境规制强度提升未能有效约束碳排放的现象，进一步完善环境法律法规，强化环境违法惩罚机制，严禁地方为吸引投资而放宽环保标准。同时，推动环境信息公开与公众参与，提升社会环保意识，形成多元化的环保监督力量。第四，推动经济结构转型升级，实现绿色低碳发展。在经济发展不同阶段，应适时调整产业政策，引导地方从粗放型向集约型、从资源密集型向技术密集型、从高碳向低碳转变。鼓励技术创新，推广清洁能源和节能技术，优化能源结构，实现减污降碳协同增效。第五，因地制宜实施财政分权，兼顾环保与经济发展。对于直辖市和省会城市，继续强化中央集中投入与严格监管，确保其碳排放得到有效控制。而对于其他城市，尤其是非农产业发展程度较高的地区，应适度扩大财政分权，赋予地方更多环保政策自主权，同时加强环保能力建设，引导其通过技术创新与管理创新实现经济发展与环境保护的双赢。

本书参考文献

［1］吴野，董玮．省内财政分权与县域碳排放——基于财政"省直管县"改革的准自然实验分析［J］．宜宾学院学报，2023，23（09）：11－19＋40.

［2］卜凡博．财政分权、市场分割与碳排放［J］．当代金融研究，2023，6（04）：71－83．DOI：10.20092/j.cnki.ddjryj.2023.04.005.

［3］Zhang, J. K.; Zhang, Y., Carbon tax, tourism CO_2 emissions and economic welfare. Annals of Tourism Research 2018, 69, 18－30.

［4］Tanaka S. Environmental Regulations on Air Pollution in China and Their Impact on Infant Mortality［J］. Journal of Health Economics, 2015（42）：90－103.

［5］Schlenker W, et al. Airports, Air Pollution, and Contemporaneous Health［J］. The Review of Economic Studies, 2016（2）：768－809.

［6］Li, G. C.; Wei, W. X., Financial development, openness, innovation, carbon emissions, and economic growth in China. Energy Econ. 2021, 97.

［7］Ahmad, M.; Akram, W.; Ikram, M.; Shah, A. A.; Rehman, A.; Chandio, A. A.; Jabeen, G., Estimating dynamic interactive linkages among urban agglomeration, economic performance, carbon emissions, and health expenditures across developmental disparities. Sustainable Production and Consumption 2021, 26, 239－255.

［8］鲁书伶，白彦锋．碳税国际实践及其对我国2030年前实现"碳达峰"目标的启示［J］．国际税收，2021（12）：21－28．DOI：10.19376/j.cnki.cn10-1142/f.2021.12.004.

［9］郭峰，石庆玲．官员更替、合谋震慑与空气质量的临时性改善［J］．经济研究，2017（7）：155－168.

［10］Cox, M.；Arnold, G.；Tomás, S. V., A review of design principles for community-based natural resource management. Ecology and Society, 2010, 15, 38.

［11］汪克亮, 许如玉, 等. 生态文明先行示范区建设对碳排放强度的影响［J］. 中国人口·资源与环境, 2022（7）：57 – 70.

［12］陶爱萍, 杨松, 张淑安. 空间效应视角下的财政分权与中国雾霾治理［J］. 华东经济管理, 2017, 31（10）：92 – 102.

［13］Tiebout C M. A pure theory of local expenditures［J］. Journal of political economy, 1956, 64（5）：416 – 424.

［14］Oates W E. An essay on fiscal federalism［J］. Journal of economic literature, 1999, 37（3）：1120 – 114.

［15］OATES W E. Fiscal decentralization and economic develpment［J］. National Tax Journal, 1993（2）：237 – 243.

［16］GRAMLICH E M. A Policy-maker's guide to fiscal decentralization［J］. National Tax Journal, 1993（2）：229 – 235.

［17］周黎安. 中国地方官员的晋升锦标赛模式研究［J］. 经济研究, 2007（7）：36 – 50.

［18］HALKOS GEORGE E, TZEREMES NICKOLAOS G. Carbon dioxide emissions and governance：A nonparametric analysis for the G – 20［J］. Energy Economics, 2013, 40：110 – 118.

［19］肖容, 李阳阳. 财政分权、财政支出与碳排放［J］. 软科学, 2014, 28（4）：21 – 24, 37.

［20］Yang, X. D.；Wang, J. L.；Caona, J. H.；Renna, S. Y.；Ran, Q. Y.；Wu, H. T., The spatial spillover effect of urban sprawl and fiscal decentralization on air pollution：evidence from 269 cities in China. Empirical Economics 2022, 63（2）, 847 – 875.

［21］Wang, D.；Zhang, Z. Y.；Shi, R. Y., Fiscal Decentralization, Green Technology Innovation, and Regional Air Pollution in China：An Investigation from the Perspective of Intergovernmental Competition. International Journal of Environmental Research and Public Health 2022, 19（14）.

［22］Zhao, B.；Wang, K. L.；Xu, R. Y., Fiscal decentralization, industrial structure upgrading, and carbon emissions：evidence from China. Environmental Science and Pollution Research 2023, 30（13）, 39210 – 39222.

［23］Tian, J.；Wang, Y., Spatial spillover effects between fiscal decentralization, local governments competition and carbon emissions. China Population Resources and Environment 2018, 28（10）, 36 – 44.

［24］Sun, J.；Ma, H.；Wang, H., Fiscal Decentralization, Policy Synergy and Efficiency of Air Pollution Governance-Analysis Based on the Panel Data of Urban Agglomeration in Beijing-Tianjin-Hebei and the Surrounding Areas. China Soft Science 2019,（8）, 154 – 165.

［25］Luo, W. J.；Liu, Y. J., Research on the Impact of Fiscal Decentralization on Governance

Performance of Air Pollution-Empirical Evidence of 30 Provinces from China. Sustainability 2022, 14 (18).

[26] Du, J. T.; Sun, Y. H., The nonlinear impact of fiscal decentralization on carbon emissions: from the perspective of biased technological progress. Environmental Science and Pollution Research 2021, 28 (23), 29890 – 29899.

[27] Khan, Z.; Ali, S.; Dong, K. Y.; Li, R. Y. M. How does fiscal decentralization affect CO_2 emissions? The roles of institutions and human capital. Energy Economics 2021, 94, 105060. DOI: 10. 1016/j. eneco. 2020. 105060.

[28] 傅勇, 张晏. 中国式分权与财政支出结构偏向: 为增长而竞争的代价 [J]. 管理世界, 2007 (03): 4 – 12 + 22. DOI: 10. 19744/j. cnki. 11 – 1235/f. 2007. 03. 002.

[29] 谭莹, 李嘉豪. 财政分权·环境规制与生猪产业碳排放 [J]. 安徽农业科学, 2023, 51 (21): 204 – 211.

[30] Zhang, K.; Zhang, Z. Y.; Liang, Q. M. An empirical analysis of the green paradox in China: From the perspective of fiscal decentralization. Energy Policy, 2017, 103, 203 – 211. DOI10. 1016/j. enpol. 2017. 01. 023.

[31] Jiang, K.; You, D. M.; Merrill, R.; Li, Z. D. Implementation of a multi-agent environmental regulation strategy under Chinese fiscal decentralization: An evolutionary game theoretical approach. Journal of Cleaner Production, 2019, 214, 902 – 915. DOI10. 1016/j. jclepro. 2018. 12. 252.

[32] 沈能, 刘凤朝. 高强度的环境规制真能促进技术创新吗? ——基于 "波特假说" 的再检验 [J]. 中国软科学, 2012 (04): 49 – 59.

[33] 史兴民, 雷贤. 居民对 $PM_{2.5}$ 的感知与降低风险的行为选择、支付意愿 [J]. 科学决策, 2018 (6): 63 – 77.

[34] Ahmad, M.; Satrovic, E. Relating fiscal decentralization and financial inclusion to environmental sustainability: Criticality of natural resources. Journal of Environmental Management, 2022, 325, 116633. DOI: 10. 1016/j. jenvman. 2022. 116633.

[35] Krugman, Paul. The Myth of Asia's Miracle. Foreign Affairs, 1994, 73 (6): 62 – 78.

[36] Young, Alwyn. The tyranny of numbers or the tyranny of methodology: Explaining the East Asian growth experience. Quarterly Journal of Economics, 1995, 110 (3): 641 – 680.

[37] Zhang, Y. G. Structural decomposition analysis of sources of decarbonizing economic development in China: 1992 – 2006. Ecological Economics, 2009, 68 (8 – 9): 2399 – 2405. DOI: 10. 1016/j. ecolecon. 2009. 03. 014.

[38] Hao, Y.; Zhang, Z. Y.; Yang, C. X.; Wu, H. T. Does structural labor change affect CO_2 emissions? Theoretical and empirical evidence from China. Technological Forecasting and Social Change, 2021, 171, 120936. DOI: 10. 1016/j. techfore. 2021. 120936.

[39] 李欣, 等. 网络舆论有助于缓解雾霾污染吗? ——兼论雾霾污染的空间溢出效应 [J].

经济学动态, 2017 (6): 45-57.

[40] Wang Z, Sun Y, Wang B. How does the New-type Urbanisation Affect CO_2 Emissions in China? An Empirical Analysis from the Perspective of Technological Progress [J]. Energy Economics, 2019 (80): 917-927.

[41] 丛建辉, 刘学敏, 赵雪如. 城市碳排放核算的边界界定及其测度方法 [J]. 中国人口·资源与环境, 2014, 24 (04): 19-26.

[42] 王东, 李金叶. 财政分权对环境污染的空间效应 [J]. 中国人口·资源与环境, 2021, 31 (02): 44-51.

[43] Min, Q.; Li, W., Assessment of Regional Sustainability and Its Application in Wulian County of Shandong Province. Acta Ecologica Sinica 2002, 22 (1), 1-9.

[44] 周彬, 周彩. 土地财政、产业结构与经济增长——基于基于284个地级以上城市数据的研究 [J]. 经济学家, 2018 (05): 39-49. DOI: 10.16158/j.cnki.51-1312/f.2018.05.007.

[45] Liu, X. W.; Wahab, S.; Hussain, M.; Sun, Y.; Kirikkaleli, D., China carbon neutrality target: Revisiting FDI-trade-innovation nexus with carbon emissions. J. Environ. Manage. 2021, 294.

[46] Xu, L.; Fan, M. T.; Yang, L. L.; Shao, S., Heterogeneous green innovations and carbon emission performance: Evidence at China's city level. Energy Econ. 2021, 99.

[47] Sun, W.; Huang, C. C., How does urbanization affect carbon emission efficiency? Evidence from China. J. Clean Prod. 2020, 272.

[48] 彭飞, 董颖. 取消农业税、财政压力与雾霾污染 [J]. 产业经济研究, 2019 (2): 114-126.

[49] 郭文, 孙涛. 人口结构变动对中国能源消费碳排放的影响——基于城镇化和居民消费视角 [J]. 数理统计与管理, 2017, 36 (02): 295-312. DOI: 10.13860/j.cnki.sltj.20160722-002.

[50] 上官绪明, 葛斌华. 地方政府税收竞争、环境治理与雾霾污染 [J]. 当代财经, 2019 (5): 27-36.

[51] Dong, H. M.; Xue, M. G.; Xiao, Y. J.; Liu, Y. S., Do carbon emissions impact the health of residents? Considering China's industrialization and urbanization. Science of the Total Environment 2021, 758.

[52] Zhang, K. Z.; Feng, J. C.; Lu, Y. P., Does Fiscal Decentralization Aid for Alleviating Poverty. Quantitative & Technical Economics 2010, 27 (12), 3-15.

[53] Xu, C. G., The Fundamental Institutions of China's Reforms and Development. Journal of Economic Literature 2011, 49 (4), 1076-1151.

[54] De Luna, P.; Hahn, C.; Higgins, D.; Jaffer, S. A.; Jaramillo, T. F.; Sargent, E. H., What would it take for renewably powered electrosynthesis to displace petrochemical processes?

Science 2019, 364 (6438), 350 – +.

[55] 杨浩昌，钟时权，李廉水. 绿色技术创新与碳排放效率：影响机制及回弹效应 [J]. 科技进步与对策，2023, 40 (08): 99 – 107.

[56] Yu, M.; Zhou, W. Q.; Zhao, X. J.; Liang, X. D.; Wang, Y. H.; Tang, G. Q., Is Urban Greening an Effective Solution to Enhance Environmental Comfort and Improve Air Quality? Environmental Science & Technology 2022, 56 (9), 5390 – 5397.

[57] Haase, D.; Kabisch, S.; Haase, A.; Andersson, E.; Banzhaf, E.; Baró, F.; Brenck, M.; Fischer, L. K.; Frantzeskaki, N.; Kabisch, N.; Krellenberg, K.; Kremer, P.; Kronenberg, J.; Larondelle, N.; Mathey, J.; Pauleit, S.; Ring, I.; Rink, D.; Schwarz, N.; Wolff, M., Greening cities-To be socially inclusive? About the alleged paradox of society and ecology in cities. Habitat International 2017, 64, 41 – 48.

[58] 李昌凤. 完善我国生态文明建设目标评价考核制度的路径研究 [J]. 学习论坛，2020 (03): 89 – 96.

[59] Franzen A, Meyer R. Environmental Attitudes in Cross-national Perspective: A Multilevel Analysis of the ISSP 1993 and 2000 [J]. European Sociological Review, 2010 (2): 219 – 234.

[60] Selden, T. M.; Song, D. Q., ENVIRONMENTAL-QUALITY AND DEVELOPMENT-IS THERE A KUZNETS CURVE FOR AIR-POLLUTION EMISSIONS. Journal of Environmental Economics and Management 1994, 27 (2), 147 – 162.

[61] Zhang, X. P.; Cheng, X. M., Energy consumption, carbon emissions, and economic growth in China. Ecological Economics 2009, 68 (10), 2706 – 2712.

[62] Cheng, Y.; Awan, U.; Ahmad, S.; Tan, Z. X., How do technological innovation and fiscal decentralization affect the environment? A story of the fourth industrial revolution and sustainable growth. Technol. Forecast. Soc. Chang. 2021, 162.

[63] You, D. M.; Zhang, Y.; Yuan, B. L., Environmental regulation and firm eco-innovation: Evidence of moderating effects of fiscal decentralization and political competition from listed Chinese industrial companies. J. Clean Prod. 2019, 207, 1072 – 1083.

[64] Zhou, L.; Tian, L.; Gao, Y.; Ling, Y. K.; Fan, C. J.; Hou, D. Y.; Shen, T. Y.; Zhou, W. T., How did industrial land supply respond to transitions in state strategy? An analysis of prefecture-level cities in China from 2007 to 2016. Land Use Policy 2019, 87.

[65] Balaguer, J.; Cantavella, M., The role of education in the Environmental Kuznets Curve. Evidence from Australian data. Energy Econ. 2018, 70, 289 – 296.

[66] Tufail, M.; Song, L.; Adebayo, T. S.; Kirikkaleli, D.; Khan, S. Do fiscal decentralization and natural resources rent curb carbon emissions? Evidence from developed countries. Environmental Science and Pollution Research, 2021, 28, 49179 – 49190. DOI: 10. 1007/s11356 – 021 – 13865 – y.

［67］ Iqbal, N. ; Abbasi, K. R. ; Shinwari, R. ; Wan, G. C. ; Ahmad, M. ; Tang, K. Does exports diversification and environmental innovation achieve carbon neutrality target of OECD economies? 2021, 291, 112648. DOI: 10. 1016/j. jenvman. 2021. 112648.

［68］ 詹新宇，刘文彬. 中国式财政分权与地方经济增长目标管理——来自省、市政府工作报告的经验证据［J］. 管理世界, 2020, 36 （03）: 23 - 39 + 77. DOI: 10. 19744/j. cnki. 11 - 1235/f. 2020. 0032.

第二节 城市规模借用对碳排放
与大气污染的协同影响

一、绪论

中国的城镇化率从 1978 年的 17.9% 提高至 2021 年的 64.72%，2050 年中国城市化率将达到 71.2%[1]，随着城镇化进程从高速增长向高质量发展阶段转化，中心城市和城市群正在成为承载发展要素的主要空间形式[2-3]。城镇一个最大的特点是具有聚集功能和规模效益，在城镇化发展过程中，最为重要的是中心城市与周边城市的关系，而规模借用则是连接城市间的纽带，充分利用不同规模城市之间的共生互补关系，才能释放更多的发展空间[4]。规模借用的概念起源于 1973 年 Alonso 从城市系统的角度解决"城市病"的研究，他提出不应只考虑单个城市的最优人口规模，城市间可以通过相互作用的规模效应获得发展，即小城市向邻近较大城市借用规模[5]。后来有研究指出规模借用的方向有大城市与小城市之间、大城市之间和小城市之间的规模借用，且"规模"分为绩效和功能两方面[6-7]。本文的规模借用指某个城市通过所处的城市网络可以访问或利用的其他城市或地区的某种规模，也称为借用规模[8]。现有研究已从早期作为解释现象的工具与概念阐释，延伸至目前广泛论证不同类型的功能借用，且侧重点多在于城市网络或城市系统[9-10]，而非规模借用本身，多数结论贴合欧美等发达国家的城市发展模式[11-12]。此外，通过文献综述也显示关于规模借用与网络外部性的研究还较为欠缺。

中国已经计划 2030 年前实现碳达峰、2060 年前实现碳中和。这不仅是城市应对气候变化的需要，更是促进环境质量提升和绿色转型发展的需要，特别是 2022 年中国生态环境部提出把实现减污降碳协同增效作为促进经济社会发展全面绿色转型的总抓手[13]。气候变化和大气污染很大程度上都来源于化石能源利用，这一同源性特征决定应对气候变化和治理大气污染应当协同考虑而非分离[14-15]。以中国为代表的许多发展中国家在经济快速发展过程中，往往伴随着化石燃料的高消耗，大气污染物与 CO_2 协同控制的需求更为紧迫[16]。现有研究主要针对电力、交通、钢铁、水泥、建筑等能源消耗和污染排放的重点部门的协同效应展开分析和评估[17-21]，还有研究构建被广泛应用的大气污染物协同减排当量（APeq）指标对协同减排量进行量化[22-23]，但现有研究大多针对单一行业及部门，涉及的污染物也较为单一，还未摆脱以减排量为评估标准的局限。

由于很少有研究全面考虑多种污染物协同影响的驱动因素，且规模借用在环境领域的应用的研究相对空白。因此本研究立足于中国新型城镇化建设、以实现碳中和目标的背景，创造性地将规模借用应用于环境领域，定性与定量分析相结合，协同考虑温室气体与大气污染物，采用空间计量方法研究中国295个城市在2005—2020年间规模借用是否会加剧城市碳排放与大气污染，本文呈现的研究可为城市气候变化与大气污染协同效应领域的研究提供新的角度并拓宽研究思路。

二、模型构建

（一）规模借用

本文涉及的规模借用包括三个维度：借用人口规模、借用经济活动密度以及借用高级功能（又称功能借用）。现有测度规模借用的方法比较统一，主要是将研究的城市归于城市网络体系里衡量，城市的发展不仅依赖自身的规模，还能通过城市网络实现共享式发展[28]。因此，在测度规模借用时，城市通达性是重要指标。借用人口规模（$bpop$）、借用经济活动密度（$bden$）和借用高级功能（$bfun$）的公式分别为公式（1）、公式（2）和公式（3）。其中，i 和 m 代表城市网络中的两个城市，pop_m 为城市 m 的人口数，den_m 为城市 m 的经济活动密度，fun_m 为城市 m 的高级功能，$w_{i,m}$ 为城市 i 和城市 m 之间的欧式距离。

$$bpop_i = \sum_{m=1}^{n} \frac{pop_m}{w_{i,m}}, \forall i \neq m \tag{1}$$

$$bden_i = \sum_{m=1}^{n} \frac{den_m}{w_{i,m}}, \forall i \neq m \tag{2}$$

$$bfun_i = \sum_{m=1}^{n} \frac{fun_m}{w_{i,m}}, \forall i \neq m \tag{3}$$

(二) 空间相关性系数

城市间的碳排放和大气污染蔓延具有显著的空间效应。本文采用全域莫兰指数检验规模借用对城市 $PM_{2.5}$ 和 CO_2 的排放是否存在空间相关性与异质性，进而探究其溢出效应。公式 (4) 是全域莫兰指数的表达式。Y_i 和 Y_j 分别代表区域 i 和区域 j 的 CO_2 或 $PM_{2.5}$ 的排放量，n 为研究对象数目，$\overline{Y}$ 为中国 295 个城市的 CO_2 或 $PM_{2.5}$ 的平均排放水平，Wij 为空间权重矩阵。公式 (5) 中的 Z 为标准正态统计量，在 Z 值显著为正时，说明规模借用对城市 $PM_{2.5}$ 和 CO_2 的排放存在正向的空间自相关，即相似的 $PM_{2.5}$ 和 CO_2 的排放趋于空间集聚；当 Z 值显著为负时，说明规模借用对城市 $PM_{2.5}$ 和 CO_2 的排放存在负向的空间自相关，即相似的 $PM_{2.5}$ 和 CO_2 的排放趋于空间分散；当 Z 值为零时，说明规模借用对城市 $PM_{2.5}$ 和 CO_2 的排放呈随机的空间分布[29-30]。

$$I = \sum_{i=1}^{n} \sum_{j=1}^{n} W_{ij}(Y_i - \overline{Y})(Y_j - \overline{Y}) / \sum_{i=1}^{n}(Y_i - \overline{Y})(Y_i - \overline{Y}) \tag{4}$$

$$Z = (I - E(I)) / \sqrt{Var(I)} \tag{5}$$

(三) 空间计量模型

空间计量经济模型能够很好描述数据的空间特征和经济现象，主要包括空间滞后、空间误差、空间杜宾模型，而通过莫兰指数验证存在空间相关性是他们的前提条件[31]。LM 检验若拒绝非空间模型且同时接受空间滞后与空间误差模型，Lesage 与 Pace 推荐考虑使用空间杜宾模型，把空间滞后模型扩展为带有空间滞后解释变量的杜宾模型[32]。公式 (6) 是空间滞后模型，其中 y_{it} 和 X_{it} 分别代表观测单位 i 在时间 t 上的被解释变量和解释变量，W_{ij} 是空间权重矩阵，λ 是空间扰动项自相关系数，μ_i 和 ξ_i 是对应空间和时间效应。公式 (7) 是空间误差模型，公式 (8) 是空间杜宾模型。这两个模型可以用来检验 $H_0: \theta = 0$ 且 $H_0: \theta = \theta + \rho\beta = 0$，前者检验空间杜宾模型是否能简化为空间滞后模型，后者检验是否能简化为空间误差模型。如果两个假设都被拒绝，那么空间杜宾模型能更好地描述规模借用对城市 $PM_{2.5}$ 和 CO_2 排放的溢出效应 [33]。

$$y_{it} = \rho W_i y_t + X_{it}\beta + \mu_i(optional) + \xi_t(optional) + \varepsilon_{it} \tag{6}$$

$$y_{it} = X_{it}\beta + \mu_i(optional) + \xi_t(optional) + \varphi_{it} \quad \varphi_{it} = \lambda \sum_{i=1}^{N} W_{ij}\varphi_{ij} + \varepsilon_{ij}$$

$$\tag{7}$$

$$y_{it} = \rho \sum W_{ij} y_{it} + X_{it'} \beta + \rho \sum W_{ij} y_{ijt} + \mu_i (optional) + \xi_t (optional) + \varepsilon_{it}$$

$$(8)$$

三、实证检验

(一) 规模借用的测度

由借用人口规模、借用经济活动密度以及借用高级功能三个指标构成规模借用。人口规模选取各个城市的常住人口进行计算。经济活动密度采用包含铁路、公路、水运、民航的客运总量的城市客运总量与建成区面积比值的日密度来计算。高级功能使用一个城市中从事高端职业的人数在总劳动力人数中的占比来衡量[34]。基于数据的可获取性，本文从《中国城市统计年鉴》《中国人口普查年鉴》和各市相关年鉴等文献资料搜集中国 295 个城市从 2005 年到 2020 年总计 16 年的面板数据，并对借用人口规模、借用经济活动密度和借用高级功能进行测度。

(二) 空间相关性检验

现有研究已证实不同区域在不同发展阶段的碳排放量与大气污染物排放强度差异较大，且存在显著的空间相关与空间集聚[35-36]。本文选取 CO_2 排放量和大气污染物 $PM_{2.5}$ 作为衡量城市碳排放和大气污染蔓延的核心指标。由于各个城市并未直接公布碳排放量数据，此处的碳排放量来源于中国城市温室气体工作组公布的数据。本文运用 Stata 软件基于邻接权重矩阵对中国 295 个城市 2005—2020 年的 CO_2 排放量与 $PM_{2.5}$ 的全域莫兰指数进行测度，结果见表 3-8。

表 3-8　中国 295 个城市 2005—2020 年的 CO_2 排放量与 $PM_{2.5}$ 的全域莫兰指数测度结果表

年份	CO_2			$PM_{2.5}$		
	Moran's I	Z 值	P 值	Moran's I	Z 值	P 值
2005	0.231	6.076	0.000	0.849	21.676	0.000
2006	0.259	6.787	0.000	0.840	21.472	0.000
2007	0.266	7.044	0.000	0.841	21.479	0.000

续表

年份	CO_2			$PM_{2.5}$		
	Moran's I	Z 值	P 值	Moran's I	Z 值	P 值
2008	0.275	7.244	0.000	0.818	20.882	0.000
2009	0.291	7.621	0.000	0.832	21.235	0.000
2010	0.295	7.733	0.000	0.824	21.025	0.000
2011	0.293	7.667	0.000	0.821	20.972	0.000
2012	0.294	7.687	0.000	0.809	20.666	0.000
2013	0.297	7.792	0.000	0.814	20.811	0.000
2014	0.286	7.455	0.000	0.782	20.019	0.000
2015	0.269	7.007	0.000	0.836	21.357	0.000
2016	0.297	7.737	0.000	0.830	21.211	0.000
2017	0.309	8.071	0.000	0.816	20.861	0.000
2018	0.322	8.428	0.000	0.833	21.271	0.000
2019	0.356	9.291	0.000	0.840	21.449	0.000
2020	0.329	8.645	0.000	0.820	20.944	0.000

注：P 值小于 0.05 即结果通过显著性检验。

(三) 空间溢出效应估计

现有研究多关注经济发展、科技进步、能源结构等与碳排放和大气污染的内在联系，采用传统的截面回归或面板数据模型，往往忽略空间相关因素的影响[37]。中国 295 个城市的 CO_2 和 $PM_{2.5}$ 的全域莫兰指数全通过显著性检验，说明其存在显著的空间依赖特征。为揭示其溢出效应，此处选取 CO_2 排放量和 $PM_{2.5}$ 作为因变量，而自变量从以下方面选取。前文得出的借用人口规模、借用经济活动密度以及借用高级功能是自变量的一部分，从三方面考察规模借用对 CO_2 和 $PM_{2.5}$ 排放的溢出效应。此外，经济发展水平，选取人均地区生产总值作为衡量指标，经济增长会通过规模效应和技术效应影响 CO_2 和 $PM_{2.5}$ 排放[38]。产业结构，选取第二产业增加值占地区生产总值比重，高污染高排放产业的结构调整能直接降低 CO_2 和 $PM_{2.5}$ 排放[39]。外商投资存量，选取当年实际使用外资金额占 GDP 比重表示，外商投资可能会带来的污染光环和污染避难效应是温室气体和大气污染的研究重点[40]。教育水平，采用每万人在校大学生数作为参考指标，教育水平的提升将培养更高素质的人才，助力节能减排的真正落实。环境规制，采用工业二氧化硫去除率，较高的环境规制倒逼企业努力减少 CO_2 和 $PM_{2.5}$ 排放[41]。技术创新水平，使用绿色实用新型技术占地区年度获得的实用新型技术总数百分比作为指标，绿色环保科技的进步与应用将直接作用于 CO_2 和 $PM_{2.5}$ 的减排[42]。相关数据来源于《中国城市统计年鉴》、各省统计年鉴和《中国环境统计年鉴》等，具体检验结果见表 3－9。

　　分别利用普通最小二乘法（OLS）、空间误差模型（SEM）、空间滞后模型（SAR）和空间杜宾模型（SDM）进行计量回归，得到表 3－9。上述四类估计方法的结果基本接近一致，其中 OLS 估计后进行的 LM 及 LM-Robust 检验证实可能存在空间误差和空间滞后的影响，这里应考虑使用更为普遍的 SDM 模型。根据 wald 检验结果均拒绝了原假设，证明空间杜宾模型为最优模型。Hausman 检验卡方值为 275.1，在 1% 显著性水平显著，结合对数似然值结果，最终选择个体固定效应下的空间杜宾模型。此外，部分自变量空间交叉项未通过显著性检验，出于优化自变量回归结果的需要，此处只考虑规模借用与 CO_2 和 $PM_{2.5}$ 排放形成过程中经济发展、产业结构、环境规制等驱动因素的溢出效应。

表 3－9　中国 295 个城市 2005～2020 年碳排放量和 PM2.5 的空间溢出效应检验

Variable	OLS		SAR		SEM		SDM	
	PM2.5	CO_2	PM2.5	CO_2	PM2.5	CO_2	PM2.5	CO_2
人均 GDP	-0.0001*** (0.0000)	0.0407*** (0.0016)	-0.0000 (0.000)	0.0177*** (0.001)	-0.0000*** (0.0000)	0.0204*** (0.0011)	-0.0000*** (0.0000)	0.0151*** (0.0014)
第二产业增加值占 GDP 比重	0.2665*** (0.0162)	10.2033** (4.1361)	0.0199*** (0.005)	-6.1830** (2.832)	0.0184** (0.0060)	-5.1276 (3.138)	0.0173** (0.0061)	-0.6314 (3.4765)
实际使用外资金额占 GDP 比	-197.6275** (62.5130)	49244.5126** (15961.8947)	-39.7026** (14.2155)	-3344.1332 (8078.2919)	-45.4459** (15.5171)	-4623.6775 (8676.8971)	-48.9133** (15.8195)	-10408.0488 (9073.2668)
每万人在校大学生数	0.0115*** (0.0009)	1.5871*** (0.2322)	0.0003 (0.0004)	0.6484*** (0.1998)	0.0000 (0.0003)	0.7214*** (0.2065)	0.0002 (0.0004)	0.6386** (0.2075)
工业 SO2 去除率	-0.0691* (0.0399)	-7.0229 (10.1809)	0.0065 (0.0075)	-8.4688** (4.2303)	0.0142** (0.0065)	-8.1254* (4.1918)	0.0040 (0.0074)	-9.3245** (4.2327)
绿色实用新型占比	0.0478 (0.0342)	30.5656*** (8.7413)	0.0029 (0.0058)	0.2072 (3.3052)	0.0074 (0.0052)	-0.6135 (3.3312)	0.0042 (0.0058)	0.4929 (3.3365)
经济活动密度	32.1572*** (4.5996)	-2883.2907 (1174.4614)	3.2391** (1.0425)	2542.8171*** (581.9974)	25.9260*** (2.9702)	2583.9757*** (737.5166)	19.9017*** (2.9922)	-298.2629 (1716.3218)
高级功能占比	-423.9151*** (23.6728)	-20907.0651*** (6044.5423)	-42.6621*** (7.7530)	4090.7543 (4189.8778)	-49.7043*** (10.3151)	6124.1902 (4878.3099)	-52.2427*** (10.6467)	-3562.1378 (6084.6926)

续表

Variable	OLS		SAR		SEM		SDM	
	PM 2.5	CO₂	PM 2.5	CO₂	PM 2.5	CO₂	PM 2.5	CO₂
借用人口规模	0.2601 *** (0.0068)	11.8823 *** (1.7465)	−0.0228 *** (0.0055)	14.3351 *** (3.1666)	−0.0667 *** (0.0112)	23.0506 *** (3.7887)	−0.0569 *** (0.0113)	−5.8473 (6.5048)
W * 人均地区生产总值	—	—	—	—	—	—	0.0000 *** (0.0000)	0.0042 ** (0.0019)
W * 第二产业增加值占 GDP 比重	—	—	—	—	—	—	0.0032 (0.0087)	−14.8322 ** (4.9666)
W * 当年实际使用外资金额占 GDP 比重	—	—	—	—	—	—	11.3489 (25.4752)	28173.6263 * (14603.8536)
W * 每万人在校大学生数	—	—	—	—	—	—	0.0008 (0.0007)	−0.1774 (0.3841)
W * 工业二氧化硫去除率	—	—	—	—	—	—	−0.0504 *** (0.0147)	0.3439 (8.3879)
W * 绿色实用新型占地区年度获得的实用新型总数百分比	—	—	—	—	—	—	−0.0138 (0.0095)	5.8295 (5.4352)

续表

Variable	OLS		SAR		SEM		SDM	
	PM 2.5	CO_2	PM 2.5	CO_2	PM 2.5	CO_2	PM 2.5	CO_2
W * 经济活动密度	—	—	—	—	—	—	-18.1175 *** (3.1527)	4092.7511 ** (1807.1490)
W * 高级功能占比	—	—	—	—	—	—	6.0023 (12.0080)	5541.7228 (6812.1971)
W * 借用人口规模	—	—	—	—	—	—	0.0310 ** (0.0129)	23.6766 ** (7.3882)
_cons	6.7654 *** (0.9894)	-452.8020 * (252.6406)	—	—	—	—	—	—
W * dep. var	—	—	0.9106 *** (0.0048)	0.2770 *** (0.0170)	—	—	0.9133 *** (0.0049)	0.2562 *** (0.0182)
Spat. aut	—	—	—	—	0.9466 *** (0.0034)	0.2731 *** (0.0182)	—	—
Log-likelihood	—	—	-9630.6460	-3.888e + 04	-9668.0764	-3.890e + 04	-9584.3887	-3.887e + 04
R^2	0.5495	0.2717	0.6639	0.2648	0.6112	0.2555	0.6886	0.2723
LM-lag	659.223 ***	2783.217 ***	—	—	—	—	—	—
RLM-lag	2.066	41.057 ***	—	—	—	—	—	—

续表

Variable	OLS		SAR		SEM		SDM	
	PM 2.5	CO_2	PM 2.5	CO_2	PM 2.5	CO_2	PM 2.5	CO_2
LM-error	4466.023 ***	4165.222 ***	—	—	—	—	—	—
RLM-error	3808.866 ***	1423.062 ***	—	—	—	—	—	—
Wald-spatial-lag	—	—	—	—	—	—	92.18 ***	32.74 ***
Wald-spatial-error	—	—	—	—	—	—	149.36 ***	67.01 ***

注：*** 代表 1% 显著水平，** 代表 5% 显著水平，* 代表 10% 显著水平。

四、结果讨论

（一）规模借用结果分析

从中国 295 个城市在 2005 年、2010 年、2015 年和 2020 年借用人口规模的时空分布看，整体呈现东高西低的特点，主要聚集在华北平原和长江中下游地区，这些地区城镇化发展较早，人口分布较密集，覆盖了山东、河南、河北等人口大省，再加上地势较平坦，交通便利，因而可借用人口规模较大[43]。此外，截至 2021 年末，常住人口为 1.27 亿的广东省和拥有 8.04 千万常住人口的四川省分别位列人口总数省份排名的第一位和第四位。位于这两个省份的城市由于他们拥有人口总量优势所以有更多的可借用人口规模。比如，处于人口大省的佛山市的借用人口规模提升最为明显，从 2005 年的 219.99 提升 79.21% 至 2020 年的 394.25。而可借用人口规模低于 100 单位的城市主要分布在西北边疆地区，如克拉玛依市和乌鲁木齐市，他们由于经济发展的弱势，交通受限，以及地广人稀的地域特征而拥有较少的可借用人口规模。从动态演进来看，中国 295 个城市的借用人口规模的整体稳步提升，平均值从 2005 年的 165.85 提升到 2020 年的 186.39。这是因为中国人口在 2005—2020 年处于缓慢增长的状态，人口出生率下降，人口自然增长率低。

就中国 295 个城市的借用经济活动密度而言，从发展历程来看，每年借用经济活动密度的差异较大，整体呈现"M 型"特征，2012 年达到峰值，2005—2012 年曲折上升，2012—2020 年大幅曲折下降。2008 年由于国际金融危机，经济大幅萎缩，借用经济活动密度到达小低谷后稳步上升。而 2012 年全球各国经济复苏再次面临"整体减速"，作为发展中国家的中国由于外部需求萎缩、内部通胀加剧、成本提高等挑战，经济的恢复与发展再次受到打击，可借用经济活动密度大幅降低。借用经济活动密度降低最多的城市为广东省的江门市，从 2005 年的 0.1473 至 2020 年的 0.0541 降低了 63.27%。总体而言，中国的借用经济活动密度受经济发展、交通通达性的实际情况影响较大，经济发达的核心城市的较高，城市之间通过规模集聚等实现资源互补，长效发展，经济落后的边缘城市资源有限，城市间交流合作少，其借用经济活动密度较低[44]。

中国 295 个城市的借用高级功能在 2005—2020 年整体发展较稳定，总体呈现小幅上升的趋势。从空间分布而言，华北平原和长江中下游地区的借用高级功能整体高于其他地区，这与城市之间密切的功能交流合作息息相关。所有城市的平均借用高级功能从2005年的0.0489增长至2020年的0.0632。由此可见，近16年来中国的产业结构转型是稳定且有效的，生产性制造业与高端服务产业的发展直接影响城市的借用高级功能。西藏自治区的那曲市借用高级功能较高，这是由于它海拔高，以传统的粗放型生产方式为主，生产效率相对较低，但近年来创新推进网格化、智能化现代畜牧业，打牢了旅游业发展基础，产业建设稳步推进[45]。2012年中国295个城市的借用高级功能为2005—2020年间的谷值，这与金融危机和2012年的经济复苏受阻有关。2012年，中国生产性制造业的发展占据产业主导，高端服务业发展受限。2013年后，随着全球经济的复苏和中国对实体经济发展与产业转型的重视，政府大力推进城市第一、二产业向第三产业转型，高端服务业得到稳步发展，因而借用高级功能也得以稳步提升。

（二）空间相关关系分析

从表3-8估计结果可知，在2005—2020年间，全国295个城市的CO_2和$PM_{2.5}$的莫兰指数显著为正，说明CO_2与$PM_{2.5}$具有显著的空间正相关。CO_2和$PM_{2.5}$的排放量较高或较低的城市均显著空间集聚，即具有"马太效应"特征[46]。对于CO_2而言，全国295个城市的空间相关基本维持"M型"的发展态势，具体表现为：2005—2013年波动上升，2013—2015年逐步下降，于2015年达到最低。2015—2019年大幅上升，2019年达到峰值后开始降低。经全域空间相关性分析，本研究对部分年份进行局部空间相关检验探究其内部结构，高高集聚的城市集中在北方地区的内蒙古自治区、河北、山西、山东等省内的核心城市，周边城市出现零散的高低集聚，这是因为核心城市为追求更高的经济效应，难免放松环境规制，发展高能耗高排放制造业，而企业往往选择集聚进行生产活动，导致周边城市碳排放较低。低低集聚主要在南方地区的四川、安徽、江西等省内的核心城市，地区内的周边少有低高集聚的城市，这些城市的地方政府在节能减排方面做出严格的环境规制，能耗与碳排放较低。但高能耗高排放的企业为降低成本，只能迁移至周边环境规制较松的城市，即"污染避难效应"，形成低高集聚[47]。

对于 $PM_{2.5}$ 而言，全国 295 个城市 $PM_{2.5}$ 的空间相关性呈现"W 型"发展态势，2005 年最高，2005—2014 年曲折下降，2014 年达到最低值后上升。这是由于 2014 年国务院发布的《中华人民共和国环境保护法》，对大气污染防治提出了更完备且严格的管制。从部分年份的局部空间相关检验结果可以看出，位于华北平原南部的山东、河北、河南、湖北和安徽省市内的城市呈现高高集聚，因为他们多为资源密集型城市，高污染高排放的生产制造性产业发达。在青藏高原的西藏自治区、华北平原北部的内蒙古自治区和黑龙江、长江中下游平原地带的福建、浙江和江西省市内的城市呈现低低集聚。西藏自治区、内蒙古自治区和黑龙江地区内的城市由于资源匮乏、经济发展较差，以农林牧为主的产业排放 $PM_{2.5}$ 较少。而长江中下游平原地带的城市近年来环境规制逐步增强，严格限制大气污染物排放。

（三）空间溢出效应分析

从表 3 - 9 可以看出，$PM_{2.5}$ 与经济发展呈负相关，与 CO_2 呈正相关，这意味着经济增长将加剧碳排放但减缓大气污染。发展中国家通常通过发展高能耗高排放的第二产业来促进经济增长，这也印证了以第二产业为代表的产业结构与 $PM_{2.5}$ 呈正相关的结果。经济增长进而产生人口集聚、产业集聚效应，加剧碳排放。但随着人们收入的提升，公众对生态环境质量的重视程度日益提高，带动 $PM_{2.5}$ 减排。外商投资对 $PM_{2.5}$ 排放负向效应显著，符合污染光环效应，即外资企业传播的绿色生产技术有效降低 $PM_{2.5}$ 排放。外资是区域经济发展的重要推力，外资的流入带动劳动密集型与资源密集型产业得以转型发展[48]。以在校大学生数为代表的教育水平对 CO_2 排放有显著的正向效应，这意味着更多的在校大学生并不能有效降低碳排放。中国陕西、河南等省内许多城市的学校与学生众多，但在节能减排方面的教育普及度不够，且高等教育质量不高，人才流失严重，未能实现节能减排。环境规制强度提高将抑制 CO_2 的排放，环境规制增加企业生产成本，企业迫于压力将选择降低能耗与污染排放。

规模借用对 $PM_{2.5}$ 的影响显著，而对 CO_2 的影响不显著。具体而言，借用人口规模与 $PM_{2.5}$ 呈现负相关，说明借用人口规模提高将降低 $PM_{2.5}$ 排放。借用人口规模是一种潜在的市场规模，借用人口规模越大，人力资源与生产要素的市场越广阔，为城市间规模经济效应的发挥提供了重要支撑，通过带动经济增长

降低 $PM_{2.5}$ 排放[49]。借用经济活动密度对 $PM_{2.5}$ 的排放具有正向影响，经济活动密度代表不同行业之间的知识外溢，即城市化经济。企业在运用知识进行创新性生产活动时，不会降低知识的自身效用，还能让其他行业的企业也受益。企业在进行经济活动时，带动企业整体向知识密集地区聚拢，达到获取知识、促进创新、提高效率的目的，但加剧了相应城市的 $PM_{2.5}$ 排放。借用高级功能对 $PM_{2.5}$ 有反向抑制作用。城市之间的经济联系主要是通过功能联系的，而借用高级功能对于城市的影响是通过功能空间分工来传导的。城市间的功能专业化分工对于产业发展十分重要[50]。集聚经济在核心城市的自我强化导致空间竞争激烈，制造业企业不得不搬离到竞争较小、要素价格低廉的外围城市，从而降低当地 $PM_{2.5}$ 排放。久而久之，核心城市形成了高级功能的集群，催生城市化经济。而外围城市承担起生产制造的功能，形成地方化经济[51]。

（四）空间溢出效应的分解

对 SDM 模型下的固定效应结果进行分解，结果见下表 3－10。经济发展、产业结构、借用人口规模的总效应对 $PM_{2.5}$ 和 CO_2 具有显著影响，且产业机构和借用人口规模的间接溢出效应明显强于直接溢出效应，即存在"示范效应"。通过观察 $PM_{2.5}$ 的分解效应，经济发展、外商投资、环境规制、借用高级功能和借用人口规模对当地 $PM_{2.5}$ 具有显著的直接负向影响，产业结构、借用经济活动密度对当地 $PM_{2.5}$ 有正向影响。经济发展和产业结构通过正向间接溢出效应加剧周边城市的 $PM_{2.5}$ 污染，而环境规制、借用高级功能和借用人口规模将减缓 $PM_{2.5}$ 污染。经济发展、教育水平将通过直接溢出效应增加 CO_2 排放，环境规制则相反。经济发展、外商投资、借用经济活动密度和借用人口规模将对周边城市的 CO_2 排放有正向溢出效应，而产业结构有负向溢出效应。此外，在 $PM_{2.5}$ 和 CO_2 的驱动因素中，间接溢出效应均明显强于直接溢出效应，证实了中国 295 个城市的 $PM_{2.5}$ 和 CO_2 排放具有跨区域相互作用的特点。结合 Feng 和 Du 的研究发现，加强碳排放与大气污染的协同控制并实现中国城市间区域联合防治十分必要[52-53]。

表3-10 碳排放和PM 2.5固定效应分解结果表

变量	直接效应		间接效应		总效应	
	PM 2.5	CO$_2$	PM 2.5	CO$_2$	PM 2.5	CO$_2$
人均地区生产总值	-0.0000** (0.0000)	0.0157*** (0.0013)	0.0001** (0.0000)	0.0103*** (0.0022)	0.0000* (0.0000)	0.0260*** (0.0018)
第二产业增加值占GDP比重	0.0293*** (0.0077)	-1.6790 (3.2436)	0.2006** (0.0752)	-19.1082*** (5.6073)	0.2299* (0.0804)	-20.7872*** (5.3381)
实际使用外资金额占GDP比重	-67.8685*** (23.5377)	-7872.2718 (8487.7708)	-336.9975 (263.9343)	32954.8855* (18229.2968)	-404.8660 (282.4612)	25082.6137 (18742.4839)
每万人在校大学生数	0.0008 (0.0006)	0.6353** (0.2006)	0.0099 (0.0071)	-0.0455 (0.4654)	0.0106 (0.0077)	0.5897 (0.5071)
工业二氧化硫去除率	-0.0261* (0.0155)	-9.3976** (4.2237)	-0.4932** (0.1796)	-2.0762 (11.0358)	-0.5194*** (0.1938)	-11.4737 (12.9270)
绿色实用新型占比	-0.0023 (0.0102)	1.0013 (3.3060)	-0.1113 (0.1064)	7.1395 (6.5670)	-0.1137 (0.1153)	8.1408 (7.6727)
经济活动密度	19.9656*** (3.0568)	-52.6357 (1708.4191)	0.9225 (12.9479)	5103.0374** (1868.8752)	20.8881 (13.4665)	5050.4017*** (895.4831)
高级功能占比	-79.7156*** (12.4664)	-3478.2950 (5623.0861)	-441.7797*** (91.7928)	6339.0340 (7267.3205)	-521.4953*** (99.6253)	2860.7390 (6738.7037)
借用人口规模	-0.0699*** (0.0118)	-3.9356 (6.1413)	-0.2299** (0.0729)	27.1621*** (7.3544)	-0.2998*** (0.0776)	23.2265*** (5.1584)

注: ***代表1%显著水平,**代表5%显著水平,*代表10%显著水平。

经济发展水平的提高将直接减少局部 $PM_{2.5}$ 的排放，却会加剧周边城市的碳排放和大气污染，绿色技术的进步将推进当地 $PM_{2.5}$ 减排，但增加的成本会逼迫企业向周边城市转移。产业结构演化是新型城镇化发展动力的主要来源，第二产业占总产业发展的比重越来越大，说明中国大部分城市正处于工业社会向后工业社会过渡期，大量重工业型产业不可避免地排放大量大气污染物。产业结构的调整离不开产业转移，由于 CO_2 具有较强的区域流动性，会造成负向间接溢出[54]。外商投资带来的"污染光环效应"，使得中国 295 个城市的市内 $PM_{2.5}$ 排放减少，但在低碳方面的改进仍需加强，因而中国政府应加强对环保技术和产品的投资，开展绿色筛选，提升外商投资的环境监管与进入标准[55]。城市内教育水平分布不均，低碳意识尚未高度普及，素质教育质量普遍不够高，人才流失等现象加剧碳排放。环境规制强度的提升将抑制碳排放和大气污染蔓延。合理的城市环境规制政策能有效限制高排放高污染企业进入，激励相关企业改造升级，在节能环保前提下提升生产效率，优化资源配置，进而减缓环境污染，提升空气质量[56]。

借用人口规模的提高将减缓大气污染蔓延，却加剧碳排放，因为近年来全球倡导的低碳环保概念从提出到落实需要一定的时间，借用人口规模的扩大带来人口、经济和技术的集聚，并带动经济增长减缓大气污染蔓延。借用经济活动密度通常是以经济效益为导向的企业活动，通过城市间的更加密切的经济交流活动，众多高污染高排放的企业为获得规模效应将进行区域转移并集聚，进而排放大量 $PM_{2.5}$ 和二氧化碳，加剧碳排放与大气污染。借用高级功能通过不断优化城市间的功能空间，使得高污染高排放的企业不得不向竞争较小、要素价格低廉的城市转移，进而减缓本城市与邻近城市的大气污染[57]。

五、结论

本文选取中国 295 个城市 2005 年到 2020 年相关数据，从借用人口规模、借用经济活动密度以及借用高级功能三个维度测度规模借用，探究其时空分异特征；通过 295 个城市的 $PM_{2.5}$ 与 CO_2 的莫兰指数分析，探究其空间相关性；最后采用 SDM 模型探究借用规模、经济发展水平、产业结构等驱动因素的溢出效应，探究借用规模是否会加剧碳排放与大气污染。研究结果显示，借用人口规模整体稳步提升，且分布上东高西低，聚集在华北平原和长江中下游地区。借用经济活动密度每年的差异较大，整体呈现"M型"特征，2005—2012年曲折上升，2012—2020年大幅曲折下降。借用高级功能从2005—2020年发展较稳定，总体小幅上升，但华北平原和长江中下游地区整体高于其他地区，这与城市之间的密切交流合作相关。莫兰指数表明全国295个城市的CO_2与$PM_{2.5}$排放具有显著的空间正相关，CO_2的空间相关维持"M型"，高高集聚集中在北方地区的核心城市，周边城市出现零散的高低集聚。低低集聚主要在南方地区的核心城市，周边很少有低高集聚的城市。$PM_{2.5}$的空间相关性表现为波折的"W型"，位于华北平原南部的城市呈现高高集聚特征，分布于边缘的西藏自治区、内蒙古自治区、黑龙江、福建等省市内的城市呈现低低集聚特征。

通过溢出效应分析可得，借用高级功能通过影响城市的功能空间分工起到对$PM_{2.5}$排放的反向抑制作用。由于低碳环保理念的普及度不够，借用人口规模的提高将带动经济增长减缓大气污染，却加剧碳排放。借用经济活动密度由于企业转移与集聚而排放大量$PM_{2.5}$和CO_2。借用高级功能将配置城市间的功能空间分工，通过污染避难效应减缓本城市与邻近城市的CO_2排放与大气污染。在所有驱动因素中，间接溢出效应均明显强于直接溢出效应，证实了中国295个城市的$PM_{2.5}$和CO_2具有跨区域相互作用的特点。鉴于以上结论，研究提出以下政策建议：①掌握各个城市规模借用的空间差异与发展现状，扬长补短，因时因地制定绿色低碳发展战略，从源头减缓碳排放与大气污染。②全面推进新型城镇化建设，坚持在发展经济的同时兼顾生态效益，大力发展第三产业，加快产业转型升级，实现绿色低碳发展。③注重培养高素质人才，提升高等教育质量，形成支撑新型城镇化建设下绿色低碳发展的人口质量。④严格环境规制政策与环境准入制度，加强环境治理合作，限制外商投资向高能耗、高排放、高污染的产业流动，引导其进入绿色低碳环保领域。⑤科学控制经济活动中人口、资源等生产要素的流动，规范城市空间功能分布配置，促进城市间产业分工与协作，推动碳减排与大气污染控制。⑥规范城市间CO_2和大气污染物协同控制与联合防治机制，建立执法和监督体系，增强大气污染防治联合力量，打破区域联合防控在组织、系统和评估方面的行政界限，促进城市群与经济带一体化发展。

本节参考文献

［1］ 赵方，袁超文. 中国城市化发展——基于空间均衡模型的研究［J］. 经济学（季刊），2017，16（04）：1643－1668. DOI：10. 13821/j. cnki. ceq. 2017. 03. 17.

［2］ United Nations, Department of Economic and Social Affairs, Population Division (2014). World Urbanization Prospects：The 2014 Revision，https：//esa. un. org/unpd/wup/CD-ROM/.

［3］ 姚永玲，朱甜. 基于相对规模结构的城市规模借用效应研究［J］. 开发研究，2021（04）：55－64. DOI：10. 13483/j. cnki. kfyj. 2021. 04. 008.

［4］ 郑毅. 中国城市化路径与城市规模的经济学分析［J］. 中国市场，2020（16）：3－4. DOI：10. 13939/j. cnki. zgsc. 2020. 16. 003.

［5］ Alonso W. Urban Zero Population Growth［J］. Daedalus, 1973, 102（4）：191－206.

［6］ Meijers E J, Burger M J, Hoogerbrugge M M. Borrowing size in networks of cities：City size, network connectivity and metropolitan functions in Europe［J］. Papers in Regional Science, 2016, 95（1）：181－198.

［7］ Camagni R, Capello R. Second-rank city dynamics：Theoretical interpretations behind their growth potentials［J］. European Planning Studies, 2015, 23（6）：1041－1053.

［8］ 姚常成，宋冬林. 借用规模、网络外部性与城市群集聚经济［J］. 产业经济研究，2019（02）：76－87. DOI：10. 13269/j. cnki. ier. 2019. 02. 007.

［9］ Volgmann K, Rusche K. The Geography of Borrowing Size：Exploring Spatial Distributions for German Urban Regions［J］. Tijdschrift Voor Economische En Social Geografie, 2020, 111（1）：60－79.

［10］ Meijers E, Burger M. Stretching the concept of "borrowed size"［J］. Urban Studies, 2017, 54（1）：269－291.

［11］ Maly J. Small Towns in the Context of "Borrowed Size" and "Agglomeration Shadow" Debates：the Case of the South Moravian Region（Czech Republic）［J］. European Countryside, 2016, 8（4）：333－350.

［12］ Burger M J, Meijers E J, Van Oort F G. Regional Spatial Structure and Retail Amenities in the Netherlands［J］. Regional Studies, 2014, 48（12）：1972－1992.

［13］ 姜华，高健，阳平坚. 推动减污降碳协同增效 建设人与自然和谐共生的美丽中国［J］. 环境保护，2021，49（16）：15－17. DOI：10. 14026/j. cnki. 0253－9705. 2021. 16. 003.

［14］ Jiang, P.；Khishgee, S.；Alimujiang, A.；Dong, H. J. Cost-effective approaches for reducing carbon and air pollution emissions in the power industry in China. J. Environ. Manage. 2020, 264, doi：10. 1016/j. jenvman. 2020. 110452.

［15］ Zhang, X. Y.；Chen, Y. H.；Jiang, P.；Liu, L. P.；Xu, X. M.；Xu, Y. Sectoral peak CO_2 emission measurements and a long-term alternative CO_2 mitigation roadmap：A case study of

Yunnan, China. J. Clean Prod. 2020, 247, doi: 10.1016/j. jclepro. 2019. 119171.

[16] Ma, D. , Chen, W. , Yin, X. , et al. Quantifying the co-benefits of decarbonisation in China's steel sector: An integrated assessment approach [J]. Applied Energy, 2016, 162: 1225 – 1237.

[17] Xue, B. , Ma, Z. , Geng, Y. , et al. A life cycle co-benefits assessment of wind power in China [J]. Renewable & Sustainable Energy Reviews, 2015, 41: 338 – 346.

[18] Zheng, J. , Jiang, P. , Qiao, W. , et al. Analysis of air pollution reduction and climate change mitigation in the industry sector of Yangtze River Delta in China [J]. Journal of Cleaner Production, 2016, 114: 314 – 322.

[19] Dulal, Bansha. , H. Making cities resilient to climate change: identifying "win-win" interventions [J]. Local Environment, 2016: 1 – 20.

[20] Alimujiang, A. , Jiang. , P. Synergy and co-benefits of reducing CO_2 and air pollutant emissions by promoting electric vehicles—A case of Shanghai [J]. Energy for Sustainable Development, 2020, 55: 181 – 189.

[21] Xing, R. , Hanaoka, T. , Kanamori, Y. , et al. Achieving China's Intended Nationally Determined Contribution and its co-benefits: Effects of the residential sector [J]. Journal of Cleaner Production, 2017, 172 (3): 2964 – 2977.

[22] 毛显强, 邢有凯, 胡涛, 等. 中国电力行业硫, 氮, 碳协同减排的环境经济路径分析 [J]. 中国环境科学, 2012, 32 (04): 748 – 756.

[23] 阿迪拉·阿力木江, 蒋平, 董虹佳, 等. 推广新能源汽车碳减排和大气污染控制的协同效益研究——以上海市为例 [J]. 环境科学学报, 2020, 40 (05): 341 – 351.

[24] Meng, J. , Yang, H. Z. , Yi, K. , et al. The Slowdown in Global Air-Pollutant Emission Growth and Driving Factors [J]. One Earth, 2019, 1 (1): 138 – 48.

[25] Zheng, B. , Chevallier, F. , Ciais, P. , et al. Rapid decline in carbon monoxide emissions and export from East Asia between years 2005 and 2016 [J]. Environmental Research Letters, 2018, 13 (4).

[26] 曲建升, 刘莉娜, 曾静静, 等. 中国城乡居民生活碳排放驱动因素分析 [J]. 中国人口资源与环境, 2014, 8: 476.

[27] 林永生. 中国大气污染防治重点区污染物排放的驱动因素研究 [J]. 中国人口·资源与环境, 2016 (S2): 4.

[28] 王金营, 李庄园, 李天然. 中心城市在区域人力资本聚集中的作用 [J]. 人口研究, 2018, 42 (03): 9 – 23.

[29] 吴玉鸣. 中国区域农业生产要素的投入产出弹性测算——基于空间计量经济模型的实证 [J]. 中国农村经济, 2010 (06): 25 – 37 +48.

[30] Jiang H, Yu Y, Chen M M, et al. The climate change vulnerability of China: spatial evolution and driving factors [J]. Environmental Science and Pollution Research, 2021.

[31] Zhou Y. Y. , Xu Y. R. , Liu C. Z. , Fang Z. Q. , Guo J. Y. Spatial Effects of Technological Progress and Financial Support on China's Provincial Carbon Emissions [J]. International Journal of Environmental Research and Public Health, 2019, 16 (10), 1743.

[32] Lesage J. P. , Pace R. K. Introduction to Spatial Econometric [M]. CRC Press, 2009.

[33] Lee L. F. , Yu J. Spatial Panel: Random Components Versus Fixed Effects [J]. International Economic Review, 2012, 53 (4): 1369 – 1412.

[34] 刘修岩, 李松林, 秦蒙. 城市空间结构与地区经济效率——兼论中国城镇化发展道路的模式选择 [J]. 管理世界, 2017 (01): 51 – 64. DOI: 10. 19744/j. cnki. 11 – 1235/f. 2017. 01. 006.

[35] 刘杰, 刘紫薇, 焦珊珊, 等. 中国城市减碳降霾的协同效应分析 [J]. 城市与环境研究, 2019 (04): 80 – 97.

[36] Guo H, Tian J, Liao S M, et al. Exploring the spatial aggregation and determinants of energy intensity in guangdong province of China [J]. J Clean Prod. , 2021, 282: 124367.

[37] Zaidi S. A. H. , Zafar M. W. , Shahbaz, M. , Hou, F. J. Dynamic Linkages between Globalization, Financial Development and Carbon Emissions: Evidence from Asia Pacific Economic Cooperation Countrie [J]. Journal of Cleaner Production, 2019, 228, 533 – 543.

[38] Nguyen, D. K. ; Huynh, T. L. D. ; Nasir, M. A. Carbon emissions determinants and forecasting: Evidence from G6 countries. Journal of Environmental Management 2021, 285, 111988. https: //doi. org/10. 1016/j. jenvman. 2021. 111988.

[39] Zheng, Y. ; Peng, J. C. ; Xiao, J. Z. ; Su, P. D. ; Li, S. Y. Industrial structure transformation and provincial heterogeneity characteristics evolution of air pollution: Evidence of a threshold effect from China. Atmospheric Pollution Research 2020, 11, 598 – 609. https: //doi. org/ 10. 1016/j. apr. 2019. 12. 011.

[40] Liu, X. W. ; Wahab, S. ; Hussain, M. ; Sun, Y. ; Kirikkaleli, D. China carbon neutrality target: Revisiting FDI-trade-innovation nexus with carbon emissions. J. Environ. Manage. 2021, 294, doi: 10. 1016/j. jenvman. 2021. 113043.

[41] Zhou, L. ; Tang, L. Z. Environmental regulation and the growth of the total-factor carbon productivity of China's industries: Evidence from the implementation of action plan of air pollution prevention and control. J. Environ. Manage. 2021, 296, doi: 10. 1016/ j. jenvman. 2021. 113078.

[42] Liu, X. P. ; Zhang, X. L. Industrial agglomeration, technological innovation and carbon productivity: Evidence from China. Resources Conservation and Recycling 2021, 166, doi: 10. 1016/j. resconrec. 2020. 105330.

[43] Guo, A. J. ; Liu, P. X. ; Zhong, F. L. ; Yang, C. L. ; Luo, X. J. Borrowing Size and Urban Green Development Efficiency in the City Network of China: Impact Measures and Size Thresholds. Land 2022, 11, doi: 10. 3390/land11040493.

［44］ Yao, C.; Song, D.; Fan, X. Does the small size of cities restrict economic growth? a re-examination from the perspective of two kinds ofborrowed-size'. China Population Resources and Environment 2020, 30, 62 – 71.

［45］ Gong, X. X.; Zhong, F. L. The Impact of Borrowing Size on the Economic Development of Small and Medium-Sized Cities in China. Land 2021, 10, doi: 10.3390/land10020134.

［46］ Yang, Y.; Yang, S. N. Are industrial carbon emissions allocations in developing regions equitable? A case study of the northwestern provinces in China. J. Environ. Manage. 2020, 265, doi: 10.1016/j.jenvman.2020.110518.

［47］ Peng, X. Strategic interaction of environmental regulation and green productivity growth in China: Green innovation or pollution refuge? Science of the Total Environment 2020, 732, doi: 10.1016/j.scitotenv.2020.139200.

［48］ Li W. H., Li C., Huang W. C., Dong C. J. Effect of environmental regulation on the manufacturing FDI in China: spatial econometric studies ［J］. Bulgarian Chemical Communications, 2017, 49 (K2): 26 – 31.

［49］ Chuzhi, H. U.; Xianjin, H.; Taiyang, Z.; Dan, T. A. N. Character of Carbon Emission in China and Its Dynamic Development Analysis. China Population · Resources and Environment 2008, 18, 38 – 42.

［50］ Zhao, M.; Shi, H.; Wang, H. Examining the relationship of functional polycentricity and specialized industrial agglomeration in the metropolitan area of the Pearl River Delta. Geographical Research 2021, 40, 3437 – 3454.

［51］ Luthi, S.; Thierstein, A.; Bentlage, M. The Relational Geography of the Knowledge Economy in Germany: On Functional Urban Hierarchies and Localised Value Chain Systems. Urban Studies 2013, 50, 276 – 293, doi: 10.1177/0042098012452325.

［52］ Feng, T., Du, H. B., Lin, Z. G., Zuo, J., 2020. Spatial spillover effects of environmental regulations on air pollution: evidence from urban agglomerations in China. J. Environ. Manag. 272 https://doi.org/10.1016/j.jenvman.2020.110998.

［53］ Du, Y. Y., Sun, T. S., Peng, J., Fang, K., Liu, Y. X., Yang, Y., Wang, Y. L., 2018. Direct and spillover effects of urbanization on $PM_{2.5}$ concentrations in China's top three urban agglomerations. J. Clean. Prod. 190, 72 – 83. https://doi.org/10.1016/j.jclepro.2018.03.290.

［54］ Zhang, T.; Gao, W.; Ma, Q. The measurement of network characteristics of carbon emissions in China's manufacturing industry and their differential impact effects. China Population Resources and Environment 2019, 29, 166 – 176.

［55］ Ding, X.; Tang, N.; He, J. The Threshold Effect of Environmental Regulation, FDI Agglomeration, and Water Utilization Efficiency under "Double Control Actions" —An Empirical Test Based on Yangtze River Economic Belt. 2019, 11, 452.

［56］ Zhang, W.; Li, G. X.; Uddin, M. K.; Guo, S. C. Environmental regulation, Foreign investment behavior, and carbon emissions for 30 provinces in China. J. Clean Prod. 2020, 248, doi: 10. 1016/j. jclepro. 2019. 119208.

［57］ Zhao, X. M.; Liu, C. J.; Sun, C. W.; Yang, M. Does stringent environmental regulation lead to a carbon haven effect? Evidence from carbon-intensive industries in China. Energy Econ. 2020, 86, doi: 10. 1016/j. eneco. 2019. 104631. .

第 四 章

区域层面的减污降碳
协同增效研究与实践

第一节　黄河流域温室气体减排与大气污染控制协同效益的评价与空间溢出效应

一、绪论

当前，以全球平均气温和海温升高、海平面上升、生物多样性下降、极端天气和极端气候事件频繁发生等为特征的全球问题越来越不容忽视，引起这些问题的主要因素是人类燃烧了大量的化石燃料。气候变化问题不再只是单纯的自然问题[1]。大气污染很大程度上威胁人类生命健康，阻碍经济社会的可持续发展，也成为当今社会面临的艰巨挑战之一。2018年中国生态环境部公布的数据显示，中国城市环境空气质量的达标率仅35.8%，说明中国诸多区域大气污染问题亟需解决。而最新版《中华人民共和国大气污染防治法》明确指出，应对大气污染物与温室气体实施协同控制。地区大气污染和气候变化问题的解决乃至环境质量的提升，离不开温室气体减排与大气污染协同控制的应对战略。

2019年9月，中国政府将"黄河流域生态保护和高质量发展"纳入区域协调国家级战略[2]。黄河流域作为中华文明最主要的发源地，2020年常住人口总量为4.2亿人，约占中国人口总量的30.1%，其横跨西中东三大区域的9个省市，2020年地区生产总值25.4万亿元，约占中国生产总值的25.0%，在促进国家生态保护和经济社会发展等方面具有至关重要的作用[3]。但黄河流域密集的人口与兴盛的第二产业，排放了大量温室气体与大气污染物，致使环境污染问题日益严重，严重影响生态系统的自净能力，极大束缚了地区经济与生态环境协调发展[4-5]。

随着气候变化与大气污染问题凸显，学界对温室气体减排与大气污染控制的研究不断深入，特别是针对温室气体减排和大气污染物控制协同效益的研究越来越受全球各界学者关注。中国环保部将协同效益定义为：一方面，减少温室气体排放的同时，减少其他区域污染物排放；另一方面，控制区域污染物排放及建设生态的同时，减少二氧化碳及其他温室气体排放或吸收部分温室气体[11]。关于协同效益的研究有狭义和广义之分[12]，狭义协同效益的研究起步较晚，大多数研究将政策情景分析和模型量化估计相结合，通过污染物浓度与排放量来衡量并对比不同政策组合下的协同效益，缺少协同效益的量化分析。国外学者主要研究温室气体减排的协同效益，而国内学者则关注大气污染控制方面的协同效益，但国内学者近年来已日益重视温室气体减排[13-14]。国内外关于协同效益的研究领域主要为能源、交通、工业等，且研究主体主要为全球、某个国家、区域或部门，针对某个特定区域或是城市群的研究较少[15]。由于经济发展、科技进步、政府政策规制等会直接或间接地影响一个地区乃至国家的环境效益，本文试图通过探讨广义协同效益，在协同考虑温室气体减排和大气污染物控制的基础上，综合经济、人口和政府政策等宏观指标，对黄河流域温室气体减排与大气污染控制协同效益进行综合评价与空间溢出效应探究。

二、模型构建

（一）评价模型

为更客观地评价黄河流域温室气体减排与大气污染控制协同效益，本研究采用熵权法进行客观赋权。各指标传输给决策者的信息量的大小决定客观权重，并用熵值表示，熵值越小，说明该指标包含和传输的信息量越多，相应的权重也越大。该方法避免了专家打分法等传统方法给出的权重过于主观的弊端。首先对数据进行标准化处理，假设定义 k 个指标 $X_1, X_2, \cdots, X_k$，其中 $X_i = |x_1, x_2, \cdots, x_n|$。假设各指标标准化后的值为 $Y_1, Y_2, \cdots, Y_k$，那么 $Y_{ij} = \dfrac{X_{ij} - \min(X_i)}{\max(X_i) - \min(X_i)}$。各指标的信息熵为 E_j，如公式（1）所示，其中 $p_{ij} = \dfrac{Y_{ij}}{\sum\limits_{i=1}^{n} Y_{ij}}$，如果 $p_{ij} = 0$，则定义 $\lim\limits_{p_{ij} \to 0} p_{ij} \ln p_{ij} = 0$。计算出各个指标的信息熵为

$E_1, E_2, \cdots, E_k$，各个指标的权重为 W_j，如公式（2）中所示[16]。而公式（3）中 Y_i 为最终得分。

$$E_j = -\ln(n)^{-1} \sum_{i=1}^{n} p_{ij} \ln p_{ij} \tag{1}$$

$$W_j = \frac{1 - E_j}{k - \sum E_j}(j = 1, 2, \cdots, k) \tag{2}$$

$$Y_i = \sum_{j=1}^{n} Y_{ij} W_j \tag{3}$$

（二）全域莫兰指数

本文通过刻画全域空间自相关性的全域莫兰指数，以检验黄河流域各省市温室气体减排与大气污染控制协同效益是否存在空间相关性与异质性。这也是研究空间溢出效应首先要深入探究的问题。全域莫兰指数的计算公式见公式（4）。其中，Y_i 和 Y_j 分别代表黄河流域第 i 和 j 区域的温室气体减排与大气污染控制协同效益综合得分，n 为研究对象数目，$\overline{Y}$ 为综合得分的平均值，W_{ij} 为空间权重矩阵。在公式（5）中，Z 为运用全域莫兰指数构建的标准正态统计量，在 Z 值显著为正时，表明温室气体减排与大气污染控制协同效益存在正向的空间自相关，也就是相似的温室气体减排与大气污染控制协同效益趋于空间集聚；当 Z 值显著为负时，表明温室气体减排与大气污染控制协同效益存在负向的空间自相关，即相似的温室气体减排与大气污染控制协同效益趋于空间分散；当 Z 值为零时，表明温室气体减排与大气污染控制协同效益呈随机的空间分布[17-18]。

$$I = \sum_{i=1}^{n} \sum_{j=1}^{n} W_{ij}(Y_i - \overline{Y})(Y_j - \overline{Y}) / \sum_{i=1}^{n} (Y_i - \overline{Y})(Y_i - \overline{Y}) \tag{4}$$

$$Z = (I - E(I)) / \sqrt{Var(I)} \tag{5}$$

（三）空间计量模型

面板空间计量模型一般分为空间滞后模型与空间误差模型，前者主要针对空间滞后依赖性，后者则针对空间误差依赖性。公式（6）为空间滞后模型，公式（7）为空间误差模型[19]。本文采用邻接空间矩阵表示空间关联模式，结合面板数据的特殊性，运用同时包含空间滞后项和空间误差项的广义空间计量模型对黄河流域温室气体减排与大气污染控制协同效益的影响因素进行实证分析，且不设置其他约束条件。$Y_{k,t}$ 为第 k 个地区在 t 时间下的温室气体减排与大气污染控制协同效益，W 为空间权重矩阵，X 为解释变量，α、η、γ、λ 都是回归系数，u 和 ε 是扰动项[20]。

$$\ln Y_{k,t} = \alpha + \eta W \ln Y_{k,t} + \gamma \ln X_{k,t} + u_{k,t} \qquad (6)$$

$$u_{k,t} = \lambda W u_{k,t} + \varepsilon_{k,t} \qquad (7)$$

三、实证分析

（一）温室气体减排与大气污染控制协同效益评价

考虑到温室气体与大气污染物的排放水平和相关政策在时间与空间上的差异，综合社会、经济和环境等多方面宏观因素，为综合评价黄河流域温室气体减排与大气污染控制协同效益，在遵循全面性、客观性、系统性和可操作性前提下，并参考 Qiao 等的研究工作[21]，基于 DPSIRM 框架构建评价指标体系，并通过熵权法确定权重，见表 4 – 1。

表 4 – 1　黄河流域温室气体减排与大气污染控制协同效益评价指标体系表

框架层	要素层	指标层	权重
驱动力（D）	经济发展水平	地区生产总值	0.072
		人均地区生产总值	0.032
	产业结构	第二产业占 GDP 比重	0.012
		第三产业占 GDP 比重	0.024
	人口规模	常住人口	0.062
	科技创新水平	绿色技术授权专利数	0.127
压力（P）	能源消耗强度	能源消费总量	0.045
		万元生产总值能耗	0.040

续表

框架层	要素层	指标层	权重
状态（S）	大气污染物排放水平	$PM_{2.5}$年均浓度	0.039
		SO_2年排放总量	0.040
	温室气体排放水平	碳排放量	0.044
		人均碳排放量	0.041
		万元生产总值碳排放量	0.052
影响（I）	空气污染	空气质量指数	0.019
	温室效应	年平均温度	0.026
响应（R）	政府措施	能源消费弹性系数	0.042
		建成区绿化覆盖率	0.013
	环保资金	节能环保支出占财政支出的比重	0.030
		工业废气治理设施运行费用	0.065
管理（M）	环境规制	环境污染治理投资总额	0.063
		工业废气治理设施处理能力	0.110

结合来自《中国统计年鉴》、《中国环境统计年鉴》和各省统计年鉴的相关数据，赋权并百分化后得出黄河流域9个省市温室气体减排与大气污染控制协同效益综合得分表，见下表4-2。

表 4-2 黄河流域温室气体减排与大气污染控制协同效益综合得分表

省份	2006	2007	2008	2009	2010	2011	2012	2013	2014	2015	2016	2017	2018
青海	39.83	39.27	38.94	39.62	39.21	39.74	40.23	41.07	41.24	40.90	40.96	40.57	41.08
山西	56.95	56.59	55.53	56.27	57.08	60.64	60.07	61.96	61.58	60.12	67.14	71.48	68.30
内蒙古	57.04	56.70	57.04	58.16	59.54	64.37	63.87	62.51	64.49	64.30	62.00	61.95	62.31
山东	64.66	66.64	68.74	70.67	73.43	78.19	80.56	83.93	85.27	87.68	92.31	94.49	94.22
河南	58.96	59.40	60.19	59.64	60.59	62.99	62.97	66.23	67.38	68.31	68.91	71.19	72.26
四川	54.89	55.07	54.19	56.20	56.95	58.12	59.23	61.02	61.50	61.22	64.60	65.70	67.52
陕西	48.02	48.10	54.53	49.37	50.58	52.47	53.42	55.10	56.67	56.58	56.76	57.77	58.69
甘肃	45.07	43.57	44.11	43.63	44.60	45.62	46.06	46.90	46.68	46.10	45.57	45.60	45.65
宁夏	47.68	46.20	45.17	46.09	46.95	49.88	48.96	49.67	49.73	50.17	49.59	51.61	51.20
AVG	52.57	52.39	53.16	53.29	54.32	56.89	57.26	58.71	59.39	59.49	60.87	62.26	62.36
SD	7.41	8.18	8.59	9.01	9.65	10.81	11.20	11.87	12.30	12.99	14.46	15.26	15.07
CV	0.14	0.16	0.16	0.17	0.18	0.19	0.20	0.20	0.21	0.22	0.24	0.25	0.24

（二）空间相关性分析

黄河流域高能耗、高污染、高排放产业区转移趋势凸显，且现有研究表明不同区域在不同发展阶段的温室气体与大气污染物排放强度差异较大，且存在显著的空间相关与空间集聚[22-23]。本文选取温室气体减排与大气污染控制协同效益综合得分作为核心指标，并基于邻接权重矩阵采用 Geoda 软件测度全域莫兰指数[24]，结果见表4-3。

表4-3　黄河流域温室气体减排与大气污染控制协同效益的全域莫兰指数测度结果表

年份	Moran's I	Z 值	P 值	年份	Moran's I	Z 值	P 值
2006	0.2892	1.7964	0.048	2013	0.3098	2.0870	0.016
2007	0.3131	1.9133	0.036	2014	0.3089	2.0586	0.022
2008	0.3608	2.2042	0.022	2015	0.3222	2.1603	0.016
2009	0.2791	1.8129	0.046	2016	0.3081	2.1340	0.018
2010	0.2697	1.8039	0.045	2017	0.3336	2.2255	0.016
2011	0.2702	1.7961	0.049	2018	0.3303	2.1971	0.014
2012	0.2460	1.7386	0.049				

注：P 值小于 0.05 即结果通过显著性检验。

为进一步揭示黄河流域各省市温室气体减排与大气污染控制协同效益的空间分布特征，采用 Geoda 绘制莫兰散点图，选取具有代表性的结果得出 Moran'I 散点图对应省份表，见下表4-4。

表4-4　部分年份温室气体减排与大气污染控制协同效益的 Moran'I 散点图对应省份表

年份	高—高集聚	低—低集聚	低—高集聚	高—低集聚
2006	无	甘肃	无	四川
2008	无	甘肃、青海	无	四川
2012	无	无	无	四川
2017	河南	甘肃	无	四川

（三）空间溢出效应分析

黄河流域温室气体减排与大气污染控制协同效益的全域莫兰指数全部通过显著性检验，说明其存在显著的空间依赖特征，为进一步揭示空间溢出效应，本文构建如下表 4 - 5 所示驱动因素体系，选取温室气体减排与大气污染控制协同效益综合得分作为因变量，而自变量从以下方面选取：①经济发展水平选取地区生产总值，经济增长会通过规模效应、技术效应和结构效应影响温室气体和大气污染物的排放；②产业结构选取第二产业增加值占 GDP 比重，产业结构调整影响温室气体和大气污染物的排放；③城镇化水平选取城镇化率，城镇化初期生产运作可能造成人们生活方式的高碳化，而城镇化后期也可通过规模效应与集聚效应降低温室气体和大气污染物排放；④科技创新水平选取研究与试验发展经费投入强度，生产技术进步和环保技术升级能有效控制温室气体和大气污染物的排放；⑤对外开放水平选取进出口贸易总额表示，生产外贸商品必然排放温室气体导致温室气体转移，将直接影响国内温室气体排放；⑥外商投资水平选取实际利用外资额表示，外商投资的污染光环或者污染避难效应也有待进一步检验[25]；⑦教育水平选取人均受教育年限，高素质人才的培养将提升环保意识，推动科学技术创新，间接减少温室气体和大气污染物的排放；⑧环境规制强度选取环境污染治理投资占 GDP 比重，环境污染治理能有效解决环境污染问题。相关数据来源于《中国统计年鉴》、各省统计年鉴和《中国环境统计年鉴》等。

表 4 - 5　黄河流域温室气体减排与大气污染控制协同效益驱动因素体系表

驱动因素	指标
经济发展水平	地区生产总值
产业结构	第二产业增加值占 GDP 比重
城镇化水平	城镇化率
科技创新水平	研究与试验发展经费投入强度
对外开放水平	进出口贸易总额
外商投资水平	实际利用外资额
教育水平	人均受教育年限
环境规制强度	环境污染治理投资占 GDP 比重

本文运用 Stata 软件进行回归分析，在不考虑空间变量情况下对面板数据进行 Hausman 检验，Hausman 统计量显著为正，因此固定效应模型更适合。基于固定效应结果，本文在加入空间变量后，采用广义空间计量模型探究空间溢出效应，经验估计结果见下表 4 - 6。

表 4 - 6　经验估计结果表

变量	固定效应			广义空间计量模型（SAC）		
	估计系数	t 值	P > ∣ t ∣	估计系数	z 值	P > ∣ z ∣
ECOL	0.7701	11.75	0.000	0.6279	6.41	0.000
INDS	- 0.0954	- 4.06	0.000	- 0.0543	- 1.84	0.066
URBL	- 0.0498	- 1.07	0.287	- 0.1356	- 4.83	0.000
TECL	- 0.0486	- 0.79	0.429	- 0.0565	- 0.78	0.438
OPEL	0.0082	0.30	0.763	0.0171	1.18	0.238
FORL	- 0.1118	- 3.23	0.002	- 0.0762	- 2.17	0.030
EDUL	0.0710	1.81	0.074	0.0562	1.81	0.070
ENVI	0.0263	1.15	0.254	0.0381	2.35	0.019
Hausman	87.49	0.000	—	—	—	—
_cons	- 0.0001	- 0.00	1.000	—	—	—
rho	0.9419	—	—	0.4471	3.94	0.000
样本数	117			117		

注：P > ∣ t ∣ 值小于 0.1 即结果通过显著性检验。

四、结果讨论

（一）温室气体减排与大气污染控制协同效益

从黄河流域 9 省市 2006—2018 年的温室气体减排与大气污染控制协同效益综合得分（表 4 - 2）的动态演进来看，各省的综合得分均有较为明显的提升。其中，山东省综合得分的提升极其显著，从 2006 年的 64.44 提升 45.7% 至 2018 年的 94.22。山东省 2018 年人口和经济总量占黄河流域的 52.2%，综合得分较高得益于其处于黄河入海口，对外开放程度高，且注重生态保护、人才引进与资源高效利用全方面均衡发展[26]。而青海省的综合得分一直居于末游，2018 年综合得分仅占山东省的43.6%。甘肃省的综合得分提升最少，且经历了先增加后减少的过程。陕西省综合得分在 2007—2009 年呈现"倒 U"型，2008 年峰值的出现离不开《陕西省秦岭生态环境保护条例》的出台与落实[27]。分阶段来讲，黄河流域各省温室气体减排与大气污染控制协同效益综合得分整体呈现稳步增长趋势，可见近十几年来，黄河流域各省越来越重视绿色低碳发展且收效十分明显。

从黄河流域 9 省市温室气体减排与大气污染控制协同效益综合得分的空间分异来看，图 4 - 1 体现各省市的综合得分差异显著，且绝对差在逐年扩大，在2006 年到 2018 年间从 24 扩大到 53。从均值来看，黄河流域各省市都呈现逐年增长的趋势，但东部省市的均值显著高于中部省市，中部省市又高于西部省市。地处北方的内蒙古自治区虽经济不太发达，但综合得分排名始终位于中上游，从 2006 年到 2018 年增长了 9.2%，是践行绿色低碳发展理念的先行者[28]。中部省市的综合得分相对稳定，这与山西省和河南省均为资源密集型省市密不可分，在大力发展经济的同时，应更好地兼顾生态效益[29]。而西部省市中，四川省的综合得分高于其他省市，且在 2006—2018 年间有较明显的提升，此外，西部其他省市因经济发展的相对弱势而受到影响。

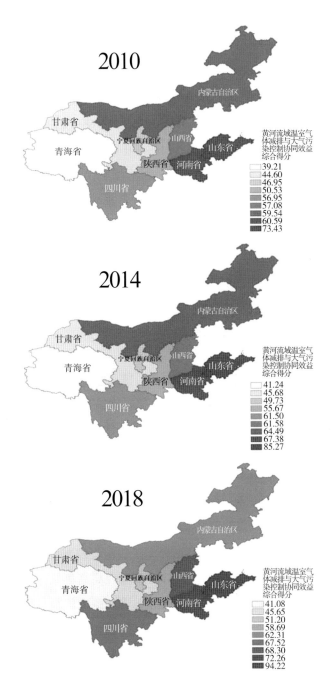

图 4-1 黄河流域 2006、2010、2014 和 2018 年温室气体
减排与大气污染控制协同效益综合得分图

从黄河流域9省市温室气体减排与大气污染控制协同效益综合得分的区际收敛来看，2006年到2018年综合得分的标准差逐年上升，可见随着经济社会的发展，各省市间的差距逐渐拉开。分地区而言，东部地区的标准差依次高于西部地区和中部地区，可见中部地区温室气体减排与大气污染控制落实地较好，环境可持续发展相对稳定，这也离不开近年来污染防控力度的提升[30]。从变异系数来看，黄河流域整体从2006年的0.14提升到2018年的0.24，整体呈现发散趋势。总而言之，2006到2018年间，黄河流域各省市温室气体减排与大气污染控制协同效益逐年稳步增长，从地域而言，东部省市综合得分高于中西部省市，中西部省市间总体来看差异较小，呈现出中西部地区落后于东部地区的特点，进一步暴露出黄河流域环境可持续发展不均衡的问题。

(二) 空间相关性分析

从表4-4可得，所有的全域莫兰指数均显著为正，意味着黄河流域温室气体减排与大气污染控制协同效益具有显著的空间正相关。温室气体减排与大气污染控制协同效益综合得分较高或者较低的省份均显著空间集聚，即具有显著"马太效应"特征，温室气体和大气污染物的排放与流动受到空间相关因素的强烈影响，忽略空间因素导致的模型估计结果与实证结论存在偏差[31]。从发展历程来看，黄河流域2006—2018年温室气体和大气污染物的排放水平呈现"升—降—升"的发展过程，因而空间自相关总体也表现出上下波动的过程，具体表现为：2006年到2008年空间相关性呈上升趋势，2008年达到空间相关性最高峰，2008年到2012年空间相关性总体呈下降趋势，2012—2018年总体呈波动上升趋势。

表4-5描绘了黄河流域温室气体减排与大气污染控制协同效益空间集聚的具体内部结构，从实证检验可看出，只有河南呈现高高集聚，甘肃、青海属于低低集聚，没有省份出现低高集聚，四川历年呈现高低集聚。高高集聚类型仅出现在2017年的河南省，河南作为人口大省，劳动力旺盛，近年来经济发展成效显著，但在追求地区经济增长的同时也没有放弃环境规制，未造成大范围环境问题，温室气体减排与大气污染控制协同效益较高。低低集聚类型省份为甘肃和青海，这两个省受制于自然地理条件，人口较少且分布稀疏，再加上交通受限，经济较为落后，环境问题较少。当然，在高低集聚类型中，四川省经济

发展水平相对较高，近年来已成为西部地区经济增长的战略高地，在吸引高技术产业与人才集聚方面优势明显，因而可带动周边地区高能耗、高污染、高排放企业发展，引发环境问题[32]。

（三）空间溢出效应分析

从表4-7中可看出，固定效应中，地区生产总值、第二产业增加值占 GDP 比重、实际利用外资额和人均受教育年限通过了显著性检验；而城镇化率、研究与试验发展经费投入强度、进出口贸易总额和环境污染治理投资占 GDP 比重未通过显著性检验，而城镇化水平、科技创新水平、对外开放水平和环境规制的协同效益并不明显。但在加入空间变量后，城镇化率和环境污染治理投资占 GDP 比重通过了显著性检验，说明城镇化水平和环境规制依然能让温室气体减排与大气污染控制产生协同效益。为揭示空间溢出效应程度，本研究通过效应分解分别计算出直接效应、间接效应和总效应，结果见下表4-7。其中，间接效应即空间溢出效应，反映本省驱动因素对邻近省温室气体减排与大气污染控制协同效益的平均影响。

表4-7　空间溢出效应分类结果表

变量	直接效应	间接效应	总效应
ECOL	0.6849 *** （8.16）	0.4779 *** （2.97）	1.1628 *** （8.28）
INDS	-0.0605 * （-1.84）	-0.0407 （-1.46）	-0.1012 * （-1.80）
URBL	-0.1455 *** （-4.85）	-0.1012 *** （-2.66）	-0.2466 *** （-4.91）
TECL	-0.0630 （-0.78）	-0.0414 （0.64）	-0.1044 （-0.74）
OPEL	0.0196 （0.96）	0.0159 （0.80）	0.0355 （0.91）
FORL	-0.0825 ** （-2.34）	-0.0558 * （-1.89）	-0.1383 ** （-2.38）
EDUL	0.0613 * （1.86）	0.0384 * （1.85）	0.0997 ** （2.01）
ENVI	0.0406 ** （2.44）	0.0268 ** （2.08）	0.0674 *** （2.58）

注：*** 代表1%显著水平，** 代表5%显著水平，* 代表10%显著水平。

从表4-7可以看出经济发展水平、城镇化水平、外商投资水平、教育水平和环境规制强度在间接效应中具有一定的显著性，即这五种驱动因素通过空间溢出效应间接对温室气体减排与大气污染控制协同效益产生显著影响。此外，科技创新水平和对外开放水平在三种效应中都不显著，代表这三种驱动因素的空间效应并不明显。

经济发展水平对邻近省市温室气体减排与大气污染控制协同效益正向效应显著,说明本地区经济发展水平提升会带动临近地区协同效益增加。随着黄河流域经济增长及人民收入的提高,人们对环境质量重视程度日渐提高,需求也逐渐从单纯的物质转向物质与生态环境质量并重,从而带动温室气体与大气污染物协同减排。经济发展水平的集聚效应与扩散效应是黄河流域环境可持续协同发展的内生动力,也是提升温室气体减排与大气污染控制协同效益的根本途径[33]。

城镇化水平对邻近省市温室气体减排与大气污染控制协同效益负向效应显著,说明城镇化发展会降低其相邻省市的协同效益,且该溢出效应随地理距离增大而梯度递减。由于黄河流域诸多省市尚处于工业社会向后工业社会过渡期,城镇化进程十分迅速,城镇化率从 2006 年的 39.8% 增长到了 2018 年的56.1%。城镇化溢出效应通过带动具有较强空间流动性的温室气体和大气污染物的排放,造成大范围环境污染[34]。此外,城镇化带来的人口与产业的高度集聚与空间扩展的失控状态,对资源环境承载能力构成严重负荷,继而降低邻近地区协同效益,并抑制相关地区环境可持续发展。

外商投资水平对邻近省市温室气体减排与大气污染控制协同效益负向效应显著,意味着外商投资水平将降低邻近地区的协同效益。这是由于黄河流域第二产业发的,且经济发展与生产技术水平相对落后,外商投资会造成高能耗、高污染、高排放企业向邻近地区转移,形成污染避难效应,引起大气污染物大量排放,超出邻近地区计划内的污染治理能力[35]。黄河流域诸多省份粗放的发展模式也抑制了技术进步,从而对邻近省市产生负向溢出效应。

教育水平对邻近省市温室气体减排与大气污染控制协同效益正向效应显著,代表教育水平的提升能有效提升邻近地区协同效益。人才强国是我国重要发展战略之一,技术创新水平的提高需要以高质量人才为载体才能实现。山西省2006 年到 2018 年户籍人口平均受教育年限的平均值为 9.2 年。黄河流域的山西、陕西、河南等省份的教育已实现高度普及。黄河流域户籍人口的平均受教育年限也从 2006 年的 7.8 年增长至 2018 年的 9.0 年。教育水平的提升能带来更多高素质人才,促进技术进步与产业升级,进而提升本地区乃至邻近省市的协同效益。

环境规制强度对邻近省市温室气体减排与大气污染控制协同效益正向效应显著，说明环境规制能有效提升邻近地区协同效益。合理的区域环境规制政策能有效激励企业改造升级，在节能环保前提下提升生产效率，优化资源配置，进而推动环境可持续发展。由于相邻地区的企业存在供销合作等关系，环境污染治理投资在一定程度上会降低本地与临近省市相关企业的减排治污成本，进而推动环境可持续发展。

五、结论

"生态优先、绿色发展"已成为黄河流域环境高质量可持续发展的必然选择，在能源危机、温室效应与大气污染的多重背景下，探究黄河流域温室气体减排与大气污染控制协同效益的时空分异、空间相关性、驱动因素及溢出效应尤为必要。本文基于 DPSIRM 框架构建评价指标体系，采用熵权法进行客观赋权，得出黄河流域温室气体减排与大气污染控制协同效益综合得分；采用全域莫兰指数与散点图检验空间相关特征，并构建广义空间计量模型实证估计驱动因素及空间溢出效应。研究结果如下：

2006—2018 年黄河流域各省市温室气体减排与大气污染控制协同效益逐年稳步增长，就地域而言，东部省市的协同效益高于中西部省市，呈现出中西部协同效益落后于东部地区的特点。黄河流域温室气体减排与大气污染控制协同效益具有显著的空间正相关，且呈现"升—降—升"的发展历程。2017 年，河南呈现高高集聚，甘肃、青海呈现低低集聚，四川呈现协同效益的空间异质性。从空间溢出检验来看，经济发展水平、教育水平和环境规制强度对邻近省市正向效应显著，城镇化水平和外商投资水平对邻近省市负向效应明显，而科技创新水平和对外开放水平未通过显著性检验，即空间溢出效应并不明显。

鉴于以上研究结论，本文提出以下政策建议助推黄河流域环境可持续发展：①积极推动黄河流域均衡发展，重视黄河流域温室气体减排与大气污染控制协同效益的空间溢出特征，准确把握温室气体与大气污染物排放与转移的空间传导机制，合理分解与全面统筹黄河流域各省市温室气体与大气污染减排目标。②全面推进相关产业结构的转型与升级，严格控制与淘汰黄河流域高能耗、高污染、高排放的落后产能，重点发展现代服务业与高新技术产业，实现经济发展的低碳化与绿色化，实现经济增长与温室气体及大气污染物协同减排的良性互动。③严格执行黄河流域产业环境准入制度，限制外商投资向"高投入、高消耗、高污染、低效益"产业流动，引导外商投资进入绿色环保领域，充分发挥高质量外商投资的绿色外溢效应。④加强节能环保与绿色环保技术的研发与转化，加快清洁能源与可再生能源的技术攻关，实现黄河流域技术创新的交流共享与联合创新。⑤加大教育经费投入，注重培养高素质人才，推动黄河流域与其他省市在科教、技术、绿色发展等方面的有效交流，避免人才流失，促进黄河流域绿色低碳可持续发展。

本节参考文献

[1] Intergovernmental Panel on Climate Change（IPCC）. Climate Change 1995 [M]. Cambridge University Press，1996.

[2] Guan C，Li X R，Zhang P，et al. Effect of global warming on soil respiration and cumulative carbon release in biocrust-dominated areas in the Tengger Desert，northern China [J]. Journal of Soils and Sediments，2019，19（3）：1161 −1170.

[3] 徐辉，师诺，武玲玲，等. 黄河流域高质量发展水平测度及其时空演变 [J]. 资源科学，2020，42（01）：115 − 126.

[4] Zhao M M，Wang S M，Chen Y P，et al. Pollution status of the Yellow River tributaries in middle and lower reaches [J]. Science of the Total Environment，2020，722：11.

[5] 汪芳，苗长虹，刘峰贵，等. 黄河流域人居环境的地方性与适应性：挑战和机遇 [J]. 自然资源学报，2021，36（01）：1 − 26.

[6] 王兴民，吴静，白冰，等. 中国 CO_2 排放的空间分异与驱动因素——基于 198 个地级及以上城市数据的分析 [J]. 经济地理，2020，40（11）：29 − 38.

[7] Mi Z F，Wei Y M，Wang B，et al. Socioeconomic impact assessment of China's CO_2 emissions peak prior to 2030 [J]. Journal of Cleaner Production，2017，142：2227 − 2236.

[8] Maji K J，Li V O K，Lam J C K. Effects of China's current Air Pollution Prevention and Control Action Plan on air pollution patterns，health risks and mortalities in Beijing 2014 − 2018 [J]. Chemosphere，2020，260：127572.

[9] 胡志高，李光勤，曹建华. 环境规制视角下的区域大气污染联合治理——分区方案设计、协同状态评价及影响因素分析 [J]. 中国工业经济，2019（05）：24 − 42.

[10] 姜玲，乔亚丽. 区域大气污染合作治理政府间责任分担机制研究——以京津冀地区为例 [J]. 中国行政管理，2016（06）：47 − 51.

[11] 杨曦，滕飞，王革华. 温室气体减排的协同效益 [J]. 生态经济，2013（8）：45 − 50.

[12] 蔡佳楠，高烁，孙星，等. 环境、经济与社会发展协同效益研究综述 [J]. 中国人口·资源与环境，2016，26（S2）：35 − 38.

[13] Sandberg N H, Næss J S, Brattebø H, et al. Large potentials for energy saving and greenhouse gas emission reductions from large-scale deployment of zero emission building technologies in a national building stock [J]. Energy Policy, 2021, 152: 112 – 114.

[14] 周丽, 夏玉辉, 陈文颖. 中国低碳发展目标及协同效益研究综述 [J]. 中国人口·资源与环境, 2020, 30 (07): 10 – 17.

[15] 王宪恩, 王寒凝, 夏菁, 等. 典型国家工业化进程中经济社会与能源环境协调发展分析 [J]. 资源科学, 2016, 38 (10): 2001 – 2011.

[16] 董丽芳. 基于 DPSIRM 框架的区域土地资源承载力综合评价——以南京市为例 [J]. 农家参谋, 2020 (01): 53 – 54 + 61.

[17] 吴玉鸣. 中国区域农业生产要素的投入产出弹性测算——基于空间计量经济模型的实证 [J]. 中国农村经济, 2010 (06): 25 – 37 + 48.

[18] Jiang H, Yu Y, Chen M M, et al. The climate change vulnerability of China: spatial evolution and driving factors [J]. Environmental Science and Pollution Research, 2021.

[19] James L and Robert K P. Introduction to Spatial Econometrics [M]. Taylor and Francis, 2010.

[20] 刘华军, 杨骞. 资源环境约束下中国 TFP 增长的空间差异和影响因素 [J]. 管理科学, 2014, 27 (05): 133 – 144.

[21] Qiao W, Sun X, Jiang P, et al. Analysis of the Environmental Sustainability of a Megacity through a Cobenefits Indicator System-The Case of Shanghai [J]. Sustainability, 2020, 12 (14): 5549.

[22] 刘杰, 刘紫薇, 焦珊珊, 等. 中国城市减碳降霾的协同效应分析 [J]. 城市与环境研究, 2019 (04): 80 – 97.

[23] Guo H, Tian J, Liao S M, et al. Exploring the spatial aggregation and determinants of energy intensity in guangdong province of China [J]. J Clean Prod. , 2021, 282: 124367.

[24] Zhou B, Zhang C, Song H Y, Wang Q W. How does Emission Trading Reduce China's Carbon Intensity? An Exploration using a Decomposition and Difference-in-differences Approach [J]. Science of the Total Environment, 2019, 676: 514 – 523.

[25] 李金凯, 程立燕, 张同斌. 外商直接投资是否具有"污染光环"效应? [J]. 中国人口·资源与环境, 2017, 27 (10): 74 – 83.

[26] 刘建华, 黄亮朝, 左其亭. 黄河下游经济—人口—资源—环境和谐发展水平评估[J]. 资源科学, 2021, 43 (02): 412 – 422.

[27] 张炳淳, 付康康.《陕西省秦岭生态环境保护条例》之创新 [J]. 环境保护, 2008, {4} (16): 19 – 21.

[28] 高晓焘, 武振国. 深学笃用习近平生态文明思想坚定走好高质量发展之路——"走以生态优先、绿色发展为导向的高质量发展新路子"研讨会综述 [J]. 内蒙古社会科学, 2020, 41 (06): 203 – 206.

［29］晋晓琴，郭燕燕，黄毅敏．黄河流域制造业高质量发展生态位测度研究［J］．生态经济，2020，36（04）：50-55．

［30］张贡生．黄河经济带建设：意义、可行性及路径选择［J］．经济问题，2019（07）：123-129．

［31］张翠菊，柏群，张文爱．中国区域碳排放强度影响因素及空间溢出性——基于空间杜宾模型的研究［J］．系统工程，2017，35（10）：70-78．

［32］何爱平，安梦天，李雪娇．黄河流域绿色发展效率及其提升路径研究［J］．人文杂志，2021（04）：32-42．

［33］Zaidi S A H, Zafar M W, Shahbaz M, et al. Dynamic linkages between globalization, financial development and carbon emissions: Evidence from Asia Pacific Economic Cooperation countries［J］. Journal of Cleaner Production, 2019, 228: 533-543.

［34］夏会会，丁镭，曾克峰，等．1996—2013年长江经济带工业发展过程中的大气环境污染效应［J］．长江流域资源与环境，2017，26（07）：1057-1067．

［35］Li W H, Li C, Huang W C, et al. Effect of environmental regulation on the manufacturing FDI in China: spatial econometric studies［J］. Bulgarian Chemical Communications, 2017, 49（K2）: 26-31.

第二节　长三角地区二氧化碳和 $PM_{2.5}$ 污染社会经济驱动因素探讨

一、绪论

中国将2030年实现碳峰值，2060年实现碳中和置于国家战略发展的高度，这意味着"双碳"目标不仅是应对气候变化的需要，也是促进环境质量改善和绿色转型的需要[1]。气候变化和空气污染在很大程度上源于化石能源的使用。这种同源性决定了应对气候变化和空气污染应被视为相辅相成而非分离的[2]。根据国家统计局和环境保护局的数据，我国工业部门消耗的能源占全社会总能源消耗的比例很高。特别是工业部门排放的二氧化碳占全社会总排放量的比例最高，并且其二氧化硫、氮氧化物和烟尘的排放是主要的空气污染源[3]。中国工业化特定发展背景和高强度、低起点、高浓度的工业模式导致了大量二氧化碳和空气污染物的排放[4]。近年来，中国出台了一系列应对气候变化和促进污染防治的政策，如《大气污染防治行动计划》、中国应对气候变化的政策与行动、以及《"十四五"期间温室气体排放控制工作方案》，在应对气候变化和空气污染方面取得了显著成效[5,6]。2020年，碳强度分别较2005年和2015年减少了48.4%和18.8%，超过了对国际社会承诺的40%—45%的降碳目标，基本上扭转了二氧化碳排放的快速增长。然而，中国的碳排放总量仍然很大，并且存在区域性高排放。此外，2020年337个地级及以上城市的 $PM_{2.5}$ 平均浓度较2015年减少了28.5%[7]。其中，有202个城市达到了中国空气质量标准，但 $PM_{2.5}$ 污染负荷仍然很高，秋冬季节的区域性重污染问题仍然严重[8,9]。截至2019年，全国约70%的城市尚未实现二氧化碳排放和 $PM_{2.5}$ 污染的协调下降。二氧化碳排放和 $PM_{2.5}$ 污染的协同治理行动需要进一步改善。污染减排与碳减排的协同效应是深入污染防治的通用起点，也是中国按计划实现碳达峰和碳中和的唯一途径[7,10]。

为减少二氧化碳排放和缓解 PM$_{2.5}$污染，分析其社会经济驱动因素以制定针对性政策显然至关重要[11]。近年来，许多研究聚焦于社会经济指标对二氧化碳排放和 PM$_{2.5}$污染的影响，如人均 GDP[12,13]、产业结构[14,15]、人口[16,17]、城市化水平[18,19]以及外国直接投资[20-22]。常用的方法包括计量经济分析[23-26]、对数均分迪维西亚指数（LMDI)[27,28]、投入产出模型[29,30]和地理探测器技术（GDT)[31,32]。传统的计量经济分析、LMDI 和 GDT 受固定参数假设限制，只能解释驱动因素对二氧化碳排放和 PM$_{2.5}$污染的全局影响，却忽视了空间效应可能导致的结果偏移。值得注意的是，由于区域二氧化碳排放和 PM$_{2.5}$污染的空间分布规律已被广泛确认，空间面板模型逐渐受到欢迎，因为它可以准确识别相邻区域之间的空间溢出效应，然后用于分析社会经济驱动因素[33-35]。周等人[36]利用空间面板模型构建了一个新颖的风向权重矩阵，评估了北方平原 44 个城市的面板数据中社会经济因素对 PM$_{2.5}$浓度的影响。结果显示，人均 GDP 增长有助于减少 PM$_{2.5}$污染，而其他社会经济因素加剧了雾霾污染。冯等人[19]采用空间杜宾模型（SDM）调查了中国主要人口聚集地及其周边城市环境监管对 PM$_{2.5}$浓度的影响。该研究揭示了空气污染不仅受本地环境监管影响，还受周边城市的环境监管影响。现有文献为解释 PM$_{2.5}$污染背后的影响机制提供了重要的理论基础和实证解释。曾等人[37]利用嵌入能源贸易的空间计量经济技术诊断了 2000年至 2014 年全球二氧化碳排放变化并确定了驱动机制和空间溢出效应。结果表明，城市化、工业发展、森林砍伐和 GDP 增长都推动了二氧化碳排放的增加，而可再生能源选项可以帮助缓解排放增加。利用 SLM、SEM 和 SDM，赵等人[38]讨论了中国 30 个省份能源相关二氧化碳排放强度的驱动因素。结果显示，中国省级二氧化碳排放强度存在空间自相关，省级 GDP、人口密度和交通运输行业对省级二氧化碳排放强度有显著影响。总的来说，现有文献为解释二氧化碳和PM$_{2.5}$污染背后的社会经济驱动因素提供了重要的理论基础和实证解释。

然而，目前现有研究仍存在许多不足之处。先前的研究通常单独分析二氧化碳排放和 PM$_{2.5}$污染的驱动因素，很少有研究同时考虑能够产生协同影响的驱动因素。此外，在整体面板数据的分析方面，先前的研究得出了驱动因素对污染物的正面和负面影响，但未观察到驱动因素在年度间期的周期性正面和负面影响，本文填补了这一空白。

本研究提取了 2005 年至 2017 年长江三角洲城市群的 $PM_{2.5}$ 卫星遥感数据和城市级二氧化碳排放数据，观察其年度演变特征。利用 Moran 指数的空间自相关分析了空间聚集效应。发展了一种整体面板的空间计量经济方法，评估了对二氧化碳排放和 $PM_{2.5}$ 污染产生协同影响的社会经济驱动因素。采用分阶段面板的空间计量经济模型观察了驱动因素对碳排放和 $PM_{2.5}$ 污染的周期性正面和负面影响变化。

二、研究方法

(一) 研究领域和数据来源

一些研究者关注了单个或多个城市群二氧化碳排放和 $PM_{2.5}$ 污染的空间分布驱动因素，例如典型的城市群，即京津冀、长江三角洲和珠江三角洲[39-41]。长江三角洲代表中国最高的城市化和工业化发展水平，以煤为基础的能源体系不仅支撑其城市化和工业化发展，还会产生高碳排放和高污染排放[42]。因此，面临着严重的大气污染物和温室气体的双重压力。选择长江三角洲城市群进行研究，探索 CO_2 和 $PM_{2.5}$ 污染的年度特征，并评估其协调治理的社会经济驱动因素，将为城市群和区域空气污染控制提供数据支持。此外，考虑到数据可用性，我们选择 2005 年至 2017 年作为研究时段，广泛评估中国五年计划和空气污染防治行动对污染物变化的影响。

在本研究中，覆盖长江三角洲城市群的 2005 年至 2017 年的年均 $PM_{2.5}$ 数据来自于中国长期、全覆盖、高分辨率和高质量的地面空气污染物数据集（China High Air Pollutants，CHAP），这些数据是采集日常数据加权平均得到的[43]。CHAP 数据集是利用包括地面测量、遥感分析和大气再分析在内的大数据，使用开发的时空额外树（STET）模型生成的。ChinaHighPM$_{2.5}$ 是东部中国 2005 年至 2018 年的 MODIS/Terra + Aqua Level 3（L3）年度 0.01 度（1km）网格地面 $PM_{2.5}$ 产品。年度 $PM_{2.5}$ 估计与地面测量高度相关（$R^2 = 0.94$），平均均方根误差（RMSE）为 5.07 μg m3。

（二）空间相关性和权重选择

探索性空间数据分析（ESDA）广泛应用于空间数据相关性和空间溢出效应。本文使用 ESDA 的全局空间自相关系数指数来分析长江三角洲城市群中 $PM_{2.5}$ 和 CO_2 污染之间的相关性。空间自相关系数定义如下：

$$I = \frac{\left[m \sum_{i=1}^{m} \sum_{j=1}^{m} w_{ij}(x_i - \bar{x})(x_j - \bar{x})\right]}{\left[\sum_{i=1}^{m} \sum_{j=1}^{m} w_{ij} \sum_{i=1}^{m} (x_i - \bar{x})2\right]} \tag{1}$$

其中，I 是莫兰指数，用于衡量城市群中空气污染的整体空间相关性；m 是城市群中的城市数量；w_{ij} 是空间权重矩阵；x_i 和 x_j 分别是第 i 和第 j 个城市的空气污染浓度；$\bar{x}$ 是每个城市的总体空气污染的平均值。莫兰指数 I 的取值范围在 -1 到 1 之间。如果 $I > 1$，表示空气污染具有正的空间相关性。如果 $I < 1$，则表示不同城市之间存在较大的空间分散。如果 $I = 0$，则意味着空气污染在空间上呈现随机分布特征。

为了加强对 $PM_{2.5}$ 和 CO_2 污染空间相关性特征的调查，本文决定选择考虑地理位置和经济水平的经济地理组合权重矩阵。先前的研究[44,45]大多建立两个空间权重矩阵，并将它们用于相互验证，一个是地理空间权重矩阵，另一个是经济距离权重矩阵。然而，仅基于地理或经济权重考虑空气污染的空间相关性，无疑会存在一定的局限性，并偏离结果。实证研究表明，空间权重矩阵的变化将导致模型估计结果的新变化。因此，通过多个矩阵的重复验证也在一定程度上影响了其参考意义。本文应用了基于经济规模和经纬度距离平方和的倒数的空间权重矩阵，不仅考虑了城市之间的地理距离，还反映了区域经济发展水平的溢出效应。显然，它能更客观地反映长江三角洲城市群中 $PM_{2.5}$ 和 CO_2 污染的空间相关性特征。

（三）变量选择

①经济增长以人均 GDP 表示，从而分析环境库兹涅茨曲线与污染物之间的关系。②城市化水平（URBAN）。城市人口占总人口的比例用于表示城市化水平。③归一化植被指数（NDVI）。地表植被可以通过减少漂浮尘埃、促进沉降、吸收和对流层污染物来降低污染物的浓度。④人口密度（POP）。人口密度可用于表示城市人口规模和聚集效应对污染物的影响。⑤技术水平（TL）。本文使

用科研事业支出来表示技术水平。数值越大，每个城市的研发投入强度越大。
⑥产业结构（IS）。次生产业产生的化石能源消耗是碳排放和颗粒物的重要组成
部分。因此，使用次生产业在 GDP 中的比例来表示产业结构对碳排放和 $PM_{2.5}$
浓度的影响。⑦能源强度（EI）。EI 表示总社会电力消耗与 GDP 的比值。鉴于
地级市能源消耗数据不可用，本研究使用总社会电力消耗进行间接估计。能源
强度的增加意味着单位产值的能源消耗增加，环境污染加剧。⑧交通压力
（TP）。TP 以单位道路历史上的民用车拥有量来表示。它反映了总民用车辆数
量与城市交通建设之间的关系。⑨固定资产投资（IIFA）。固定资产投资金额主
要用于建筑和房地产行业，促进了重工业的发展。这也对产业结构、技术水平
和能源利用有重要影响。⑩开放程度（OPEN）。实际外商直接投资（FDI）反
映了开放程度。现有研究显示，由于存在"污染光环"和"污染庇护所"假
设，FDI 对环境质量的影响方向不确定，尤其是对不同研究领域而言。

　　本研究的驱动数据由 2005 年至 2017 年长江三角洲的 41 个城市的面板数据
组成。NDVI 来自资源与环境数据云平台（http：//www.resdc.cn/），人口密度
来自 Worldpop（http：//www.worldpop.org/）。其余驱动数据来自"中国城市统
计年鉴"和各城市年度统计年鉴。表 4 - 8 显示了变量的统计描述。

表4-8 变量的统计描述

Variable	Description	Unit	Mean	Std. Dev	Min	Max
PM2.5	fine particulate matter	ug/m3	63.854	13.188	30.285	91.341
CO_2	carbon dioxide	ug/m3	34.290	34.062	3.669	230.712
GDP	Per capita GDP	yuan/person	45957.285	30658.443	3761.410	154428.388
URBAN	Urbanization level	%	55.465	13.577	25.582	89.607
NDVI	Normalized difference vegetation index	—	0.738	0.080	0.429	0.867
POP	Population density	person/km2	739.050	571.511	121.376	4415.255
TL	Technical level	108yuan	14.566	37.619	0.008	389.897
IS	Industrial structure	%	49.438	8.550	23.910	74.735
EI	Energy intensity	kW·h/yuan	0.082	0.025	0.019	0.183
TP	Traffic pressure	104/km	49.906	55.578	3.436	301.113
IIFA	Investment in fixed assets	108yuan	1541.826	1484.507	75.610	7246.600
OPEN	Opening up	108dollar	14.182	24.268	0.055	185.140

（四）空间计量模型的设置

分别为 CO_2 排放和 $PM_{2.5}$ 污染建立静态面板数据模型。根据 Elhorst[46] 提出的空间计量模型确定方法，首先通过 Lagrange 乘子（LM）检验检查是否使用空间滞后模型（SLM）或空间误差模型（SEM），然后利用似然比（LR）检验判断是否使用固定效应模型或随机效应模型。最后，利用 Wald 检验判断空间杜宾模型（SDM）是否降级。根据以上三个测试和研究需求，我们可以确定哪个模型最终适用于实证研究。

如表 4-9 所示，CO_2 排放和 $PM_{2.5}$ 污染的 LM（lag）、鲁棒 LM（error）和 LM（error）在 1% 的显著水平上拒绝了零假设，而 CO_2 排放和 $PM_{2.5}$ 污染的鲁棒 LM（lag）未能通过显著性检验。因此，被解释变量的空间效应存在，可以使用空间误差模型进行计量分析。LR 检验显示，在 1% 的显著水平上拒绝了随机效应模型的假设，选择了固定效应模型。然后，建立了回归的 SDM。Wald（SLM）和 Wald（SEM）检验在 1% 的显著水平上拒绝了零假设，因此 SDM 不能简化。

表 4-9 Hausman，LM 和 Wald 测试结果

Variables	CO_2	$PM_{2.5}$
Hausman（time）	579.355 ***	1035.792 ***
Hausman（spatial）	2184.900 ***	1250.957 ***
LM（lag）	3.738 **	37.918 ***
robust LM（lag）	0.498	0.258
LM（error）	19.575 ***	184.153 ***
robust LM（error）	16.336 ***	146.493 ***
Wald（lag）	40.947 ***	14.936
Wald（error）	45.521 ***	26.666 ***
注意：***，**，和 * 分别表示显著水平为 1%、5% 和 10%。		

通过验证 SDM 是一种备选模型。然而，由于存在空间溢出效应，解释变量对空气污染的偏导数（总效应）不能等于解释变量的系数。由于 SDM 包含变量的空间滞后，外生变量及其空间滞后的系数不能直接解释，因此需要计算直接

效应和间接效应。空间杜宾误差模型（SDEM）的优势在于其回归系数可以直接解释，因为它包含了外生变量的空间交互效应和误差项。总之，在本文中，应该应用时间与空间固定效应的 SDEM 模型来进行 CO_2 排放和 $PM_{2.5}$ 污染的计量建模。

参考 Lesage[47] 的研究，分别为 CO_2 排放和 $PM_{2.5}$ 污染建立了 SDEM。SDEM 可以表达为：

$$\begin{cases} Y_{it\,CO2} = X_{it}\beta + WX\theta + \varepsilon_{it} \\ \quad \varepsilon_{it} = \lambda W_{\varepsilon_{it}} + v_{it} \end{cases} \quad (2)$$

$$\begin{cases} Y_{it\,PM_{2.5}} = X_{it}\beta + WX\theta + \varepsilon_{it} \\ \quad \varepsilon_{it} = \lambda W_{\varepsilon_{it}} + v_{it} \end{cases} \quad (3)$$

其中，$Y_{it\,PM_{2.5}}$ 和 $Y_{it\,CO2}$ 表示多年来城市的年均 $PM_{2.5}$ 和 CO_2 排放量；λ 是空间自回归系数；W 是经济地理组合的权重矩阵；X_{it} 代表解释变量；β 是解释变量的估计系数；θ 是解释变量空间滞后项的估计参数；ε_{it} 是误差项。

最后，对于参数估计方法，我们采用最大似然估计（ML）来估计 SDEM 的参数。其优点在于，ML 估计可以很好地避免传统 OLS 估计中由变量内生性问题引起的偏误估计[48]。此外，它可以科学地反映不同区域之间的元素之间的相关性。

我们使用 MATLAB R2018b 软件完成了计算莫兰指数和空间计量建模的整个过程。ENVI 5.3 和 ArcGIS 10.8 完成了对 $PM_{2.5}$ 卫星遥感数据的分析和栅格处理。Origin 2021 生成了 CO_2 排放和 $PM_{2.5}$ 污染的可视化图像。

三、结果和讨论

（一）CO_2 排放和 $PM_{2.5}$ 污染的年际变化和空间相关性

本文统计了长三角 41 个城市 CO_2 排放量和 $PM_{2.5}$ 浓度 2005 至 2017 年际变化趋势。一方面，上海碳排放量远超长三角其他城市，其次是苏州和南京。从总量上看长三角城市群 2005 年至 2013 年碳排放量逐年上升的特征明显。2014 年起诸多城市显现碳排放量逐年下降趋势。碳排放高的区域集中于上海市和江苏省各市及浙江省的杭州和宁波。另一方面，长三角城市群全域 $PM_{2.5}$ 浓度 2005 年至 2013 年明显逐年上升，污染区域集中于江苏省的徐州、淮安和宿迁等城市和安徽省的淮北阜、阳和宿州等城市，这些城市的 $PM_{2.5}$ 浓度显著高于其他城市。自 2013 年起，长三角城市群 $PM_{2.5}$ 浓度逐年下降，空气质量显著改善。纵观 CO_2 和 $PM_{2.5}$ 的趋势可知，得益于中国 2013 年起实施强有力的污染防治行动，CO_2 和 $PM_{2.5}$ 的排放量均开始逐年下降。进一步观察 CO_2 和 $PM_{2.5}$ 在空间分布上的相关性，表 4-10 展示在地理和经济组合权重矩阵下的莫兰指数结果。$PM_{2.5}$ 展现了较强的空间相关性，其值在 0.413 至 0.509 之间，均值为 0.469 且均通过 1% 的显著性检验。CO_2 的空间相关性弱于 $PM_{2.5}$，其值在 0.122 至 0.190 之间，均值为 0.167 且均通过 5% 以上的显著性检验。从 CO_2 和 $PM_{2.5}$ 的年际变化和空间相关性分析可知，CO_2 和 $PM_{2.5}$ 虽同根同源，但因为长三角城市群的社会经济结构和城市治理能力差异，多数城市具有碳排放较低但 $PM_{2.5}$ 浓度较高的特征。这也意味着这些城市仍有很大的减排潜力。

表 4-10　$PM_{2.5}$ 和 CO_2 的 Moran'I 估计结果

Year		$PM_{2.5}$		CO_2	
		Moran' I	z	Moran' I	z
2005		0.466 ***	10.480	0.122 **	2.046
2006		0.464 ***	11.014	0.137 **	2.243
2007		0.432 ***	9.537	0.152 **	2.410
2008		0.458 ***	9.447	0.161 **	2.509
2009		0.507 ***	12.589	0.155 **	2.449
2010		0.483 ***	10.825	0.160 **	2.502
2011		0.500 ***	12.347	0.180 ***	2.686
2012		0.493 ***	13.900	0.177 **	2.669
2013		0.413 ***	8.100	0.190 ***	2.789

续表

Year	PM$_{2.5}$		CO$_2$	
	Moran' I	z	Moran' I	z
2014	0.483 ***	10.972	0.183 ***	2.690
2015	0.464 ***	10.563	0.187 ***	2.730
2016	0.431 ***	9.102	0.183 **	2.676
2017	0.509 ***	13.222	0.183 **	2.675
注意：***，**，和 * 分别表示显著水平为 1%、5% 和 10%。				

（二）整体面板的空间计量模型估计结果

通过模型比选和检验，我们应用时空固定效应下的空间杜宾误差模型对参数进行估计。如表 4－11 给出了各驱动因素对本地的直接效应系数和空间溢出效应系数。本文首先考察了人均 GDP 分别与 CO$_2$ 和 PM$_{2.5}$ 排放的关系。CO$_2$ 排放与人均 GDP 存在显著的正相关，且通过 1% 显著水平。这表明长三角城市群在 2018 年之前 CO$_2$ 与经济增长未呈现环境库茨曲线的倒 "U" 型关系，仍处于同步增长阶段，并没有实现脱钩状态。一方面，这说明长三角区域节能减排的重要性，同时也让我们清楚地认识到城市不可能依靠牺牲经济增长来降低碳排放水平，绿色低碳转型未能实现经济稳定增长和碳排放下降的双赢局面。另一方面，人均 GDP 与 PM$_{2.5}$ 浓度存在不显著的负效应，且比较微弱，需要进一步分阶段解析。

表 4－11 空间杜宾误差模型的结果

Variables	Explained variable	
	CO$_2$	PM$_{2.5}$
GDP	0.032 *** （4.508）	－ 0.001 （－0.187）
URBAN	0.039 （1.553）	0.002 （0.112）
NDVI	－ 0.276 *** （－3.378）	－ 0.223 *** （－3.415）

续表

Variables	Explained variable	
	CO_2	$PM_{2.5}$
POP	−0.268 *** (−5.040)	0.035 (0.774)
TL	0.042 *** (8.173)	0.000 (0.042)
IS	0.026 (1.202)	0.005 (0.27)
EI	0.024 * (1.602)	0.003 ** (2.329)
TP	−0.010 (−1.062)	0.015 * (1.848)
IIFA	0.049 *** (4.052)	0.018 * (1.732)
OPEN	0.006 (−1.305)	0.003 (1.732)
W * GDP	0.035 (1.579)	−0.02 (−0.977)
W * URBAN	−0.150 ** (−1.989)	0.009 (0.123)
W * NDVI	−0.198 (−0.977)	−0.401 ** (−2.175)
W * POP	−0.669 *** (−4.215)	0.168 (1.092)
W * TL	0.004 (0.234)	−0.003 (−0.197)
W * IS	−0.113 (−1.575)	0.016 (0.256)
W * EI	0.235 *** (3.419)	0.182 *** (2.909)
W * TP	−0.092 *** (−3.176)	0.057 ** (2.134)
W * IIFA	−0.063 (−1.474)	0.015 (0.400)
W * OPEN	0.007 (0.388)	0.013 (0.831)
注意：***，**，和 * 分别表示显著水平为1%、5%和10%。		

模型显示城市化水平对本地区的 CO_2 和 $PM_{2.5}$ 排放不存在显著的正相关影响。以往的研究显示，城市化是导致区域环境污染加剧的重要原因，因其城市面积扩张、人口剧增和大量基础设施建设，对能源、钢铁、水泥等高耗能产品

的需求，对环境产生了破坏。随着集约型城市化的推进和一系列减排政策的实施，城市的环境质量将得到有效改善。城市化对碳排放的空间溢出效应系数为 -0.15，在 5% 的检验水平下显著。说明周边城市推进城市化有利于减少本地区 CO_2 排放。长三角城市群是我国经济发展的重要引擎之一，同时也是国家节能减排和大气污染治理的重点区域。长三角一体化发展的国家战略无疑将进一步提升周边城市的管理水平和资源利用率，有助于整个区域碳排放量的减少。同时，城市化水平的提升也意味着人口和产业出现集聚效应，第三产业工作人员将快速增加，这无疑将间接减少单位经济增长所排放的污染物排放水平。

NDVI 对碳排放量和 $PM_{2.5}$ 浓度的直接效应系数和空间溢出效应系数均为负，且通过 1% 水平下的显著检验。NDVI 指数每降低 1% 将使碳排放减少 0.276% 并使 $PM_{2.5}$ 浓度降低 0.223%，表明绿化水平显著的降低了本地城市碳排放量和 $PM_{2.5}$ 浓度，说明城市绿化水平在除尘、净化空气方面具有良好的作用。同样，周边城市 NDVI 指数每降低 1% 将使 $PM_{2.5}$ 浓度降低 0.401%，周边城市 NDVI 指数的提升也将显著的减缓本地区 $PM_{2.5}$ 污染。周边城市绿化水平提升对减缓本地城市 $PM_{2.5}$ 浓度的作用强于本地绿化水平提升的减缓作用，可见长三角城市群应致力于共同保护生态环境，加强环境合作。

人口密度对碳排放量存在显著的负效应，其系数为 -0.268 且通过 1% 的显著性检验，意味着人口密度每增加 1% 将使碳排放减少 0.268%。人口密度对 $PM_{2.5}$ 的正向影响并未通过显著性检验。以往研究证明，人口密度将用过规模效应和集聚效应来影响污染物排放，规模效应将增加能源需求和城市拥堵，集聚效应将通过技术进步和治理污染措施效率提升来缓解污染物排放。以上数据表明长三角城市群人口密度提升产生了集聚效应，基础设施和资源利用率得到提升进而减少了碳排放量。与之相呼应的城市化驱动因素对污染排放的负效应评估结果进一步得到验证。同样也观察到人口密度对碳排放的空间溢出效应也为负且通过 1% 的显著性检验，周边城市人口密度提升也将有助于本地城市碳排放量减少。这可以理解为人口密度对相邻城市的传导影响通过人口迁移和流动实现，在人口密度较大的城市，人们对资源获取和环境要求更高，可能会为了改变生活质量而选择返乡或移居相邻城市，这会弱化规模效应进而对本地碳排放造成影响。

技术水平对碳排放具有正向影响，其系数为 0.042 且通过 1% 的显著性检验。以往研究证明，技术进步从生产技术和减排技术两个途径来影响碳排放，即技术进步可以促进能源强度降低减少碳排放量，也可以扩大生产力进而增加碳排放。可见，技术研发投入的偏好一定程度上也影响了碳排放变化方向。本文估计 2005 年至 2017 年长三角城市群研发投入可能更多应用于促进生产技术而非绿色生产技术，扩大生产的同时造成了碳排放的增长。这表明长三角城市群未来要实现减排须要加大绿色生产技术的研发投入，进而有效发挥科技水平对节能减排的作用。技术水平对 $PM_{2.5}$ 存在不显著的微弱正效应，同时对碳排放和 $PM_{2.5}$ 的空间溢出效应皆未通过显著性检验，需要进一步分阶段解析。

能源强度对碳排放和 $PM_{2.5}$ 均具有显著的正向影响。其中，能源强度对碳排放的直接效应系数为 0.024 且通过 10% 的显著性检验，能源强度每提升 1% 将使碳排放量增加 0.024%。能源强度对 $PM_{2.5}$ 的直接系数为 0.003 且通过 5% 的显著性检验，能源强度每提升 1% 将使 $PM_{2.5}$ 浓度提升 0.003%。此外，能源强度对碳排放和 $PM_{2.5}$ 的空间溢出效应皆为正，这表明周边城市能源强度提升同样也会对本地碳排放和 $PM_{2.5}$ 具有显著的增促效应。这说明降低单位 GDP 能耗是减少碳排放和 $PM_{2.5}$ 浓度的重要途径。本文证明提升能效、促进可再生能源和清洁能源对化石能源的替代，进而实现能源结构转型是实现碳减排和大气污染环境协同治理的关键所在。

交通负荷对 $PM_{2.5}$ 具有正向的影响。其直接效应系数为 0.015 且通过 10% 的显著性检验，其空间溢出效应系数为 0.057 且通过 5% 的显著性检验。交通负荷加重将导致排放出来的尾气加剧，同时交通拥堵也会导致机动车的不完全燃烧进一步增加废气，最终影响本地空气质量。同样本文估计到，周边城市交通负荷严重也会影响本地城市的 $PM_{2.5}$ 增加，可见污染物在大气传输过程中的对周边城市造成了污染。因此，长三角城市群应继续大力推广清洁能源汽车，提高公共交通的运输能力，构建便捷高效的公共交通网络，提升城市居民的绿色低碳出行意识。交通负荷对碳排放的空间溢出效应系数为负且通过 1% 的显著性检验，这说明本地区交通负荷增加将有利于减少周边地区碳排量，这归因于本地区在机动车增多达到规模后造成污染的同时也弱化了周边城市的规模效应，进而对周边城市的油品需求造成影响最终减少了其碳排放量。

固定资产投资额对碳排放和 $PM_{2.5}$ 均具有显著的正向影响。其中，固定资产投资额对碳排放的直接效应系数为 0.049 且通过 1% 的显著性检验，固定资产投资额每提升 1% 将使碳排放量增加 0.049%。固定资产投资额对 $PM_{2.5}$ 的直接效应系数为 0.018 且通过 1% 的显著性检验，固定资产投资额每提升 1% 将使 $PM_{2.5}$ 浓度上升 0.018%。中国的固定资产投资主要集中于第二产业，由此产生了大量的能源消耗。同技术水平驱动因素结合分析可知，大量的投资集中于生产环节，生产技术没有完全进行低碳化改进，产生了更多的碳排放并造成空气污染加剧。为此，应进一步提高固定资产投资项目的环境影响评价标准，同时应扶持绿色生产技术的建设项目，鼓励绿色创新。

产业结构和对外开放对碳排放和 $PM_{2.5}$ 具有不显著的正向影响。第二产业主要以能源密集型和高碳密集型产业为主，是碳排放的主体。一方面，淘汰落后产能、改造传统技术、发展技术含量高的技术密集型产业和进行产业结构升级是降低碳排放量并减少 $PM_{2.5}$ 浓度的必要途径。另一方面，实际利用外资额可以通过收入效应和技术外溢效应等方式来提高环境质量。值得一提的是产业结构和对外开放水平在不同时期对碳排放和 $PM_{2.5}$ 浓度会产生不同的影响。此种变化反映出不同时期中国的发展理念。考虑到此种情况，接下来我们将进行分阶段面板数据考量，进一步探究影响碳排放和 $PM_{2.5}$ 的社会经济影响因素。

(三) 分阶段面板的空间计量模型估计结果

将总体面板分为 2005 年至 2012 年和 2013 年至 2017 年两阶段进行分阶段估计，通过模型比选和检验，如表 4 - 12 的检验结果，同样指向应用时空固定效应下的空间杜宾误差模型对直接效应和空间溢出效应参数进行估计。

图 4 - 2 展示了 CO_2 和 $PM_{2.5}$ 社会经济影响因素的两阶段估计系数变化。从两阶段面板估计系数可以观察到人均 GDP 对碳排放的正向影响依旧通过 1% 的显著性检验，然而 2013 年之后人均 GDP 对碳排放的正向影响在减弱，同时人均 GDP 对 $PM_{2.5}$ 浓度的减缓作用开始显现。原因在于长三角地区自 2013 年开始实施严格的空气污染治理行动，一些污染较大的重型企业逐渐转移到中国的中西部地区，产业结构得到升级进而有助于碳排放减少和空气质量好转。城市化进程在两阶段估计中，对碳排放的正向影响呈现增强趋势。对 $PM_{2.5}$ 而言，2013 年之前城市化水平提高显著的加重了 $PM_{2.5}$ 污染，但 2013 年之后正向影响转化为负向影响。NDVI 在两阶段估计中对减少碳排放的影响虽未通过显著性检验但其效应正在减弱，在 2013 年之前 NDVI 对减少本地和周边城市 $PM_{2.5}$ 污染做出了

重要贡献，2013 年之后产生了不显著的正效应。其可以归因于随着地方改善环境的行动，植被茂盛的林荫大道可能导致"绿色"屋顶效应，这会阻止污染物离开街道，空气质量可能受到极大的影响。这提醒政策执行者须考虑种植的树木类型、街道的形状、风流动的方向、以及污染源和受体的位置，才能更加有效的减缓空气污染。人口密度在两阶段估计中的集聚效应强于规模效应且均通过了显著性检验，且 2013 年后本地人口密度增加显著地减少了周边地区的碳排放。这意味着长三角城市群应进一步加强集聚效应，通过技术进步和治理污染措施的效率提升来缓解污染物排放。技术水平在 2013 年之前对碳排放具有显著的正向影响，2013 年之后正向效应明显减弱。这说明 2013 年之前研发投入更多用于促进生产技术而非绿色技术，对碳排放表现出显著的促增效应，2013 年后随着经济发展模式转变，正向效应随之减弱。2013 年之后，第二产业比重上升对本地碳排放依旧存在显著的正向影响，这意味着未来随着二产业比重的下降，长三角地区碳排放会显著的下降。能源强度在两阶段估计中正向影响显著增强，同时 2013 年之后对周边城市 $PM_{2.5}$ 污染造成正向影响。交通负荷在两阶段估计中显示出在 2013 年后对本地 $PM_{2.5}$ 浓度具有显著的正向影响，同时本地交通负荷加重对 2013 年之前周边城市碳排放具有显著的负向影响，但其负向效应在 2013 年之后减弱且不显著。这可能是因为城市机动车增多对油品的需求逐年增大，城市间交通来往频繁进而对碳排放产生了影响。固定资产投资额在两阶段估计中对本地碳排放和 $PM_{2.5}$ 均具有显著的正效应，且越来越强。特别是在 2013 年之后，其对 $PM_{2.5}$ 的增促效应明显强于对碳排放的增促效应，对周边城市 $PM_{2.5}$ 污染也会产生正向影响。说明城市在固定资产投资项目建设中对粉尘等颗粒物的管控不到位，为此应加强项目的环境准入和施工环保管控。外商直接投资额在两阶段估计中仍旧对碳排放呈现不显著的正向影响，且在 2013 年后对 $PM_{2.5}$ 存在不显著的负向影响。此结果说明在两阶段中外商直接投资额一定程度上还是促进了碳排放的增加，但 2013 年之后，在外资及技术引进上考虑到了绿色转型需求，对 $PM_{2.5}$ 污染产生了缓解作用。

表4-12 基于分阶段面板数据的空间杜宾误差模型结果

Variables	Explained variable			
	CO_2		$PM_{2.5}$	
	2005~2012	2013~2017	2005~2012	2013~2017
GDP	0.021*** (2.484)	0.017*** (2.813)	0.003 (0.578)	-0.007* (-0.512)
URBAN	0.001 (0.036)	0.067* (1.626)	0.044** (2.058)	-0.002 (-0.028)
NDVI	-0.145 (-1.400)	-0.089 (-0.993)	-0.271*** (-4.070)	0.200 (1.235)
POP	-0.410*** (-4.455)	0.242*** (2.384)	-0.046 (-0.718)	0.047 (0.245)
TL	0.036*** (6.638)	0.013 (1.147)	-0.001 (-0.153)	-0.010 (-0.539)
IS	-0.006 (-0.254)	0.149*** (2.518)	0.011 (0.735)	0.044 (0.392)
EI	-0.097*** (-2.934)	0.059*** (3.506)	0.014 (0.559)	0.000 (-0.004)
TP	-0.013 (-1.1231)	-0.003 (-0.217)	0.008 (1.001)	0.076*** (3.195)
IIFA	0.029** (1.926)	0.034* (1.794)	-0.017* (-1.615)	0.101*** (2.634)
OPEN	0.006 (1.172)	0.006 (0.749)	0.003 (0.661)	-0.017 (-1.113)
W*GDP	0.029 (0.995)	0.001 (0.054)	-0.017 (-0.784)	-0.025 (-0.626)
W*URBAN	-2.245*** (-2.630)	0.482*** (3.802)	0.160** (2.144)	0.119 (0.426)
W*NDVI	0.263 (1.040)	0.094 (0.472)	-0.596*** (-2.905)	0.051 (0.120)
W*POP	0.162 (0.532)	-0.708*** (-2.592)	0.258 (1.068)	-0.223 (-0.368)
W*TL	0.023 (1.377)	-0.020 (-0.592)	-0.001 (-0.079)	-0.099 (-1.486)
W*IS	-0.286*** (-4.051)	0.101 (0.440)	-0.017 (-0.326)	0.827* (1.812)

续表

Variables	Explained variable			
	CO_2		$PM_{2.5}$	
	2005~2012	2013~2017	2005~2012	2013~2017
W * EI	-0.145（-1.334）	0.004（0.053）	0.039（0.447）	0.413 *** （2.446）
W * TP	-0.080 *** （-2.453）	-0.027（-0.800）	0.006（0.229）	0.099（1.306）
W * IIFA	-0.080 * （-1.547）	0.048（0.779）	0.048（1.228）	0.207 * （1.650）
W * OPEN	0.076 *** （3.621）	0.026（1.155）	0.01（0.599）	-0.010（-2.202）
Hausman（time）	325.156 ***	121.939 ***	959.372 ***	197.133 ***
Hausman（spatial）	1374.739 ***	1186.188 ***	245.013 ***	428.983 ***
LM（lag）	0.406	0.140	32.436 ***	24.490 ***
robust LM（lag）	0.065	0.000	0.560	0.476
LM（error）	2.672 *	4.840 **	108.015 ***	76.977 ***
robust LM（error）	2.332	4.699 **	76.140 ***	52.963 ***
Wald（lag）	45.502 ***	33.572 ***	9.886 ***	11.407 ***
Wald（error）	46.301 ***	33.020 ***	20.436 ***	15.392 ***

注意：*** ，** ，和 * 分别表示显著水平为 1%，5% 和 10%。

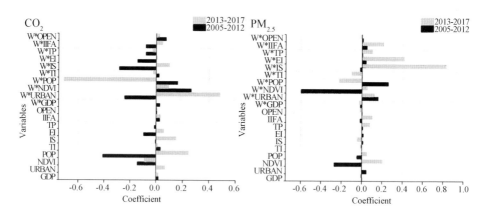

图 4 - 2　CO_2 和 $PM_{2.5}$ 的社会经济驱动因素的阶段性变化

（四）进一步讨论社会经济驱动因素

为了清晰地理解长三角城市群不同时期社会经济驱动因素对碳排放和 $PM_{2.5}$ 的影响，本文从总体面板和分阶段面板两个分析模式对其进行了直接效应和空间溢出效应系数估计。一方面，研究结果显示经济增长依旧会使碳排放增加但其效应正在减弱，对 $PM_{2.5}$ 反而开始起到减缓作用。城市化水平提升仍旧会使碳排放增加但对 $PM_{2.5}$ 的正向影响已经减弱。NDVI 指数对碳排放和 $PM_{2.5}$ 起到了显著的减缓作用，但同样也发现绿化不当这类可能会造成对 $PM_{2.5}$ 的减缓作用变小的因素。人口密度增加对碳排放的集聚效应明显强于规模效应，但对 $PM_{2.5}$ 的影响并不显著。技术水平的提升同样带来了的碳排放量的增加但其正向效应已经开始明显减弱。第二产业比重降低显著的减少了碳排放。能源强度降低也显著的对碳排放量和 $PM_{2.5}$ 浓度起到了减缓作用。交通负荷上升造成了城市 $PM_{2.5}$ 浓度上升且其效应逐渐增强。以往研究显示交通部门和散煤消费单位二氧化碳排放的大气污染强度高于工业和电力部门，本研究的结果同时也证明交通结构调整和能源替代能够产生较高的协同减排效应。固定资产投资额对碳排放的正向效应逐渐增强同时也造成了更多的 $PM_{2.5}$ 污染。对外开放水平对碳排放和 $PM_{2.5}$ 也存在不显著的正向影响。另一方面，从影响方向来看，能够显著实现碳排放和大气污染协同治理的影响因素是 NDVI、能源强度和固定资产投资额。由此可见，碳排放和大气污染物协同治理涉及到经济发展模式、城市及人口规划、产业结构、能源结构替代、绿色技术创新和投入、交通运输体系建设等多维度社会经济因素，而如何利用这些社会经济因素实现对碳排放和大气污染的协同治理则需要合理的全局规划，这同样对长三角一体化发展提出更高的要求。因此，从本文的实证结果来看，协同治理应着眼于能源结构清洁化和加速产业结构绿色化转型，形成以低碳为特征的产业体系、能源体系和生活方式，实现社会经济可持续发展；生态环境和城市环境的改善能够实现双降但也应注意绿化得当，规避"绿色屋顶"效应；重视城市集聚效应规避规模效应，借助合理的财税政策引导开展节能减排技术创新。此外，协同治理政策和专项污染治理政策并行才能更加有效且全面的实现碳排放和大气污染双控目标。

四、结论和建议

碳排放和大气污染物同根同源，应对气候变化和治理大气污染具有显著的协同效应。对碳排放和大气污染的社会经济根源的准确识别，是合理制定和有效实施协同治理政策的前提条件。本文首先通过年际变化和空间相关性检验分析了 2005 年至 2017 年长三角城市群碳排放量和 $PM_{2.5}$ 浓度，分析表明得益于中国 2013 年起实施的强有力的污染防治行动，CO_2 和 $PM_{2.5}$ 同时逐年下降，但多数城市具有碳排放较低而 $PM_{2.5}$ 浓度较高这一不对等的特征，且 $PM_{2.5}$ 浓度在空间上的相关性强于 CO_2 排放。其次，基于空间杜宾误差模型对 CO_2 和 $PM_{2.5}$ 排放的社会经济驱动因素进行了定量识别，结果表明，能够显著实现碳排放和大气污染协同治理的影响因素是 NDVI、能源强度和固定资产投资额。绿化水平提升、能源强度降低和固定资产投资额减少将显著地对 CO_2 和 $PM_{2.5}$ 的排放起到减缓作用。经济增长和技术水平提升会对碳排放起到促进作用，而人口的集聚效应则会起到相反的作用。交通负荷加大将对 $PM_{2.5}$ 起到显著加重作用。由两阶段面板估计分析可知，经济增长对碳排放地正向影响已经开始减弱，同时对 $PM_{2.5}$ 浓度开始显现减缓作用。与之类似地是技术水平提升对碳排放的正向影响也已经开始减弱，第二产业比重降低显著的降低了碳排放量。城市化水平提升仍旧会使碳排放增加但对 $PM_{2.5}$ 的正向影响已经减弱。以上研究结论说明随着 2013 年起实施污染防治计划，经济发展模式的调整、产业结构的变化和绿色技术创新的长足发展对长三角城市群的碳排放和环境质量起到了明显改善作用。但同时可以看到交通负荷的加大也显著造成了城市 $PM_{2.5}$ 浓度上升且其效应逐渐增强，固定资产投资额对碳排放的正向效应逐渐增强同时也造成了更多的 $PM_{2.5}$ 污染。

"十四五"规划要求长三角一体化发展需推进长三角区域主要污染物总量控制一体化管理，上述研究结论对如何通过社会经济手段实现长三角城市群碳排放和大气污染协同治理具有重要的政策意义。为此，本文拟从以下几个方面提出政策建议：

①构建以源头治理结合末端治理，综合治理结合专项治理为核心的协同治理体系。能源、工业、交通等重点领域和火电、钢铁、石化等高排放行业，既是污染治理的主责部门，也是碳减排的主力军。突出源头治理同时不可避免地也要加强末端治理技术创新，从首到尾实现治理管控。综合协同治理方案设计应涉及经济发展模式、城市及人口规划、产业结构、能源结构替代、绿色技术创新和投入、交通运输体系建设等多维度，强调"归一化"管理同时也要重视VOCs等专项减排措施，实现综合治理结合专项治理才能推动环境治理体系和治理能力现代化。

②加快构建长三角区域减污降碳协同治理体系。体系建设应从统一监测、统一标准、统一执法着手。首先充分依托成熟的污染物监测体系，组建二氧化碳检测网，结合卫星遥感等自上而下反演技术开展二氧化碳和污染物统一检测和数据共享。其次，联合制定长三角区域污染物总量控制方案实现统一标准，同时充分发挥环境影响评价的准入把关作用，强化减污降碳对国土空间开发的硬性约束。最后，实施污染物和二氧化碳的统一监管和执法，推进跨区域、跨部门协同监管，整合各省市在综合执法队伍、执法能力、执法规程的实践经验，创新长三角一体化监管协作方式。

本节参考文献

[1] ZHOU Y, YANG Y, XIA S. A novel geographic evolution tree based on econometrics for analyzing regional differences in determinants of Chinese CO_2 emission intensity [J]. Journal of Environmental Management, 2022, 305: 114402.

[2] ZHENG J J, JIANG P, QIAO W, et al. Analysis of air pollution reduction and climate change mitigation in the industry sector of Yangtze River Delta in China [J]. Journal of Cleaner Production, 2016, 114: 314 – 322.

[3] WEI X Y, TONG Q, MAGILL I, et al. Evaluation of potential co-benefits of air pollution control and climate mitigation policies for China's electricity sector [J]. Energy Economics, 2020, 92: 104917.

[4] JIANG P, KHISHGEE S, ALIMUJIANG A, et al. Cost-effective approaches for reducing carbon and air pollution emissions in the power industry in China [J]. Journal of Environmental Management, 2020, 264: 110452.

[5] GALLAGHER K S, ZHANG F, ORVIS R, RISSMAN J, et al. Assessing the Policy gaps for achieving China's climate targets in the Paris Agreement [J]. Nature Communications, 2019, 10: 1256.

[6] LI N, CHEN W Y, RAFAJ P, et al. Air Quality Improvement Co-benefits of Low-Carbon Pathways toward Well Below the 2 degrees C Climate Target in China [J]. Environmental Science & Technology, 2019, 53 (10): 5576 – 5584.

[7] CHENG J, TONG D, ZHANG Q, et al. Pathways of China's $PM_{2.5}$ air quality 2015 – 2060 in the context of carbon neutrality [J]. National Science Review, 2021, 8 (12): 12.

[8] ZHAI S X, JACOB D J, WANG X, et al. Fine particulate matter ($PM_{2.5}$) trends in China, 2013 – 2018: separating contributions from anthropogenic emissions and meteorology [J]. Atmospheric Chemistry and Physics, 2019, 19 (16): 11031 – 11041.

[9] ZHANG Y, CHEN X, MAO Y Y, et al. Analysis of resource allocation and $PM_{2.5}$ pollution control efficiency: Evidence from 112 Chinese cities [J]. Ecological Indicators, 2021, 127: 107705.

[10] XING J, LU X, WANG S X, et al. The quest for improved air quality may push China to continue its CO_2 reduction beyond the Paris Commitment [J]. Proceedings of the National Academy of Sciences of the United States of America, 2020, 117 (47): 29535 – 29542.

[11] YAN D, REN X, ZHANG W, et al. Exploring the real contribution of socioeconomic variation to urban $PM_{2.5}$ pollution: New evidence from spatial heteroscedasticity [J]. Science of The Total Environment, 2022, 806: 150929.

[12] BOUZNIT M, PABLO-ROMERO M D P. CO_2 emission and economic growth in Algeria [J]. Energy Policy, 2016, 96: 93 – 104.

[13] ZHAO X, ZHOU W, HAN L, et al. Spatiotemporal variation in $PM_{2.5}$ concentrations and their relationship with socioeconomic factors in China's major cities [J]. Environment International, 2019, 133: 105145.

[14] YAN D, REN X, KONG Y, et al. The heterogeneous effects of socioeconomic determinants on $PM_{2.5}$ concentrations using a two-step panel quantile regression [J]. Applied Energy, 2020, 272: 115246.

[15] ZHENG Y, PENG J, XIAO J, et al. Industrial structure transformation and provincial heterogeneity characteristics evolution of air pollution: Evidence of a threshold effect from China [J]. Atmospheric Pollution Research, 2020, 11 (3): 598 – 609.

[16] HAO Y, LIU Y, WENG J H, et al. Does the Environmental Kuznets Curve for coal consumption in China exist? New evidence from spatial econometric analysis [J]. Energy,

2016, 114: 1214 – 1223.

[17] LYU W, LI Y, GUAN D, et al. Driving forces of Chinese primary air pollution emissions: an index decomposition analysis [J]. Journal of Cleaner Production, 2016, 133: 136 – 144.

[18] DU Y, SUN T, PENG J, et al. Direct and spillover effects of urbanization on $PM_{2.5}$ concentrations in China's top three urban agglomerations [J]. Journal of Cleaner Production, 2018, 190: 72 – 83.

[19] FENG T, DU H, LIN Z, et al. Spatial spillover effects of environmental regulations on air pollution: Evidence from urban agglomerations in China [J]. Journal of Environmental Management, 2020, 272: 110998.

[20] CHENG Z. The spatial correlation and interaction between manufacturing agglomeration and environmental pollution [J]. Ecological Indicators, 2016, 61: 1024 – 1032.

[21] CHENG Z, LI L, LIU J. The impact of foreign direct investment on urban $PM_{2.5}$ pollution in China [J]. Journal of Environmental Management, 2020, 265: 110532.

[22] OMRI A, NGUYEN D K, RAULT C. Causal interactions between CO_2 emissions, FDI, and economic growth: Evidence from dynamic simultaneous-equation models [J]. Economic Modelling, 2014, 42: 382 – 389.

[23] DOGAN E, ASLAN A. Exploring the relationship among CO_2 emissions, real GDP, energy consumption and tourism in the EU and candidate countries: Evidence from panel models robust to heterogeneity and cross-sectional dependence [J]. Renewable and Sustainable Energy Reviews, 2017, 77: 239 – 245.

[24] DONG K Y, HOCHMAN G, KONG X L, et al. Spatial econometric analysis of China's PM_{10} pollution and its influential factors: Evidence from the provincial level [J]. Ecological Indicators, 2019, 96: 317 – 328.

[25] LIU Y, ZHOU Y, WU W. Assessing the impact of population, income and technology on energy consumption and industrial pollutant emissions in China [J]. Applied Energy, 2015, 155: 904 – 917.

[26] WOLDE-RUFAEL Y, IDOWU S. Income distribution and CO_2 emission: A comparative analysis for China and India [J]. Renewable and Sustainable Energy Reviews, 2017, 74: 1336 – 1345.

[27] LIU Z, LIANG S, GENG Y, et al. Features, trajectories and driving forces for energy-related GHG emissions from Chinese mega cites: The case of Beijing, Tianjin, Shanghai and Chongqing [J]. Energy, 2012, 37 (1): 245 – 254.

[28] YANG X, WANG S, ZHANG W, et al. Impacts of energy consumption, energy structure, and treatment technology on SO_2 emissions: A multi-scale LMDI decomposition analysis in China [J]. Applied Energy, 2016, 184: 714 – 726.

[29] GUAN D, SU X, ZHANG Q, et al. The socioeconomic drivers of China's primary $PM_{2.5}$

emissions [J]. Environmental Research Letters, 2014, 9 (2): 024010.

[30] ZHAO H Y, ZHANG Q, GUAN D B, et al. Assessment of China's virtual air pollution transport embodied in trade by using a consumption-based emission inventory [J]. Atmospheric Chemistry and Physics, 2015, 15 (10): 5443 – 5456.

[31] WANG Y, LIU C, WANG Q, et al. Impacts of natural and socioeconomic factors on $PM_{2.5}$ from 2014 to 2017 [J]. Journal of Environmental Management, 2021, 284: 112071.

[32] WU Q, GUO R, LUO J, et al. Spatiotemporal evolution and the driving factors of $PM_{2.5}$ in Chinese urban agglomerations between 2000 and 2017 [J]. Ecological Indicators, 2021, 125: 107491.

[33] FU Z, LI R. The contributions of socioeconomic indicators to global $PM_{2.5}$ based on the hybrid method of spatial econometric model and geographical and temporal weighted regression [J]. Science of The Total Environment, 2020, 703: 135481.

[34] LIU H, FANG C, ZHANG X, et al. The effect of natural and anthropogenic factors on haze pollution in Chinese cities: A spatial econometrics approach [J]. Journal of Cleaner Production, 2017, 165: 323 – 333.

[35] SHEN F, ZHANG L, JIANG L, et al. Temporal variations of six ambient criteria air pollutants from 2015 to 2018, their spatial distributions, health risks and relationships with socioeconomic factors during 2018 in China [J]. Environment International, 2020, 137: 105556.

[36] ZHOU H, JIANG M, HUANG Y, et al. Directional spatial spillover effects and driving factors of haze pollution in North China Plain [J]. Resources, Conservation and Recycling, 2021, 169: 105475.

[37] ZENG C, STRINGER L C, LV T. The spatial spillover effect of fossil fuel energy trade on CO_2 emissions [J]. Energy, 2021, 223: 120038.

[38] ZHAO X, BURNETT J W, FLETCHER J J. Spatial analysis of China province-level CO_2 emission intensity [J]. Renewable and Sustainable Energy Reviews, 2014, 33: 1 – 10.

[39] LIU X, ZOU B, FENG H, et al. Anthropogenic factors of $PM_{2.5}$ distributions in China's major urban agglomerations: A spatial-temporal analysis [J]. Journal of Cleaner Production, 2020, 264: 121709.

[40] LU X, CHEN Y, HUANG Y, et al. Exposure and mortality apportionment of $PM_{2.5}$ between 2006 and 2015 over the Pearl River Delta region in southern China [J]. Atmospheric Environment, 2020, 231: 117512.

[41] ZHU W, WANG M, ZHANG B. The effects of urbanization on $PM_{2.5}$ concentrations in China's Yangtze River Economic Belt: New evidence from spatial econometric analysis [J]. Journal of Cleaner Production, 2019, 239: 118065.

[42] ZHOU L, SUN N, MIAO Y, et al. Polarization Effect and Spread Effect: the Role of the Yangtze River Delta in Regional Balanced Development: Evidence from Urban Agglomerations

in the Yangtze River Delta and the Middle Reaches of the Yangtze River [J]. Resources and Environment in the Yangtze Basin, 2021, 30 (4): 782 – 795.

[43] WEI J, LI Z Q, LYAPUSTIN A, et al. Reconstructing 1-km-resolution high-quality $PM_{2.5}$ data records from 2000 to 2018 in China: spatiotemporal variations and policy implications [J]. Remote Sensing of Environment, 2021, 252: 112136.

[44] LIU X, SUN T, FENG Q. Dynamic spatial spillover effect of urbanization on environmental pollution in China considering the inertia characteristics of environmental pollution [J]. Sustainable Cities and Society, 2020, 53: 101903.

[45] ZHANG X, CHEN L, YUAN R. Effect of natural and anthropic factors on the spatiotemporal pattern of haze pollution control of China [J]. Journal of Cleaner Production, 2020, 251: 119531.

[46] LESAGE J P, PACE R K. Introduction to Spatial Econometrics [M]. Boca Raton, FL: CRC Press, 2009.

[47] WANG X M, TIAN G H, YANG D Y, et al. Responses of $PM_{2.5}$ pollution to urbanization in China [J]. Energy Policy, 2018, 123: 602 – 610.

[48] ELHORST J P. Dynamic spatial panels: models, methods, and inferences [J]. Journal of Geographical Systems, 2012, 14 (1): 5 – 28.

第三节　长三角城市群 $PM_{2.5}$ 和
臭氧污染共同控制的驱动因素

一、绪论

自 2013 年至 2017 年，中国细颗粒物（$PM_{2.5}$）的浓度降低了约 30% 至 40%[1,2]。尽管中国的 $PM_{2.5}$ 污染在近年来有所改善，但 $PM_{2.5}$ 的浓度仍明显超过了空气质量标准（即中国国家标准要求 $PM_{2.5}$ 的年均浓度应降至 35μg/m3 以下）。此外，臭氧（O_3）污染也变严重了[3]。2019 年，全国 337 个城市的平均 O_3 浓度为 148μg/m3，以 O_3 为首要污染物的天数占超标天数总数的 41.8%，仅次于 $PM_{2.5}$，后者占比为 45%。此外，$PM_{2.5}$ 和 O_3 污染呈现出区域特征[4,5]。在京津冀地区、长三角和汾渭平原，2020 年的 O_3 浓度较 2015 年增加了 24.5%、18% 和 32.1%[6]。$PM_{2.5}$ 和 O_3 污染具有相同的来源，挥发性有机化合物（VOCs）是它们的共同前体物。大气氧化的增强还会促进二次 $PM_{2.5}$ 的形成和 O_3 浓度的增加。降低氮氧化物（NOx）和 VOCs 的排放量对降低 $PM_{2.5}$ 和 O_3 污染有良好的协同效应[7]。此外，由于 $PM_{2.5}$ 和 O_3 重污染区域基本重合，因此协调控制 $PM_{2.5}$ 和 O_3 污染已成为中国空气污染控制的关键[8]。

长三角是中国城市化和工业化发展水平最高的地区，以煤炭为主的能源体系不仅支撑着其城市化和工业化的发展，还造成了严重的区域空气污染问题[9]。区域内空气污染事件的形成和发展也受到区域内交通的显著影响，区域内交通所排放的 O_3 和 $PM_{2.5}$ 占总排放量的 30% 至 80%[10,11]。在长三角，O_3 和 $PM_{2.5}$ 是影响空气质量最重要的污染物[12,13]。随着长三角一体化发展成为国家战略，面对新的大气污染防治形势，有必要探讨社会经济发展与空气质量之间的关系。识别关键驱动因素将有助于找到协调控制 $PM_{2.5}$ 和 O_3 污染的路径。因此，探索 $PM_{2.5}$ 和 O_3 污染的时空分布和协调控制路径对促进长三角的可持续发展具有重要的实际意义。

先前的研究已经进行了有关大气污染物源解析[14-16]、大气污染浓度的时空演变规律[17,18]研究以及大气污染驱动因素的计量研究[19-21]。段等人[22]基于耦合 Weather Research and Forecasting Model-Community Multi-scale Air Quality Model（WRF-CMAQ）的分布式滞后非线性模型，评估了气象条件和人为排放对 PM$_{2.5}$ 和 O$_3$ 变化的影响。王等[11]利用源区化学传输模型量化了 2013 年北京和上海地区地表 O$_3$ 的源区贡献。孙等[23]测量了 2016 年长三角 33 个城市的 PM$_{2.5}$ 和 O$_3$ 浓度的时空分布特征和影响因素。然而，这些研究的结果并没有动态分析 PM$_{2.5}$ 和 O$_3$ 浓度的长期演变特征。黄和赵在 2018 年[24]分析了 2015 年至 2017 年长三角城市群的 O$_3$ 污染的时空演变特征。他们利用地理探测器获得了相关驱动因素的正负方向。吴等[25]指出了中国华东地区和华中地区的 PM$_{2.5}$ 与经济城市化的连接形状分别是倒 N 型和倒 U 型。研究结果表明，对空气污染的贡献最大的是对外贸易，其次是经济增长、产业结构和外国直接投资。

传统的统计理论是基于观测值相互独立的假设的理论。然而，在遇到空间数据时，在现实生活中，独立的观测值并不常见。根据地理学的第一定律[26]，地理表面上不同指标的所有属性值都彼此相关，但较近的指标之间的关系比较远的指标之间的关系更为紧密。不同地区之间的经济和地理行为通常存在一定程度的空间相互作用。鉴于中国的空气污染事件通常发生在多个地区，因此相邻地区的空气污染可能存在空间相关性[27]。只考虑地方情况是片面的，还应考虑城市之间的污染物输送的重要性。因此，传统的经济计量技术，如普通最小二乘（OLS）法和广义最小二乘（GLS）法，忽视了污染物的空间外溢效应，可能会扭曲驱动因素分析的结果[28]。空间计量模型关注空气污染的地区间相互作用，并逐渐被接受识别相邻区域之间的空间外溢效应来分析社会经济驱动因素[29-31]。冯等[32]采用空间 Durbin 模型（SDM）研究了中国主要人口聚集地的环境法规对本地和周边城市 PM$_{2.5}$ 浓度的影响。该研究表明，空气污染不仅受到本地环境法规的影响，还受到周边城市实施的法规的影响。方等[33]探讨了参与"一带一路"倡议的 74 个国家的 PM$_{2.5}$ 浓度的时空分布，并通过空间滞后模型（SLM）和空间误差模型（SEM）确定了社会经济和自然驱动因素。值得注意的是，其空间计量模型是主观选择的，并未经过模型测试的判断。

总的来说，现有文献为空气污染背后的驱动因素提供了重要的理论基础和实证解释。然而，在这个领域仍然存在研究差距。许多研究往往专注于某一种大气污染物[34,35]，很少有研究全面考虑驱动因素对多种污染物的协同影响。此外，由于缺乏大气污染物数据，很难评估大气污染物浓度的时空演变过程。此外，一些研究缺乏对空间计量模型的判断测试，主观选择计量模型也可能导致结果偏差。为了克服大气污染物浓度数据样本量较小的缺点，最近一些研究[36,37]采用了大气卫星遥感信息，进行数据提取。这有效填补了大气污染物浓度的长时间序列面板数据的空白，因此受到了大气污染物驱动因素计量研究的欢迎。其优势在于基于地表源监测而不是通过传统监测点测量数据，能全面准确地识别区域污染情况。

为了填补以上差距，本研究提取了长江三角洲城市群（YRDUA）2005 年至 2018 年的 $PM_{2.5}$ 和地表 O_3 卫星遥感数据，并观察其时空演变特征。使用 Moran 指数的空间自相关性分析空间集聚效应。基于长时间序列的 $PM_{2.5}$ 和 O_3 浓度面板数据，可以开发应用空间 Durbin 模型的空间计量方法来评估协调控制 $PM_{2.5}$ 和 O_3 污染的驱动因素及其空间外溢效应。本文的主要贡献包括：①基于开发的空间时间额外树（STET）模型，提取了地面空气污染物的长期、全覆盖、高分辨率和高质量数据集，以分析长江三角洲的 $PM_{2.5}$ 和 O_3 污染的时空演变。②从协同影响的角度出发，首次基于空间计量模型探索了可以实现 $PM_{2.5}$ 和 O_3 污染协调控制的驱动因素。③探索 $PM_{2.5}$ 和 O_3 污染的协调控制的社会经济路径，可为长江三角洲城市群的大气污染区域联合防控政策的制定提供理论支持，并为中国其他大型城市群的大气污染控制提供路径参考。

二、研究方法和数据

（一）研究范围和区间

长江三角洲城市群包括上海、江苏省、浙江省和安徽省的 41 个城市（总面积 358,000 平方公里）。上海是长江三角洲一体化的中心城市。浙江省的杭州市、江苏省的南京市和安徽省的合肥市是副中心城市。如图所示，长江三角洲城市群的具体范围包括上海市；安徽省的 16 个地级市：合肥、马鞍山、淮北、宿州、阜阳、蚌埠、淮南、滁州、六安、黄山、芜湖、亳州、安庆、池州、铜陵、宣城；江苏省的 13 个地级市：南京、无锡、徐州、常州、苏州、南通、连云港、淮安、扬州、镇江、泰州、宿迁、盐城；浙江省的 11 个地级市：杭州、宁波、温州、绍兴、湖州、嘉兴、金华、衢州、舟山、台州和丽水。长江三角洲城市群是中国经济发展最活跃、开放程度最高、创新能力最强的地区之一[38]。2019 年，长江三角洲地区的总 GDP 达到 23.7 万亿元，占全国总量的约 23.9%。此外，由于 O_3 和 $PM_{2.5}$ 是影响长江三角洲空气质量最重要的污染物，该地区是我国空气污染防治的重点地区。因此，选择长江三角洲城市群来探索 $PM_{2.5}$ 和 O_3 污染的空间特征，并评估其协同治理的驱动因素，将为城市群和区域空气污染控制提供经验。此外，为了更好地评估空气污染物的时空效应，我们选择 2005 年至 2018 年作为研究期间，因为这段时间可以广泛评估中国的五年计划和空气污染防治行动对污染物变化的影响。

（二）空间相关性和权重选择

探索性空间数据分析（ESDA）被广泛用于空间数据相关性和空间溢出效应研究。本文使用 ESDA 的全局空间自相关系数指标来分析长江三角洲城市群 $PM_{2.5}$ 和 O_3 污染之间的相关性。该指标定义如下：

$$I = \frac{\left[m \sum_{i=1}^{m} \sum_{j=1}^{m} w_{ij} (x_i - \bar{x})(x_j - \bar{x}) \right]}{\left[\sum_{i=1}^{m} \sum_{j=1}^{m} w_{ij} \sum_{i=1}^{m} (x_i - \bar{x})^2 \right]} \quad (1)$$

其中，Moran's I 指数（Moran Index）I 用于衡量城市群中空气污染的总体空间相关性；m 是城市群中的城市数量；w_{ij} 是空间权重矩阵；x_i 和 x_j 分别表示第 i 和第 j 城市的空气污染浓度；$\bar{x}$ 是每个城市的总体空气污染的平均值。Moran 指数 I 的取值范围在 -1 到 1 之间。若 $I > 1$，表示空气污染具有正的空间相关性。若 $I < 1$，则说明不同城市之间存在较大的空间离散性。若 $I = 0$，则表示空气污染在空间上呈现出随机分布的特征。

为加强对 $PM_{2.5}$ 和 O_3 污染空间相关性特征的调查，本文决定选择建立地理位置和经济水平的经济地理组合权重矩阵。先前的研究大多建立了两个空间权重矩阵，并将它们用于相互验证，一个是地理空间权重矩阵，另一个是经济距离权重矩阵[39,40]。然而，仅基于地理或经济权重考虑空气污染的空间相关性无疑会存在一定局限性。经验证实，空间权重矩阵的变化会导致模型估计结果的新变化。因此，通过多个矩阵的反复验证也在一定程度上影响了实证结果的参考意义。本文采用基于经济规模和经纬度距离的平方和的倒数的空间权重矩阵，既考虑了城市间的地理距离，又反映了区域经济发展水平的溢出效应，能更全面客观地反映长江三角洲城市群中 $PM_{2.5}$ 和 O_3 污染的空间相关性特征。

三、变量和数据来源

（一）年均 $PM_{2.5}$ 和 O_3 浓度数据

在本研究中，涵盖长江三角洲城市群的 2005 年至 2018 年的年均 $PM_{2.5}$ 和 O_3 数据来自中国地面空气污染物的长期、全覆盖、高分辨率和高质量数据集（China High Air Pollutants（CHAP））。这些数据是从每日数据中平均计算得到的。CHAP 数据集是利用大数据和发展的 STET 模型生成的，包括地面观测、遥感产品和大气再分析数据[41,42]。CHAP $PM_{2.5}$ 是 MODIS/Terra + Aqua Level 3（L3）年度 0.01 度（≈1km）网格地面 $PM_{2.5}$ 产品，覆盖中国东部，时间跨度为 2005 年至 2018 年，这些数据是从 Level 2 的每日产品中平均得到的。年度 $PM_{2.5}$ 估计与地面测量高度相关（R2 = 0.94），平均均方根误差（RMSE）为 5.07μg/m³。特别地，CHAP O_3 是一种新数据集，首次从 OMI 总臭氧柱浓度产品中生成，结合其他辅助数据，利用人工智能考虑了空气污染的时空异质性。这是 OMI Level 3（L3）年度数据，是中国 0.25 度（≈25km）网格地面 O_3 产品，时间跨度为 2005 年至 2018 年，这些数据是从 Level 2 的每日（当地时间 13：30）产品中平均得到的。我们发现，CHAP O_3 具有很高的准确性，交叉验证决定系数（CV – R2）为 0.84，每日均方根误差（RMSE）为 20.11μg/m³。

（二）驱动因素的数据来源

考虑到现有文献和数据的可用性，本研究选择了十个社会经济驱动因素作为解释变量，以测试长江三角洲城市群中 $PM_{2.5}$ 和 O_3 污染的空间交互作用机制。具体如下：

①人均 GDP（Eco）。该驱动因素是 GDP 除以人口。经典的环境库兹涅茨曲线假设认为，环境质量会随着经济增长呈现出一个倒 U 形曲线，先恶化后改善。许多研究已经评估了其存在性。我们使用人均 GDP 的一次和二次项进行实证研究，以探讨 $PM_{2.5}$ 和 O_3 污染与经济增长之间的关系。

②城市化水平（Urban）。城市人口占总人口比例用来表示城市化水平。一些先前的研究表明，城市化水平提高会助推污染物排放。然而，随着新型城市

化和智慧城市的建设，一些地区城市化的改善可能会减缓污染物的排放，并提高环境质量，这是选择该驱动因素的原因。

③归一化差值植被指数（NDVI）。地表植被可以通过减少漂浮尘埃、促进沉降、吸收和吸附对流层污染物来降低污染物浓度。

④人口密度（Pop）。人口密度通过规模效应和集聚效应影响城市空气质量。人口集聚效应可以通过公共交通共享率、资源利用率和在城市带中共享污染控制设施等方式减轻空气污染。人口规模效应将带来更多的土地、住房、能源和交通需求，导致交通拥堵和机动车燃料不足，进一步加剧空气污染。

⑤技术水平（Tech）。使用研发投入来反映每个城市的技术水平。生产性技术进步将在一定程度上增加能源消耗，并增加污染和排放，但绿色技术进步意味着更强的创新能力，可以兼顾生产和节能减排，从而有助于减少污染。

⑥产业结构（Ind）。用第二、第三产业在三大产业中的比例来表达产业结构。作为主要的能源消费者，第二、第三产业是中国空气污染问题的主要来源。先前的研究已经证明，第二、第三产业比例的增加将显著增加污染。然而，随着中国绿色转型过程中新污染物的出现，第二、第三产业比例的变化可能会导致空气污染的新变化。因此，已被引入作为进一步分析的解释变量。

⑦能源强度（En）。能源强度表示总社会电力消耗与GDP的比值。由于地级市能源消耗的数据不可用，本文使用总社会电力消耗进行间接估算。一般来说，能源强度的增加意味着单位产值的能源消耗增加，环境污染加剧。

⑧交通压力（Tra）。交通压力由单位路程历史上的民用车辆拥有量表示。它反映了总民用车辆数量与城市交通建设之间的关系。例如，如果值较大，则意味着交通建设滞后于民用车辆的增加，导致交通拥堵和燃料消耗增加，进而加剧空气污染。然而，随着新能源车辆数量的增加，交通压力对 $PM_{2.5}$ 和 O_3 污染的影响是不确定的。

⑨固定资产投资（In）。固定资产投资额主要用于建筑和房地产行业，它在一定程度上促进了钢铁和水泥等重工业的发展，间接加剧了空气污染。值得一提的是，这钢铁和水泥类重工业企业往往分布在多个城市，由此引发的空气污染既有局部效应，也有外溢效应。因此，固定资产投资被用作进一步分析的空

间测量模型的解释变量。

⑩对外开放程度（Open）。实际外国直接投资（FDI）反映了对外开放程度。现有研究表明，由于"污染光环"假说和"污染庇护所"假说的存在，不同研究领域尤其在不同研究地区，FDI 对环境质量的影响方向显然是不确定的。因此，我们使用 FDI 来分析其对长江三角洲城市群中 $PM_{2.5}$ 和 O_3 污染的影响。

本文的驱动因素数据由长江三角洲 41 个城市 2005 年至 2018 年的面板数据组成。除了 NDVI 来自于资源和环境数据云平台（http：//www. resdc. cn/），人口密度来自 Worldpop（http：//www. worldpop. org/）外，上述驱动因素数据来自于《中国城市统计年鉴》和各市的年度统计年鉴。表 4 - 13 显示了变量的统计描述。

表 4 - 13　变量的统计描述

variable	unit	max	min	mean	Std. dev
$PM_{2.5}$	ug/m³	91. 341	25. 580	62. 255	14. 149
O_3	ug/m³	114. 122	57. 185	92. 840	10. 758
eco	yuan/person	169409. 247	3761. 410	48374. 536	32680. 898
urban	%	89. 607	25. 582	56. 023	13. 518
ndvi	—	0. 868	0. 429	0. 738	6. 474
pop	person/km²	4415. 255	121. 376	742. 159	591. 181
tech	10^8 yuan	426. 366	0. 008	16. 088	114. 516
ind	%	74. 735	23. 910	49. 133	8. 480
en	kW · h/yuan	0. 183	0. 019	0. 084	36. 708
tra	10^4/km	322. 852	3. 436	53. 909	59. 581
in	10^8 yuan	7623. 423	75. 610	1632. 371	1540. 724
open	10^8 dollar	185. 140	0. 055	14. 498	24. 557

（三）空间计量模型的设置

为 $PM_{2.5}$ 和 O_3 分别建立静态面板数据模型。根据 Elhorst 提出的空间计量模型确定方法，首先通过拉格朗日乘子（LM）检验检查是否使用空间滞后模型或空间误差模型，然后通过似然比（LR）检验判断是否使用固定效应模型或随机效应模型，最后，利用 Wald 检验判断是否降级空间杜宾模型。基于以上三个检验和研究需求，可以确定哪种模型最终适用于实证研究。

表 4－14　LM，LR 和 Wald 的检验结果

PM$_{2.5}$		O$_3$	
Variable	value	Variable	value
LM（lag）	269.5304 ***	LM（lag）	401.9419 ***
Robust LM（lag）	106.7889 ***	Robust LM（lag）	74.6264 ***
LM（error）	162.7486 ***	LM（error）	329.1505 ***
Robust LM（error）	0.0071	Robust LM（error）	1.8349
LR（time）	290.2167 ***	LR（time）	68.292 ***
LR（spatial）	316.3107 ***	LR（spatial）	110.118 ***
Wald（SLM）	372.477 ***	Wald（SLM）	72.5433 ***
Wald（SEM）	419.8032 ***	Wald（SEM）	137.3053 ***
注意：***，**，和 * 分别表示显著水平为 1%、5% 和 10%。			

如表 4－14 所示，LM（lag）、鲁棒 LM（lag）和 LM（error）在 1% 的显著性水平下拒绝了零假设，而鲁棒 LM（error）未能通过显著性检验。因此，被解释变量存在空间效应，可以使用空间滞后模型进行计量分析。接着，对回归进行了空间杜宾模型的建立。LR 检验显示，在 1% 的显著性水平下拒绝了随机效应模型的假设，选择了固定效应模型。Wald（SLM）和 Wald（SEM）检验在 1% 的显著性水平下拒绝了零假设，因此 SDM 不能简化。总之，在本文中，应该为 PM$_{2.5}$ 和 O$_3$ 的计量建模采用固定效应空间杜宾模型。

参考 Lesage 和 Pace 的研究，分别为 PM$_{2.5}$ 和 O$_3$ 建立了空间杜宾模型。SDM 可以表示为：

$$Y_{itPM_{2.5}} = \rho W y_{itPM_{2.5}} + X_{it}\beta + WX\theta + \varepsilon_{it} \tag{2}$$

$$Y_{it\,O3}^{'} = \rho W y_{it\,O3}^{'} + X_{it}\beta + WX\theta + \varepsilon_{it} \tag{3}$$

其中，$Y_{it\,PM_{2.5}}$ 和 $Y_{it\,O3}^{'}$ 分别代表各城市年度平均 $PM_{2.5}$ 和 O_3 浓度；ρ 是空间自回归系数；W 是经济地理组合的权重矩阵；X_{it} 代表解释变量；β 是解释变量系数的估计值；θ 是解释变量的空间滞后项的估计参数；ε_{it} 是误差项。

由于存在空间溢出效应，解释变量对空气污染的偏导数（总效应）不能等于解释变量的系数。原因是解释变量的变化不仅会影响到该地区的空气质量，还会影响到邻近地区的空气质量。因此产生了局部效应（直接效应）和溢出效应（间接效应）。SDM 模型的直接效应和间接效应计算如下。以式（2）为例，转换为一般形式：

$$Y_{it\,PM_{2.5}} = (I - \rho W)^{-1}(X_{it} + WX\theta) + (I - \rho W)^{-1}\varepsilon_{it} \tag{4}$$

其中，$(I - \rho W)^{-1}$ 是空间乘数矩阵。接下来，$Y_{it\,PM_{2.5}}$ 相对于 t 个解释变量的偏导数微分方程矩阵可以表示为：

$$\left[\frac{\partial y}{\partial x_{1t}}, \cdots, \frac{\partial y}{\partial x_{it}}\right] = \begin{bmatrix} \dfrac{\partial y_1}{\partial x_{1t}} & \cdots & \dfrac{\partial y_n}{\partial x_{it}} \\ \vdots & \cdots & \vdots \\ \dfrac{\partial y_n}{\partial x_{1t}} & \cdots & \dfrac{\partial y_n}{\partial x_{it}} \end{bmatrix}$$

$$= (I - \rho W)^{-1}\begin{bmatrix} \beta_t & w_{12}\,\theta_t & \cdots & w_{1n}\,\theta_t \\ w_{21}\,\theta_t & \beta_t & \cdots & w_{2n}\,\theta_t \\ \vdots & \vdots & \cdots & \vdots \\ w_{n1}\,\theta_t & w_{1n}\,\theta_t & \cdots & \beta_t \end{bmatrix} \tag{5}$$

将公式（5）右侧矩阵中对角线元素的平均值定义为衡量直接效应的指标，而将非对角线元素的行或列的平均值定义为衡量间接效应的指标。因此，SDM 的直接效应和间接效应公式可以表示为：

$$Direct\,effect = \frac{(3 - \rho^2)}{3(1 - \rho^2)}\beta_t + \frac{2\rho}{3(1 - \rho^2)}\theta_t \tag{6}$$

$$Indirect\,effect = \frac{(3 + \rho^2)}{3(1 - \rho^2)}\beta_t + \frac{3 + \rho}{3(1 - \rho^2)}\theta_t \tag{7}$$

最后，对于参数估计方法，我们应用最大似然估计（ML）来估计空间杜宾模型的参数。其优势在于，ML 估计可以很好地避免传统 OLS 估计中由于变量内生性问题而导致的偏误估计，此外，它可以科学地反映区域之间元素的相关性[44]。

本文用 MATLAB R2018b 软件完成计算 Moran 指数和空间计量建模的整个过程，用 ENVI 5.3 和 ArcGIS 10.8 完成了 $PM_{2.5}$ 和 O_3 卫星遥感数据的分析和栅格处理，并生成了可视化地图。

三、结果与讨论

（一）$PM_{2.5}$ 和臭氧浓度的时间变化和空间相关性

利用 CHAP 卫星遥感数据集分别对长三角城市群 2010—2018 年 $PM_{2.5}$ 和 O_3 浓度栅格影像进行提取。图 4 - 3 为各年长三角城市群 $PM_{2.5}$ 浓度空间分布图。由卫星遥感影像可见 2010 年至 2013 年长三角地区 $PM_{2.5}$ 污染严重，城市空气质量较差。空间分布呈现北高南低，东高西低的特点。重污染地区集中于长三角中西北部内陆和东北部沿海城市。重污染城市集聚明显。这些城市工业规模较大，人口密集，污染排放量较大，致使内陆城市 $PM_{2.5}$ 平均浓度相对较高。2013 年后，我国开始重视大气污染治理，通过一系列有效的政策和技术手段治理雾霾。到 2018 年长三角城市群 $PM_{2.5}$ 污染状况明显好转，东部沿海地区和北部重污染城市从空间上呈现消退的趋势。此外，遥感影像显示 2010—2018 年长三角地区内长江流域沿江两岸 $PM_{2.5}$ 浓度较陆地浓度高，船舶航运导致的 $PM_{2.5}$ 浓度升高问题明显。

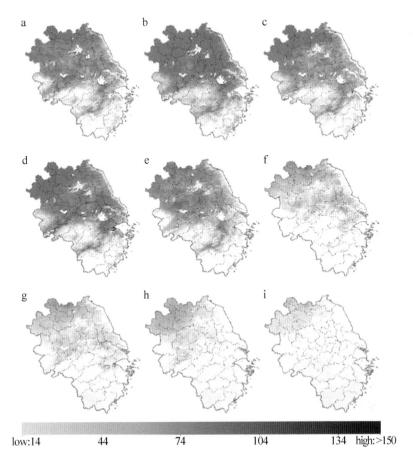

图4-3　各年份的 $PM_{2.5}$ 浓度空间分布图。（a）2010 年；（b）2011 年；
（c）2012 年；（d）2013 年；（e）2014 年；（f）2015 年；
（g）2016 年；（h）2017 年；（i）2018 年。

正如下图4-4所示长三角城市群历年臭氧浓度空间分布特征差异明显。
2010 年至 2013 年以合肥市为中心的安徽省臭氧浓度较低，长三角北部江苏东岸
上海南至浙江臭氧浓度较高，同时间也都出现了 $PM_{2.5}$ 和 O_3 污染严重的特征。
2014 年至 2015 年随着清洁行动的开展，臭氧浓度明显降低，但东部沿海地区上
海、宁波、连云港等城市臭氧浓度相较于西部城市有明显差异，这与此类城市
NOx 和 VOCS 排放量较大有关。此外，2016 年至 2018 年长三角城市群整体臭氧
污染逐年上升，污染中心由东部沿海地区城市逐渐蔓延至北部大部分城市，高
浓度 O_3 覆盖区域向内陆推进。2013 年至 2018 年期间长三角城市群臭氧浓度先

降低后抬升，大致呈现出东北至西南向递增的趋势。上海、江苏省诸城市及安徽北部城市明显是长三角城市群臭氧污染的主战场。这与长三角北部地区产业结构有赖于"三高"企业息息相关。

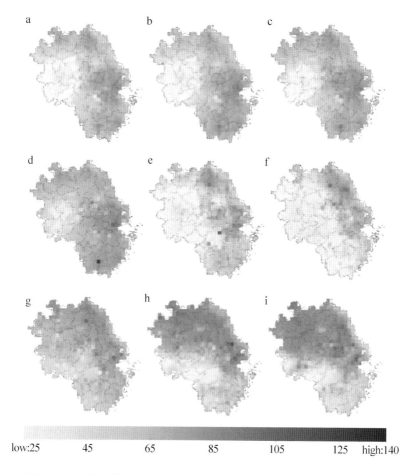

low:25　　45　　65　　85　　105　　125　high:140

图4-4　各年份的臭氧浓度空间分布图。（a）2010年；（b）2011年；
　　　　（c）2012年；（d）2013年；（e）2014年；（f）2015年；
　　　　（g）2016年；（h）2017年；（i）2018年。

统观图4-3和图4-4可知，2010年至2013年长三角城市群空气质量较差，$PM_{2.5}$和O_3浓度都较高。2013年之后$PM_{2.5}$浓度显著降低，O_3浓度先降低后再度抬头上升。为了全面评估污染的空间集聚效应，表4-15是长三角城市群2005年至2018年$PM_{2.5}$和O_3浓度基于经济地理权重矩阵的莫兰指数。$PM_{2.5}$浓度莫兰指数范围在 0.413 到 0.534 之间且均值为 0.472，所有值都在 1% 的显著水平。此外呈现波动递增趋势，这说明 $PM_{2.5}$ 展现了显著的空间自相关性和聚集效应。O_3 浓度莫兰指数范围在 0.389 到 0.518 之间且均值为 0.484，同样所有值都在 1% 的显著水平。可见 O_3 浓度具备更显著的空间自相关性。

表 4 - 15　$PM_{2.5}$ 和 O_3 的 Moran'I 估计结果

year		PM$_{2.5}$		O$_3$	
		Moran' I	z	Moran' I	z
2005		0.425 ***	9.090	0.509 ***	10.437
2006		0.465 ***	11.002	0.502 ***	10.860
2007		0.433 ***	9.527	0.518 ***	11.090
2008		0.459 ***	9.427	0.531 ***	11.429
2009		0.508 ***	12.504	0.502 ***	10.803
2010		0.484 ***	10.809	0.493 ***	10.804
2011		0.500 ***	12.294	0.518 ***	11.843
2012		0.494 ***	13.862	0.487 ***	10.674
2013		0.413 ***	8.094	0.511 ***	11.573
2014		0.484 ***	10.938	0.491 ***	12.146
2015		0.465 ***	10.488	0.477 ***	11.427
2016		0.432 ***	9.084	0.389 ***	8.348
2017		0.510 ***	13.242	0.424 ***	9.617
2018		0.534 ***	16.066	0.425 ***	9.090

注意：***，**，和 * 分别表示显著水平为 1%、5% 和 10%。

（二）空间计量模型的估计结果

通过模型比选和检验，我们采用时间固定效应空间杜宾模型对参数进行估计。均在 1% 检验水平下显著，这意味着长三角城市群 $PM_{2.5}$ 和 O_3 具有正向的空间溢出效应。同时证明了应用空间计量分析的合理性。

本文首先考察了人均 GDP 分别与 $PM_{2.5}$ 和 O_3 之间的 EKC 环境库兹尼茨曲线关系。由表 4 - 16 可见，无论是 $PM_{2.5}$ 还是 O_3，经济增长的一次项为正，二次项为负,且都通过1%显著水平。$PM_{2.5}$和O_3污染随经济增长呈现出显著的倒"U"型曲线关系,即空气污染程度随着经济增长水平提升呈现先上升后下降的过程。目前长三角城市群总体$PM_{2.5}$和O_3污染与经济增长处于正相关阶段,"脱钩"状态尚未可知。就$PM_{2.5}$而言,从经济增长的空间滞后项系数为负可知,周边城市经济的增长能够减轻本地区的$PM_{2.5}$污染。这说明周边城市在承接高污染城市的产业转移时提高了本地区的经济水平,同时缓解了该地区的$PM_{2.5}$污染状况。但O_3的情况正相反,经济增长的空间滞后项系数为正,且通过10%的显著水平,表明周边地区经济增长加剧了本地区的臭氧污染。快速的经济发展势必大量消耗化石能源进而导致空气质量变差,随着国家及地方对绿色可持续发展理念的贯彻,未来实现环境友好与经济稳定发展势在必行。

模型显示城市化的系数分别为 − 0.154 和 − 0.113,在1%和5%的检验水平下均表现显著。这表明城市化水平对$PM_{2.5}$和O_3污染具有显著的负向影响,即长三角城市群随着城市化的进一步推进,其$PM_{2.5}$和O_3污染状况将显著改善。以往研究显示,城市化的发展是导致区域空气污染加剧的重要原因。这是因为在城市化进程中,城市面积扩张和城镇人口增加,大量的基础设施建设增加对能源钢铁水泥等高耗能产品的需求,对环境造成了破坏。在中国之前的粗放型城市化进行中,这种矛盾非常尖锐。长三角城市群是我国经济发展的重要引擎之一,同时也是国家节能减排和大气污染治理的重点区域。此外长三角一体化发展国家战略的提出也意味着其城市化发展处于全国领先地位。估计结果表明长三角城市群已经摆脱粗放型城市化发展道路,通过一系列减排政策和环境政策的实施有效改善了空气质量,进入了绿色集约型城市化发展进程。同时,城市化的空间滞后项系数显示,周围城市的城市化推进同样有利于本地区O_3污染的下降[45]。

表4−16　具有固定时间段效应的SDM估计结果

Variable	$PM_{2.5}$		O_3	
	coefficient	t	coefficient	t
lneco	0. 316 ***	4. 151	0. 348 ***	2. 985
ln (eco)^2	− 0. 240 ***	− 3. 477	− 0. 322 ***	− 3. 043
lnurban	− 0. 154 ***	− 5. 074	− 0. 113 **	− 2. 439

Variable	PM$_{2.5}$		O$_3$	
	coefficient	t	coefficient	t
lnndvi	− 0. 047	− 1. 588	− 0. 007	− 0. 159
lnpop	0. 212 ***	4. 890	0. 273 ***	4. 107
lntech	− 0. 130 ***	− 3. 483	− 0. 014	− 0. 254
lnind	0. 132 ***	7. 354	− 0. 144 ***	− 5. 220
lnen	0. 029 *	1. 700	0. 167 ***	6. 409
lntra	− 0. 013	− 0. 402	0. 040	0. 815
lnin	0. 017	1. 130	0. 042 *	1. 807
lnopen	0. 025	0. 576	− 0. 189 ***	− 2. 838
W * lneco	− 1. 965 ***	− 10. 067	0. 536 *	1. 798
W * ln（eco）2	1. 676 ***	10. 052	− 0. 424 *	− 1. 667
W * lnurban	0. 102	1. 123	− 0. 292 **	− 2. 106
W * lnndvi	0. 365 ***	4. 037	0. 194	1. 403
W * lnpop	0. 538 ***	4. 315	0. 858 ***	4. 522
W * lntech	− 0. 731 ***	− 5. 522	− 0. 488 **	− 2. 414
W * lnind	− 0. 137 ***	− 2. 733	0. 090	1. 178
W * lnen	− 0. 090 *	− 1. 621	− 0. 112	− 1. 318
W * lntra	− 0. 545 ***	− 5. 913	0. 096	0. 684
W * lnin	0. 168	1. 550	0. 346 **	2. 084
W * lnopen	0. 601 ***	4. 500	− 0. 034	− 0. 165

注意：***，**，和 * 分别表示显著水平为 1%、5% 和 10%。

　　人口密度对 PM$_{2.5}$ 和 O$_3$ 污染同样具有显著的正向影响。人口密度通过规模效应和集聚效应对城市空气污染产生影响。随着长三角城市群的快速发展，大量人口汇入城市进而产生了规模效应和集聚效应。估计结果显示，长三角城市群人口密度的规模效应较集聚效应大。就 PM$_{2.5}$ 而言，人口密度的系数为 0. 212 且通过了 1% 的显著水平。人口密度的空间滞后项系数仍为正。在 O$_3$ 方面，人口密度的系数为 0. 273 且通过了 1% 的显著水平。人口密度的空间滞后项系数也为正。这就表明为了提升集聚效应，未来城市治理应重视人口集聚在资源利用率方面的作用。

技术水平对 $PM_{2.5}$ 污染具有显著的负向影响，然而对 O_3 污染有不显著的负向影响。技术进步可通过影响要素生产率和污染强度实现。估计结果表明，长三角城市群的技术进步不仅可以促进生产力的发展同时也能够带来 $PM_{2.5}$ 污染治理的新技术，进而降低 $PM_{2.5}$ 浓度。但是对于 O_3 污染的新难题，技术水平提升并没有减少 O_3 污染。这要求我们要考虑实现 $PM_{2.5}$ 和 O_3 协同控制，建立多污染物联合治理体系。

第二产业比重的上升对城市 $PM_{2.5}$ 污染具有正向的显著影响，然而第二产业比重的下降对城市 O_3 污染表现出显著的加剧效果。此外通过产业结构的空间滞后项系数可知，周边城市第二产业比重上升有利于本地区 $PM_{2.5}$ 污染的好转。一般来说，第二产业作为主要能源消耗产业，同时也是造成空气污染的重要来源。近年，我国在产业结构升级方面投入了大量的人力和物力，进行绿色升级、淘汰落后产能、改造传统技术。长三角地区作为改革试验点，产业结构不断优化，第二产业比重逐年降低。由此 $PM_{2.5}$ 浓度显著下降，空气质量明显改善。但同时 O_3 污染逐渐抬头，形成了 $PM_{2.5}$ 和 O_3 污染双难题。本文估计结果也显示随着第二产业比重下降，$PM_{2.5}$ 污染减缓同时 O_3 污染上升。为此，提高 $PM_{2.5}$ 和 O_3 污染控制的精准性，加快 VOCS 和 NOx 治理技术突破，进行协同治理是未来打赢蓝天保卫战的关键。

能源强度的上升会显著的加剧城市 $PM_{2.5}$ 和 O_3 污染。O_3 的能源强度估计系数为 0.167，且通过了 1% 的显著水平；$PM_{2.5}$ 的能源强度估计系数为 0.029，在 10% 的显著水平，表明能源强度的降低所带来的 O_3 污染减少效果大于 $PM_{2.5}$ 污染减少。可见长三角城市群如推进能效提升、利用可再生能源和清洁能源有效替代传统化石能源，实现能源结构优化和能源强度降低无疑将显著改善 $PM_{2.5}$ 和 O_3 污染问题。

固定资产投资的增加将会加剧 O_3 污染，其估计系数为 0.042，在 10% 的显著水平上。然而其对 $PM_{2.5}$ 污染存在不显著的微弱正效应。同样，对外开放程度的提高将显著缓解 O_3 污染问题，其估计系数为 -0.189，且通过 1% 的显著水平。这说明实际利用外资额的提升将有利于长三角城市群 O_3 污染治理。同时也证明"污染避难所"假说在长三角地区不成立。实际上而是通过国外环境友好的技术和理念，增加地方收入的同时促使环境质量的改善。

此外，NDVI 和交通负荷对 $PM_{2.5}$ 和 O_3 产生的影响不显著。交通运输是空气污染的主要来源之一，目前，长三角地区乃至全国都在大力推行新能源汽车和油品质量升级，通过单位里程民用汽车拥有量评估交通负荷对 $PM_{2.5}$ 和 O_3 污染的影响并没有产生预期的减缓效果，政策仍旧需要时间检验。长三角地区现代化综合交通运输体系的不断完善，交通质量改善和居民绿色出行理念的提升，必将实现空气质量进一步改善。

(三) 驱动因素的局部和溢出效应

在空间杜宾模型分析框架中，当空间溢出效应存在时，为了全面评估各因素对本地区和周边地区 $PM_{2.5}$ 和 O_3 污染的影响，可进一步将各影响因素对空气污染的影响分解为直接效应和间接效应，并以此评估本地效应和溢出效应。某因素变动对本地区 $PM_{2.5}$ 和 O_3 污染的影响为本地效应，溢出效应为本地区某因素变化对周边地区 $PM_{2.5}$ 和 O_3 污染的影响。表 4-17 展示了 SDM 模型的本地效应和溢出效应。观察总效应可知，经济增长、人口密度、技术水平三个影响因素都对 $PM_{2.5}$ 和 O_3 污染具有显著影响。经济增长对本地存在 $PM_{2.5}$ 存在不显著的负向作用，但对周边地区 $PM_{2.5}$ 污染具有改善作用，展现显著的强负溢出效应。这是因为本地区经济增长的同时也会具备较好的大气环境治理经验和技术，会成为周边城市学习的榜样，这种"示范效应"一定程度上会缓解周边地区 $PM_{2.5}$ 状况。观察技术水平分解效应可知，技术水平提升对 $PM_{2.5}$ 污染的本地效应和溢出效应均为正值，且通过 1% 的显著水平。分解效应所示经济增长和技术水平的溢出效应明显强于本地效应。这也证明了"示范效应"的存在。然而对于 O_3 污染，经济增长的本地效应和溢出效应分别为 0.732 和 10.707，且均在 1% 显著水平。说明经济增长不仅加剧了本地的 O_3 污染也使周边城市 O_3 污染。O_3 污染已成为最新的空气污染治理和经济发展难题。人口密度对 $PM_{2.5}$ 污染和 O_3 污染的本地效应和溢出效应均为正值，同样人口密度对 $PM_{2.5}$ 和 O_3 的溢出效应远远强于本地效应，这说明人口的规模效应会显著加剧空气污染。

表4-17 SDM模型基于直接、间接和总效应的本地和溢出效应估计

Variable	PM2.5						O₃					
	Direct	t	Indirect	t	Total	t	Direct	t	Indirect	t	Total	t
lneco	-0.101	-1.085	-13.550***	-6.138	-13.661***	-6.034	0.732***	4.134	10.707***	2.784	11.439***	2.876
lnurban	-0.163***	-3.676	-0.311	-0.408	-0.474	-0.595	-0.294***	-2.982	-5.011**	-2.496	-5.305**	-2.532
lnndvi	0.031	0.718	2.556***	3.128	2.587***	3.047	0.074	0.842	2.301	1.267	2.375	1.255
lnpop	0.389***	6.312	5.790***	4.751	6.179***	4.895	0.759***	5.517	13.668***	4.538	14.427***	4.605
lntech	-0.339***	-5.948	-6.795***	-4.816	-7.134***	-4.905	-0.236*	-1.892	-6.190**	-2.199	-6.426**	-2.196
lnind	0.128***	4.978	-0.151	-0.354	-0.024	-0.053	-0.159***	-3.174	-0.472	-0.484	-0.631	-0.620
lnen	0.012	0.430	-0.543	-1.069	-0.531	-0.999	0.185***	3.116	0.533	0.450	0.718	0.580
lntra	-0.150***	-3.347	-4.443***	-4.932	-4.593***	-4.933	0.105	1.159	1.745	0.987	1.850	1.003
lnin	0.062*	1.687	1.463	1.551	1.525	1.560	0.213**	2.385	4.798**	2.142	5.011**	2.154
lnopen	0.178**	2.533	4.989***	3.616	5.167***	3.594	-0.283*	-1.784	-2.687	-0.883	-2.971	-0.931

注意：***，**，和 * 分别表示显著水平为1%，5%和10%。

城市化水平提升对本地 $PM_{2.5}$ 污染具有负向的本地效应，但对周边地区的溢出效应不显著。对 O_3 污染而言，城市化水平提升将显著的改善本地和周边城市 O_3 污染状况，且溢出效应强于本地效应。本地效应和溢出效应进一步佐证了目前长三角地区城市化水平的提升将有效改善 $PM_{2.5}$ 和 O_3 污染状况。第二产业比重上升对本地 $PM_{2.5}$ 污染的效应为正，且通过 1% 显著水平。与之前分析一样，第二产业比重降低将会加剧本地 O_3 污染状况。此外，第二产业比重变化对 $PM_{2.5}$ 污染和 O_3 污染的溢出效应均不显著。能源强度对 $PM_{2.5}$ 污染和 O_3 污染的效应评估结论为只对本地 O_3 污染具有显著的正向本地效应，其他影响均不显著。但就 O_3 污染而言，固定资产投资额增加的本地效应和溢出效应均为正值，且本地固定资产投资额增加将加剧周边城市的 O_3 污染效应且显著强于加剧本地 O_3 污染。这一结果可能与建筑原材料从周边城市生产、运输至本地城市有关，其对周边城市 O_3 污染强于本地建设时造成的污染。在表 4-14 的分析中，NDVI、交通负荷、固定资产投资和对外开放对 $PM_{2.5}$ 污染的影响并未通过显著性检验，因此在分解效应分析中也未加以分析。值得一提的是如表 4-15 所示，$PM_{2.5}$ 和 O_3 污染的各驱动因素中，溢出效应明显强于本地效应，这印证了如今长三角城市群 $PM_{2.5}$ 污染和 O_3 污染具有跨区域互相影响互相作用的特征。这意味着长三角城市群要进一步深化联防联控机制对区域 $PM_{2.5}$ 污染和 O_3 污染进行治理。

四、协同控制的驱动因素讨论

上述应用 SDM 模型的实证结果已清晰地识别出 $PM_{2.5}$ 和 O_3 污染的社会经济根源，也将为长三角城市群设计 $PM_{2.5}$ 和 O_3 协同控制政策提供参考。首先，通过遥感影像观察 $PM_{2.5}$ 和 O_3 浓度的空间分布可知，未来长三角城市群的污染治理重点区域将会集中在东部沿海地区和长三角北部城市。其次，长三角城市群 $PM_{2.5}$ 和 O_3 污染与经济增长的脱钩阶段仍未到来，未来依旧会处于同步上升阶段，近年来 $PM_{2.5}$ 浓度降低但 O_3 污染开始凸显意味着大气环境治理将是一场持久战。为此，相关部门应制定全面的治污政策以实现经济增长与空气污染脱钩。最后，从参数估计的影响方向来看，长三角城市群的城市化进程显著减缓了 $PM_{2.5}$ 和 O_3 污染；人口密度和能源强度对 $PM_{2.5}$ 和 O_3 污染存在显著的正向影响。技术水平对减缓 $PM_{2.5}$ 污染发挥了显著作用，但未对 O_3 污染产生显著效果。第二产业比重下降将有效减缓 $PM_{2.5}$ 污染，但对 O_3 污染具有增促效应。固定资产投资额增长会加剧 O_3 污染但对 $PM_{2.5}$ 污染影响不显著。对外开放即实际利用外商投资额增长会显著的降低 O_3 污染但对 $PM_{2.5}$ 污染影响不显著。NDVI 和交通负荷对 $PM_{2.5}$ 和 O_3 排放的正负影响均未通过显著性检验。具体从各因素的影响程度来看，对 $PM_{2.5}$ 污染有加剧作用的驱动因素由大到小为人口密度、产业结构、能源强度，能起到减缓作用的驱动因素由大到小为城市化、技术水平；对 O_3 污染有加剧作用的驱动因素由大到小为经济增长、人口密度、能源强度、固定资产投资额，能起到减缓 O_3 污染作用的驱动因素由大到小为对外开放、第二产业占比、城市化，能够显著的协同控制 $PM_{2.5}$ 和 O_3 污染的驱动因素为经济增长、城市化、人口密度和能源强度，其他显著的驱动因素都出现各自反向影响 $PM_{2.5}$ 和 O_3 污染的情况。因此，实证结果证明，从已识别的社会经济根源出发，协同控制 $PM_{2.5}$ 和 O_3 污染仍旧是未来大气环境治理的急需解决的关键所在。未来协同控制 $PM_{2.5}$ 和 O_3 污染除了着眼于通过转变经济发展方式、提升人口集聚效应、提高城市化质量，还要同时在产业和能源结构调整上坚持走绿色道路，在节能减排技术投入和创新上更全面考虑多污染物协同治理，加强外资"绿色"识别和技术引进，才能从社会经济驱动因素角度推进实现长三角城市群 $PM_{2.5}$ 和 O_3 协同控制[46-53]。

五、结论和政策启示

本研究以长三角 41 个城市 2005 年到 2018 年 $PM_{2.5}$ 和 O_3 污染为研究对象，应用大气遥感技术通过栅格化遥感影像观察到 $PM_{2.5}$ 和 O_3 污染的空间演变特征。莫兰指数指出空气污染具有显著的空间集聚效应，基于时间固定效应空间杜宾模型识别关键 $PM_{2.5}$ 和 O_3 排放驱动因素的正负效应，进而评估本地效应和溢出效应并以此分析出能够协同控制 $PM_{2.5}$ 和 O_3 排放的社会经济根源。以下是本文的结论：

首先，卫星遥感影像显示长三角城市群 $PM_{2.5}$ 和 O_3 污染的空间分布差异明显且具有显著的空间集聚效应。$PM_{2.5}$ 重污染区域的空间分布由西北部和东部沿海地区逐渐转移至长三角西北部城市，$PM_{2.5}$ 浓度逐年上升，2013 年后开始明显下降。长三角区域内长江主干道流域沿江两岸 $PM_{2.5}$ 浓度较高，船舶排放引起的空气污染问题明显。O_3 重污染区域的空间分布由中东部地区逐渐覆盖到整个长三角内陆中北部和东南部城市。O_3 浓度先上升，2013 年后下降明显，但 2016 年后急剧上升。历年来，$PM_{2.5}$ 和 O_3 的莫兰指数均通过显著性检验，展现了明显的空间溢出效应，且 O_3 污染的空间自相关性强于 $PM_{2.5}$ 污染。

其次，空间计量 SDM 模型分析结果表明，能够显著的协同控制 $PM_{2.5}$ 和 O_3 污染的驱动因素为经济增长、城市化、人口密度和能源强度，其他显著的驱动因素都出现各自反向影响 $PM_{2.5}$ 和 O_3 污染的情况。$PM_{2.5}$ 和 O_3 污染与经济增长存在显著的倒 "U" 型曲线关系。目前仍旧处于污染随经济增长而加剧的阶段。此外本文发现长三角城市化的推进将有利于减缓 $PM_{2.5}$ 和 O_3 污染，长三角一体化发展的新型城市化道路将有助于改善环境质量。人口密度的规模效应依旧小于集聚效应，会同时加剧 $PM_{2.5}$ 和 O_3 污染。能源强度的提升也将加剧 $PM_{2.5}$ 和 O_3 污染。技术水平提升将显著减缓 $PM_{2.5}$ 污染，但对治理 O_3 污染并未发挥作用。第二产业比重下降将减缓 $PM_{2.5}$ 污染但会加剧 O_3 污染，说明在结构转型中应提升 $PM_{2.5}$ 和 O_3 污染协同治理的精准性。对外开放水平的提升将显著减缓 O_3 污染，而固定资产投资额的增加将加剧 O_3 污染，但其影响程度较低。NDVI 和交通负荷对 $PM_{2.5}$ 和 O_3 污染的影响不显著，说明长三角城市群在城市绿化和交通体系建设上还需加大力度。基于本地效应和溢出效应评估得出 $PM_{2.5}$ 和 O_3 排放驱动因素的溢出效应明显均强于本地效应，这意味着区域联防联控将显著改善长三角城市群环境空气质量。基于本文的实证结果最后提出以下几点政策建议：

①高质量推进新型城市化。通过统筹国土空间规划、交通道路优化、人口合理布局和基础设施优化节能提高城市生态承载力，树立绿色环保理念，增加绿色出行服务设施供给，推进低碳、绿色环保型城市群协调发展。

②进一步规范区域联防联控机制，形成大气污染治理合力。$PM_{2.5}$ 和 O_3 污染的空间溢出效应要求必须开展区域联防联控。长三角一体化发展将进一步打破区域联防联控在组织、制度和评价上的行政区域界限，通过设计大气污染综合治理技术体系，形成统一的环境污染监测平台，精准预报和精细诊断实现环境信息共享，建立具有约束力的区域联合执法监管标准体系，强化科技基础支撑。

③在 $PM_{2.5}$ 和 O_3 污染的源头管理方面，需强化 VOCs 和氮氧化物减排，设计更严格的大气污染物浓度限值标准。这要求在产业结构、能源结构、交通运输结构等方面进行综合施政。例如推进产业园区污染综合治理，大力推进含 VOCs

产品替代，提升工艺技术和污染治理技术；严控煤炭和石油消费量，加快清洁能源替代；控制机动车 VOCs 和氮氧化物排放，推动交通结构轨道化、车船运输电气化和油品升级。

本节参考文献

[1] HUANG J, PAN X C, GUO X B, et al. Health impact of China's Air Pollution Prevention and Control Action Plan：an analysis of national air quality monitoring and mortality data ［J］. Lancet Planetary Health, 2018, 2（7）：313 – 323.

[2] ZHAI S X, JACOB D J, WANG X, et al. Fine particulate matter（$PM_{2.5}$）trends in China, 2013 – 2018：separating contributions from anthropogenic emissions and meteorology ［J］. Atmospheric Chemistry and Physics, 2019, 19（16）：11031 – 11041.

[3] LI M, ZHANG Q, ZHENG B, et al. Persistent growth of anthropogenic non-methane volatile organic compound（NMVOC）emissions in China during 1990 – 2017：drivers, speciation and ozone formation potential ［J］. Atmospheric Chemistry and Physics, 2019, 19（13）：8897 – 8913.

[4] ZHANG Y, CHEN X, MAO Y Y, et al. Analysis of resource allocation and $PM_{2.5}$ pollution control efficiency：Evidence from 112 Chinese cities ［J］. Ecological Indicators, 2021, 127：107705.

[5] ZHAO S P, YIN D Y, YU Y, et al. $PM_{2.5}$ and O_3 pollution during 2015 – 2019 over 367 Chinese cities：Spatiotemporal variations, meteorological and topographical impacts ［J］. Environmental Pollution, 2020, 264：114694.

[6] GUAN Y, XIAO Y, WANG Y M, et al. Assessing the health impacts attributable to $PM_{2.5}$ and ozone pollution in 338 Chinese cities from 2015 to 2020 ［J］. Environmental Pollution, 2021, 287：117623.

[7] LI K, JACOB D J, LIAO H, et al. A two-pollutant strategy for improving ozone and particulate air quality in China ［J］. Nature Geoscience, 2019, 12（11）：906 – 910.

[8] ZHAO H, CHEN K Y, LIU Z, et al. Coordinated control of $PM_{2.5}$ and O_3 is urgently needed in China after implementation of the "Air pollution prevention and control action plan" ［J］. Chemosphere, 2021, 270：129441.

[9] HONG Y W, XU X B, LIAO D, et al. Air pollution increases human health risks of $PM_{2.5}$-bound PAHs and nitro-PAHs in the Yangtze River Delta, China ［J］. Science of The Total Environment, 2021, 770：145402.

[10] CHANG X, WANG S X, ZHAO B, et al. Contributions of inter-city and regional transport to $PM_{2.5}$ concentrations in the Beijing-Tianjin-Hebei region and its implications on regional joint air pollution control ［J］. Science of The Total Environment, 2019, 660：1191 – 1200.

[11] WANG P, WANG T, YING Q. Regional source apportionment of summertime ozone and its precursors in the megacities of Beijing and Shanghai using a source-oriented chemical transport model [J]. Atmospheric Environment, 2020, 224: 117337.

[12] GONG K J, LI L, LI J Y, et al. Quantifying the impacts of inter-city transport on air quality in the Yangtze River Delta urban agglomeration, China: Implications for regional cooperative controls of $PM_{2.5}$ and O_3 [J]. Science of The Total Environment, 2021, 779: 146619.

[13] HU J, LI Y C, ZHAO T L, LIU J, et al. An important mechanism of regional O_3 transport for summer smog over the Yangtze River Delta in eastern China [J]. Atmospheric Chemistry and Physics, 2018, 18 (22): 16239 – 16251.

[14] LI L, HU J L, LI J Y, et al. Modelling air quality during the EXPLORE-YRD campaign - Part II. Regional source apportionment of ozone and $PM_{2.5}$ [J]. Atmospheric Environment, 2021, 247: 118063.

[15] LIU Y X, ZHAO Q B, HAO X, et al. Increasing surface ozone and enhanced secondary organic carbon formation at a city junction site: An epitome of the Yangtze River Delta, China (2014 – 2017) [J]. Environmental Pollution, 2020, 265: 114847.

[16] WANG P, CHEN Y, HU J L, et al. Attribution of Tropospheric Ozone to NOx and VOC Emissions: Considering Ozone Formation in the Transition Regime [J]. Environmental Science & Technology, 2019, 53 (3): 1404 – 1412.

[17] LIANG D, WANG Y Q, WANG Y J, et al. National air pollution distribution in China and related geographic, gaseous pollutant, and socio-economic factors [J]. Environmental Pollution, 2019, 250: 998 – 1009.

[18] WANG Y G, YING Q, HU J L, et al. Spatial and temporal variations of six criteria air pollutants in 31 provincial capital cities in China during 2013 – 2014 [J]. Environment International, 2014, 73: 413 – 422.

[19] DONG K Y, HOCHMAN G, KONG X L, et al. Spatial econometric analysis of China's PM_{10} pollution and its influential factors: Evidence from the provincial level [J]. Ecological Indicators, 2019, 96: 317 – 328.

[20] LI Q, SONG J P, WANG E R, et al. Economic growth and pollutant emissions in China: a spatial econometric analysis [J]. Stochastic Environmental Research and Risk Assessment, 2014, 28 (2): 429 – 442.

[21] WANG Y Y, GUO Z Y, HAN J. The relationship between urban heat island and air pollutants and them with influencing factors in the Yangtze River Delta, China [J]. Ecological Indicators, 2021, 129: 107976.

[22] DUAN W J, WANG X Q, CHENG S Y, et al. Influencing factors of $PM_{2.5}$ and O_3 from 2016 to 2020 based on DLNM and WRF-CMAQ [J]. Environmental Pollution, 2021, 285: 117512.

[23] SUN D D, YANG S Y, WANG T J, et al. Characteristics and influencing factors of urban O_3 and $PM_{2.5}$ pollution in the Yangtze River Delta [J]. Meteorological Science, 2019, 039 (002): 164 – 177.

[24] HUANG X, ZHAO J. Spatial-temporal variation of ozone in Yangtze River Delta urban agglomeration in 2016 [J]. China Environmental Science, 2018, 38: 3611 – 3620.

[25] WU J, ZHENG H, ZHE F, et al. Study on the relationship between urbanization and fine particulate matter ($PM_{2.5}$) concentration and its implication in China [J]. Journal of Cleaner Production, 2018, 182: 872 – 882.

[26] TOBLER W R. A Computer Movie Simulating Urban Growth in the Detroit Region [J]. Economic Geography, 1970, 46: 234 – 240.

[27] HAO Y, LIU Y M. The influential factors of urban $PM_{2.5}$ concentrations in China: a spatial econometric analysis [J]. Journal of Cleaner Production, 2016, 112: 1443 – 1453.

[28] ZHOU H, JIANG M, HUANG Y, et al. Directional spatial spillover effects and driving factors of haze pollution in North China Plain [J]. Resources, Conservation and Recycling, 2021, 169: 105475.

[29] FU Z, LI R. The contributions of socioeconomic indicators to global $PM_{2.5}$ based on the hybrid method of spatial econometric model and geographical and temporal weighted regression [J]. Science of The Total Environment, 2020, 703: 135481.

[30] LIU H, FANG C, ZHANG X, et al. The effect of natural and anthropogenic factors on haze pollution in Chinese cities: A spatial econometrics approach [J]. Journal of Cleaner Production, 2017, 165: 323 – 333.

[31] SHEN F, ZHANG L, JIANG L, et al. Temporal variations of six ambient criteria air pollutants from 2015 to 2018, their spatial distributions, health risks and relationships with socioeconomic factors during 2018 in China [J]. Environment International, 2020, 137: 105556.

[32] FENG T, DU H B, LIN Z G, et al. Spatial spillover effects of environmental regulations on air pollution: Evidence from urban agglomerations in China [J]. Journal of Environmental Management, 2020, 272: 110998.

[33] FANG K, WANG T T, HE J J, et al. The distribution and drivers of $PM_{2.5}$ in a rapidly urbanizing region: The Belt and Road Initiative in focus [J]. Science of The Total Environment, 2020, 716: 137010.

[34] WU W Q, ZHANG M, DING Y T. Exploring the effect of economic and environment factors on $PM_{2.5}$ concentration: A case study of the Beijing-Tianjin-Hebei region [J]. Journal of Environmental Management, 2020, 268: 110703.

[35] ZHAN C C, XIE M, LIU J N, et al. Surface Ozone in the Yangtze River Delta, China: A Synthesis of Basic Features, Meteorological Driving Factors, and Health Impacts [J]. Journal of Geophysical Research-Atmospheres, 2021, 126: 33600.

[36] CHENG Z H, LI L S, LIU J. Identifying the spatial effects and driving factors of urban $PM_{2.5}$ pollution in China [J]. Ecological Indicators, 2017, 82: 61 - 75.

[37] LI G D, FANG C L, WANG S J, et al. The Effect of Economic Growth, Urbanization, and Industrialization on Fine Particulate Matter ($PM_{2.5}$) Concentrations in China [J]. Environmental Science & Technology, 2016, 50 (21): 11452 - 11459.

[38] ZHOU L, SUN N, MIAO Y, et al. Polarization Effect and Spread Effect: the Role of the Yangtze River Delta in Regional Balanced Development: Evidence from Urban Agglomerations in the Yangtze River Delta and the Middle Reaches of the Yangtze River [J]. Resources and Environment in the Yangtze Basin, 2021, 30 (4): 782 - 795.

[39] LIU X R, SUN T, FENG Q. Dynamic spatial spillover effect of urbanization on environmental pollution in China considering the inertia characteristics of environmental pollution [J]. Sustainable Cities and Society, 2020, 53: 101903.

[40] ZHANG X D, CHEN L L, YUAN R S. Effect of natural and anthropic factors on the spatiotemporal pattern of haze pollution control of China [J]. Journal of Cleaner Production, 2020, 251: 119531.

[41] WEI J, LI Z Q, CRIBB M, et al. Improved 1 km resolution $PM_{2.5}$ estimates across China using enhanced space-time extremely randomized trees [J]. Atmospheric Chemistry and Physics, 2020, 20 (6): 3273 - 3289.

[42] WEI J, LI Z Q, LYAPUSTIN A, et al. Reconstructing 1-km-resolution high-quality $PM_{2.5}$ data records from 2000 to 2018 in China: spatiotemporal variations and policy implications [J]. Remote Sensing of Environment, 2021, 252: 112136.

[43] ELHORST J P. Dynamic spatial panels: models, methods, and inferences [J]. Journal of Geographical Systems, 2012, 14 (1): 5 - 28.

[44] WANG X M, TIAN G H, YANG D Y, et al. Responses of $PM_{2.5}$ pollution to urbanization in China [J]. Energy Policy, 2018, 123: 602 - 610.

[45] DU Y Y, SUN T S, PENG J, et al. Direct and spillover effects of urbanization on $PM_{2.5}$ concentrations in China's top three urban agglomerations [J]. Journal of Cleaner Production, 2018, 190: 72 - 83.

[46] LI L, HONG X, WANG J. Evaluating the impact of clean energy consumption and factor allocation on China's air pollution: A spatial econometric approach [J]. Energy, 2020, 195: 116842.

[47] CHENG Z, LI L, LIU J. The impact of foreign direct investment on urban $PM_{2.5}$ pollution in China [J]. Journal of Environmental Management, 2020, 265: 110532.

[48] WANG S J, ZHOU C S, WANG Z B, et al. The characteristics and drivers of fine particulate matter ($PM_{2.5}$) distribution in China [J]. Journal of Cleaner Production, 2017, 142: 1800 - 1809.

[49] LIU Y, ZHOU Y, WU W. Assessing the impact of population, income and technology on energy consumption and industrial pollutant emissions in China [J]. Applied Energy, 2015, 155: 904 –917.

[50] YAN D, LEI Y L, SHI Y K, et al. Evolution of the spatiotemporal pattern of $PM_{2.5}$ concentrations in China - A case study from the Beijing-Tianjin-Hebei region [J]. Atmospheric Environment, 2018, 183: 225 –233.

[51] YAN D, REN X, KONG Y, et al. The heterogeneous effects of socioeconomic determinants on $PM_{2.5}$ concentrations using a two-step panel quantile regression [J]. Applied Energy, 2020, 272: 115246.

[52] KUMAR P, MORAWSKA L, BIRMILI W, et al. Ultrafine particles in cities [J]. Environment International, 2014, 66: 1 –10.

[53] ZHAO X L, ZHOU W Q, HAN L J, et al. Spatiotemporal variation in $PM_{2.5}$ concentrations and their relationship with socioeconomic factors in China's major cities [J]. Environment International, 2019, 133: 105145 –105145.

第 五 章

政策实施层面的减污降碳
协同增效研究与实践

第一节 中国的能源消费权交易制度对减碳、增效和产业结构优化的协同效应

一、绪论

经济发展到一定阶段，节约能源和降低污染物排放会成为政府管理的重要内容。2016 年中国发布了 Energy-consuming right trading system（ECRTS），它属于市场交易型能源政策，目的是发挥市场在资源配置中的决定性作用，基于市场工具，提高能源利用效率，完成能源总量和强度的"双控"，推动中国"碳中和"目标的实现[1]。

ECRTS 属于稀缺环境容量有偿使用的政策，以界定产权的方式去解决能源消费的外部性问题。在产权明确和交易费用较少的前提下，通过市场的调节可以实现资源配置的帕累托最优[2-4]。市场作为配置稀缺环境容量的工具，使得可交易的减排量在交易主体间按照等边际原则分配，产生经济效益，推动技术创新，使得企业在交易中获得收益[5,6]。稀缺环境容量交易政策的效益分析是研究热点之所在，大多数研究采用 Computable General Equilibrium（CGE）model[7,8]，Data Envelopment Analysis（DEA）[9]，Difference-in-differences（DID）model[10]，Game theory[11]进行模拟和评估。不论是评估稀缺环境容量交易政策的效益，还是预测不同目标下政策的制定和潜在效果，上述模型在不同的假设条件下均能提供有效的分析工具。由于 ECRTS 属于准自然实验，因此，本研究将采用具有较强适配性的 DID model 进行政策评估。

ECRTS 从供给端入手，提高资源配置效率，改善要素流动。因为目前针对中国 ECRTS 的研究较少，而关于 Carbon emission right trading system（CERTS）[12]的研究在时间和空间两个维度上都很充足，因此已有的研究多将 ECRTS 和 CERTS 结合研究。结合 CERTS 的政策效应是研究 ECRTS 的基础。

CERTS 与 ECRTS 的本质一致，具有节约能源和污染物减排的协同效益，是实现碳中和的重要途径。中国的 CERTS 在 2013 年启动试点后，产生了巨大的减排效益、经济效益和社会效益[13-15]。CERTS 从需求端实现稀缺环境容量的配置；而 ECRTS 从供给端入手，提高资源配置效率，也可以实现 CERTS 所发挥的政策效益。Yang et al.（2020）在效率评估中发现拥有能源消费权的企业达到了效率前沿，并且改善了能源消费结构。Pan et al.（2022）优化了局部区域的 ECRTS，并建立 the Game-Equity Fixed Cost Allocation Model（Game-EFCAM）分配能源使用配额，实现了降低能源脆弱性的目标。可以预见，ECRTS 结合 CERTS 后将会产生更大的协同效益。Wang et al.（2022）联合 ECRTS 和 CERTS 后，使用数据包络法评估，在经济层面，联合交易系统节约了碳减排和减少能源消费所需的总成本；在环境层面，联合交易系统优化了能源消费结构。

目前，专门针对 ECRTS 的研究较少，大多是针对 CERTS 和联合交易系统的研究。另外，已有的少量关于 ECRTS 的研究关注最多的是其对能源总量和能源强度的影响，涉及气候变化，效率改善和产业结构优化领域尚未有研究关注。在中国于 2016 年 9 月逐步启动 ECRTS 试点后，评估 ECRTS 实施对"减排"和"效率"的影响对"碳中和"目标的实现十分必要，对于中国稀缺环境容量交易政策的研究具有重要意义，并且能弥补 ECRTS 实施产生的协同效益及负效应研究空白。

为了填补 ECRTS 协同效应领域的研究空白，本研究运用双重差分模型探究 ECRTS 发挥的协同政策效益，结合 SBM 模型计算的协同减排效率并基于泰尔指数计算的产业结构优化指标，进一步从多个维度研究用能源消费权交易的协同政策效益，即协同减排效益，协同配置效率和协同产业优化。最终回答以下 3 个问题：①ECRTS 实现 CO_2 减排了吗？②ECRTS 有没有使得协同减排效率及相关指标提高？③ECRTS 对产业结构优化指标有怎样的协同效应？

二、方法论和数据

（一）方法与模型

1. 差异点模型

ECRTS 作为市场交易型节能减排政策工具，可以解决强制型政策手段导致的配置低效或者无效的问题，使得整个区域的整体产出水平提高。ECRTS 共有 4 个试点，分别是中国的浙江省、福建省、河南省和四川省[16]。2017 年，ECRTS 启动试点方案，本研究将 2017 年作为 ECRTS 的冲击年。另外，ECRTS 属于准自然实验，因此使用 Difference-in-differences model[17,18] 更适合评估 ECRTS 的政策效应。根据评估 ECRTS 对碳减排，效率改善和产业结构优化的协同效益负效应的研究目的，本研究设定的 DID model 如式（1）所示：

$$Y_{it} = \alpha + \beta (dudt)_{i,t} + \gamma X_{it} + \mu_i + \lambda_t + \varepsilon_{it} \tag{1}$$

其中，Y_{it} 表示被解释变量为 $LnCO_2$、SERE、SERE_EC、SERE_TC 和 INDUSTRY。X_{it} 表示经济发展、技术创新、环境规制等控制变量。μ_i 表示个体固定效应，λ_t 表示时间固定效应，ε_{it} 表示随机误差项。$(dudt)_{i,t}$ 是研究核心，作为核心解释变量的交互项 $(dudt)_{i,t}$ 是由虚拟变量 du_i 和 dt_t 构成。如果 du_i 表示的样本是实验组（ECRTS 试点），则 $du_i = 1$；如果 du_i 表示的样本是控制组（非 ECRTS 试点），则 $du_i = 0$。如果 dt_t 表示的样本所处年份 ≥2017 年，则 $dt_t = 1$；如果 dt_t 表示的样本所处年份 <2017 年，则 $dt_t = 0$。因此，如果样本是实验组且处于 ECRTS 实施时期，则 du_i 和 dt_t 构成的交互项 $(dudt)_{i,t} = 1$，否则 $(dudt)_{i,t} = 0$。

$(dudt)_{i,t}$ 的系数 β 衡量的是 ECRTS 的政策效应。

2. SE-SBM 模型（带有不良产出）

ECRTS 本质是允许能源要素在不同的生产者内进行跨时间调整，从而达到整个系统的帕累托最优。在生产率和效率测算中，数据包络分析法（DEA）应用最广泛。然而 DEA 的直接使用会出现多个评价有效的情况，这是因为投入和产出指标数量较多，有效决策单元（DMU）数量也会增多，而 DEA 模型得出的效率值最大为 1，有效决策单元效率值相同，无法对其进行进一步区分。Super Efficiency Slack-based Measure（SE-SBM）model[19] 可以解决这一问题，因为被评价决策单元的效率是参考其他决策单元构成前沿得出的，有效决策单元的超效率值一般会大于 1，可以对有效决策单元进行区分。

本研究使用具有产出导向和包含非期望产出的 SE-SBM 模型测算资源环境约束下的全要素生产率，即协同减排效率，对 ECRTS 的实施效果进行评估，考量资源环境约束下的全要素生产率，将在生产消耗中产生的"非期望产出"纳入 DEA 测算框架，在不改变投入水平的前提下，达到技术有效期望产出需要增加的空间与非期望产出需要减小的空间。测算 SERE 的环境技术集合即生产可能性集合，如式（2）所示：

$$\{(X, Y, Yk) \mid X \geq \sum_{\substack{j=1 \\ j \neq t}}^{M} \lambda_j x_{sj}, Y \leq \sum_{\substack{j=1 \\ j \neq t}}^{M} \lambda_j y_{pj},$$

$$Yk \geq \sum_{\substack{j=1 \\ j \neq t}}^{M} \lambda_j yk_{qj}, M \leq e\lambda \leq \mu, \lambda_j \geq 0\} \tag{2}$$

其中，假设历年每个省市为 1 个决策单元，每个决策单元生产需投入 M 种生产要素，$X = (x_1, x_2, K, x_m) \in R_+^M$ 表示 M 维的投入向量；会得到 N 种期望产出，$Y = (y_1, y_2, K, y_m) \in R_+^N$ 表示 N 维的产出向量；得到 I 种非期望产出，$Y^b = (y_1^b, y_2^b, K, y_m^b) \in R_+^I$；$\lambda = (\lambda_1, \lambda_2, \lambda_L)$ 表示 L 维权重向量。为了纳入非期望产出 CO_2，$PM_{2.5}$ 和 SO_2，推导 SE-SEBM 模型为式（3）：

$$\rho = \min \frac{\dfrac{1}{a}\sum_{s=1}^{a}\dfrac{\overline{x_s}}{x_{st}}}{\dfrac{1}{b+c}\left(\sum_{p=1}^{b}\dfrac{\overline{y_p}}{y_{pt}} + \sum_{q=1}^{c}\dfrac{\overline{y_q^k}}{y_{qt}^k}\right)}$$

$$s.\,t.\ \overline{X} \geq \sum_{\substack{j=1 \\ j \neq t}}^{M} \lambda_j\, x_{sj}$$

$$\overline{Y} \leq \sum_{\substack{j=1 \\ j \neq t}}^{M} \lambda_j\, y_{pj}$$

$$\overline{Y^k} \geq \sum_{\substack{j=1 \\ j \neq t}}^{M} \lambda_j\, y_{qj}^k$$

$$\overline{X} \geq x_{st},\ \overline{Y} \geq y_{pt},\ \overline{Y^k} \geq y_{qt}^k$$

$$\overline{X} \geq 0,\ \overline{Y} \geq 0,\ \overline{Y^k} \geq 0,\ M \leq e\lambda \leq \mu,\ \lambda_j \geq 0 \qquad (3)$$

其中，$\overline{X}$，$\overline{Y}$，$\overline{Y}b$ 表示被评价单元投入产出的投影值；x_0，y_0，y_0^b 则为相应的原始值。

3. 协同减排效率及其分解指标计算

The Globe Malmquist-Luenberger（GML）model[20]以所有各期共同构建的前沿（全局前沿）作为参比前沿，具有跨期可比较的优点。由于 GML 指数同时考虑了实际生产与生产前沿面的相对关系以及每个单元生产前沿面边界的变化两个方面，因此 GML 指数可以进一步分解为技术进步指数（TC）和技术效率指数（EC）：

$$GML_t^{T,T+1} = \frac{\rho^T + 1_t(x_t^{T+1}, y_t^{T+1}, y_t^{k,T+1})}{\rho_t^T(x_t^T, y_t^T, y_t^{k,T})} \times \left[\frac{\rho_t^g(x_t^{T+1}, y_t^{T+1}, y_t^{k,T+1})}{\rho_t^{T+1}(X_t^{T+1}, y_t^{T+1}, y_t^{k,T+1})} \right.$$

$$\left. \times \frac{\rho T_t(x_t^T, y_t^T, y_t^{k,T})}{\rho_t^g(x_t^T, y_t^T, y_t^{k,T})} \right] \qquad (4)$$

$$EC_t^{T,T+1} = \frac{\rho^{T+1}(x_t^{T+1}, y_t^{T+1}, y_t^{k,T+1})}{\rho T_t(x_t^T, y_t^T, y_t^{k,T})} \qquad (5)$$

$$TC_t^{T,T+1} = \frac{\rho_t^g(x_t^{T+1}, y_t^{T+1}, y_t^{k,T+1})}{\rho_0^{T+1}(X_t^{T+1}, y_t^{T+1}, y_t^{k,T+1})} \times \frac{\rho_t^T(x_t^T, y_t^T, y_t^{k,T})}{\rho_t^g(x_t^T, y_t^T, y_t^{k,T})} \qquad (6)$$

本研究测算 GML 指数及其分解，并将 GML 指数相乘[21]得到协同减排效率（SERE）。其中，投入指标选取劳动力、资本及能源；产出指标为实际地区生产总值。为评估 ECRTS 对 CO_2 与大气污染物的协同减排潜力，并兼顾数据的可得性，本研究的非期望产出指标选取 CO_2，SO_2 和 $PM_{2.5}$，最终将该指标定义为协同减排效率。具体的投入产出指标定义如表 5 - 1：

表 5 - 1　投入产出指标

投入指标	劳动力投入（L）	选择各城市全市年末企事业单位从业人员数、私营和个体从业人员数总和代表劳动投入
	资本投入（K）	假定资本效率采取几何递减的模式，计算公式为：$K_{i(t+1)} = (1 - \delta_{it})K_{it} + I_{i(t+1)}$。其中 i 是第 i 个地区，t 是第 t 期，$K_{i(t+1)}$ 和 K_{it} 分别是第 t 期与第 t + 1 期的资本存量，δ_{it} 指第 i 个地区第 t 期的资本存量折旧率，$I_{i(t+1)}$ 是第 i 个省份 t + 1 期的实际总投资。借助固定资产投资价格指数将名义总投资处理为实际总投资，其中西藏固定资产价格指数缺失，替代为 GDP 指数；资本存量折旧率采用 9.6% 进行运算（张军等，2004）；初始年份的资本存量计算公式为：$K_{i2000} = I_{i2001}/(g_{i2000} + \delta_{i2000})$
	能源投入（E）	各省市能源投入量
期望产出指标	实际 GDP	已平减消除价格因素的影响
非期望产出指标	CO_2，SO_2 和 $PM_{2.5}$	考虑 ECRTS 对 CO_2 与大气污染物的协同减排潜力

将协同减排效率分解后，得到协同减排技术效率变化（SERE_EC）指标和协同减排技术变化（SERE_TC）指标。SERE_EC 表示的是技术进步效率的变化，测度各省市从 t - 1 期到 t 期向生产可能性边界的追赶程度；SERE_TC 表示的是协同减排潜力的变化，测度从 t - 1 期到 t 期可能性边界的扩展程度。

（二）数据与指标构建

1. 数据来源

本研究选取 2010—2019 年中国 30 个省市的面板数据（考虑数据可得性和可比性，不包括香港，澳门，台湾和西藏）。部分数据来源于《中国统计年鉴》《中国能源统计年鉴》《中国环境统计年鉴》，各省市的统计年鉴，the Chinese Research Data Services（CNRDS）platform 和 Wind 数据库等。缺失数据采用插值法补全。数据均已缩尾处理。其中 CO_2 数据来源于 CEADs 数据库[22-25]。$PM_{2.5}$ 数据来源于达尔豪斯大学大气成分分析组（Atmospheric Composition Analysis Group）披露的研究数据，本研究将其进行栅格处理[26]。地区生产总值和人均地区生产总值数据以 2000 年为基期进行价格平减。

2. 指标构建和描述

为了评估 ECRTS 对碳减排，效率改善和产业结构优化的协同效益及负效应，本研究构建被解释变量为对数化处理的 CO_2 排放量（$LnCO_2$），协同减排效率（SERE），协同减排技术效率变化（SERE_EC），协同减排技术变化（SERE_TC）和产业结构优化（INDUSTRY）。被解释变量产业结构优化（INDUSTRY）利用泰尔指数[27]计算，计算公式为：

$$INDUSTRY = \sum_{i=1}^{n} \left(\frac{Y_i}{Y}\right) Ln\left(\frac{Y_i}{L_i} \Big/ \frac{Y}{L}\right) = \sum_{i=1}^{n} \left(\frac{Y_i}{Y}\right) Ln\left(\frac{Y_i}{Y} \Big/ \frac{L_i}{L}\right) \qquad (7)$$

其中，$\frac{Y_i}{Y}$ 分别表示的是第一二三产业所占比重，$\frac{L_i}{L}$ 表示的是第一二三产业从业人员数占总产业从业人员数的比重。由泰尔指数计算的 INDUSTRY 指标考虑产值结构和就业结构的偏离程度，以及产业结构偏离均衡水平的程度。当 INDUSTRY = 0 时，产业结构最合理；当 TL 不为 0 时，INDUSTRY 越大，产业结构越不合理，因此 INDUSTRY 为产业结构合理化的逆指标。

核心解释变量为虚拟变量 du_i 和 dt_t 的交互项（$dudt$）$_{i,t}$。控制变量为产业指标、技术创新指标、经济发展指标、环境规制指标、绿化指标、城镇化指标和人家指标（部分控制变量已被对数化处理），具体见 Appendix A.

三、初步准备

（一）趋势与对比

CO_2 排放随着年份呈增长趋势，除了 2015 年以外，CO_2 排放在 2014—2019 年均超过样本平均值（图 5 - 1a），不断增长的 CO_2 排放说明 CO_2 减排迫在眉睫，虽然在 2013—2016 年 CO_2 的波动非常小，可能是因为碳排放权交易政策初步启动，各个碳排放权交易试点均规定核证自愿减排的抵消机制，使得 CO_2 排放总量维持在一个稳定的水平。2017 年后，全国碳排放权交易体系和 ECRTS 试点启动，政策的变动和交易市场的扩大，对 CO_2 排放变化趋势造成了较为明显的影响。SERE 和 SERE_TC 呈上升趋势，而 SERE_EC 的波动较大，在 2016 年后产生了明显的下降趋势，2016 年后，SERE，SERE_TC 与 SERE_EC 之间的差异逐渐扩大（图 5 - 1b）。说明由于要素流动，资源配置和技术变化，纳入 CO_2，$PM_{2.5}$ 和 SO_2 非期望产出的全要素生产率（SERE）及其分解（SERE_EC，SERE_

TC）具有差异性，各省市协同减排的能力和潜力巨大。INDUSTRY 总体水平不断下降，非试点 INDUSTRY 均值高于试点（图 5－1c）。但是由于 INDUSTRY 是由泰尔指数计算生成的逆指标，其值越低，产业结构偏离程度越小，产业结构越合理，产业结构优化水平越高。这说明试点的产业结构优化程度更高，非试点相对试点而言，产业结构不够合理，仍需进一步进行产业升级和调整。总体的产业结构随着优化提升，更加均衡和合理。

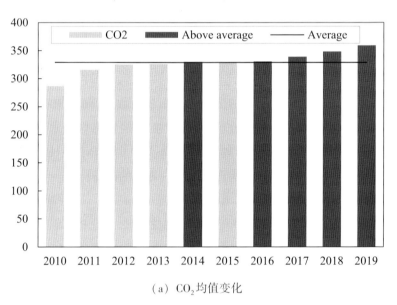

（a）CO_2 均值变化

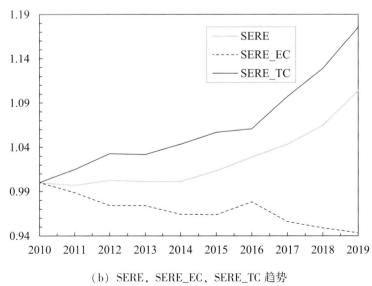

（b）SERE，SERE_EC，SERE_TC 趋势

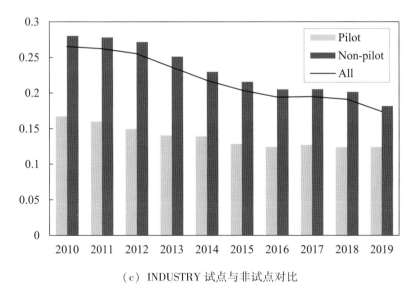

（c）INDUSTRY 试点与非试点对比

图 5 - 1　趋势变化与对比

CO_2 排放呈逐年增长趋势，除了 2015 年外，CO_2 排放在 2014—2019 年均超过样本平均值（图 5 - 1a），不断增长的 CO_2 排放量说明 CO_2 减排迫在眉睫。在 2013—2016 年 CO_2 的排放量的波动非常小，可能是因为碳排放权交易政策初步启动，各个碳排放权交易试点均规定核证自愿减排的抵消机制，使得 CO_2 排放总量维持在一个稳定的水平。2017 年后，全国碳排放权交易体系和 ECRTS 试点的启动，对 CO_2 排放变化趋势造成了较为明显的影响。SERE 和 SERE_TC 呈上升趋势，而 SERE_EC 的波动较大，在 2016 年后产生了明显的下降趋势，2016 年后，SERE，SERE_TC 和 SERE_EC 之间的差异逐渐扩大（图 5 - 1b），说明由于要素流动，资源配置和技术变化，纳入 CO_2、$PM_{2.5}$ 和 SO_2 非期望产出的全要素生产率（SERE）及其分解（SERE_EC，SERE_TC）具有差异性，各省市协同减排的能力和潜力突出。INDUSTRY 总体水平不断下降，非试点 INDUSTRY 均值高于试点（图 5 - 1c）。由于 INDUSTRY 是由泰尔指数计算生成的逆指标，值越低，产业结构偏离程度越小，产业结构越合理，产业结构优化水平越高。这说明试点的产业结构优化程度更高，非试点相对试点而言，其产业结构不够合理，仍需进一步进行产业升级和调整。总体的产业结构随着优化程度的提升，将更加均衡和合理。

（二）平行趋势检验

DID 模型应用的前提条件是必须通过平行趋势检验，本研究采用事件研究法进行了平行趋势检验，这也是一种动态检验。做法是生成年份虚拟变量与实验组虚拟变量的交互项，将一期作为基准组后，对生成的新交互项、$LnCO_2$、SERE、SERE_TC、SERE_EC and INDUSTRY 进行回归，新交互项的系数代表特定年份实验组和控制组之间的差异（与基准组相比）。如果政策时点前的虚拟变量与实验组虚拟变量交互项的系数不显著，说明在政策时点前实验组和控制组不存在异质性的时间趋势，即通过了平行趋势检验。为了更直观地反映回归系数，本研究绘制了回归系数的取值和置信区间（图 5 - 2），以呈现 ECRTS 在不同年份的动态效应。

根据图 5 - 2 显示，在 ECRTS 冲击年（2017 年，current）之前，交互项的系数不显著（95% 的置信区间包含了 0 值）。说明在 ECRTS 试点启动前，碳减排，效率改善和产业结构优化指标没有出现异质性的时间趋势，试点和非试点在 ECRTS 实施前并没有显著差异；在 ECRTS 启动后，除 SERE_EC（后期考虑剔除）外，其他变量的交互项系数基本显著，虽然显著性有波动，考虑到 ECRTS 的影响具有滞后性，且处于初期实施阶段，各方面政策和措施还在完善中，初步判断 ECRTS 会对碳减排，效率改善和产业结构优化产生政策效应，还需要进一步的分析。

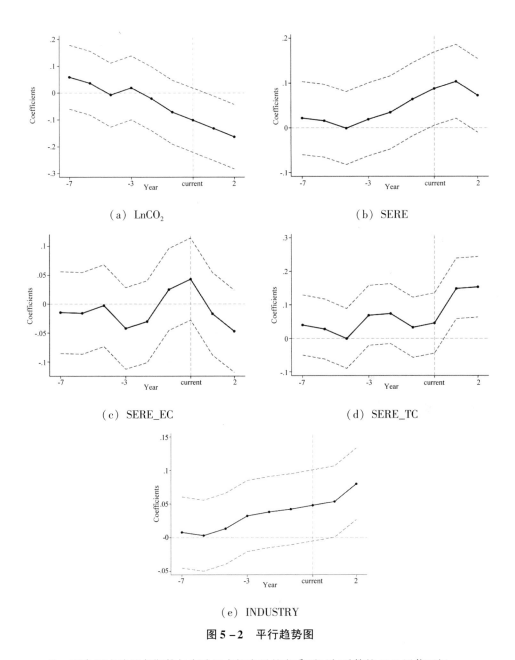

(a) LnCO₂   (b) SERE

(c) SERE_EC   (d) SERE_TC

(e) INDUSTRY

图 5 – 2 平行趋势图

注：两条短虚线是各期数与实验组虚拟变量的交乘项回归系数的 95% 置信区间。

四、结果与讨论

（一）ECRTS 的协同效益与负效应检验

ECRTS 作为推动能源要素高效配置的政策，在试点实施时考虑到了多个因素的制约，并且现实条件是 ECRTS 在落地过程中，也会受到经济发展，城市建设和技术创新等多个因素的影响。因此，本研究在加入一系列控制变量的前提下，利用 DID 模型分析 ECRTS 对碳减排、效率改善和产业结构优化的协同效益，其中"碳减排"采用 CO_2 的排放量衡量；"效率改善"采用协同减排效率（SERE）及其分解——协同技术效率变化（SERE_EC）和协同减排潜力变化（SERE_TC）衡量；"产业结构优化"用采用泰尔指数（INDUSTRY）衡量。根据表 5－2 的结果，ECRTS 减少了 CO_2 排放，产生了显著的减排效应，有利于"碳中和"目标的实现。本研究进一步探究 ECRTS 的碳减排效应是否同时具有效率，将计算含有 CO_2、$PM_{2.5}$、SO_2 非期望产出的协同减排效率作为效率端的评价指标，通过纳入控制变量和两个固定效应的 DID 模型评估后，本研究发现 ECRTS 发挥了显著的效率改善效益（表 5－2）：①协同减排效率指标（SERE）显著提升；②协同减排潜力变化指标（SERE_TC）显著推动；③协同技术效率变化指标（SERE_EC）的效应不显著（后期分析中剔除该变量）。另外，除了评价 ECRTS 的碳减排和效率改善的协同效益外，本研究继续分析了 ECRTS 对产业结构的影响。对于采用泰尔指数衡量的产业结构优化指标 INDUSTRY 而言，ECRTS 显著地提高了 INDUSTRY，而 INDUSTRY 作为一个逆指标，说明 ECRTS 在试点地区实施的过程中，没有实现产业结构的合理化调整，产生了对产业结构优化的负效应。这可能是因为 ECRTS 仍处于初步实施阶段，各方面政策还在完善的过程中，ECRTS 还处于实践中。2018 年左右，试点地区陆续印发了用能权有偿使用和交易试点工作实施方案，才进一步推动用能权的分配、核定、交易和监管等工作进行。而 2018 年底到 2019 年，试点地区的 ECRTS 正式开市，试点履约、用能权有偿使用和交易行为逐步被市场化手段所解决。总之，ECRTS 是一个正处于初步实践的政策，在实施中仍存在不完善的地方，可能对产业结构的合理化和优化的影响存在滞后性。

综上，ECRTS 作为供给端的配置优化政策，也发挥了和需求端的碳排放权交易政策同样的效应，即碳减排政策效应，ECRTS 控制温室气体产生的源头，使得 CO_2 排放进一步减少。并且，ECRTS 推动考量资源环境约束下的全要素生产率，即协同减排效率的提高，且加快试点地区可能性边界从 t－1 期到 t 期的扩展程度，提高了资源配置效率，使得要素配置向帕累托最优靠近，投入产出模式向生产前沿面逼近。ECRTS 既实现了 CO_2 的"总量控制"，又实现了考虑协同因素的效率改善，为"碳中和"目标的达成提供了支持。虽然 ECRTS 暂时没有促进产业结构优化，但是 ECRTS 实现了碳减排和要素配置优化，在区域用能总量控制的前提下，推动企业依法取得用能总量指标并进行交易，使得 CO_2 排放减少和效率改善，并且试点地区的要素配置优化是有潜力趋势的。ECRTS 的实施及中国其他 ECRTS 市场的启动，应该均衡考量和发展，在实现减排和资源配置优化的协同效益时，也要逐步破除产业之间的壁垒，使得要素合理流通，推动产业结构的优化。同时还应考虑 ECRTS 政策效益和配置效率，为能耗总量及强度"双控""碳中和"的任务目标和可持续发展提供充足的动力，使得 ECRTS 在推动节能的同时进一步提升配置效率，改善"节能但无效"的局面。

表 5－2　ECRTS 的协同效益/负效应检验

VARIABLES	LnCO$_2$	SERE	SERE_EC	SERE_TC	INDUSTRY
$dudt_{i,t}$	－ 0. 134 **	0. 0652 ***	0. 00479	0. 0802 **	0. 0408 ***
	(0. 0494)	(0. 0215)	(0. 0340)	(0. 0328)	(0. 0139)
Control variables	YES	YES	YES	YES	YES
Time fixed effects	YES	YES	YES	YES	YES
Individual fixed effects	YES	YES	YES	YES	YES
Constant	－ 6. 366	5. 571	1. 003	3. 848	－ 2. 549
	(9. 180)	(3. 914)	(3. 846)	(3. 135)	(2. 738)
Observations	300	300	300	300	300

注意：*，** 和 *** 分别表示在10%、5%和1%水平上的统计显著性。括号中的值为鲁棒标准误。

（二）安慰剂检验

1. 安慰剂检验 1 和检验 2：构建虚假时期或试点

计量分析中的安慰剂检验基本原理与医学中的安慰剂检验类似，即使用虚假的政策冲击时期或实验组进行分析，检验能否得到政策效应。如果依然得到了政策效应，则表明基准回归中的政策效应并不可靠。进一步，实证结果可能是由其他不可观测因素导致的，而非关注的政策所产生。

本研究选取了 3 种安慰剂检验的方法分析 ECRTS 协同效益与负效应检验结果的稳健性。第 1 种安慰剂检验方法是构建虚拟的 ECRTS 实施时期，具体操作步骤是：使用 2005—2016 年的样本，构造虚假的 ECRTS 实施时期，假设 ECRTS 的试点启动年为 2009 年，实验组和控制组的选取和基准检验选取一致。第 2 种安慰剂检验方法是构建虚假的 ECRTS 实施地区（试点），具体操作步骤是：删除试点样本后，使用 2010—2019 年的非试点样本，构造虚假的 ECRTS 试点，本研究选取原有试点周围的省市作为虚假试点（实验组），即江苏省、广东省、陕西省和重庆市，其余非试点作为控制组。两种安慰剂检验均采用考虑控制变量的 DID 模型进行评估。

另外，安慰剂检验方法 1 也可以验证伪回归问题，证明主自变量和因变量之间的关系是否是由时间趋势引起的。因为安慰剂检验方法 1 将 ECRTS 实施时期前移，表 5 - 3 显示的结果说明由于 ECRTS 实施产生了对碳排放、协同减排效率和产业结构调整的政策协同效益或负效应，而不是被解释变量 $LnCO_2$、SERE、SERE_TC、INDUSTRY 和核心解释变量 $dudt_{i,t}$ 交互项随时间而产生的相关关系。

表 5 - 3 和表 5 - 4 显示了两种安慰剂检验的结果，我们可以得出：不论是构建虚假的 ECRTS 实施时期的安慰剂检验，还是构架虚假的 ECRTS 实施试点安慰剂检验，结果都是不显著的，ECRTS 在虚假的政策实施时期或试点没有产生政策效应，说明 ECRTS 在真实的试点和实施时期具有政策效应，即碳减排和效率改善的协同效益、对产业结构调整的负效应（slide effects），ECRTS 的协同效益与负效应检验结果是稳健的。

表 5 - 3　安慰剂检验（构建虚假时期）

VARIABLES	$LnCO_2$	SERE	SERE_TC	INDUSTRY
$dudt_{i,t}$	− 0.0705	0.0210	0.00354	− 0.0133
	(0.0472)	(0.0250)	(0.0214)	(0.0203)
Control variables	YES	YES	YES	YES
Time fixed effects	YES	YES	YES	YES
Individual fixed effects	YES	YES	YES	YES
Constant	− 1.476	− 3.207 *	− 0.260	− 0.628
	(2.460)	(1.743)	(1.398)	(1.221)
Observations	360	360	360	360

注意：*，** 和 *** 分别表示在 10%、5% 和 1% 水平上的统计显着性。括号中的值为鲁棒标准误。

表 5 - 4　安慰剂检验（构建虚假地区）

VARIABLES	$LnCO_2$	SERE	SERE_TC	INDUSTRY
$dudt_{i,t}$	− 0.0110	0.0464	− 0.00389	0.0167
	(0.0534)	(0.0510)	(0.0468)	(0.0229)
Control variables	YES	YES	YES	YES
Time fixed effects	YES	YES	YES	YES
Individual fixed effects	YES	YES	YES	YES
Constant	− 5.114	5.476	4.473	− 2.819
	(8.718)	(3.836)	(2.980)	(2.796)
Observations	260	260	260	260

注意：*，** 和 *** 分别表示在 10%、5% 和 1% 水平上的统计显着性。括号中的值为鲁棒标准误。

2. 安慰剂检验 3：随机抽取交互项

为了增强检验的准确性和稳健性，本研究继续进行了第三次安慰剂检验，采取的方法是随机抽取 500 次交互项 $dudt_{i,t}$，观察随机抽样的系数。根据图 5 - 3，可以看出随机抽样系数以 0 为均值，呈正态分布。随机抽样系数的大多数 P 值位于 "P value = 0.1" 线以上，说明多数系数至少在 10% 的水平下不显著。这意味着 ECRTS 对碳减排、效率改善和产业结构调整的政策效应没有受到其他未被观测因素的影响，基准检验结果再次被证明是稳健的。

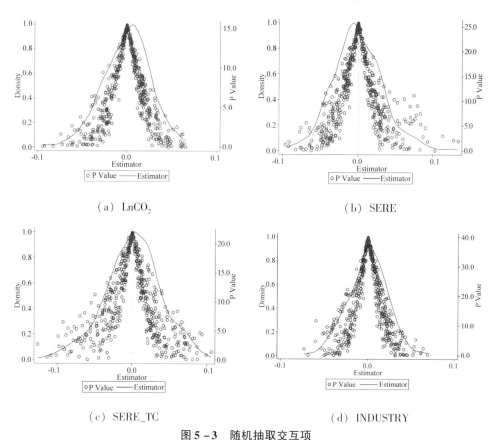

（a）LnCO₂　　　　　　　　　　（b）SERE

（c）SERE_TC　　　　　　　　　　（d）INDUSTRY

图 5 - 3　随机抽取交互项

Note：主坐标用来标识回归系数，副坐标用来标识 P 值；水平短虚线是 P = 0.1，垂直短虚线是系数 = 0。

（三）碳排放效率改善和产业结构优化的区域异质性

在 ECRTS 的协同效益与负效应检验后，可以清楚地发现 ECRTS 的实施为试点地区带来了碳减排和效率改善的协同效益以及对产业结构优化的负效应。为了比较分析 CO₂、SERE、SERE_TC 、INDUSTRY 的区域异质性，本研究统计得出全国的 CO₂ 排放呈现"东多西少"的分布，尤其是沿黄海和沿渤海的省市 CO₂ 排放比其他区域更多。试点区域的 CO₂ 排放差异较大，大多处于全国 CO₂ 排放平均水平。SERE and SERE_TC 分布呈现"沿海高于内陆"的布局，试点区域的 SERE 基本高于周围区域，试点区域的 SERE_TC 由东向西降低。

INDUSTRY 则呈现出"内陆高于沿海"和"西部高于东部"的分布。因为 INDUSTRY 是一个逆指标,所以这说明内陆和西部的产业结构合理程度低于沿海和东部,试点区域的 INDUSTRY 分布与总体一致。

综上所述,沿海和东部省市的 CO_2 排放多,协同减排效率高,产业结构更合理,内陆和西部省市反之。试点区域的指标分布与总体基本一致,且一般情况下,试点区域的指标都与周围非试点区域有着差异性。这进一步阐释了 ECRTS 的实施对于碳减排和资源配置优化产生了协同效益,实现了"节能且有效"的影响,并且需要促进要素流动和产业升级和合理化,使得 ECRTS 发挥更大的协同效益。

五、结论

本研究首先采用带有非期望产出的 SE – SBM 模型计算协同减排效率及其分解指标。其次使用泰尔指数计算产业结构合理化的逆指标。通过 DID 模型分析 ECRTS 对 $LnCO_2$、SERE、SERE_EC、SERE_TC、INDUSTRY 的政策效果,以此评估 ECRTS 对碳减排、效率改善和产业结构优化的协同效益或负效应。在 3 次安慰剂检验的基础上,本研究进一步加强了基准检验结果的稳健性,并通过趋势分析和区域异质性对比,多层面衡量 ECRTS 的政策效果。最终得到了如下的结论:

①ECRTS 推动了要素流动和资源配置优化,控制了温室气体的来源,减少了 CO_2 排放,实现了投入产出模型向生产前沿面逼近,助力了"碳中和"目标的实现。ECRTS 对碳减排和效率改善产生了协同效益。然而,ECRTS 暂时没有推动产业结构合理化,可能是 ECRTS 仍处于初期实践的阶段,政策还有待完善。因此,应该进一步推动要素流动和配置的帕累托改进,促进产业升级,淘汰落后产能,节能且增效,降低经济对资源开发的依赖程度。

②沿海和东部地区的经济发展,资源配置模式和产业结构相比内陆和西部地区更具有优势,地区发展仍存在不平衡现象。说明内陆和西部地区的节能增产潜力依旧巨大。中西部地区可以通过 ECRTS 适当购入用能指标,从而在增多能源消费的基础上,提高产出水平,优化资源和要素配置,将产业结构调整地更合理,推动产业升级。

③由于不同省市之间的资源贸易壁垒,能源市场各自为政的分割局面,使

得要素和资源更多流入经济发达地区，并且在 ECRTS 实施的初期阶段，ECRTS 对产业结构未起到应有的优化作用。因此，应该进一步扩大 ECRTS 的试点范围，制定适宜于不同地区发展水平的具体措施。推动能源在各省市产业内流动，破除不同省市之间的资源贸易壁垒，建立统一的 ECRTS 机制。

本节附录　本文中使用的主要缩写词和变量总结

缩写或变量	定义
CO_2（Million tons）	碳减排能力
SERE	协同减排效率
SERE_EC	协同减排技术效率变化
SERE_TC	协同减排潜力变化
INDUSTRY	产业结构合理化的逆指标
$(dudt)_{i,t}$	$du_i \times dt_t$
INST	产业指标：第二产业占比
INVG	技术创新指标：发明专利授权数
PGDP（yuan/person）	经济发展指标：人均 GDP
ER	环境规制指标：工业污染投资占 GDP 比重
PGREEN（hectares）	绿化指标：建成区绿地覆盖面积
URBAN	城镇化指标：城市人口/常住人口
POP	人口指标：总人口数

本节参考文献

［1］ National Development and Reform Commission. Pilot program for paid use and trading system of energy-consuming rights（2016）［EB/OL］. http：//www. gov. cn/xinwen/2016-09/21/content_5110262. htm.

［2］ CROCKER T D. The Structuring of Air Pollution Control Systems［J］. Economics of Air Pollution，1966（04）：70 – 75.

［3］ COASE R H. The problem of social cost［J］. The Journal of Law and Economics，1960，3（1）：1 – 44.

［4］ DALES J. Pollution Property and Prices［M］. Toronto：University of Toronto Press，1968.

［5］ MONTGOMERY W D. Markets in License and Efficient Pollution Control Programs［J］.

Journal of Economic Theory, 1972, 5: 395 – 418.

[6] STAVINS R N. Experience with Market-Based Environmental Policy Instruments [J]. Handbook of Environmental Economics, 2003, 1: 356 – 435.

[7] RADU O B, VAN DEN BERG M, KLIMONT Z, et al. Exploring synergies between climate and air quality policies using long-term global and regional emission scenarios [J]. Atmospheric Environment, 2016, 140: 577 – 591.

[8] ÖSTBLOM G, SAMAKOVLIS E V A. Linking health and productivity impacts to climate policy costs: a general equilibrium analysis [J]. Climate Policy, 2007, 7 (5): 379 – 391.

[9] SINGPAI B, WU D D. An integrative approach for evaluating the environmental economic efficiency [J]. Energy, 2021, 215.

[10] HU Y, REN S, WANG Y, CHEN X. Can carbon emission trading scheme achieve energy conservation and emission reduction? Evidence from the industrial sector in China [J]. Energy Economics, 2020, 85.

[11] GREEN R & STAFFELL I. The contribution of taxes, subsidies, and regulations to British electricity decarbonization [J]. Joule, 2021, 5 (10): 2625 – 2645.

[12] LO A. Carbon emissions trading in China [J]. Nature Climate Change, 2012, 2: 765 – 766.

[13] DU G, YU M, SUN C, HAN Z. Green innovation effect of emission trading policy on pilot areas and neighboring areas: An analysis based on the spatial econometric model [J]. Energy Policy, 2021, 156: 112431.

[14] LIU Z, SUN H. Assessing the impact of emissions trading scheme on low-carbon technological innovation: Evidence from China [J]. Environmental Impact Assessment Review, 2021, 89: 106589.

[15] ZHANG S, WANG Y, HAO Y, LIU Z. Shooting two hawks with one arrow: Could China's emission trading scheme promote green development efficiency and regional carbon equality? [J]. Energy Economics, 2021, 101: 105412.

[16] NDRC. Pilot program for paid use and trading system of energy-consuming rights [EB/OL]. National Development and Reform Commission, 2016. http://www. gov. cn/xinwen/2016-09/21/content_5110262. htm.

[17] CARD D, KRUEGER A B. Minimum wages and employment: A case study of the fast-food industry in New Jersey and Pennsylvania [J]. American Economic Review, 1994, 84 (4): 772 – 793.

[18] MOSER P, VOENA A. Compulsory licensing: Evidence from the Trading with the Enemy Act [J]. American Economic Review, 2012, 102 (1): 396 – 427.

[19] ANDERSEN P, & PETERSEN N C. A procedure for ranking efficient units in data envelopment analysis [J]. Management Science, 1993, 39 (10): 1261 – 1264.

[20] PASTOR J T, LOVELL C. A global Malmquist productivity index [J]. Economics Letters,

2005, 88 (2): 266 - 271.

[21] QIU B, YANG S, XIN P. FDI technology spillover channels and manufacturing productivity growth in China: An analysis based on panel data [J]. The Journal of World Economy, 2008, 8: 20 - 31.

[22] SHAN Y, GUAN D, ZHENG H, et al. China CO2 emission accounts 1997 - 2015 [J]. Scientific Data, 2018, 5: 170201.

[23] SHAN Y, HUANG Q, GUAN D, et al. China CO2 emission accounts 2016 - 2017 [J]. Scientific Data, 2020, 7: 54.

[24] GUAN D, et al. Assessment of China's recent emission pattern shifts [J]. Earth's Future, 2021, 9 (11).

[25] SHAN Y, et al. New provincial CO2 emission inventories in China based on apparent energy consumption data and updated emission factors [J]. Applied Energy, 2016.

[26] HAMMER M S, et al. Global estimates and long-term trends of fine particulate matter concentrations (1998 - 2018) [J]. Environmental Science & Technology, 2020, 54: 7879 - 7890.

[27] THEIL H. Economics and Information Theory [J]. The Economic Journal, 1969, 79: 601 - 602.

第二节　低碳城市试点政策实施带来的碳污协同减排效益的有效性和效率

一、绪论

温室气体和大气污染物同根同源，在控制温室气体的同时如果可以实现大气污染物的协同治理，将会产生更多的政策效益。越来越多的研究已经证明通过气候变化减缓行动能减少大气污染物，同时大气污染控制的措施也同样能实现温室气体减排效果。最早的有关于温室气体及大气污染物控制政策的协同效益的研究始于 20 世纪 90 年代末期，Ayres and Walter（1991）是最早对美国和欧洲气候政策附加收益进行比较的学者[1]，Manne and Richels（2000）建立了一个跨期的一般均衡模型来评估多个温室气体和二氧化碳排放的情景，发现除了转型期经济体之外，所有发达地区都将受益于采用多种温室气体协同减排战略，而不是仅减排二氧化碳[8]。Moslener and Rquate（2001）则指出，如果多种污染物在社会成本方面发生相互作用，协同减排则是最佳的减排路径[9]。Rafaj 等（2013）采用温室气体和大气污染物的相互作用和协同效应（GAINS）模型分析 2°C 气候政策情景下全球、欧盟、中国、印度和美国的气候政策控制传统空气污染物的协同效益[11]。Radu 等（2016）使用 IMAGE2.4 框架（评估全球环境的综合模型）的 10 个情景探讨未来气候和大气污染政策的不同假设如何影响温室气体和空气污染物的排放，也认为气候变化政策对于 SO_2 和 NO_x 的排放具有巨大的影响[13]。

但目前的研究却很少关注一个亟待解决的重要问题：气候变化政策或大气污染控制政策是否在以有效率的方式实现污染排放物总量控制，如果只是单纯地、一味地控制温室气体排放总量或者大气污染物浓度的话，这种目标的完成往往伴随着部分主体的利益受损，并且可能会阻碍经济发展、技术进步及资源配置效率提高。中国是世界上最大的温室气体排放国，同时也深受环境退化和污染问题的困扰，为了实现低碳可持续发展目标，中国实施了世界上最大规模的低碳城市（LCCP）政策，LCCP 政策截至目前共有三批试点，分别于 2010 年、2012 年、2017 年启动，目前试点范围还在扩大，逐步向全国范围内推广。我们就以中国的 LCCP 政策实施所带来碳减排和空气污染控制的共同效益展开研究，并首次从效果和效率角度探讨低碳发展政策带来的大气污染物控制的协同效益。通过文献分析，我们了解到已经有学者对中国 LCCP 政策实施效果进行了研究，比如 Cheng 等（2019）[4]使用差异法（DID）分析低碳城市试点项目通过绿色技术进步和结构效应，从而促进绿色增长，并将碳排放作为非预期产出来衡量绿色增长。不同的是，Song 等（2020）[14]将工业废水排放、工业二氧化硫排放和工业烟尘排放作为非预期产出来计算生态效率，采用相同的方法评估低碳城市试点政策对生态效率的总体影响，并量化该影响在不同资源禀赋和城市规模下的城市之间的异质性。该研究认为资源型城市对低碳城市试点政策发挥生态效率起到抑制作用，而特大城市的经济集聚效应可以强化低碳城市试点政策对提高生态效率的作用。Yu 等（2021）[20]使用差分法（DID）和空间 DID（SDID）方法得出，低碳城市试点政策将碳排放效率提高了 1.7%。在计算碳排放效率的方法方面，Yu 等（2021）将非凸元前沿、超效率和不良产出同时纳入 SBM 和 DDF 模型中，以衡量碳排放效率，其不良产出仍然是碳排放。本研究采用的计算方法与 Cheng（2019）、Song（2020）、Yu（2021）的方法类似，为了有效评估 LCCP 政策的共同效益以及对 CO_2 和 $PM_{2.5}$ 的协同治理效果，本研究将 CO_2 和 $PM_{2.5}$ 视为非期望产出，并采用超效率模型计算协同减排效率，然后将其分解为协同减排技术效率变化和协同减排潜力变化进行进一步的评估分析。另外，与之不同的是，本研究将模型改变为时间变化的 DID 模型，因为 LCCP 政策在不同时间启动试点，传统的 DID 模型无法很好地度量这种启动时间差异，而时间变化的 DID 模型恰好可以解决这个问题。为了检验结果的稳健性，我们采取了构建虚假的政策实施时期和虚假的政策实施试点地区的安慰剂检验方法，并运用了将模型变更为 PSM-DID 法的稳健性检验方法。

二、研究方法

（一）时变 DID 模型

　　LCCP 政策是中国通过建立低碳经济模式，实现经济发展和控制温室气体排放以应对气候变化的一项政策，共有三批低碳试点省区和城市，考虑到第三批试点启动较晚（2017 年），由于 CO_2 数据获得的局限性（目前中国市级 CO_2 数据只能更新到 2017 年），所以本文选取第一批和第二批 LCCP 试点地区作为样本，政策实施时点分别为 2010 年和 2012 年。本研究选取的第一批低碳试点样本为：广东、辽宁、湖北、陕西、云南 5 个省和天津、重庆、深圳、厦门、杭州、南昌、贵阳、保定 8 个市；第二批低碳试点样本为：北京市、上海市、海南省和石家庄市、秦皇岛市、晋城市、吉林市、苏州市、淮安市、镇江市、宁波市、温州市、池州市、南平市、景德镇市、赣州市、青岛市、桂林市、广元市、遵义市、金昌市、乌鲁木齐市。其中，由于数据获取受限，第二批低碳试点样本剔除了呼伦贝尔，大兴安岭和济源；并且由于武汉、广州、昆明、延安包含在第一批低碳试点的省级区域中，如武汉为第一批试点湖北省的城市，而湖北省在模型设定中被认为是第一批试点，所以在第二批试点中将武汉删除。本研究的范围涵盖了 LCCP 政策的两批试点省市。Time-varying DID（difference-in-differences）模型作为 DID 模型的多时期变化模型，更适用于 LCCP 政策这种具有多个试点期的准自然实验。因此，在研究中设定的 time-varying DID 模型为：

$$Y_{it} = \alpha + \beta LCCP_{i,t} + \gamma X_{it} + \mu_i + \lambda_t + \varepsilon_{it} \tag{1}$$

　　其中，Y_{it} 表示被解释变量 $lnCO_2$、$lnPM_{2.5}$、$lnSERE$、$lnSERE\_ec$ 和 $lnSERE\_tc$。μ_i 表示个体固定效应，λ_t 表示时间固定效应，ε_{it} 表示随机误差项。$LCCP_{i,t}$ 表示因城市 i 而异的实验组虚拟变量，即城市 i 在 t 时期实施了 LCCP 政策，进入实验期，则此后时期均取值为 1，否则取值为 0，LCCP 政策实施期的时间点因个体 i 而异。换言之，第一批低碳试点城市 i 在 2010 年实施了 LCCP 政策，则此后时期的 $LCCP_{i,t}$ 取值为 1，第二批低碳试点城市 i 在 2012 年实施了 LCCP 政策，在此之后每年 $LCCP_{i,t}$ 取值为 1，否则取值为 0。$LCCP_{i,t}$ 的系数 β 是整体的平均处理效应，即 LCCP 政策试点城市前后变化与控制组前后变化之差，

表示为:

$$\beta = \{E[LCCP_{i,t} = 1] - E[y_1 \mid LCCP_{i,t} = 0]\}$$

$$- \{E[y_0 \mid LCCP_{i,t} = 1] - E[y_0 \mid LCCP_{i,t} = 0]\}$$

$$= (Y_{after} - Y_{before}) - (C_{after} - C_{before}) = (\beta + \lambda_t) - \lambda_t$$

$$= (Y_{after} - C_{after}) - (Y_{after} - C_{\_before}) = (\beta + \mu_i) - \mu_i \qquad (2)$$

(二) 超效率 SBM 模型

数据包络分析方法(DEA)被广泛应用于生产率和效率的测算领域,当投入和产出指标数量较多时,有效决策单元(DMU)数量也会较多,因此在 DEA 模型的分析结果中,通常会出现多个被评价为有效的情况。DEA 模型得出的效率值最大为 1,有效 DMU 效率值相同,无法对其进行进一步区分。为了解决这一问题,Andersen and Petersen(1993)提出了"超效率"模型(Super-Efficiency Model),在该模型中被评价 DMU 的效率是参考其它 DMU 构成的前沿得出的,有效 DMU 的超效率值一般会大于 1,从而可以对有效 DMU 进行区分。

为考量资源环境约束下的全要素生产率,可将生产中产生的污染物排放作为"非期望产出"纳入 DEA 测算框架。城市的生产活动通过多种生产要素投入,同时具有期望产出与非期望产出。为同时考虑"非期望产出"与"超效率 SBM"模型,参考 Li and Fang(2013)的研究,本研究构建了包含非期望产出的超效率 SBM 模型。此外,我们重点评估了低碳城市试点政策的协同减排效率,因此更加强调在不改变投入水平的前提下,达到有效期望产出需要增加的空间与达到非期望产出需要减小的空间,所以采用产出导向的超效率 SBM 模型对各城市的协同减排效率进行评价。

假设每个城市为一个 DMU,每一个 DMU 生产需投入 M 种生产要素,即 $X = (x_1, x_2, K, x_m) \in R_+^M$,表示 M 维的投入向量;会得到 N 种期望产出,即 $Y = (y_1, y_2, K, y_m) \in R_+^N$,表示 N 维的产出向量;以及 I 种非期望产出,即 $Y^b = (y_1^b, y_2^b, K, y_m^b) \in R_+^I$。则定义测度协同减排效率的环境技术集合即生产可能性集为:

$$PPS = \{(X, Y, Y^b) \mid X \geq \sum_{\substack{j=1 \\ j \neq t}}^{L} \lambda_j x_j, Y \leq \sum_{\substack{j=1 \\ j \neq t}}^{L} \lambda_j \gamma_j,$$

$$Y^b \geq \sum_{\substack{j=1 \\ j \neq t}}^{L} \lambda_j \gamma_j^b, L \leq e\lambda \leq \mu, \lambda_j \geq 0\} \qquad (3)$$

式中，$\lambda = (\lambda_1, \lambda_2, \lambda_L)$ 表示 L 维权重向量。根据超效率 SBM 模型可推导出非期望产出的超效率 SBM 模型，模型构建为：

$$\rho = min \frac{\frac{1}{m}\sum_{i=1}^{m}\frac{\overline{x_t}}{x_0}}{\frac{1}{s_1+s_2}(\sum_{r=1}^{s_1}\frac{\overline{y_r}}{y_{r0}} + \sum_{k=1}^{s_2}\frac{\overline{y_k^b}}{y_{k_0}^b})}$$

$$s.t.\ \overline{X} \geq \sum_{\substack{j=1\\j\neq t}}^{L}\lambda_j x_j$$

$$\overline{Y} \leq \sum_{\substack{j=1\\j\neq t}}^{L}\lambda_j y_j$$

$$\overline{Y^b} \geq \sum_{\substack{j=1\\j\neq t}}^{L}\lambda_j y_j^b$$

$$\overline{X} \geq x_0, \overline{Y} \geq y_0, \overline{Y^b} \geq y_0^b$$

$$\overline{X} \geq 0, \overline{Y} \geq 0, \overline{Y^b} \geq 0, L \leq e\lambda \leq \mu, \lambda_j \geq 0 \tag{4}$$

其中，$\overline{X}$，$\overline{Y}$，Y^b 表示被评价单元投入产出的投影值；x_0，y_0，y_0^b 则为相应的原始值。

（三）全局 GML 指数

全局参比的 Malmquist（global reference Malmquist）模型是由 Pastor and Lovell（2005）提出的一种 Malmquist 指数计算方法，它是以所有各期共同构建的前沿（全局前沿）作为参比前沿。因此，全局参比的 Globe Malmquist-Luenberger（GML）指数具有跨期可比较的优点。GML 指数同时考虑了实际生产与生产前沿面的相对关系以及每个单元生产前沿面边界的变化两个方面，可将 GML 指数进一步分解为技术进步指数（TC）和技术效率指数（EC）：

$$GML_0^{T,T+1} = \frac{\rho_0^{T+1}(x_0^{T+1},y_0^{T+1},yb_{,0}^{T+1})}{\rho T_0(x_0^T,y_0^T,y_0^{b,T})} \times [\frac{\rho g_0(x_0^{T+1},y_0^{T+1},yb_{,0}^{T+1})}{\rho_0^{T+1}(X_0^{T+1},y_0^{T+1},y_0^{b,T+1})}$$

$$\times \frac{\rho_0^T(x_0^T,y_0^T,y_0^{b,T})}{\rho_0^g(x_0^T,y_0^T,y_0^{b,T})}] \tag{5}$$

$$EC_0^{T,T+1} = \frac{\rho_0^{T+1}(x_0^{T+1},y_0^{T+1},y_0^{b,T+1})}{\rho_0^T(x_0^T,y_0^T,y_0^{b,T})} \tag{6}$$

$$TC_0^{T,T+1} = [\frac{\rho_0^g(x_0^{T+1},y_0^{T+1},y_0^{b,T+1})}{\rho_0^{T+1}(X_0^{T+1},y_0^{T+1},y_0^{b,T+1})} \times \frac{\rho_0^T(x_0^T,y_0^T,y_0^{b,T})}{\rho_0^g(x_0^T,y_0^T,y_0^{b,T})}] \tag{7}$$

因为 GML 生产率指数是相对于上一年的生产率变化率，参考 Qiu et al.

（2008）和 Zhao et al.（2018）的研究，根据测得的 GML 生产率指数进行相乘，可得到 SERE.

（四）模型变量

由于温室气体和大气污染物排放的同源性，温室气体减排措施的实施可能会实现协同减排效益，即在减少温室气体的同时，也会使得大气污染物得到控制，从而实现温室气体和大气污染物的协同治理。本文使用 CO_2 和 $PM_{2.5}$ 排放情况衡量 LCCP 政策的协同治理效果。并且，除了协同治理效果外，温室气体排放政策还会实现促进经济发展、扩大就业、改善健康等协同效益。本文突破单一模型工具，利用超效率 SBM Malmquist-Luenberger 模型计算各城市的协同减排效率，从效率角度来衡量协同效益，并结合 Time-varying DID model 评估 LCCP 政策的协同治理效果和协同减排效率。另外，本文还将协同减排效率进行进一步分解，得到协同减排技术效率变化和协同减排潜力变化指标，协同减排技术效率变化测度各城市从 $t-1$ 期到 t 期向生产可能性边界的追赶程度，体现协同减排技术进步效率的变化；协同减排潜力变化测度各城市可能性边界从 $t-1$ 期到 t 期的扩展程度，体现协同减排潜力的变化。

本研究根据超效率 SBM Malmquist-Luenberger 模型估算了协同减排效率数据。投入指标参考了当前学术界常用的绿色全要素生产率测度投入指标，选择了劳动力、资本和能源作为投入指标；选取了实际地区生产总值作为产出指标。大多数关于绿色全要素生产率的研究主要以大气污染物排放（例如 SO2、NOx等）作为非期望产出。本研究分析了 LCCP 政策在减少 CO_2 和 $PM_{2.5}$ 排放方面的协同效益。如果仅将大气污染物排放作为非期望产出，将无法全面反映这种协同效益。因此，本研究考虑了 CO_2 和 $PM_{2.5}$ 的协同治理效果，并兼顾了数据的可获得性，选取了 CO_2 和 $PM_{2.5}$ 作为非期望产出，并将该指标定义为协同减排效率。具体的投入产出指标定义如下：

劳动力投入（L）。选择各城市全市年末单位从业人员数、私营和个体从业人员数总和代表劳动投入。

资本投入（K）。由于年鉴中没有可得的各地级市资本存量的数据，因此文中采用国际上较为通用的永续盘存法来计算各地区的资本存量。然而由于统计数据的限制，采用永续盘存法的标准做法有一定困难，所以借鉴叶宗裕

（2010）的处理，对其标准做法进行一定简化，假定资本效率采取几何递减的模式。具体的计算公式如下：

$$K_{i(t+1)} = (1 - \delta_{it})K_t + I_{i(t+1)} \tag{8}$$

其中 i 是第 i 个地区，t 是第 t 期，$K_{i(t+1)}$ 和 K_{it} 分别是第 t 期与第 t+1 期的资本存量，δ_{it} 指第 i 个地区第 t 期的资本存量折旧率，i（t+1）是第 i 个省份 t+1 期的实际总投资。各地名义总投资的数据采用每年各地区固定资产投资总额，该数据是名义值，还需要借助固定资产投资价格指数将名义总投资处理为实际总投资，其中西藏地区固定资产价格指数缺失，本文采用 GDP 指数进行代替；资本存量折旧率采用 Zhang 等（2004）计算出的 9.6% 进行运算；初始年份的资本存量采用如下公式进行估算：

$$K_{i2005} = I_{i2005}/(g_{i2005} + \delta_{i2005}) \tag{9}$$

其中 g_{i2005} 指 2005 年第 i 个地区的 GDP 增长率，该数值根据 2005 年的 GDP 价格指数减去 100 得到。

能源投入（E）。根据城市层面的相关研究，由于煤炭与石油等能源数据没有统计，所以采用省级能源投入量及各城市的夜间灯光数据作为权重进行计算。

期望产出（GDP）。产出指标由城市实际 GDP 表示，以 2005 年为基期，根据各城市的历年 GDP 指数对各个城市历年名义 GDP 进行平减消除价格因素的影响。

非期望产出。选取 CO_2 和 $PM_{2.5}$ 排放量作为非期望产出指标，受到数据收集的限制，$PM_{2.5}$ 数据来自达尔豪斯大学大气成分分析组（Atmospheric Composition Analysis Group）披露的研究数据，并将其进行栅格处理，得到各城市的 $PM_{2.5}$ 排放数据。

其他对模型产生影响的控制变量包括绿化覆盖，道路建设，城镇化率，产业结构、技术创新能力以及经济发展水平等。请查看附录 1 以获取完整的控制变量列表。

（五）研究数据

鉴于数据的一致性和可用性，本文选取了 2005—2017 年 279 个城市的面板数据，部分数据来源于《中国城市统计年鉴》《中国区域经济统计年鉴》、各省市的统计年鉴、各地级市的统计公报和中国研究数据服务平台（CNRDS）数据库等。缺失数据采用插值法补全。其中 CO_2 数据来源于 CEADs 数据库（Chen et al.，2020）的中国 2,735 个县的 CO_2 排放量数据，并通过加总得到地级市 CO_2 排放量数据。$PM_{2.5}$ 数据来源于达尔豪斯大学大气成分分析组（Atmospheric Composition Analysis Group）发布的栅格数据，使用 ArcGIS 软件进行解析处理。能源消费量数据拟合《中国能源统计年鉴》发布的省级能源消费量数据和来自美国国防气象卫星计划（DMSP）的市级夜间灯光数据，并将单位统一为吨标准煤。地区生产总值和人均地区生产总值数据以 2005 年为基期进行价格平减。

三、结果和讨论

（一）2005 年至 2017 年间中国 CO_2、$PM_{2.5}$ 和协同减排效率的发展趋势分析

利用本章第 2 节中的方法进行测算，中国的 CO_2 排放量在 2005 年至 2011 年间持续增长（见图 5 - 4），从 17.85 百万吨增长到 29.78 百万吨。2011 年至 2017 年间，CO_2 排放量增长速度逐渐变缓，这也表明中国的温室气体控制政策开始发挥作用。$PM_{2.5}$ 排放量明显受到大气污染控制措施的影响。中国在 2013 年实施了《大气污染防治计划》，到 2017 年，全国空气质量总体改善，一些重点区域的空气质量改善明显。治理细颗粒物（$PM_{2.5}$）是《大气污染防治计划》的重要内容，因此 2017 年的 $PM_{2.5}$ 排放量低于 2013 年。

在 2005 年至 2007 年期间，中国的协同减排效率出现负增长（见图 5 - 5），下降了 7.52%。这可能是由于早期我国经济发展模式粗放，产业结构不合理导致环境污染与资源浪费。2007 年至 2013 年间，协同减排效率波动增长，共增长了 2.34%。整体上，协同减排效率的提升较为平缓。这可能是因为尽管"十一五"期间（2006—2010），政府出台了多项环保法律法规，促使地方开始改善生产模式，提高减排效率，但 2008 年金融危机的冲击打破了原有的经济发展格局，国家开始大力支持基础设施建设，导致重工业行业比例加大，未能进一步优化资源配置，影响了协同减排效率的持续增长。

2014 年至 2017 年期间，协同减排效率出现大幅提升，增长了 6.88%。这可能是因为国家大力倡导创新驱动战略与生态文明建设，绿色生产技术的快速进步带来生产前沿的不断拓展。由于 CO_2 和 $PM_{2.5}$ 排放具有同根同源的特征，技术进步使得 CO_2 和 $PM_{2.5}$ 治理的协同程度加深，从而带来协同减排效率的快速

增长。

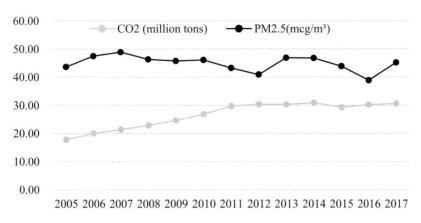

图 5 - 4 中国在 2005—2017 年间 CO_2，$PM_{2.5}$ 趋势图

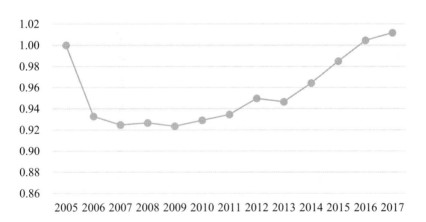

图 5 - 5 中国在 2005—2017 年间 SERE 趋势图

（二）CO_2、$PM_{2.5}$ 和协同减排效率分析

为了更清楚地描述 LCCP 政策下中国 279 个城市 CO_2 排放量、$PM_{2.5}$ 排放量和协同减排效率的分布情况，本研究采用 ArcGIS 软件绘制 LCCP 政策的第一批和第二批低碳试点地区的 CO_2 排放量、$PM_{2.5}$ 排放量和协同减排效率的分布图。得出 CO_2 排放集中于中国东部沿海地区、华北地区及一些经济发展程度高的地区（类似于重庆市、广东省），并且两批试点省市的 CO_2 排放量比非试点省市大，基本大于 21.14 百万吨，$PM_{2.5}$ 排放集中于中国中部，尤其是华北平原一带，这一带的低碳试点城市的 $PM_{2.5}$ 排放也较多。然而，部分低碳试

点的 $PM_{2.5}$ 排放相比较少，比如云南省、海南省、遵义市、厦门市、温州市等；协同减排效率的分布并无明显的区域特征，大部分城市的协同减排效率处于 0.85—0.99 之间，珠三角地区的协同减排效率相对较低，低碳试点省市的协同减排效率分布较为分散，但一般高于周围非试点区域。低碳试点政策实施地区的平均协同减排效率普遍高于非低碳试点政策地区，大部分地区的协同减排效率较为接近且处于中间水平。这说明低碳试点政策产生了较好的协同减排效率，且两批低碳试点城市的协同治理效应有一定差异，这可能与政策实施时间与地区本身的政策执行力度有关。

综上，LCCP 政策的制定兼顾了经济发展水平、地理位置、技术创新效率等外在因素与城市 CO_2 排放量等直接因素，且具有地区差异和不同层次的低碳城市试点分布，显示了中国为探究不同类型地区控制温室气体排放、实现低碳发展模式的具体措施所做出的努力。

(三) 并行趋势检验和动态分析

本文通过事件研究法分解 LCCP 政策实施 2005—2017 年之间的动态趋势，采用当前时间减去两批 LCCP 实施时间的方法，构建基于 Time-varying DID 模型的等式 (10) 进行平行趋势检验：

$$Y_{it} = \alpha + \sum_{j=-M}^{N} \delta_j LCCP_{i,t-j} + \gamma X_{it} + \mu_i + \lambda_t + \varepsilon_{it} \qquad (10)$$

其中，M and N 表示 LCCP 政策实施时点前后的期数。Y_{it} 表示被解释变量 $lnCO_2$、$lnPM_{2.5}$、$lnSERE$、$lnSERE\_ec$、$lnSERE\_tc$。$LCCP_{i,t-j}$ 表示如果城市 i 在 $t-j$ 时期实施了 LCCP 政策，则取值为 1，否则取值为 0。例如，城市 i 在 $t+3$ 时期实施了 LCCP 政策，$LCCP_{i,t+3}$ 衡量城市 i 实施 LCCP 政策政策前三年的效应。δ_j 衡量的是 LCCP 政策效应。如果本研究选取基期为 -1 期的话，δ_{-M} 到 δ_{-2} 均不显著，则说明 LCCP 政策实施之前第 $2-M$ 期实验组和控制组之间不存在政策效应，平行趋势检验通过。本文将检验结果绘制关于 CO_2、$PM_{2.5}$、SERE、协同减排技术效率变化 (SERE_ec) 和协同减排潜力变化 (SERE_tc) 的平行趋势图呈现。

由图 5-6、图 5-7、图 5-8、图 5-9 和图 5-10 可知，不论基期选取的是 -1 还是 current，LCCP 政策在实施之前均不存在关于 CO_2、$PM_{2.5}$、协同减排效率（SERE）和协同减排技术效率变化（SERE_ec）的显著政策效应，而在 LCCP 政策实施后政策效应显著。LCCP 政策的碳减排效应和协同减排效率几乎是在政策实施后逐步增强的。即使在 LCCP 政策实施后的四年时期中，该政策对于 $PM_{2.5}$ 的抑制效应有所减弱，但在第五年，抑制效应又有所增强，考虑可能受到了 LCCP 政策实施时期内中国其他大气污染控制或者碳减排政策的影响。最终，CO_2、$PM_{2.5}$、synergic emission reduction efficiency（SERE）和协同减排技术效率变化（SERE_ec）的平行趋势检验通过，可以进行进一步的分析。而协同减排潜力变化（SERE_tc）的平行趋势检验结果不是很令人满意，尽管在 LCCP 政策实施之后政策效应较为显著，但是政策效应随年份波动较大，个别年份甚至不显著，且在 LCCP 政策实施前 5 年里，政策效应却呈现出显著结果，因此可以考虑将该变量在后续运用多期 DID 模型分析中予以剔除。

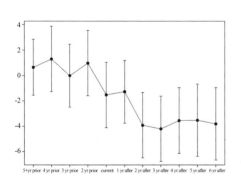

图 5-6　的平行趋势图　　　　　图 5-7　的平行趋势图

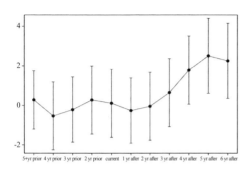
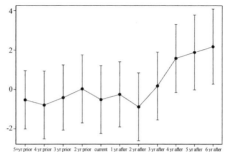

图 5-8　SERE 的平行趋势图　　　　　图 5-9　SERE_ec 的平行趋势图

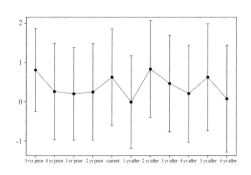

图 5 - 10　SERE_tc 的平行趋势图

（四）基线结果

LCCP 政策作为中国的一项控制温室气体排放政策，主要针对试点省市。该政策在制定过程中，考虑了各城市的各种制约因素。因此，在基准检验中，本研究在加入一系列控制变量的前提下，采用 Time-varying DID 模型对 LCCP 政策的协同治理效果、SERE 及其分解——协同技术效率变化（SERE_ec）和协同减排潜力变化（SERE_tc）进行了评估。从表 5 - 5 的结果显示：LCCP 政策显著地减少了 CO_2 和 $PM_{2.5}$ 的排放，分别减少了 3.55% 和 2.18%。这说明 LCCP 政策不仅在减少温室气体排放方面发挥了作用，还控制了大气污染物的排放，实现了协同治理效果。另外，LCCP 政策提高了协同减排效率和协同技术效率变化，其系数显著为正。在推动城市实现低碳发展过程中，LCCP 政策不仅对 CO_2 排放产生了明显的抑制作用，协同治理了大气污染物，促进了试点城市的绿色技术创新和生产方式转型。此外，LCCP 政策还从效率方面提高了以 CO_2 和 $PM_{2.5}$ 为非期望产出的协同减排效率和协同技术效率变化，使得各城市在不同时期向生产可能性边界的追赶程度更加全面、广义。然而，LCCP 政策对协同减排潜力变化（SERE_tc）没有影响。尽管纳入了经济发展水平、城镇化率、绿化覆盖等其他影响因素，LCCP 政策对 SERE_tc 的效应仍不显著，这种不显著表现为个别年份不显著与整体不显著两个角度。也说明 LCCP 政策未推动协同减排潜力变化，没有加快可能性边界从 t-1 期到 t 期的扩展程度，因此本研究将在后文的分析中剔除 SERE_tc。综上，LCCP 政策实现了 CO_2 和 $PM_{2.5}$ 的协同减排效益，也推动了协同减排效率和协同技术效率变化，但是这一政策目前来看，是不具备温室气体与大气污染物的协同减排潜力的，尽管在部分年份协同减排潜力是存在的，也实现了总量和浓度的控制，但从长期来看，LCCP 政策没有显著地提升协同减排效果。这更加说明 LCCP 政策的实施，对于第一批和第二批试点地区的污染物控制和技术效率提高是有益的，但对激发试点城市低碳减排潜力贡献不足。实现城市的低碳化和绿色化是不可能一蹴而就的。2017 年启动的第三批低碳试点省市及逐渐加强的 LCCP 政策力度对于中国实现 2060 碳中和目标提供了强劲的推动力，LCCP 政策为中国实现"碳达峰"和"碳中和"目标以及空气质量达标发挥着协同支持作用。中国实现"碳中和"承诺不仅是近零排放的实现，也是温室气体和大气污染物协同控制与治理的实现。因此，加强 LCCP 政策对于低碳减排、低碳经济以及技术创新的作用及潜力是重要的，并需进行进一步的检验以此来增强该分析结果的稳健性和准确性。

表 5 – 5　基线结果

VARIABLES	(1) $lnCO_2$	(2) $lnPM_{2.5}$	(3) $lnSERE$	(4) $lnSERE\_ec$	(5) $lnSERE\_tc$
gd_time	− 0.0355 ***	− 0.0218 ***	0.00757 **	0.00736 **	0.000213
	(0.00554)	(0.00720)	(0.00373)	(0.00373)	(0.00267)
Control variables	Y	Y	Y	Y	Y
Time fixed effects	Y	Y	Y	Y	Y
Individual fixed effects	Y	Y	Y	Y	Y
Constant	− 0.634 **	4.782 ***	0.00118	0.0188 **	−0.0176 ***
	(0.260)	(0.338)	(0.00873)	(0.00875)	(0.00626)
Observations	3,620	3,620	3,626	3,626	3,626
R-squared	0.876	0.304	0.308	0.091	0.364
Number ofid	279	279	279	279	279

（五）安慰剂测试

本文选用了两种安慰剂检验法来分析基准检验结果的稳健性。第一种安慰剂检验法通过构建虚拟的政策实施时间点，即删除 2010—2017 年的数据，使用 2005—2009 年的样本，构造虚假的第一批和第二批政策实施时期，假设第一批低碳试点启动年为 2006 年，第二批为 2008 年，并通过 Time-varying DID model 进行检验。另外，因为样本选取的时期为 2005—2017 年，时间跨度 T 是 13，此方法也用来检验伪回归问题，证明主自变量和因变量之间的关系不是由相似的时间趋势引起的。该方法通过将 LCCP 政策实施时间前移的方式，验证结果与基线结果的相似程度，如果回归结果与基准检验结果相似，则说明试点省市在未入选试点时期，LCCP 政策的协同治理效果和协同减排效率也是存在的，而且很有可能是因为因变量和自变量之间相同的时间趋势造成的；反之，如果此方法的检验结果与基准检验结果不相似且结果不显著，则说明协同治理效果和协同减排效率的存在确实由 LCCP 政策造成的，他们之间的相关关系并不是由于相似的时间趋势引起的。从表 5 - 6 显示，除了的 p-value 为 10%，其余变量均不显著，并且极弱的显著水平可以忽略。因此，第一种安慰剂检验通过，LCCP政策在这些地区的协同治理效果和协同减排效率是存在的，并且这一相关关系不受时间趋势的影响，基准检验结果是稳健的。第二种安慰剂检验方法是构建虚拟的政策试点，即删除所有的 low-carbon pilot 数据后，保留所有非试点样本，构造虚假的第一批和第二批试点地区。本研究选取原第一批和第二批试点地区周围的省市（第一批：河北、黑龙江、湖南、四川、甘肃五省；第二批：包头市、通化市、无锡市、绍兴市、台州市、蚌埠市、泉州市、新余市、烟台市、贵港市、遂宁市、安顺市）作为虚拟的试点，并利用 Time-varying DID model 进行检验。从表 5 - 7 可以看出，除具有非常弱的显著水平以外，其余变量均不显著，这说明 LCCP 政策的政策效应只存在于试点地区，也验证了基准检验结果的稳健性。

表 5 - 6　安慰剂测试 I

	(1)	(2)	(3)	(4)
VARIABLES	$lnCO_2$	$lnPM_{2.5}$	$lnSERE$	$lnSERE\_ec$
gd_timefalse	- 0.00775 *	0.000135	- 0.00102	- 0.00171
	(0.00398)	(0.0109)	(0.00529)	(0.00386)
Control variables	Y	Y	Y	Y
Time fixed effects	Y	Y	Y	Y
Individual fixed effects	Y	Y	Y	Y
Constant	0.256	- 0.507	0.00618	0.000846
	(0.294)	(0.808)	(0.0192)	(0.0140)

续表

	（1）	（2）	（3）	（4）
Observations	1, 392	1, 392	1, 394	1, 394
R-squared	0. 944	0. 203	0. 290	0. 061
Number ofid	279	279	279	279

表 5 - 7　安慰剂测试 II

	（1）	（2）	（3）	（4）
VARIABLES	$lnCO_2$	$lnPM_{2.5}$	$lnSERE$	$lnSERE\_ec$
gd_areafalse	－ 0. 0108	－ 0. 00347	0. 00241	－ 0. 00857 *
	（0. 00681）	（0. 00891）	（0. 00586）	（0. 00505）
Control variables	Y	Y	Y	Y
Time fixed effects	Y	Y	Y	Y
Individual fixed effects	Y	Y	Y	Y
Constant	0. 869 ***	5. 006 ***	0. 0138	0. 0415 ***
	（0. 329）	（0. 431）	（0. 0150）	（0. 0129）
Observations	2, 415	2, 415	2, 418	2, 418
R-squared	0. 878	0. 294	0. 162	0. 048
Number ofid	186	186	186	186

（六）稳健性检验：基于 PSM-DID

　　LCCP 政策作为一个准自然实验，虽然试点和非试点地区的选择是随机的，但是与其相关的政策制定不是随机的，无法保证试点地区和非试点地区在 LCCP 政策实施前具有相同的特征，这种"选择性偏差"会对 LCCP 政策的协同治理效果和协同减排效率的评估产生影响。并且本文选取了 279 个样本，样本之间的经济发展、地理位置、环境污染水平等因素差异大。因此，本文采用倾向得分匹配—差异—in-Differences（PSM-DID）模型继续对 LCCP 政策的协同治理效果和协同减排效率进行评估，来增强基准检验结果的稳健性。表 5 - 8 的检验结果显示，LCCP 政策对 CO_2 和 $PM_{2.5}$ 排放产生了显著的负效应，即具有协同治理效果；LCCP 政策对协同减排效率及其分解后的协同技术效率变化产生了显著的正效应，即 LCCP 政策成功诱发技术效率进步与创新，推动试点地区绿色、低碳技术研发，并使得能源利用效率得到进一步提升。在"碳中和"目标下，LCCP 政策对排放的减少发挥了巨大作用，并且协同控制了大气污染物的排放，为中国的"减污降碳"工作开展提供了长效支持。

表 5 – 8　PSM-DID

VARIABLES	(1) $lnCO_2$	(2) $lnPM_{2.5}$	(3) $lnSERE$	(4) $lnSERE\_ec$
newjh	− 0.0353 ***	− 0.0256 ***	0.0123 ***	0.0106 ***
	(0.00653)	(0.00854)	(0.00430)	(0.00394)
Control variables	Y	Y	Y	Y
Time fixed effects	Y	Y	Y	Y
Individual fixed effects	Y	Y	Y	Y
Constant	− 2.001 ***	4.022 ***	− 0.136 ***	− 0.00851
	(0.0933)	(0.122)	(0.00750)	(0.00688)
Observations	3,620	3,620	3,626	3,626
Number ofid	279	279	279	279
R-squared	0.841	0.090	0.155	0.071

四、结论和建议

中国"碳达峰和碳中和"目标的实现需要协调经济发展与气候变化，而应对气候变化的工作，也应考虑是否对大气污染控制实现了协同治理，而促进技术进步和效率提升则是应对未来气候变化工作需要考虑的一个重要内容。本研究利用 2005—2017 年中国 279 个城市的面板数据，针对低碳城市试点政策对二氧化碳和 $PM_{2.5}$ 的协同治理效应，通过超效率模型计算协同减排效率，利用计量经济学模型—时变差分模型（Time-varying DID model）评估得出：该政策减少了 3.55% 的 CO_2 排放和 2.18% 的 $PM_{2.5}$ 排放，实现了协同治理效果；该政策也促进了协同减排效率，提高了各城市从前一时期到当前时期向生产可能性边界的追赶程度，即提高了协同技术效率。并且该结果通过了构建虚拟的政策实施时期和构建虚拟的政策实施试点地区的安慰剂检验，以及基于倾向得分匹配差分法（PSM-DID）模型的稳健性检验。本研究所得出的研究结果对于中国力争 2030 年前实现碳达峰，2060 年前实现碳中和提供了理论支持和政策参考，具体如下：

①中国减缓气候变化的政策实现了温室气体和大气污染物的协同治理，加强了 CO_2 和 $PM_{2.5}$ 两类污染物的协同减排，而且从长期来看，该政策为企业提供了政策保障的外在激励环境，使得投入产出模式向"最佳生产前沿面"逼近，促进了技术进步和效率提升，从而从污染物协同治理和协同减排效率提升两方面实现了该政策的对中国经济发展、减缓气候变化、大气污染控制和低碳社会转型的政策效应。

②整个社会要想实现低碳经济发展模式，并非只是单纯的污染物总量控制。对于社会内存在的企业而言，有的企业进行污染控制的成本低，而有的企业进行污染控制的成本很高，因此，加强技术革新与产业结构调整，从技术端入手推动污染的有效控制，甚至以技术手段或者市场手段实现"净零排放"，提高资源配置效率，才应该是未来建设低碳经济发展模式的可行路径。

③中国的气候变化政策应将长期的全要素生产率，即协同减排效率，纳入政策评估中，因为气候变化政策如果可以长期提高协同减排效率，使得全要素生产率有所提高，根据卡尔多尔效率[10]，即使该气候变化政策可能在短期内让一些企业或者个人的利益受损，比如企业为了降低污染物排放量不得不加强成本投入以升级技术，但长期来看，全社会的生产率的提高实现了整体协同减排效率的提升，这将有利于整个社会的福利改善，并形成正向促进效用。

④随着第三批低碳城市试点的开展，以及低碳城市试点政策在第一批和第二批试点区域内协同治理效果和协同减排效率的实现，全国范围内低碳城市的推广也成为了一个大的趋势。各城市在借鉴低碳试点城市的经验时，也应该根据自身的经济发展水平、地理位置、区位优势、城市化水平和生态环境禀赋、污染总量等客观因素建立与自身条件相适应的低碳经济发展模式，并加强绿色低碳理念的宣传，构建低碳社会，从而为中国实现"碳中和"目标提供支持。

附录

类型	变量	缩写	说明
解释变量	CO_2 （Million tons）	CO_2	衡量 LCCP 政策的直接减排效益，并作对数化处理
	$PM_{2.5}$ （mcg/m^3）	$PM_{2.5}$	衡量 LCCP 政策的协同减排效益，即协同治理效应，并作对数化处理
	协同排放减排效率	SERE	从效率角度衡量 LCCP 政策的协同效益，并作对数化处理
	协同减排技术效率变化	SERE_ec	测度各城市从 t−1 期到 t 期向生产可能性边界的追赶程度
	协同减排潜力变化	SERE_tc	测度可能性边界从 t−1 期到 t 期的扩展程度
核心解释变量	整体的平均处理效应	$LCCP_{i,t}$	$LCCP_{i,t}$ 表示因城市 i 而异的实验组虚拟变量，即城市 i 在 t 时期实施了 LCCP 政策，进入实验期，则此后时期均取值为 1，否则取值为 0。
控制变量	绿化覆盖	greenarea	建成区绿化覆盖面积
	道路建设	road	年末实有城市道路面积
	城市化率（%）	urban	城市人口与居民人口
	产业结构	inst	第二产业增加值占 GDP 比重
	技术创新能力	cinvg	各省市当年获得的发明数量合计
	经济发展水平	pgdp	人均地区生产总值

本节参考文献

[1] ANDERSEN P, PETERSEN N C. A procedure for ranking efficient units in data envelopment analysis [J]. Management Science, 1993, 39 (10): 1261 –1264.

[2] AYRES R U, WALTER J. The greenhouse effect: Damages, costs and abatement [J]. Environmental and Resource Economics, 1991, 1 (3): 237 –270.

[3] CAI B. Spatial characteristics of carbon dioxide emissions in Chinese cities and analysis of their

synergistic governance with sulfur dioxide [J]. Energy of China, 2012, 34 (7): 33 – 33.

[4] CHEN J, GAO M, CHENG S, HOU W, SHAN Y. County-level CO2 emissions and sequestration in China during 1997 – 2017 [J]. Scientific Data, 2020, 7 (1).

[5] CHENG J, YI J, DAI, S. Can low-carbon city construction facilitate green growth? Evidence from China's pilot low-carbon city initiative [J]. Journal of Cleaner Production, 2019, 231.

[6] DONG H, DAI H, DONG L, FUJITA T, GENG Y, KLIMONT Z, et al. Pursuing air pollutant co-benefits of mitigation in China: A provincial leveled analysis [J]. Applied Energy, 2015, 144 (15): 165 – 174.

[7] HAO L A, LIN M B, LIN X B. Estimating spatiotemporal dynamics of county-level fossil fuel consumption based on integrated nighttime light data [J]. Journal of Cleaner Production, 2021, 278.

[8] LI H, FANG K, YANG W, WANG D, HONG X. Regional environmental efficiency evaluation in China: Analysis based on the Super-SBM model with undesirable outputs [J]. Mathematical & Computer Modelling, 2013, 58 (5 – 6): 1018 – 1031.

[9] MANNE A S, RICHELS R G. A multi-gas approach to climate policy - with and without GWPs [J]. SSRN Electronic Journal, 2020 (10): 2139.

[10] MOSLENER U, REQUATE T. Optimal abatement strategies for various interacting greenhouse gases [M]. Baden-Wurttemberg: Heidelberg University Press. 2001.

[11] NICHOLAS K. Welfare propositions of economics and interpersonal comparisons of utility [J]. The Economic Journal, 1939, 49 (195): 549 – 552.

[12] OESTBLOM G, SAMAKOVLIS E. Linking health and productivity impacts to climate policy costs: a general equilibrium analysis [J]. Climate Policy, 2007, 7 (5): 379 – 391.

[13] PASTOR J T, LOVELL C. A global malmquist productivity index [J]. Economics Letters, 2005, 88 (2): 266 – 271.

[14] QIU B, YANG S, XIN P. FDI technology spillover channels and manufacturing productivity growth in China: An analysis based on panel data [J]. The Journal of World Economy, 2008, (08): 20 – 31.

[15] RAFAJ P, SCHöPP W, RUSS P, HEYES C, AMANN M. Co-benefits of post-2012 global climate mitigation policies [J]. Mitigation & Adaptation Strategies for Global Change, 2013, 18 (6): 801 – 824.

[16] RADU O B, MAARTEN V, KLIMONT Z, DEETMAN S, JANSSENS-MAENHOUT G, MUNTEAN M, et al. Exploring synergies between climate and air quality policies using long-term global and regional emission scenarios [J]. Atmospheric Environment, 2016, 140 (09): 577 – 591.

[17] SONG M, ZHAO X, SHANG Y. The impact of low-carbon city construction on ecological efficiency: Empirical evidence from quasi-natural experiments [J]. Resources, Conservation

and Recycling, 2020, 157: 104777.

[18] WANG J, HE S, LI S, ZHANG M. Research on the synergy and spatial differences of greenhouse gas and air pollution based on ESDA-GWR [J]. Ecological Economy, 2017, (7).

[19] XIAO H, MA Z, MI Z, KELSEY J, ZHENG J, YIN W, et al. Spatio-temporal simulation of energy consumption in China's provinces based on satellite night-time light data [J]. Applied Energy, 2018, 231: 1070 – 1078.

[20] YAN X, MASUI T. Local air pollutant emission reduction and ancillary carbon benefits of SO2 control policies: Application of AIM/CGE model to China [J]. European Journal of Operational Research, 2009, 198 (1): 315 – 325.

[21] YAN Y, ZHANG X, ZHANG J, LI K. Emissions trading system (ETS) implementation and its collaborative governance effects on air pollution: The China story [J]. Energy Policy, 2020, 138: 111282.

[22] YE Z. The estimation of China's provincial capital stock [J]. Statistical Research, 2010, 027 (012): 65 – 71.

[23] YU Y, ZHANG N. Low-carbon city pilot and carbon emission efficiency: Quasi-experimental evidence from China [J]. Energy Economics, 2021, 96 (2): 105125.

[24] ZHANG J, WU G, ZHANG J. The estimation of China's provincial capital stock: 1952—2000 [J]. Economic Research Journal, 2004, (10): 35 – 44.

[25] ZHAO X, LIU C, YANG M. The effects of environmental regulation on China's total factor productivity: An empirical study of carbon-intensive industries [J]. Journal of Cleaner Production, 2018, 179 (04): 325 – 334.

第三节　"大气十条"和"三年行动计划"污染防治政策的二氧化碳协同减排效应

一、绪论

改革开放以来，中国经济实现年均 9% 以上的快速增长，城市化及工业化深入推进，能源资源消耗持续增加[1,2]，尽管当前构建清洁、低碳、绿色、环保的能源利用体系已取得初步成效，但是 2020 年我国能源消费总量仍达到 45.57 亿吨标准煤，其中超过 80% 来自化石燃料燃烧[3]。支持中国城市化和工业化的化石燃料为基础的能源系统导致了巨大的碳和空气污染物排放[4]。随着国家碳达峰及碳中和目标（以下简称"双碳"目标）的提出，减少空气污染物和二氧化碳排放正成为实现中国长期可持续发展的重要任务。当前，我国碳排放强度稳步降低，2020 年较 2005 年降低 48.4%，已经提前和超额完成 2020 年气候行动目标[5]，但我国碳排放总量增长幅度较大，世界银行披露的数据显示，1960 年至 2019 年中国碳排放总量由 7.81 亿吨增加至 107.07 亿吨。2021 年中国生态环境状况公报[6]披露的数据显示，在中国 339 个城市中，仍有 121 个城市空气质量不达标。当前以细颗粒物（$PM_{2.5}$）为特征的区域性大气污染问题尤为突出，带来了严重的直接与间接的经济损失[7,8]。

近年来，中国颁布了一系列大气污染防治措施，设定了严格的减排目标，旨在应对大气污染防治的严峻压力。其中，2013 年 9 月，国务院颁布《关于印发大气污染防治行动计划的通知》[9]（国发〔2013〕37 号，以下简称"大气十条"），部署了城市大气污染防治 10 项重点措施及 35 项具体措施。"大气十条"政策实施以来，空气质量得到显著改善[10]，$PM_{2.5}$、PM_{10} 和 SO_2 的年平均浓度显著下降[11]；人群健康效益得到显著提升，2013 年至 2017 年，中国与环境空气污染有关的死亡率和丧失生命年限大幅降低[12]；能源利用效率得到有效提升[13]。为巩固"大气十条"的防治成果，加快改善空气质量，2018 年 6 月，国务院颁布《打赢蓝天保卫战三年行动计划》[14]（国发〔2018〕22号，以下简称"三年行动计划"），针对钢铁、火电、建材等重点行业以及"散乱污"企业、散煤、柴油货车、扬尘治理等领域，提出了39条具体防治措施，旨在促进重点区域空气质量显著提升，提升居民幸福感[15]。

大气污染物与二氧化碳排放具有同根、同源、同过程特征，应对气候变化和治理大气污染应当协同考虑[16]。化石能源燃烧、居民生活、工业制造、交通运输等均是大气污染物与二氧化碳排放的来源，研究大气污染防治政策对碳排放的协同作用十分必要。一方面，直接来源于大气污染控制的效益往往更为显著，更易于在短期内见到成效，且发展中国家对区域空气污染控制的需求比减少碳排放更为迫切，因此政府制定和实施与大气污染相关政策的动力更强，且其政策的执行力更高。另一方面，大气污染治理和应对气候变化在目标措施等方面是有协同效应的，如"大气十条"中关停高污染企业、调整能源结构等措施，都对温室气体排放产生协同影响。"三年行动计划"将协同减少温室气体排放纳入政策目标，体现二者防治的共通性。此外，我国经济发展迈入高质量增长阶段，有效性是经济高质量发展的基本标准[17]，需要将发展重心转向提质增效，实现更高质量、更有效率的发展模式[18]。在推动经济高质量发展视域下，党的二十大报告强调要"协同推进降碳、减污、扩绿、增长"，这就要求在实现碳排放与大气污染物排放协同治理的基础上，还应提升协同治理效能，实现减污降碳高效协同。

基于上述背景，探究中国大气污染防治政策的碳污协同减排效应，特别是其对碳污协同减排绩效的影响，对中国的绿色低碳发展研究有重要意义。

二、研究内容、方法及技术路线

（一）研究内容

为探讨中国大气污染防治政策的实施是否会带来碳减排的协同效益，并讨论其对协同减排绩效产生促进还是抑制作用，本研究从碳减排量和协同减排绩效两个层面对大气污染防治政策的实施效果展开评估。主要研究内容如下：

1. 碳污协同减排绩效的时空变化分析

本研究基于超效率 Slack-Based Measure（SBM）模型测度了我国各省及各

城市的碳污协同减排绩效，并进一步采用 Global-Malmquist-Luenberger（GML）指数方法，将协同减排绩效分解为协同减排技术效率指数及协同减排技术进步指数，从而识别要素配置效率提升和整体技术进步对碳污协同减排绩效的贡献。本研究将资本、劳动、能源作为投入变量，各地区生产总值作为期望产出，各地区大气污染物及碳排放总量作为非期望产出，在全要素框架下对协同减排绩效进行测算，分阶段分析协同减排绩效及其分解项指数的变化趋势及相对差异，同时研究协同减排绩效的空间分布差异。

2. 大气污染防治政策的碳污协同减排效应分析

本研究采用双重差分法（DID），将"大气十条"与"三年行动计划"作为准自然实验，分别构建"大气十条"的协同减排效应评估模型与"三年行动计划"协同减排效应评估模型，以探究大气污染防治政策的实施对碳排放及碳污协同减排绩效的影响，并从技术效率与技术进步两个方面识别大气污染防治政策对协同减排绩效的影响机制。本研究对模型结果进行了平行趋势检验及稳健性检验，以保证研究结果的可靠性。

3. 大气污染防治政策协同减排效应的异质性分析

本研究从地理区位、资源依赖程度和创新能力三个视角对大气污染防治政策的碳污协同减排效应进行异质性分析，分别探究了"大气十条"和"三年行动计划"在东中西部地区、资源型地区与非资源型地区创新能力差异下的协同减排效应，并对区域偏向性导致的协同减排效应的异质性进行了分析讨论。

（二）研究方法

本研究综合运用多种研究方法，深入探究中国大气污染防治政策的协同减排效应，具体研究方法如下：

①文献研究法：本研究通过梳理近 10 年协同减排效应的内涵与评价、大气污染防治政策的有效性评估、大气污染防治政策的协同减排效应等相关文献，总结国内外研究成果，明确协同效应、协同减排绩效等核心概念，厘清大气污染防治政策的碳污协同减排效应研究思路，为在现有文献基础上拓展相关领域研究奠定了基础。

②实证研究法：本研究综合采用 MaxDEA、Stata 等计量分析软件，构建超效率 SBM 模型、"大气十条"协同减排效应模型、"三年行动计划"协同减排

效应模型，开展实证分析。超效率 SBM 模型可以解决传统 DEA 模型中松弛变量及区分有效决策单元的问题，且本研究将二氧化碳与大气污染物均引入非期望产出，可以有效测度碳污协同减排绩效并开展地区间比较分析。DID 模型是广泛应用于政策效果评估的经典计量模型，其基本思想就是通过对比政策实施前后实验组及控制组之间差异来反映政策效果，可以有效避免传统计量模型的内生性问题，本研究将 DID 模型用于评估大气污染防治政策的协同减排效应。

③比较分析法：本研究对各地区协同减排绩效及其分解项变化的时空差异进行比较分析；从效益与绩效两个视角对"大气十条"与"三年行动计划"的协同减排效应进行比较，结合两个政策的措施，提出未来大气污染防治政策制定的重点方向和领域；从地理区位、资源依赖程度和创新能力三个视角对具有不同禀赋特征地区的大气污染防治政策的碳污协同减排效应进行比较分析。

(三) 技术路线

本研究的技术路线如图 5 – 11 所示，基于当前环境污染现状与经济发展需求，提出研究问题，同时从文献梳理和机制概述两个方面完善文章的理论基础。接下来基于超效率 SBM 模型和 GML 指数测度协同减排绩效并展开时空演变分析。在测度核心被解释变量的基础上，本研究基于 DID 模型对中国代表性大气污染防治政策展开评估，从碳减排量和协同减排绩效两个层面评价"大气十条"与"三年行动计划"的协同减排效应。此外，基于地理区位、资源依赖程度和创新能力三个视角对大气污染防治政策的协同减排效应开展异质性分析。最后，根据研究结论，提出相应的政策建议。

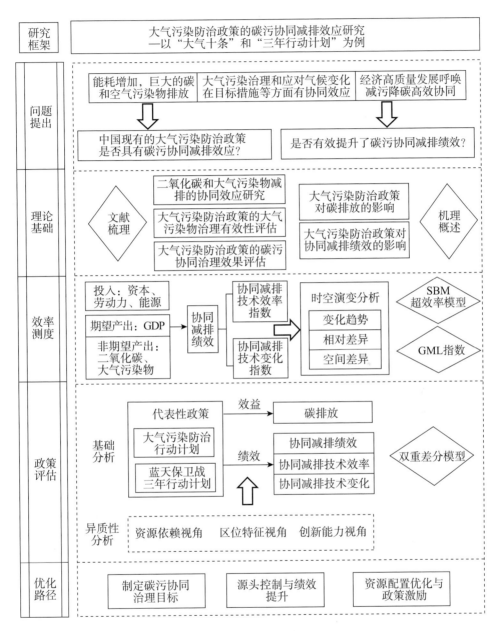

图 5-11 技术路线图

（四）研究意义

中国在 2030 年前实现碳达峰目标并在 2060 年前实现碳中和的计划将深刻影响中国低碳转型和大气污染治理。在工业化和城市化进程中，化石能源依赖型的经济发展模式使得我国在应对全球气候变化背景下面临严峻的碳减排压力。"双碳"目标的实现与大气污染治理的途径和目标具有很强的共通性，开展碳污协同减排绩效的测算并加强大气污染防治政策的碳污协同减排效应评估是开展协同应对气候变化和大气污染研究的重要工作，这能为有效实现碳排放与大气污染物排放的协同治理，进而为实现国家碳中和以及环境可持续发展目标提供重要依据和参考。

1. 理论意义

本研究从碳污协同减排视角评估大气污染防治政策的实施效果，在当前协同效应、大气政策评估等研究领域具有一定的理论价值。其一，本研究基于非期望产出的超效率 SBM 模型，引入协同减排绩效的概念，在全要素框架下对二氧化碳与大气污染物的协同减排效果进行评价，这有利于在考量经济发展因素的情形下对大气污染防治政策的协同减排效应进行研究，丰富了碳污协同治理的内涵。其二，本研究采用计量经济学经典模型，从碳污协同减排视角对大气污染防治政策的实施效果进行评估，尤其关注政策实施对减排绩效的影响，并基于地理区位、资源依赖程度和创新能力三个视角对政策实施效果的异质性展开分析，丰富了大气污染防治政策评估的研究。

2. 现实意义

当前中国在全球气候变化的大背景下面临极大的减碳压力，但实现双碳目标的政策体系仍在优化阶段，亟需探究多污染物协同减排路径，从而实现绿色可持续发展的目标。测度并对比各地区的协同减排绩效，有利于从碳污协同减排视角比较不同城市、省份之间的治理效能差距，从而为各地区因地制宜统筹实现碳中及改善空气质量的目标提供参考。一方面，开展对中国大气污染防治政策的协同减排效应评估，有助于定量分析典型大气污染防治政策对温室气体排放的影响，为大气污染防治政策的协同减碳目标提供支撑；另一方面，这项工作从技术效率与技术进步两个方面展开分析，能为后续大气污染防治政策制定及措施选择提供参考，有助力中国双碳目标实现。

(五) 创新点

本研究主要有以下三点贡献：

①本研究在全要素分析框架下构建了碳污协同减排绩效指数，拓展了碳污

协同效应评价的相关研究。本研究将大气污染物及碳排放纳入非期望产出，在协同效应研究领域进一步拓展，计算出地区的协同减排绩效，区别于对当前协同减排绝对量的研究，该指标重点关注各地区是否在兼顾经济发展的同时实现碳污协同减排。本研究从时空变化的角度评估了各地区是否高质量地实现了二氧化碳与大气污染协同减排。从可持续发展的角度看，必须切实提高协同减排绩效，在保持既定的经济发展速度下，降低对大气及全球气候的负面影响，才能真正实现碳中和愿景。

②本研究从碳减排量和协同减排绩效两个层面研究大气污染防治政策的碳污协同减排效应及其作用机制，并研究"大气十条"和"三年行动计划"两个典型政策的效果差异和成因，丰富了中国大气污染防治政策效果评价方面的研究。当前评价我国大气污染防治政策治理效果的研究多聚焦于政策具体的减排量评估，对政策整体的减排效应尤其是碳污协同减排效应的研究较少。本研究对我国典型大气污染防治政策——"大气十条"和"三年行动计划"的协同减排效果进行综合评价，探究该政策是否协同减少了碳排放且提升了减排绩效，同时从技术效率与技术进步两个方面精细化识别其对协同减排绩效的影响，从要素配置效率提升和整体技术边界拓展两个角度剖析两个典型政策的效果差异及成因。这对未来我国大气污染防治政策的制定具有一定的借鉴意义，该分析框架也可广泛应用于相关政策的评价研究。

③本研究从区位特征、资源禀赋和创新能力三个视角分析大气污染防治政策协同减排效应的区域异质性，通过区域间对比进一步考量大气污染防治政策的实施效果。当前学术界对于中国大气污染防治政策的效果，尤其是诸如"三年行动计划"等较新颁布的政策的效果仅有针对单个城市及区域的评估，缺乏全国尺度及区域间对比视角的减排效果评估。本研究将从区位特征、资源禀赋和创新能力三个视角探究大气污染防治政策在不同特征地区实施效果的差异性，结合不同地区的大气污染防治目标及发展定位进行具体分析。研究结论可为制订差异化的减污降碳协同增效路径提供依据，有助于提出具有可操作性的政策建议。

三、二氧化碳和大气污染物减排的协同效应研究综述

（一）碳污协同效应的缘起与定义

协同效应的概念起源于 20 世纪 90 年代，早期类似的概念通常被表述为伴生效益（ancillary benefits）、次生效益（secondary benefits）等。1991 年，Ayres 等[19]对温室气体的损害、成本、减排三个方面展开评估，发现温室气体的减排策略产生了减少大气污染损害的间接效益，这种效益定义为 ancillary benefits。1995 年，联合国政府间气候变化专门委员会（IPCC）在第二次评估报告[20]中采用 secondary benefits 来描述减缓气候变化所能带来的空气质量改善及生态系统保护等效益。1999 年，Wang 等[21]也采用了 secondary benefits 的概念，其阐述的核心观点是温室气体控制所带来的健康效益。整体来看，早期国际上对于协同效应的内涵阐述比较丰富，所衡量的维度有所差异，展现出从狭义向广义的发展趋势[22]。进入 20 世纪之后，不少组织对协同效应给出更为具体的定义。2001 年，IPCC 第三次评估报告[23]就首次提出了协同效应（co-benefits），将其定义为碳减排政策的非气候减缓效益。2007 年，IPCC 第四次评估报告[24]指出在设计政策时，应将温室气体减排与大气污染物治理协同考虑，并估计碳减排措施可带来的空气治理改善收益，这是协同效应从理论认识到政策实践的转变。这就进一步明晰了协同效益是设计温室气体减排政策时可能具有的诸如可持续、平等等其他效益，而伴生效益则是政策实施后产生的其他影响[25]。2009 年，经济合作与发展组织（OECD）将其界定为气候变化减缓所带来的诸如空气质量改善、人体健康效益等正向效益，并可货币化的部分[26]。2014 年，IPCC 第五次评估报告[27]又将减排政策或措施的正向效益与负向效应加以区分，这也是本研究将其定义成为协同效应而非协同效益的原因。

通过对协同效应内涵的梳理可以发现，早期对协同减排效应的分析角度多是从温室气体减排出发，探究温室气体减排政策的狭义与广义协同效应。而发展中国家的广泛实践表明，大气污染物的治理同样对温室气体减排具有协同影响。中国环保部环境与经济政策研究中心（PRCEE）给出的定义就包含了两个方面，即温室气体减排的降污效应与大气污染物控制的降碳效应[28]。自协同效应的概念引入国内之后，该概念开始沿着认识到实践的研究脉络不断丰富，学

者们将协同控制、减污降碳协同增效等内容纳入，以更加全面地阐述协同效应的含义。正如前文所述，减缓温室气体排放不仅仅具有正向效益，大气污染防治措施也并非一定有利于碳减排，通过有意识地进行政策调控以促使协同效应表现为收益，并实现效益最大化，这成为协同效应领域研究的重点内容。毛显强等[25]提出协同控制是指具有物理协同效果和经济可行性的控制措施，这是对协同效应的拓展。而随着中国协同控制实践的不断深入，减污降碳协同增效成为协同减排政策及措施的新目标，即通过在目标指标、管控区域、控制对象、措施任务、政策工具五个方面的协同，同时推动减污与降碳，实现提质增效[29]。

(二)　协同效应的评价

当前学术界对协同效应的评价包含温室气体减排对大气污染物减排的协同效应评估、大气污染物减排对温室气体减排的协同效应评估以及实施温室气体减排和空气污染协同控制的环境、经济和社会效益三个方面。

自 20 世纪 90 年代末期起，关于协同效应评价的研究逐步发展，欧美和日本关于协同效应的研究较为全面和丰富。在传统污染物的减排效果及成本核算中，并未分析不同环境主体之间的相互作用及其来源的同一性，因此空气质量改善及气候变化缓解的成本就会被夸大[30]。Williams[31]在综合考虑空气质量和气候变化政策可能带来重要的协同效益的基础上，预测了英国 2050 年的空气质量状况。早期对 CO_2 与大气污染物减排协同效应的研究大多是针对发达国家，但是以中国为代表的许多发展中国家在经济快速发展过程中，往往伴随着化石燃料的高消耗，大气污染物与 CO_2 协同控制的需求更为紧迫[32]。Xue[33]等以中国风能发电厂为研究对象，发现相比火力发电，风力发电所产生的 CO_2 减少 97.48%，大气污染物也有不同程度的减少。除电力部门外，交通、钢铁、水泥、建筑等行业也是污染物排放的重点部门，因此不少研究就工业部门[34]、交通部门[35,36]、建筑部门[37]内部的协同效应展开了分析和评估。

国内对协同效应的研究起步较晚，蔡博峰[38]研究发现，中国 CO_2 和 SO_2 排放机理在统计意义上具有显著相关性，但两者在东部、中部及西部的关联性存在差异，整体来看普遍表现出显著的正向协同性[39]，究其原因与减排的技术及措施有关。季浩宇[40]以工程、结构、管理减排三种手段为出发点，探究不同减排技术和措施产生的协同效应。为进一步量化协同减排量，毛显强等[41]构建了大气污染物协同减排当量（APeq）指标，该指标在协同减排效应的研究中得到广泛应用[42]。除了大气污染控制措施所带来的碳减排效应外，节能减排技术的普及也有助于降低大气污染物的排放量，具有显著的协同效益[43]，傅京燕和原宗琳[44]的研究也表明电力行业采用的各种低碳技术能带来稳定的 SO_2 协同减排。赵彦云等[45]研究发现在低碳城市中 CO_2 减排与 $PM_{2.5}$ 减排具有显著的协同效应。俞珊等[46]通过构建协同效应分级评估方法，对不同情景下的碳污减排协同效应进行评估，发现在政策情景与强化情景中有针对性地从能源、建筑等部门切入，可以带来较好的减排效果。

（三）大气污染防治政策的大气污染物治理有效性评估

针对严峻的大气污染问题，中国颁布了诸如《关于大气污染防治重点城市限期达标工作的通知》《大气污染防治行动计划》《蓝天保卫战三年行动计划》等目标措施较为严苛的大气污染防治政策。诸多学者对系列大气污染防治政策的治理效果进行了广泛评估。根据评估视角可将当前的研究分为两类，一类是分区域对大气污染物减排量的时空变化核算，一类采用计量模型对大气污染防治政策效应进行评估。

在大气污染物减排量核算方面，研究结果普遍表明，严格的大气政策促进了总体空气质量改善，且当前研究普遍集中于对"大气十条"的治理效果。从全国层面来看，各类污染物浓度整体呈下降趋势但受季节变化影响显著，其中首要污染物仍为以 $PM_{2.5}$ 为代表的细颗粒物[47]。截至 2017 年全国地级及以上城市的 $PM_{2.5}$ 排放量下降了 12.1%，尤其 74 个重点实施城市的 $PM_{2.5}$ 排放量从72.2μg/m^3 降至 47.4μg/m^3，降幅达 34.3%[48]。此外，在"大气十条"实施期间，PM_{10} 和 SO_2 浓度也显著降低，但是仍存在区域性复合大气污染问题，尤其以汾渭平原的复合大气污染问题最为严峻[11]。分区域来看，中科院"大气灰霾追因与控制"专项总体组在"大气十条"实施一年后对京津冀地区空气质量评估的结果显示，SO_2、NO_2、$PM_{2.5}$ 浓度均呈现显著下降趋势[49]。"大气十条"收官后，京津冀、长三角和珠三角三大区域 $PM_{2.5}$ 浓度分别下降39.6%、34.3% 和27.7%[10]，张小曳等[50]引入污染—气象条件指数分析了气象条件变化对三大区域 $PM_{2.5}$ 浓度下降的贡献。罗知和李浩然[51]研究发现，"大气十条"政策在北方地区的实施效果优于南方地区，这与北方的供暖设施相关。还有学者针对城市层面的减排效果进行评估，如刘茂辉等[52]梳理了天津市大气污染防治措施的大气污染物减排效果；卢亚灵等[53]研究发现"大气十条"实施以来，北京市空气质量显著改善。

在大气污染防治政策效应评估方面，学者普遍使用政策检验的经典计量模型——DID 模型和断点回归方法（RDD）对政策的实施效果展开检验。目前关于政策效果评估有两种结果，大部分学者对于不同大气污染防治政策效果评估的研究结论支持大气政策的空气质量提升效应。杨斯悦等[10]研究 DID 模型回归的结果说明，"大气十条"对 $PM_{2.5}$、PM_{10}、SO_2、NO_2 和 CO 的排放量下降产生了显著影响。Yu 等[54]采用 DID 法、倾向评分匹配法（PSM - DID）及三重差分方法（DDD）方法，发现"大气十条"的实施能够降低重点实施区域 $PM_{2.5}$ 浓度和 SO_2 排放，在碳排放权交易政策的叠加效应下仍然稳健。在资源型城市中，"大气十条"对空气污染的规制效果依然显著[55]。蔡兴[15]采用 DID 模型对"三年行动计划"的实施效果展开评估，结果显示蓝天保卫战对重点区域的 AQI、$PM_{2.5}$ 和 PM_{10} 治理效果优于非重点区域。Song 等[56]研究采用 RDD 方法，证明了大气污染防治联防联控核心区域的扩大有助于改善区域空气质量。

与上述研究相反，当前学术界也有部分学者认为大气污染防治政策的实施并未实现预期效果。Zhang 等[57]基于准自然实验方法，评估了《关于大气污染防治重点城市限期达标工作的通知》的政策影响，说明更严格的大气规制政策会显著降低 $PM_{2.5}$ 的排放浓度，但却不利于重点实施区域环境绩效及全要素生产率的提升。陈林等[58]的研究证明"大气十条"的实施对长三角、珠三角区域的雾霾治理未产生显著效果。在京津冀地区，杜雯翠和夏永妹[59]的研究证明大气污染治理措施未改善当地空气质量。赵志华和吴建南[60]的研究则发现对于部分大气污染物，如工业烟（粉）尘排放量，大气污染治理政策的影响作用有限，即减排存在难易优先级。Miao 等[61]区分了市场型规制政策与命令控制型规制政策的影响，发现市场调控政策对大气环境全要素生产率具有正向效应，而命令控制型政策则会产生相反的效果。

除了直接减少大气污染物的作用外，"大气十条"还促进了创新能力提升，降低了空气污染造成的健康损失。Cheng 等[62]评估了"大气十条"的实施对企业绿色创新行为的影响，发现政策的实施有助于激励公司增加专利申请量，提升创新能力。Kim 等[63]研究发现，"大气十条"的实施显著减少了呼吸系统疾病的患病人数，且在经济发展水平越低的地区，该政策带来的健康效益越强。但是随着人口老龄化问题不断凸显，"大气十条"政策所带来的健康效益将逐步被抵消[64]。

（四）大气污染防治政策的碳污协同治理效果评估

前文综述了大气污染防治政策对于大气污染物的减排效果，而政策实施除了降低大气污染物排放外，还通过对能源结构调整、产业结构升级、绿色旅游和低碳生活方式普及的促进作用，协同减少碳排放[65-67]。对此，现有研究主要从大气污染防治政策协同目标设定与协同减排效果评估展开。

不少学者认为大气污染控制政策设计应同时考虑碳减排的双重目标，在目前大气污染防治政策协同减排效应情景模拟的分析中，一般均衡模型（CGE）、GAINS-China、能源环境情景分析模型（LEAP）等被广泛应用[68,69]。如 Rao 等[70]提出应将大气污染政策与气候变化及获得清洁燃料的政策相结合，以提升协同减排效应并缓解社会疾病负担。Muller[71]提出了一项空气污染物协同治理政策，并预测该政策每年将产生 100 万美元至 8500 万美元的空气污染物及温室气体减排的收益。Wu 等[72]提出在大气污染控制政策制定之初应对技术方案系统评估，以达成污染物协同控制及降低负面健康效应影响的作用。Li 等[73]的研究表明尽管短期内严格的大气污染治理措施会增加成本，但低碳目标约束下的大气污染控制政策所带来的二氧化碳缓解效益会弥补这些成本。Xing 等[74]认为中国空气质量的目标设定需同时考虑 2℃ 的全球温度目标，为脱碳减排打下重要基础。

现有研究评估了现行大气污染控制政策的协同减排效应及其面临的挑战[75]。Kanada 等[76]调查了日本川崎市的大气污染控制政策，发现其产生了良好的协同效益，并探讨其与低碳技术创新的耦合空间。Gu 等[77]对中国"十一五"至"十二五"期间的大气污染物治理政策协同效应进行了评价，发现污染物控制政策可对二氧化碳排放产生协同控制作用，为"十三五"规划制定提供了借鉴。Zhang 等[77]开发了综合评估模型评估了北京、天津、河北地区的住宅"煤改电"政策带来的减排及健康效应，结果表明该举措具有广泛的经济社会协同效益。贾璐宇等[78]梳理了"大气十条"的具体措施,分部门及省市运用排放因子法评估了11项具体政策措施的碳减排效果,发现产业结构调整与锅炉改造治理的减排效果最为显著。张扬等[79]针对黑龙江省大气污染防治行动中的二氧化碳减排量进行核算,发现控制煤炭总量是最有效的减排举措。还有学者采用DID方法对"大气十条"的节能降碳效果展开评估,发现"大气十条"能同时降低城市能耗强度与碳排放强度,同时还针对是否属于煤炭大省、是否属于资源型城市等角度进行了异质性分析[80]。现有研究中对"三年行动计划"协同效应的评估比较有限,邢有凯等[81]构建了协同控制大气污染物与温室气体的评估体系,以唐山市为例展开对"三年行动计划"12项子措施的评估,发现这些措施均具有协同效应。Xu等[82]则构建了协同效应亚洲模型,评估了"三年行动计划"在京津冀地区的协同减排效应,预测出了不同城市的碳减排量。

(五)文献述评

现有研究对碳污协同效应的内涵与评价、大气污染控制政策的有效性评估等方面进行了一些探讨,证明了目前大气污染防治政策的实施实现了空气质量改善目标且具有一定的碳减排协同效应。但当前鲜有学者在全要素框架下评价协同效应,目前的研究多停留于协同减排量或协同减排效益评估层面。目前,针对中国典型的大气污染防治政策的碳污协同减排效果评估的相关研究还较少,尤其是对"三年行动计划"政策效应的评估十分有限。为了更全面地掌握我国现有代表性大气污染防治政策的实施效果,从协同减排绩效层面出发对大气污染防治政策的碳污协同效应展开探究具有重要的价值与意义。

具体而言,相关研究仍有以下两个方面值得深入研究:

①在协同效应评价上,本研究拓展了当前碳污协同效应评价的视野。现有研究多关注的是温室气体减排或大气污染控制过程中所带来的另一污染物排放绝对量的增减,较少有研究将经济生产要素纳入评价,本研究中所测度的协同减排绩效是在现有协同效应评价方法上的细化和拓展,即在考虑资本、劳动力等生产要素投入及经济产出的框架下,对二氧化碳与大气污染物的协同减排效果的评价。因此本研究所定义的协同减排效应,既包含大气污染物控制政策对碳排放绝对量的协同影响,也包含对全要素框架下协同减排绩效的考量,同时该效果既包含正向减排效益,也包含其产生的负向效应。

（2）在大气污染防治政策的效果评估上，本研究从碳减排量和协同减排绩效两个层面对其协同减排效应展开全面评估。梳理现有研究的结论发现，大气污染防治政策的实施具有显著的空气质量改善作用，但其对于部分地区、部分污染物及部分效率指标的影响效果仍存在争议。本研究将空气污染物指标纳入协同减排绩效评估体系，从新的角度丰富了对大气污染防治政策的实施效果评估的研究。

此外，目前学术界对于中国大气污染防治政策协同减排效应的分析多聚焦在政策具体措施的协同减排量评估，且对于诸如"三年行动计划"等较新的大气污染防治政策仅有针对单个城市及区域的评估，缺乏全国尺度及区域间对比视角的减排效应考量。由此，本研究基于全国尺度并从区位特征、资源禀赋和创新能力三个视角对"大气十条"与"三年行动计划"的协同效应及其异质性展开综合评估，填补了现有研究的空白。

四、碳污协同减排绩效的测度与分析

（一）碳污协同减排绩效的测度模型

1. 超效率 SBM 模型

数据包络分析方法（DEA）被广泛应用于效率测算及绩效评估领域[83,84]。当有效决策单位（DMU）数量较多时，通常会有多个被评估为有效的 DMU，有效 DMU 效率值均为 1，难以进一步区分比较。为了解决这一问题，1993 年，Andersen and Petersen[85] 提出了超效率模型，该模型下的 DMU 效率评估基于其他 DMU 构成的前沿，有效 DMU 的超效率值一般会大于 1，即可对有效 DMU 进行区分。然而，在传统的径向 DEA 模型中，仅包含了所有投入、产出等比例改进的部分，无效 DMU 的松弛改进部分并未得到体现。针对该问题，Tone[86] 提出了 SBM 模型，同时从投入与产出两个角度测量无效率 DMU 的效率值，消除了径向 DEA 产生的偏差。结合超效率模型和 SBM 模型[87]，本研究采用超效率SBM 模型进行测度。当前不少研究证明了超效率 SBM 模型在效率测算和绩效评估领域的适宜性，卢新海等[89]、侯孟阳和姚顺波[90]、关伟等[91]分别运用超效率 SBM 模型测度了土地绿色利用效率、城市生态效率和能源综合利用效率，测定并评估了不同地区的绩效水平。为考量资源环境约束下的全要素生产率，可将在生产中产生的"非期望产出"纳入 DEA 测算框架，即需要考虑诸如各类污染物排放的非期望产出。为了评估达到技术有效的期望产出下需要增加的空间与达到非期望产出需要减小的空间，本研究将空气污染和二氧化碳同时纳入非期望产出，构建了产出导向的超效率 SBM 模型[88]。

假设历年每个城市为一个 DMU，每一个 DMU 生产需投入 M 种生产要素，即 $X = (x_1, x_2, \cdots, x_m) \in R_+^M$ 表示 M 维的投入向量；会得到 N 种期望产出，即 $Y = (y_1, y_2, \cdots, y_m) \in R_+^N$ 表示 N 维的期望产出向量；以及 I 种非期望产出，即 $Y^b = (y_1^b, y_2^b, \cdots, y_m^b) \in R_+^I$ 表示 I 维非期望产出向量。则定义测度协同减排效率的环境技术集合即生产可能性集为：

$$PPS = \left\{ \begin{array}{l} (X, Y, Y^b) \mid X \geq \sum_{\substack{j=1 \\ j \neq t}}^{L} \lambda_j x_j, Y \leq \sum_{\substack{j=1 \\ j \neq t}}^{L} \lambda_j y_j, Y^b \\ \geq \sum_{\substack{j=1 \\ j \neq t}}^{L} \lambda_j y_j^b, L \leq e\lambda \leq \mu, \lambda_j \geq 0 \end{array} \right\} \qquad (1)$$

式中，$\lambda = (\lambda_1, \lambda_2, \lambda_L)$ 表示 L 维权重向量。根据超效率 SBM 模型可推导出非期望产出的超效率 SBM 模型，模型构建为：

$$\rho = \min \frac{\dfrac{1}{m} \sum_{t=1}^{m} \dfrac{\overline{x_t}}{x_{tk}}}{\dfrac{1}{n+i} \left(\sum_{r=1}^{n} \dfrac{\overline{y_r}}{y_{rk}} + \sum_{p=1}^{i} \dfrac{\overline{y_p^b}}{y_{pk}^b} \right)}$$

$$s.t. \ \overline{X} \geq \sum_{\substack{j=1 \\ j \neq t}}^{L} \lambda_j x_{tj},$$

$$\overline{Y} \leq \sum_{\substack{j=1 \\ j \neq t}}^{L} \lambda_j y_{rj}, \qquad\qquad (2)$$

$$\overline{Y^b} \geq \sum_{\substack{j=1 \\ j \neq t}}^{L} \lambda_j y_{pj}^b,$$

$$\overline{X} \geq x_{tk}, \overline{Y} \leq y_{rk}, \overline{Y^b} \geq y_{pj}^b,$$

$$\overline{X} \geq 0, \overline{Y} \leq 0, \overline{Y^b} \geq 0, L \leq e\lambda \leq \mu, \lambda_j \geq 0$$

其中，$\overline{x_t}$、$\overline{y_r}$、$\overline{y_p^b}$ 表示被评价单元投入产出的投影值；x_{tk}、y_{rk}、y_{pk}^b 则为相应的原始值。

2. GML 指数及其分解

全局参比的 Malmquist 模型是以各期 DMU 共同构建的前沿作为参比前沿的一种 Malmquist 指数计算方法[92]，该指数具有跨期可比较的优点，且各期可累积。GML 指数同时考虑了实际生产与生产前沿面的相对关系以及每个单元生产前沿面边界的变化两个方面，可将 GML 指数进一步分解为效率变化（EC）和技术变化（TC）：

$$
\begin{aligned}
GML_0^{T,T+1} &= \frac{\rho_0^{T+1}(x_0^{T+1},y_0^{T+1},y_0^{b,T+1})}{\rho_0^{T}(x_0^{T},y_0^{T},y_0^{b,T})} \\
&\quad * \left[\frac{\rho_0^{g}(x_0^{T+1},y_0^{T+1},y_0^{b,T+1})}{\rho_0^{T+1}(x_0^{T+1},y_0^{T+1},y_0^{b,T+1})} * \frac{\rho_0^{T}(x_0^{T},y_0^{T},y_0^{b,T})}{\rho_0^{g}(x_0^{T},y_0^{T},y_0^{b,T})} \right]
\end{aligned}
$$

$$
EC_0^{T,T+1} = \frac{\rho_0^{T+1}(x_0^{T+1},y_0^{T+1},y_0^{b,T+1})}{\rho_0^{T}(x_0^{T},y_0^{T},y_0^{b,T})}
$$

$$
TC_0^{T,T+1} = \frac{\left[\dfrac{\rho_0^{g}(x_0^{T+1},y_0^{T+1},y_0^{b,T+1})}{\rho_0^{T+1}(x_0^{T+1},y_0^{T+1},y_0^{b,T+1})} \right]}{\left[\dfrac{\rho_0^{g}(x_0^{T},y_0^{T},y_0^{b,T})}{\rho_0^{T}(x_0^{T},y_0^{T},y_0^{b,T})} \right]} \tag{3}
$$

本研究中，GML 指数是相对于上一年的全要素生产率的变化率，参考邱斌等[93] 和 Zhao 等[94] 的研究，根据测得的 GML 生产率指数及其分解项进行累乘，可得到协同减排绩效（SERE）、协同减排技术效率指数（SEREEC）、协同减排技术进步指数（SERETC）。

（二）数据样本及指标选取

1. 数据来源

本研究选取中国 2010—2017 年 279 个城市及 2013—2020 年 30 个省份的面板数据。部分城市如舟山、拉萨、呼伦贝尔和丽江，部分省份如西藏，由于数据缺失被删除。为消除极端值影响，主要变量均进行了 1% 缩尾处理。本研究使用的数据主要来源于《中国统计年鉴》、《中国城市统计年鉴》、《中国能源统计年鉴》、各省市统计年鉴、美国国防气象卫星（DMSP）、中国碳核算数据库[95] 和 Atmospheric Composition Analysis Group[96]（ACAG）。缺失数据主要从各省市的统计年鉴、统计公报中手工收集整理，无法补齐的数据采用插值法补全。各指标具体的数据来源如表 5 – 9 所示。

表 5 - 9　协同减排绩效测度数据来源说明

变量	尺度	数据说明	数据来源
劳动力	城市	采用城镇私营和个体从业人员数与年末单位从业人员数总和计算	《中国城市统计年鉴》
	省域	年末从业人员数	各省统计年鉴
资本	/	采用永续盘存法计算	《中国城市统计年鉴》、各省统计年鉴、《中国统计年鉴》
能源	城市	以各城市的灯光数据作为权重,将省级能源数据分解为城市级的能源数据	《中国能源统计年鉴》、DMSP（2021）
	省域	各省能源消费总量	《中国能源统计年鉴》
CO_2	城市	采用中县级 CO_2 排放量加总计算	CEADs（2021）
	省域	IPCC 部门方法计算省级 CO_2 排放总量	CEADs（2021）
SO_2	城市	工业 SO_2 排放量	《中国城市统计年鉴》
	省域	SO_2 排放量	《中国统计年鉴》
$PM_{2.5}$	/	对全球的 $PM_{2.5}$ 浓度进行中国区域栅格化处理	ACAG（2021）
GDP	/	平减后的实际 GDP	《中国城市统计年鉴》《中国统计年鉴》

由于年鉴中没有直接可获得的各地级市资本存量的数据,因此本研究采用国际上较为通用的永续盘存法来计算各地区的资本存量。然而由于统计数据的限制,采用永续盘存法的标准做法有一定困难,所以借鉴叶宗裕[97]的处理方法,对其标准做法进行一定简化,假定资本效率采取几何递减的模式。具体的计算公式如下:

$$k_{i(t+1)} = (1 - \delta_{it})K_t + I_{i(t+1)} \qquad (4)$$

其中 i 代表第 i 个地区,t 代表第 t 期,$K_{i(t+1)}$ 和 K_{it} 分别是第 t 期与第 $t+1$ 期的资本存量,δ_{it} 指第 i 个地区第 t 期的资本存量折旧率,$I_{i(t+1)}$ 是第 i 省份 $t+1$ 期的实际总投资。各地名义总投资的数据为每年各地区的固定资产投资总额,该数据是名义值,还需要借助固定资产投资价格指数将名义总投资转化为实际总投资，其中西藏地区固定资产价格指数缺失，本研究采用 GDP 指数进行代替；资本存量折旧率采用张军计算出的 9.6% 进行运算[98]；初始年份资本存量的估算公式如下：

$$K_{i2005} = I_{i2005} / (g_{i2005} + \delta_{i2005}) \tag{5}$$

其中 g_{i2005} 指 2005 年第 i 个地区的 GDP 增长率，该数值根据 2005 年的 GDP 价格指数减去 100 得到。

由于城市层面的能源数据无法直接获取，因此将省级层面的能源数据进行分解。当前不少研究证明了城市层面的能量消耗与夜间灯光之间存在线性关系，这使得利用夜间灯光数据估算能耗具有可行性[99,100]。其基本逻辑是，夜间光照强度越高，夜间的经济活动就越多，即经济发展水平越高，能源消耗也越高。本研究基于线性回归模型，利用夜间灯光数据将省级能源数据分解到各城市。

2. 指标定义

①协同减排绩效（SERE）：全要素生产率可以反映产出数量不能归因于生产要素数量的部分，这也正是本研究重点关注的问题。聚焦到环境保护领域，考虑能源投入与环境污染的绿色全要素生产率被学者引入相关研究，用于评价地区经济发展质量和环境保护水平。本研究所关注的协同减排绩效是对于现有绿色全要素生产率概念的进一步拓展，反映出技术进步、资源配置等非生产要素对经济增长和碳污协同减排的贡献。

现有研究中，绿色全要素生产率的测度通常将劳动力、资本及能源作为投入指标，实际地区生产总值作为产出指标，"三废"排放或大气污染物排放（SO_2、NO_x 等）作为非期望产出[97,101,102]。借鉴绿色全要素生产率测度的指标体系，本研究在测度协同减排绩效时，选取劳动力、资本及能源作为投入指标，实际地区生产总值作为产出指标，而在选取非期望产出指标时，同时考虑 CO_2 与大气污染物的协同减排潜力，并兼顾数据的可得性，将 CO_2、SO_2 及 $PM_{2.5}$ 视为非期望产出。各投入产出指标的描述性统计表 5 - 10 所示：

表 5 - 10 协同减排绩效测度指标的描述性统计结果

尺度	指标	变量	单位	观察值个数	均值	标准差
城市尺度	投入指标	劳动力投入	万人	2232	116.50	162.64
		资本投入	亿元	2232	5010.76	5837.27
		能源投入	万吨标准煤	2232	1462.05	1629.68
	期望产出	实际GDP	亿元	2232	1853.16	2504.32
	非期望产出	CO_2排放量	万吨	2232	29.84	25.14
		$PM_{2.5}$平均浓度	微克/立方米	2232	44.01	17.71
		工业SO_2排放量	万吨	2232	4.95	5.10
省域尺度	投入指标	劳动力投入	万人	240	2716.28	1775.67
		资本投入	亿元	240	56214.59	37244.20
		能源投入	万吨标准煤	240	15446.37	9100.44
	期望产出	实际GDP	亿元	240	18230.91	14311.55
	非期望产出	CO_2排放量	万吨	240	341.54	220.11
		$PM_{2.5}$平均浓度	微克/立方米	240	37.39	13.73
		SO_2排放量	万吨	240	35.94	34.21

②协同减排技术效率指数（SEREEC）：该指标测度了协同减排相对绩效的变化，可以反映出样本地区向生产可能性边界的追赶程度，即样本地区与生产前沿的相对距离，可以体现地区管理水平对资源配置效率的优化作用。

③协同减排技术进步指数（SERETC）：该指标测度可能性边界的扩展程度，即前沿生产率变化，可以体现地区技术进步对地区协同减排潜力的增长作用。

(三) 协同减排绩效的时空演变分析

利用 MaxDEA8 Ultra 软件，基于包含非期望产出的超效率 SBM 模型与全局参比的 GML 指数方法，测算中国 2010—2017 年 279 个城市与 2010—2020 年 30 个省份的协同减排绩效及其分解项。

1. 协同减排绩效及其分解项的变化趋势与相对差异

图 5-12a 展示了 2010—2020 年各省份协同减排绩效及其分解项的变化趋势。从各指标逐年变化来看，可分阶段分析协同减排绩效及其分解项的变化趋势。2010—2020 年期间，全国各省份的协同减排绩效的几何平均值增长了 14.9%，其中协同减排技术效率指数增长了 0.2%，协同减排技术进步指数增长 14.7%。协同减排绩效的年均增长率为 1.3%，协同减排技术效率的年均增长率接近于 0，协同减排技术进步指数的年均增长率为 1.4%。数据表明这一时期协同减排绩效的增长主要来自于技术变化，技术效率对于协同减排绩效贡献几乎为 0。2010—2014 年期间，协同减排绩效下降了 0.6%，协同减排技术效率下降了 2.3%，而协同减排技术进步指数增长了 1.6%。在"十二五"期间（2011—2015 年），我国经济发展进入"新常态"阶段，增长速度从高速向中高速转变，工业产值增速有所回落但结构仍然趋重，各类高能耗产业、高污染附加产品同比上升；前期各类经济发展刺激政策尚未完全消化，乘数效应刺激高能耗产业发展，尽管保持了一定的经济增长速度，但是却带来产能过剩和大气污染的不良后果；经济结构调整进入阵痛期，消化过剩产能、产业结构调整使得部分行业受到较大冲击，技术进步带来的减排绩效无法冲抵生产要素损失。因此在该阶段我国技术创新转化与资源配置有效性都较低，导致地区的协同减排进入了瓶颈期，不升反降。自 2014 年开始，协同减排绩效及其分解项保持稳定增长，且自 2017 年起，增长速度显著增快，2020 年的协同减排绩效较 2014 年增长了 15.7%，协同减排技术效率指数较 2014 年增长了 2.5%，协同减排技术进步指数较 2014 年增长了 12.8%，技术变化仍是主要的增长动力。一方面，该阶段创新驱动发展战略稳步推进，注重部署战略性新兴产业，大力支持环保型高科技产业，提高了技术自主创新能力，使得整体的产出更高效、污染排放更可控，推动了生产前沿面拓展。另一方面，强有力的环境规制政策，尤其 2016 年修订的《大气污染防治法》及颁布的《"十三五"温室气体排放控制工作计划》均明确从政策层面指出要加强二氧化碳和大气污染物的协同控制，协同减排的重要导向更为明确，宏观政策规制倒逼地区改变生产要素配置，推进生产模式向前沿面逼近。两者的交互作用带来了绩效的迅速提升，并使得协同减排绩效在 2020 年达到了最高水平。

图 5-12 从相对差异的角度反映了协同减排绩效及其分解项逐年的变化情

况。协同减排绩效整体水平不断提升，在 2017—2019 年间出现了稀疏极端分布、数据分散水平高、整体绩效偏下分布的特征，2020 年重新回归收敛状态。这说明在该阶段不同地区间的相对差异扩大，出现了少数较高绩效水平省份，比如 2019 年北京市的协同减排绩效水平达到 1.506，而宁夏回族自治区的绩效水平仅为 0.898，这可能是由于不同区域间管理模式、要素流动和产业结构等方面存在显著差异导致的。协同减排技术进步指数的相对差异变化趋势与协同绩效较为一致，出现了显著的极端值，说明部分省份技术水平提升速度远高于平均水平。协同减排技术效率指数的相对差异出现小幅增长，整体保持平稳，这主要是由于我国采用自上而下的纵向行政管理体制，因此地区间管理水平变化的相对差异不大。

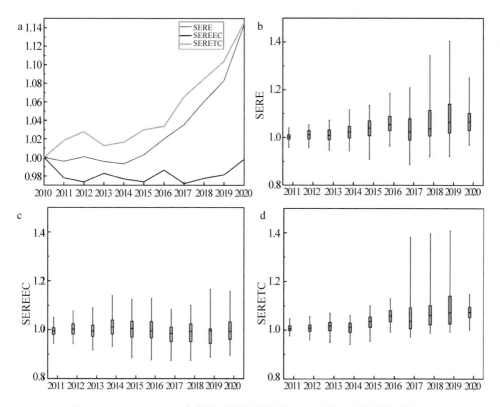

图 5 - 12　2010—2020 年协同减排绩效及其分解项的变化趋势与箱线图

（a：2010—2020 年 SERE、SEREEC、SERETC 的变化趋势；b：SERE 的箱线图；c：SEREEC 的箱线图；d：SERETC 的箱线图。箱体的上限和下限分别是 75% 和 25% 的数据。箱体中间的水平线是中值。）

2. 基于 Kernel 核密度估计的协同减排绩效及其分解项的演变规律

Kernel 核密度估计属于非参数估计方法，其可以保留数据本身的分布真实性，避免函数设定的干扰，保证分布函数的直观和准确。本研究即通过构建核密度分布函数来分析碳污协同减排绩效及其分解项的动态演变特征。核密度公式如下：

$$f_n(x) = \frac{1}{nm} \sum_{i=1}^{n} K(\frac{X_i - \bar{x}}{m}) \tag{6}$$

其中，n 表示要素总数，x 表示要素均值，m 表示要素带宽，带宽会影响核密度估计的精确程度。本研究采用高斯核对协同减排绩效及其分解项的演变趋势展开估计。

2012—2020 年间，协同减排绩效的整体水平在不断提高，处于绩效值中心的省份逐渐减少，不同省份之间的差异逐步扩大。2020 年的核密度曲线扁平化程度明显，说明区域差异达到最大化。2012—2016 年间，协同减排技术进步指数的波峰有扁平化倾向，这表明处于中心值的省份在逐渐减少，省份间协同减排技术进步指数差异变大。2016—2018 年，协同减排技术进步指数有所提升，中心值省份保持稳定。2018—2020 年，协同减排技术进步指数提升，且处于中心值的省份逐渐减少，不同省份之间的差异在逐步扩大。

3. 协同减排绩效及其分解项的空间分布差异

（1）城市间空间分布差异

本研究测算了 2010—2017 年各城市的协同减排绩效值及其分解项。从协同减排绩效的几何均值来看，2010—2017 年间各城市的协同减排绩效的几何均值为 1.026，南昌市的协同减排绩效最大，达到 1.224，其次是崇左市与泉州市，分别为 1.193 与 1.190。协同减排绩效最低的城市为贵阳市，绩效仅为 0.628，仅为绩效最高城市的 51.2%，排名末三位的其他两个城市分别是德阳市与定西市，分别为 0.734 与 0.840。从绩效水平分类统计来看，协同减排绩效大于 1.1 的城市有 14 个，占 5.0%；协同减排绩效大于 1.050 的城市有 80 个，占 18.6%；协同减排绩效小于 0.950 的城市有 8 个，占 2.8%。

从协同减排绩效的增长来源看，样本期内有 136 个城市的协同减排技术效率指数大于 1，有 235 个城市协同减排技术进步指数大于 1，分别占比 48.7% 与 84.2%。在 236 个协同减排绩效大于 1 的城市中，有 101 个城市的协同减排技术效率与协同减排技术进步指数均同时大于 1，有 30 个城市仅协同减排技术效率大于 1，有 105 个城市仅协同减排技术进步指数大于 1。在协同减排绩效小于1 的 43 个城市中，有 29 个城市的协同减排技术进步指数大于 1，而仅有 38 个城市协同减排技术效率小于 1。这说明部分城市协同减排绩效的贡献来源于技术效率与技术变化，而部分城市则存在仅单分解项贡献的情形。

（2）东中西部空间分布差异

将各省份按照东部、中部与西部三大区域进行分组，三大区域逐年的协同减排绩效及其分解项的结果如表 5 – 11 所示，三大区域的协同减排绩效都呈现出先上升后下降，最后再上升至最高值的走势，但三大区域绩效变化的时间节点及增长幅度有较大差异，这与各区域的区位特征所引发的驱动机制差异有关。总体来看，三大区域样本期内协同绩效的几何平均值从高到低分别是东部地区、西部地区与中部地区，其中西部地区与中部地区绩效值差距较小，而东部地区绩效值显著高于中西部地区。从协同减排绩效的增长幅度来看，从高到低分别是东部地区、中部地区与西部地区，分别较基期增长了 30.7%、6.9% 与4.9%。这说明东部地区的整体绩效水平与提升速度远高于其他两个区域；中部地区尽管整体绩效水平最低，但是表现出较强的绩效提升态势；相较而言，西部地区则绩效水平不高且绩效提升乏力。

从各区域协同减排绩效的增长原因来看，三大区域的主要增长动力均为技术进步，这与全国的增长原因保持一致。其中，东部地区样本期内技术变化指数提升了 29.7%，高于全国该指数增长率 14.8 个百分点，这表明东部地区技术进步处于全国领先地位，但东部地区的技术效率变化指数仅提升 0.8%，且该指数的几何平均值在三大区域内最小，说明东部地区的科技创新成果并未得到有效转化，应当提高管理水平以促进资源配置优化。中西部地区在增长动力方面的特征类似，相较而言西部地区的资源配置效率较高而技术进步表现不佳，说明西部地区获得较强的政策倾斜力度，但是还需向东部地区加强技术学习。

表 5－11　协同减排绩效及其分解项的区域比较

年份	协同减排绩效			协同减排技术效率指数			协同减排技术进步指数		
	东部	中部	西部	东部	中部	西部	东部	中部	西部
2011	1.000	0.987	0.999	0.955	0.983	0.996	1.047	1.004	1.004
2012	1.020	0.981	0.998	0.948	0.984	0.991	1.076	0.997	1.007
2013	1.018	0.969	0.995	0.971	0.984	0.993	1.048	0.985	1.002
2014	1.017	0.964	0.991	0.961	0.980	0.988	1.058	0.984	1.003
2015	1.037	0.971	0.991	0.961	0.974	0.983	1.079	0.998	1.008
2016	1.062	0.989	0.998	1.005	0.965	0.980	1.056	1.025	1.019
2017	1.082	1.006	1.007	0.959	0.976	0.978	1.128	1.031	1.030
2018	1.116	1.034	1.020	0.968	0.985	0.978	1.153	1.050	1.044
2019	1.154	1.045	1.039	0.961	0.977	1.006	1.201	1.070	1.033
2020	1.307	1.069	1.049	1.008	0.988	1.004	1.297	1.082	1.045
几何均值	1.071	1.001	1.008	0.972	0.981	0.990	1.101	1.020	1.018

注：东部地区包含北京市、福建省、广东省、海南省、河北省、江苏省、辽宁省、山东省、上海市、天津市、浙江省；中部地区包含安徽省、河南省、湖北省、湖南省、江西省、山西省、吉林省、黑龙江省；西部地区包含甘肃省、贵州省、宁夏回族自治区、青海省、陕西省、四川省、新疆维吾尔自治区、云南省、重庆市、内蒙古自治区、广西壮族自治区。

五、大气污染防治政策的协同减排效应分析

（一）大气污染防治政策对碳污协同减排效应的影响概述

1. 大气污染防治政策对碳排放的影响

大气污染物具有负外部性，大气污染防治政策是针对大气污染物排放的一种环境规制手段，本研究所选取的"大气十条"和"三年行动计划"属于命令控制型环境规制政策，具有强制性高、确定性强的特点，通过政府部门制定的系列防治标准对全社会的大气污染物排放进行直接控制，往往能够在较快的实现治理目标。大气污染防治政策不直接作用于企业的生产，而是通过限制区域污染物排放水平，从总量控制、源头控制、末端治理等维度来减少污染物排放。大气污染源十分复杂，工业生产、生活取暖及交通运输，是三大主要的人为污

染源。从根源来看，化石能源的超量使用带来了严峻的大气污染问题。因此，大气污染防治政策的防治效果主要依赖两条路径实现，一是消耗端严控化石能源，二是供给端提高清洁能源占比，最终达到降低化石能源使用量进而减少大气污染物与二氧化碳排放的效果。

在实际治理中，大气污染防治政策通过能源结构调整、产业结构调整、技术进步等传导渠道影响大气污染物排放，并进一步对碳排放产生影响[103]。①大气污染防治政策致力于构建清洁低碳高效的能源体系，通过"煤改电"、"煤改气"、区域散煤治理等方式降低生活取暖的直接能源使用量；关停高能耗燃煤机组、提倡使用清洁能源；发展核电、风能、太阳能等清洁能源，旨在降低企业及其他能源使用者对化石能源的需求，进而优化能源结构，实现碳污协同减排。而学者们研究还发现另一种可能的影响路径，即规制的力度可能会影响能源开发者对未来能源使用的预期，使得能源价格下跌，导致能源开采与使用量不降反升，进而增加碳排放。②大气污染防治政策通过提高过剩产能淘汰标准及工业源排放标准、推动绿色产品产业化等措施，限制高能耗高污染的资源密集型行业发展，拓宽环保产业及低能耗的服务业发展空间，促使整体产业结构升级。一方面，针对高能耗产业的严格控制措施，使得企业的大气污染物排放成本大幅增加，倒逼高能耗企业寻求产业转型或退出市场，提高了资源型行业的门槛。而严格的大气污染控制标准对低污染行业冲击较小。另一方面，高污染企业为了适应政策，其环保技术运营、环境污染等第三方环保类服务的需求增加，催生了环保服务类公司等新业态。③大气污染防治政策重点关注了企业技术改造，强化科技研发与推广。对重污染生产领域采用清洁技术进行改造，可以帮助企业提高能源使用效率，进而减少大气污染物排放。同时加大清洁能源开发的技术研发，促进一系列创新转化，从源头增加清洁能源的供给量。

2. 大气污染防治政策对协同减排绩效的影响

协同减排绩效测度的是在多投入产出框架下，要素投入进行生产活动时所产生的碳污协同影响效果。即该指标所考量的因素不单单是二氧化碳与大气污染物排放的绝对量，还反映了在综合考虑资本、劳动力、能源等要素投入与经济产出下被测度地区协同减排技术水平和管理效能的高低。本研究结合当前学术界最经典的"合规成本说"和"波特假说"从管理水平优化与技术边界推进两个角度来分析大气污染防治政策如何影响协同减排绩效。

①合规成本说。在严格的大气污染防治政策管控下，二氧化碳与大气污染物均属于生产过程的非期望产出，为了达到排放标准，企业需要付出绿色技术研发、环保设备购置等费用，将污染物处理或技术升级成本纳入成本核算，改变了原有的生产要素分配模式[104-106]。一方面，高能耗低效益的企业因无法及时调整生产要素模式，在"合规成本"过高时，将会退出市场。从整个行业或地区发展视角来看，这种产业内部结构的调整有利于整体的效益提升、污染物减排及协同减排绩效增长。另一方面，也存在"合规成本"的挤出效应，即企业为了达成污染物排放目标而减少了必要的生产资源的投入，这导致污染排放与实际经济产出同时减少，是一种不可持续的减排模式。因此，大气污染防治政策的具体措施导向对地区整体的管理水平优化影响决定是否能提升协同减排绩效。

②波特假说。波特假说认为，适度的环境规制可以促进企业技术创新，技术创新带来生产力提升，从而弥补环境规制导致的"合规成本"对企业生产所带来的负向影响[107-110]。大气污染防治政策制定的严格的排放标准，会刺激企业开展能源利用技术、污染物检测技术及污染物处理技术的研发，对于效益较高的高污染高能耗企业而言，可以通过自主研发或让渡部分资源用以购进环保技术，这激发了企业研发的积极性，而效益较低的企业必须寻求技术转型，否则将会面临被淘汰风险。由此，社会整体的技术水平将不断提升，使得整体的生产前沿面向前推进。而生产前沿面的推进是否能带来绩效的提升还需要考量整个社会的创新转化效果，这也同地区的管理水平有关，要素投入向创新转化的倾斜、地区间的技术学习都会影响最终的协同减排绩效。

(二) 模型设定与指标选取

1. DID 模型构建

DID 方法是在公共政策领域被普遍应用的计量经济学方法，该方法的优点在于可以消除时间、宏观经济及其他干扰因素的影响，科学地回答"某项政策的实施是否有效"问题。双重差分思想起源于自然科学研究中控制组与实验组的对照实验，其应用于经济学研究的基本思路是将公共政策视为准自然实验，通过政策实施前后实验组与对照组之间的差异来反映政策的实施效果。DID 方法可以规避内生性问题[111]，并消除由于部分样本缺失造成的偏差。当前，有很多研究证明了 DID 模型应用于政策评价的准确性和合理性。DID 模型在 20 世纪 70 年代末被引入经济研究领域。*American Economic Review* 有一篇双重差分领域较为经典的文章[112]，将《敌对国家贸易法案》（TWEA）作为准自然实验，采用 DID 模型检验了实施强制许可制度对本国发明创造的影响，并进行反事实检验、两阶段最小二乘法估计检验、事前时间趋势检验、联合固定效应检验，证明了 DID 模型应用于该研究的合理性。Cai 和 Ye[113]基于新《环境保护法》的准自然实验，探究环境监管如何影响企业的全要素生产率，研究结论是环境保护与经济增长的"双赢"目标并未实现。近年来，DID 模型被广泛应用于政策效果评估，Wan 等[114]利用 DID 模型检验中国设置三大船舶排放控制区（ECA）是否有效控制了重点区域船舶的二氧化硫排放，其结论是该政策在珠三角地区并未产生积极作用。卢盛峰等[115]从"一带一路"沿线城市切入，评估"一带一路"政策对企业出口的影响，同时从政策环境改善与政策支持两个方面识别潜在影响机制。Liu 等[116]、Mu 等[117]及周朝波等[118]分别利用 DID 模型研究了低碳试点政策、水权交易试点政策及碳交易试点政策的实施效果。随着 DID 模型的广泛应用，还有一些学者采用了将固定效应模型和 DID 模型相结合的研究方法[119]，这与本研究使用的方法是一致的。

中国幅员辽阔，不同区域间在资源禀赋、市场化程度、发展模式等方面差距巨大，因此，中国大气污染防治政策的实施均划定了重点实施范围。一方面，严格的空气质量标准导致同一城市内的碳排放和协同减排绩效随实施时间发生改变；另一方面，重点实施区域与非重点实施区域在碳排放和协同减排水平上存在差异。在这样的背景下，为探究大气污染防治政策是否具有协同减排效益及其对协同减排绩效的影响，本研究选取 DID 模型以识别大气污染防治政策的实施与碳排放和协同减排绩效之间的因果关系。具体模型构建如下：

$$\ln(CO_{2(i,t)}) = \alpha_0 + \beta_0 time_i \times treat_t + \gamma_0 X_{i,t} + \upsilon_i + \nu_t + \varepsilon_{i,t} \qquad (7)$$

$$Y_{i,t} = \alpha_1 + \beta_1 time_i \times treat_t + \gamma_1 X_{i,t} + \upsilon_i + \nu_t + \varepsilon_{i,t} \qquad (8)$$

其中，i 代表地区，t 代表时间。$CO_{2(i,t)}$ 和 $Y_{i,t}$ 是被解释变量。$CO_{2(i,t)}$ 代表 i 地区 t 年的二氧化碳排放量，$Y_{i,t}$ 代表 i 地区 t 年协同减排绩效、协同减排技术效率指数与协同减排技术进步指数。υ_i 和 ν_i 分别代表各城市的地区固定效应和年份固定效应。$\varepsilon_{i,t}$为随机误差项。$time_i \times treat_t$是本研究的核心解释变量，如果一个地区属于重点实施地区，那么$treat_t$取1，否则取0；如果时间在试点时期及以后$time_i$取1，否则取0；那么当一个地区位于重点实施区域且在大气污染防治政策实施期间时$time_i \times treat_t$取1，否则取0。系数β_0和β_1是双重差分估计量，为本研究关注的核心参数，用以衡量大气污染防治政策的效应。$X_{i,t}$代表控制变量。

2. 指标选取与数据来源

为探究中国大气污染防治政策的协同减排效应，本研究以2010—2017年覆盖全国的279个地级市及2013—2020年30个省份的面板数据为研究样本，对"大气十条"与"三年行动计划"的实施效果展开评估。

①解释变量：政策虚拟变量，即政策实施地（$treat$）和政策实施时间（$time$）的交叉项。本研究共关注两项大气污染防治政策，一是"大气十条"，根据政策执行时间，将2013—2017年设置为"大气十条"的实施年份，2010—2012年设置为制度出台前的时期。参考杨斯悦等[10]、马国霞等[48]、王韵杰等[120]的研究，"大气十条"政策对74个执行新空气质量标准的重点城市管理考核更加严格。相关部门除了对这些城市的空气质量进行逐月排名并将相对较好的前10个城市和较差的后10个城市的数据对公众发布，还在"大气十条"阶段性实施效果评估时重点考评并及时调整了相应的管控力度和具体措施[121]。本文研究样本覆盖了其中的72个城市，因此将这些城市作为政策实验组；研究样本中的其他207个城市则作为控制组。一是如果属于该政策的区域属于重点区域则在政策执行期内的城市取值为1，反之为0。二是"三年行动计划"，对照文件内容，将2018—2020年设置为"三年行动计划"的执行年份，2013—2017年设置为制度出台前的时期。根据"三年行动计划"所划定的重点区域范围，同时考虑城市尺度数据限制，选取京津冀及周边地区、长三角地区和汾渭平原的11个重点实施省份作为实验组，将其他的19个省份作为控制组，采用省级层面数据展开研究。如果属于实施该政策重点区域且在政策执行期内的省份取值为1，反之为0。

②控制变量：参考以往研究，本研究选取了人均地区生产总值（$PGDP$）、第二产业增加值占GDP比重（$INST$）、规模以上工业企业数（$COMPANY$）、建成区绿化覆盖面积（$GREENAREA$）、年末实有城市道路面积（$ROAD$）。

③被解释变量：该模型中的被解释变量、碳排放、协同减排绩效、协同减排技术效率指数、协同减排技术进步指数均在前文已有说明。变量定义如表5－12所示：

表5－12　变量选取指标说明及数据来源

变量类别	变量符号	变量名称	指标说明
被解释变量	SERE	协同减排绩效	基于超效率SBM模型测算
	SERE	协同减排技术效率指数	基于GML指数得出的协同减排绩效的分解项
	SERETC	协同减排技术进步指数	基于GML指数得出的协同减排绩效的分解项
	CO_2	二氧化碳排放	地区二氧化碳排放量
解释变量	did	政策虚拟变量	"大气十条"与"三年行动计划"
控制变量	ER	环境规制水平	工业污染额投资比重
	INST	产业结构	第二产业增加值占总增加值比重
	COMPANY	工业发展水平	规模以上工业企业数
	GREENAREA	绿化水平	建成区绿化覆盖面积
	ROAD	城市交通运输发展水平	年末实有道路面积
	PGDP	经济发展水平	人均GDP
	URBAN	城市化水平	城镇化率
	POP	人口规模	地区总人口数

3. 变量描述性统计

本研究所构建的"大气十条"效应评估模型及"三年行动计划"效应评估模型的主要变量描述性统计结果如表5－13所示。本研究中所使用的数据诸如人均GDP、工业企业规模等数据变化范围比较大，直接输入模型会影响研究结果的准确性，因此本研究对主要变量进行了对数化处理，使得数据平稳化，降低了其波动性。统计结果显示，本研究中所使用的主要变量标准差较小，说明在样本期内数据波动不大，变化较为平稳。

表 5 – 13　主要变量描述性统计结果

模型	变量	样本量	平均值	标准差	最小值	最大值
"大气十条"效应评估模型	ln$SERE$	2,232	0.025	0.058	-0.224	0.235
	ln$SEREEC$	2,232	0.002	0.077	-0.322	0.402
	ln$SERETC$	2,232	0.024	0.050	-0.207	0.195
	lnCO_2	2,232	3.120	0.733	1.591	4.919
	ln$INST$	2,232	-0.743	0.232	-1.585	-0.307
	ln$GREENAREA$	2,232	8.155	0.884	6.277	10.640
	ln$ROAD$	2,232	7.027	0.950	4.956	9.387
	ln$PGDP$	2,232	10.410	0.677	8.933	12.070
"三年行动计划"效应评估模型	ln$SERE$	240	0.042	0.083	-0.096	0.547
	ln$SEREEC$	240	-0.002	0.057	-0.144	0.326
	ln$SERETC$	240	0.044	0.071	-0.236	0.429
	lnCO_2	240	5.606	0.726	3.676	6.816
	ln$PGDP$	240	10.490	0.494	9.290	11.650
	ln$GREENAREA$	240	2.578	0.201	1.960	2.979
	lnPOP	240	8.211	0.733	6.360	9.306
	$URBAN$	240	0.603	0.116	0.379	0.893

(三)"大气十条"的协同减排效应分析

1. 基准回归结果

"大气十条"协同减排效应的基准回归结果见表 5 – 14。第（1）列的结果显示，政策效应的交互项系数显著为负，这表明"大气十条"降低了重点实施区域的二氧化碳排放。"大气十条"颁布了 10 项一级政策措施及 25 项二级政策措施，其中包括工业结构调整、清洁能源利用、锅炉改造处理、移动源污染防治等，集中治理交通、电力、工业和建筑部门的大气污染物排放。化石能源使用、居民生产生活、工业加工制造等同样也是碳排放的主要来源，通过淘汰落后产能、实施产业升级、推广清洁能源及绿色化改造严格控制上述部门的污染物排放，也会带来巨大的碳减排收益。贾璐宇[78]的研究表明淘汰与压减钢铁产能和煤改清洁能源两项治理措施的碳减排效果最为显著，均实现了超过 3 万吨的碳减排收益。这说明"大气十条"在实现空气质量改善的同时，具有碳减排效益。第（2）列结果显示，政策效应的交互项系数显著为负，这表明"大气十条"降低了协同减排绩效，也说明尽管"大气十条"降低了碳排放却并未提升全要素框架下的协同减排绩效。一方面，就政策目标导向而言，"大气十条"并未明确提出要实现大气污染物与二氧化碳协同减排的治理目标，部分措施的实施反而会导致碳排放的增加，比如"大气十条"中推广的"脱硫、脱硝、高效除尘"的超低排放改造方案是一种仅针对大气污染物的末端治理措施，治理设备的新建或者改造过程均会增加能源消耗，进而增加二氧化碳排放。因此，尽管地方政府付出了高昂的成本后取得一定的大气污染治理成果，却并没有实现该要素投入水平下碳减排收益的最大化，导致政策的实施促进了碳减排却降低了协同减排绩效。另一方面，就污染物治理模式而言，"大气十条"强调煤炭消费与大气污染物排放的总量控制目标，总量控制模式下生产要素投入中的能源投入与产出要素中的大气污染物有所降低，但总量控制因子覆盖范围较窄，减排效果并不理想。此外，总量控制目标基本遵循"自上而下"的污染物排放量分配方式，可能造成地区的实际减排能力与分配量之间存在错位，进而增加了部分地区生产过程的合规成本，导致现有劳动力与资本投入的资源要素中投入企业必要性生产的部分被迫减少，造成经济产出下降，降低了"大气十条"实施的协同减排绩效。本研究从管理水平和技术水平两个角度来进一步分析了这个问题。第（3）列结果显示，"大气十条"对协同减排技术效率指数的影响显著为负；第（4）列结果显示，"大气十条"对协同减排技术进步指数的影响显著为正。这说明"大气十条"的实施促进了协同减排技术边界的推进，却并未提高生产中的组织管理水平，反而降低了要素资源的配置效率。"大气十条"重点推进企业技术改造，强化科技研发，支持企业技术中心及国家重点实验室建设，实施清洁生产技术改造，有力地推动了绿色生产技术的发展，严格的空气污染管控目标也倒逼了企业加强自主研发或购买绿色技术服务，整体上推动了协同减排技术水平的进步。"大气十条"在绿色生产技术的转化方面较为薄弱，虽然提出了一些对技术转化的支持措施，但在政府保障体系、激励支持政策、企业技术管理模式等方面仍存在问题，导致没能有效推进技术的落地应用，未能促进整体的投入产出模式向生产可能性边界逼近。此外，"大气十条"的政策设计没有发挥出市场在资源配置中的重要作用，总量控制和末端治理的思路使得企业在生产、经营、融资等方面受限，要素分配的自由度较低，不利于企业绩效的提升。

表 5 – 14　"大气十条"的协同减排效应

变量	（1） Ln（CO_2）	（2） Ln（$SERE$）	（3） Ln（$SEREEC$）	（4） Ln（$SERETC$）
$Time \times Treat$	– 0.0150 **	– 0.0120 ***	– 0.0376 ***	0.0191 ***
	(0.0063)	(0.0043)	(0.0061)	(0.0035)
控制变量	加入	加入	加入	加入
时间固定效应	加入	加入	加入	加入
个体固定效应	加入	加入	加入	加入
常数项	2.8590 ***	0.0953	0.0906	0.0223
	(0.0902)	(0.0616)	(0.088)	(0.050)
样本量	2,232	2,232	2,232	2,232
R-squared	0.4950	0.3250	0.0510	0.4070

注：括号中的数值为标准误，*、**、*** 分别表示在10%，5%，1%水平下显著

2. 平行趋势检验

DID 模型应用的重要前提是满足平行趋势假设，因此本研究进行了平行趋势检验。该检验的基本目的是判断在大气污染防治政策实施之前（实验组未受到政策影响时），实验组和控制组之间的变化趋势是否随时间变化产生系统性差异。当前比较通用的平行趋势检验法包括时间趋势法和事件研究法。时间趋势法通过绘制实验组与控制组的被解释变量随时间变化的平均值，来判断实验组与控制组的变化趋势是否存在差异，该方法可以直观显示实验组与控制组的共同变化趋势，但仅依赖于直觉判断且通过计算平均值是否就能代表整体的变化趋势仍存在争议。事件研究法通过构建实验组与年份虚拟变量的交互项，将历年的交互项分别与解释变量进行回归。模型回归所得出的交互项系数的含义是对应年份实验组与控制组之间的差异，如果政策实施前交互项系数不显著，说明在政策时点前实验组与控制组不存在系统性差异，即平行趋势检验通过，可

采用 DID 模型进行下一步的评估。当前，主流研究均采用"事件研究法"对模型的平行趋势进行检验[117,122]。

图 5–13 展示了"大气十条"协同减排效应测度模型的平行趋势检验结果。图中垂直于横轴的短线为回归系数的 95% 置信区间。如图所示，在政策实施点之前，交互系数的 95% 置信区间穿过系数为 0 的水平虚线，说明政策实施前本研究所选取的实验组和控制组之间保持相同的发展趋势，通过了平行趋势检验。此外，在"大气十条"实施后，交互项系数绝对值显著偏离 0，特别是政策实施的第一年，系数变化最为显著，这说明实验组与控制组的差异是由"大气十条"的实施引发的，表明模型设定有效。

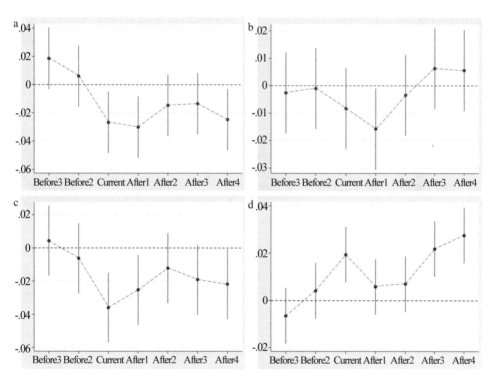

（a：CO_2；b：SERE；c：SEREEC；d：SERETC。图形由 Stata 软件绘制，纵轴表示新生成的年份虚拟变量与实验组虚拟变量之间的交互项的系数。选择"大气十条"实施前的第一年作为基准期，所以图中没有 Before1 的数据。）

图 5–13 "大气十条"协同减排效应的平行趋势图

3. 稳健性检验

（1）反事实检验

本研究的反事实检验采用将政策实施点前移的方法，构建了虚假的"大气十条"政策实施时点 2007 年，删除了 2013—2017 年的样本，加入 2005—2009年的样本，选取 2005—2007 年为非政策实施时期，选取 2008—2012 年为政策实施时期。在该检验中若交互项系数显著，则说明没有通过反事实检验，被解释变量与"大气十条"之间的相关关系在政策实施前即存在，说明本研究的效应是虚假的；反之，若在该检验中交互项系数不显著，则说明通过反事实检验，在政策实施期间"大气十条"才产生了政策效应。表 5-15 结果显示，碳排放、协同减排绩效、协同减排技术效率指数、协同减排技术进步指数的交互项系数均不显著，反事实检验通过，说明"大气十条"在实施时期对实验组产生了影响，双重差分模型的回归结果是稳健的。

表 5-15　"大气十条"协同减排效应的反事实检验

变量	（1） Ln（CO_2）	（2） Ln（$SERE$）	（3） Ln（$SEREEC$）	（4） Ln（$SERETC$）
$Time \times Treat$	-0.000893	-0.00709	-0.00932	-0.000951
	(0.00662)	(0.00759)	(0.00622)	(0.00693)
控制变量	加入	加入	加入	加入
时间固定效应	加入	加入	加入	加入
个体固定效应	加入	加入	加入	加入
常数项	2.001 ***	-1.238 ***	-0.838 ***	-0.303
	(0.304)	(0.348)	(0.285)	(0.318)
样本量	2,189	2,189	2,189	2,189
R-squared	0.909	0.182	0.019	0.163

注：括号中的数值为标准误，*、**、*** 分别表示在10%、5%、1%水平下显著

（2）扩大样本

本研究通过扩大样本容量的方法对双重差分估计结果的稳定性进行进一步检验，在原有样本的基础上加入 2006—2009 年的样本，重新检验"大气十条"的政策效应。从表 5-16 结果可知，碳排放、协同减排绩效、协同减排技术效率指数、协同减排技术进步指数的交互项系数均显著，与前文检验结果一致，这说明双重差分的估计结果是稳健的。

表 5-16　"大气十条"协同减排效应的稳健性检验

	（1）	（2）	（3）	（4）
变量	Ln（CO_2）	Ln（$SERE$）	Ln（$SEREEC$）	Ln（$SERETC$）
$Time \times Treat$	- 0.0231 ***	- 0.0173 ***	- 0.0418 ***	0.0243 ***
	(0.00686)	(0.00350)	(0.00445)	(0.00284)
控制变量	加入	加入	加入	加入
时间固定效应	加入	加入	加入	加入
个体固定效应	加入	加入	加入	加入
常数项	2.306 ***	0.0847 **	0.174 ***	- 0.0702 **
	(0.0783)	(0.0400)	(0.0508)	(0.0324)
样本量	3,348	3,348	3,348	3,348
R-squared	0.835	0.323	0.060	0.382

注：括号中的数值为标准误，*、**、*** 分别表示在 10%、5%、1% 水平下显著

（四）"三年行动计划"的协同减排效应分析

1. 基准回归结果

"三年行动计划"协同减排效应的基准回归结果见表 5-17。第（1）列模型结果显示，"三年行动计划"对二氧化碳排放的影响在 5% 水平上显著为负，说明该政策的实施具有显著的碳减排效果。"三年行动计划"在能源结构、产业结构、运输结构、用地结构调整等领域颁布了多项重点治理举措，有助于化解高耗能行业（如煤炭、钢铁、平板玻璃等行业）的过剩产能，此外，还颁布

了诸如清洁取暖、取缔小型燃煤锅炉、推广新能源汽车、城市复绿等措施，不仅降低化石燃料消耗且鼓励清洁能源使用，同时具有较好的协同减排效果[81]，在政策实施过程中有效减少了二氧化碳排放。

第（2）列结果表明，政策效应的交互项系数显著为正，"三年行动计划"提升了重点区域的协同减排绩效。第（3）和第（4）列模型结果表明，"三年行动计划"对协同减排技术效率指数的影响在5%的显著水平上为正；对协同减排技术进步指数的影响在10%的显著水平上为正，该变量显著水平较低，结果并不稳健。回归结果说明"三年行动计划"通过管理水平的提升、经济结构的改善促进了资源的合理分配。"三年行动计划"在指导思想中强调要实现环境、经济、社会效益多赢，同时在其"目标指标"中明确提出，在减少大气污染物的同时要"协同减少温室气体排放"。严格的空气质量控制标准与碳污协同减排的政策导向带来较好的协同减排效果。一方面，"三年行动计划"坚持源头防治、强调结构优化，在宏观层面推动地方政府调整产业结构、布局新兴产业、大力支持环境友好型高新技术产业发展，通过行政手段使得资源投入向更具协同减排收益的产业倾斜，总体上提升了全要素框架下的协同减排绩效；在微观层面上，较强的大气污染防治力度增加了企业排污成本，倒逼企业从生产流程、制作工艺、减排技术方面进行创新，整体上减少能源使用量。清洁生产标准也可以推动企业产品结构的优化调整，促进企业内部生产资源的再配置[123]，同时推进技术进步与管理优化，提升减排绩效。另一方面，诸如人力资本、知识技术、基础设施等要素升级是促进全要素生产率提升的重要途径[124]，不同于西方国家的城市通过市场机制调节而自发产生资源集聚，在我国城市化进程所需的资本、劳动力、技术等各类生产要素分配均在一定程度上受到政策的影响。如果各种要素无法实现有效流通，就很难实现社会整体绩效的提升。"三年行动计划"进一步完善了环境经济政策，强调激励与约束并举机制，设立专项资金并形成了地方环境空气质量改善绩效联动机制，引入了市场化竞价采购机制等，打通了不同行政级别城市之间的资源壁垒，促进了整体投入产出模式的改进。

表 5 – 17 "三年行动计划"的协同减排效应

	（1）	（2）	（3）	（4）
变量	Ln（CO_2）	SERE	SEREEC	SERETC
Time × Treat	– 0. 0410 **	0. 0712 ***	0. 0303 **	0. 0284 *
	（0. 0189）	（0. 0159）	（0. 0144）	（0. 0144）
控制变量	加入	加入	加入	加入
时间固定效应	加入	加入	加入	加入
个体固定效应	加入	加入	加入	加入
变量	Ln（CO_2）	SERE	SEREEC	SERETC
常数项	1. 302	– 9. 620 ***	– 2. 329	– 6. 309 ***
	（2. 034）	（2. 039）	（1. 848）	（1. 846）
样本量	240	240	240	240
R-squared	0. 268	0. 617	0. 133	0. 566

注：括号中的数值为标准误，*、**、*** 分别表示在 10%、5%、1% 水平下显著

2. 平行趋势检验

图 5 – 14 是"三年行动计划"的平行趋势检验结果，图中垂直于横轴的短线为回归系数的 95% 置信区间。交互系数的 95% 置信区间穿过系数为 0 的水平虚线，说明政策实施前本研究所选取的实验组和控制组之间保持相同的发展趋势，通过平行趋势检验。此外，在"三年行动计划"实施后，交互项系数逐渐偏离 0。

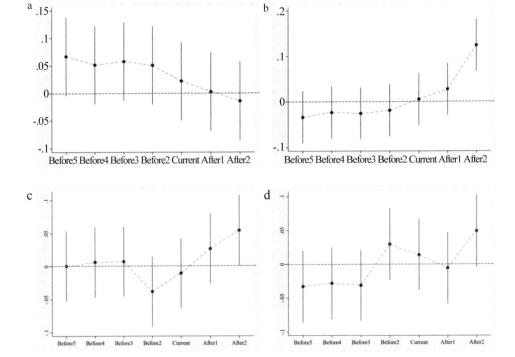

（a：CO_2；b：SERE；c：SEREEC；d：SERETC。所有的图形都是由 Stata 软件绘制的。纵轴表示新生成的年份虚拟变量与实验组虚拟变量之间的交互项的系数。选择"三年行动计划"实施前一年作为基准期，所以图中没有 Before1 的数据。）

图 5 – 14 "三年行动计划"协同减排效应的平行趋势图

3. 稳健性检验

（1）扩大样本

本研究通过扩大样本容量的方法对双重差分估计结果的稳健性做进一步检验，在原有样本的基础上加入 2009—2012 年的样本，使用扩大样本容量的 2009—2020 年数据重新检验"三年行动计划"的政策效应。由于协同减排技术进步指数作为被解释变量时的政策效应显著性水平很低，从研究的稳定性考量，后续不再进行稳健性检验。由表 5 – 18 结果可知，碳排放、碳污协同减排绩效、协同减排技术效率指数的交互项系数均显著，"三年行动计划"在扩大样本检验后，仍然显示出了显著的碳减排效应以及显著促进协同减排绩效和协同减排技术效率提升的政策效应。这与前文检验结果一致，这说明双重差分的估计结果是稳健的。

表5-18　"三年行动计划"协同减排效应的稳健性检验：扩大样本

	(1)	(2)	(3)
变量	Ln（CO_2）	*SERE*	*SEREEC*
Time × Treat	-0.0664 ***	0.0936 ***	0.0497 ***
	(0.0254)	(0.0151)	(0.0137)
控制变量	加入	加入	加入
变量	Ln（CO_2）	*SERE*	*SEREEC*
时间固定效应	加入	加入	加入
个体固定效应	加入	加入	加入
常数项	0.222	-6.512 ***	-2.399 *
	(2.147)	(1.418)	(1.287)
样本量	360	360	360
R-squared	0.553	0.588	0.114

注：括号中的数值为标准误，*、**、*** 分别表示在10%、5%、1%水平下显著

（2）构建虚假试点城市

本研究通过构建虚假政策实施区域的安慰剂检验方法，进一步验证双重差分估计结果的稳健性。首先，删除所有"三年行动计划"的实验组，保留所有控制组。其次，选取实验组周围的省份（内蒙古、黑龙江、福建、广东、广西、重庆、四川、宁夏）作为虚假的政策实施区域，即虚假的实验组。再次，将虚假的实验组虚拟变量（*treat_hypothetical*）与实际的政策实施时间虚拟变量（*time*）相乘，形成新的交互项 *treat_hypothetical × time*，继续通过双重差分模型进行检验。最终通过表5-19可知，在虚假的实验组中没有显著的政策效应，这说明"三年行动计划"对重点省份的影响显著，且"三年行动计划"的政策效应只在重点省份（实际的实验组）存在，又进一步验证了双重差分结果的稳健性。

表 5 - 19　　"三年行动计划"协同减排效应的稳健性检验：构建虚假试点城市

	（1）	（2）	（3）
变量	Ln（CO_2）	$SERE$	$SEREEC$
$treat\_hypothetical$ $\times time$	0.0323	- 0.0121	0.00749
	(0.0248)	(0.0288)	(0.0282)
控制变量	加入	加入	加入
时间固定效应	加入	加入	加入
变量	Ln（CO_2）	$SERE$	$SEREEC$
个体固定效应	加入	加入	加入
常数项	2.306	- 1.316	6.949 *
	(2.569)	(3.660)	(3.583)
样本量	152	152	152
R-squared	0.407	0.445	0.276

注：括号中的数值为标准误，*、**、***分别表示在 10%、5%、1% 水平下显著

六、大气污染防治政策协同减排效应的异质性分析

（一）基于区位特征视角的异质性分析

我国不同区域之间的碳排放格局和减排模式差异很大。参照前文的划分方法，在城市层面，将样本城市中 99 个城市划分为东部城市，98 个城市划分为中部城市，84 个城市划分为西部城市；在省份层面，将 10 个省份划分为东部省份，8 个省份划分为中部省份，12 个省份划分为西部省份。参考卢盛峰等[115]及袁航和朱承亮[125]的研究，将地区虚拟变量与政策效应的交互项（$didresource$）引入基准模型进行异质性分析，具体设定如下：

$$\ln(CO_{2(i,t)}) = \alpha_3 + \beta_3 time_i \times treat_i \times region + + \delta_3 X_{i,t} + \upsilon_i + \nu_i + \varepsilon_{i,t}$$

$$(9)$$

$$Y_{(i,t)} = \alpha_4 + \beta_4 time_i \times treat_i \times region + \delta_4 X_{i,t} + \upsilon_i + \nu_i + \varepsilon_{i,t} \quad (10)$$

其中，i 代表地区，t 代表时间。Ln（$CO_{2(i,t)}$）和 $Y_{i,t}$ 是被解释变量。$CO_{2(i,t)}$ 代表 i 地区 t 年的二氧化碳排放量，$Y_{i,t}$ 代表 i 地区 t 年协同减排绩效、协同减排技术效率指数与协同减排技术进步指数。υ_i 和 ν_i 分别代表各城市的地区

固定效应和年份固定效应。$\varepsilon_{i,t}$ 为随机误差项。$time_i \times treat_i \times region$ 是东部地区、中部地区与西部地区的区位等级变量，系数 β_3 和 β_4 是处于不同区域时大气污染防治政策对碳排放和协同减排绩效的影响，为本研究关注的核心参数。在东部地区的协同减排效应分析模型中，样本地区属于东部地区时，$region$ 取 1，否则取 0；在中部地区的协同减排效应分析模型中，样本地区属于中部地区时，$region$ 取 1，否则取 0；西部地区的处理方式同上。

1. "大气十条"的异质性检验

表 5-20 展示了"大气十条"对东中西部地区碳排放影响的差异。"大气十条"对东部地区碳排放的影响在 1% 水平上显著为负，对中部地区碳排放的影响在 5% 水平上显著为正，对西部地区碳排放的影响不显著。这说明"大气十条"实施后，东部地区的碳排放量降低了，中部地区的碳排放量增加了，西部地区的碳排放量未发生显著变化。

其背后的原因可能是：东部地区工业中心较为密集，在"大气十条"严格的环境管控标准下，东部地区加快淘汰落后产能，高能耗产业开始向中西部转移或退出市场，这使得东部地区的碳排放量显著降低。而中部地区作为传统的能源、原材料及装备制造基地，传统化工产业仍占比较高，加之承接了东部地区的产业转移，控制大气污染的压力较大。中部地区为了达到空气质量目标，新建了较多末端治理设施，在建设过程与改造过程中增加了能源消耗，反而导致碳排放量增加。

表 5-20　基于区位特征视角的异质性分析："大气十条"的碳减排效果

区域	东部地区	中部地区	西部地区
变量	Ln（CO_2）	Ln（CO_2）	Ln（CO_2）
didregion	- 0.0474 ***	0.0386 **	- 0.00166
	(0.00630)	(0.0151)	(0.0151)
控制变量	加入	加入	加入
时间固定效应	加入	加入	加入
个体固定效应	加入	加入	加入

区域	东部地区	中部地区	西部地区
常数项	2.839 ***	2.862 ***	2.782 ***
	(0.297)	(0.0855)	(0.305)
变量	Ln（CO_2）	Ln（CO_2）	Ln（CO_2）
样本量	2,232	2,232	2,232
R-squared	0.499	0.496	0.485

注：括号中的数值为标准误，*、**、*** 分别表示在10%，5%，1%水平下显著

表5-21 展示了"大气十条"对东中西部地区协同减排绩效影响的差异，"大气十条"降低了东部地区的协同减排绩效，对中部地区的协同减排绩效并未产生显著影响，提升了西部地区的协同减排绩效。从分解项来看，"大气十条"提升了三大区域的技术水平，但降低了东部地区的技术效率，对中西部地区的技术效率并未产生显著影响。

这背后的原因可能是：东部地区经济发达，"大气十条"的实施迫使东部地区对产业结构进行调整，短期内为了调整产业结构并降低污染物排放量，付出了巨大成本，在政策实施期内难以取得明显成效，反而由于高投入降低了该地区的协同减排绩效。而西部地区工业基础较为薄弱，绿色技术水平较低，从分解项结果来看，虽然"大气十条"的实施没有在西部地区取得显著的碳减排效果，但受益于东部地区高新技术发展的溢出效应，西部地区实现了生产前沿面的拓展，从而提升了协同减排绩效。

表5-21　基于区域差异视角的异质性分析:"大气十条"的协同减排绩效

区域	东部地区			中部地区			西部地区		
变量	Ln(SERE)	Ln(SEREEC)	Ln(SERETC)	Ln(SERE)	Ln(SEREEC)	Ln(SERETC)	Ln(SERE)	Ln(SEREEC)	Ln(SERETC)
didregion	-0.0140***	-0.0279***	0.0159***	0.00225	-0.0109	0.0182**	0.0227**	-0.00993	0.0184**
	(0.00469)	(0.00620)	(0.00351)	(0.0103)	(0.0145)	(0.00822)	(0.0105)	(0.0147)	(0.00827)
控制变量	加入	加入	加入	加入	加入	加入	加入	加入	加入
时间固定效应	加入	加入	加入	加入	加入	加入	加入	加入	加入
个体固定效应	加入	加入	加入	加入	加入	加入	加入	加入	加入
常数项	0.0988	-0.939***	-0.397**	0.0932	-0.977***	-0.368**	0.0428***	-0.999***	-0.00254
	(0.0617)	(0.293)	(0.166)	(0.0618)	(0.294)	(0.166)	(0.0131)	(0.297)	(0.0415)
样本量	2,232	2,232	2,232	2,232	2,232	2,232	2,232	2,232	2,232
R-squared	0.326	0.047	0.406	0.323	0.038	0.401	0.324	0.038	0.401

注:括号中数据为标准误,*、**、***分别表示在10%、5%、1%水平下显著

2. "三年行动计划"的异质性检验

表 5 - 22、5 - 23 展示了"三年行动计划"对东中西部地区协同减排效应的异质性影响。结果显示，"三年行动计划"仅对东部地区具有积极的碳减排效果并提升了该地区的协同减排绩效，但对中部和西部地区的影响均不显著。

其背后的原因可能是：相较于"大气十条"，"三年行动计划"更为强调结构的调整，注重对产业结构、能源结构、运输结构和用地结构的优化。东部地区社会经济发展水平较高，2018 年开始，该地区部分城市（常州、无锡、深圳等）已经进入了经济转型增长红利的释放阶段。在此背景下，"三年行动计划"所突出的四项结构调整措施顺应了东部地区的发展需求，促使东部地区布局高新技术产业，从而在兼顾经济效益的同时提高了整体的减排效果，促进了减排绩效的提升。而中西部地区经济发展相对滞后，重工业产业比重较大且仍处于扩张阶段，为加快工业化与城镇化发展进程，有必要承接东部地区的产业转移。在这样的背景下，"三年行动计划"实施与现阶段中西部地区的发展目标协调性不足，所以没能促使中西部地区产生显著的碳污协同减排效应。此外，与"大气十条"的结果相比，"三年行动计划"丧失了对西部地区协同减排绩效的提升作用，这说明在一定的技术边界下，西部地区的技术学习效应开始减退，以技术学习促进绩效提升的阶段已经到达瓶颈。

表 5 - 22 基于区域差异视角的异质性分析："三年行动计划"的碳减排效果

区域	东部地区	中部地区	西部地区
变量	Ln（CO_2）	Ln（CO_2）	Ln（CO_2）
didregion	- 0.0527 **	- 0.00436	- 0.0206
	(0.0227)	(0.0313)	(0.0511)
控制变量	加入	加入	加入
时间固定效应	加入	加入	加入
个体固定效应	加入	加入	加入
常数项	1.723	0.896	0.842
	(2.053)	(2.052)	(2.056)
样本量	240	240	240
R-squared	0.270	0.250	0.251

注：括号中数据为标准误，*、**、***分别表示在 10%、5%、1%水平下显著

表 5 - 23　基于区域差异视角的异质性分析:"三年行动计划"的协同减排绩效

区域	东部地区			中部地区			西部地区		
变量	SERE	SEREEC	SERETC	SERE	SEREEC	SERETC	SERE	SEREEC	SERETC
didregion	0.108 ***	0.0417 **	0.0491 ***	0.00707	0.00484	8.70e - 06	- 0.0193	0.00684	- 0.0278
	(0.0191)	(0.0177)	(0.0176)	(0.0270)	(0.0236)	(0.0235)	(0.0443)	(0.0386)	(0.0385)
控制变量	加入	加入	加入	加入	加入	加入	加入	加入	加入
时间固定效应	加入	加入	加入	加入	加入	加入	加入	加入	加入
个体固定效应	加入	加入	加入	加入	加入	加入	加入	加入	加入
常数项	- 9.664 ***	- 2.347	- 6.328 ***	- 9.634 ***	- 2.335	- 6.315 ***	- 9.639 ***	- 2.335	- 6.319 ***
	(1.984)	(1.843)	(1.828)	(2.141)	(1.869)	(1.864)	(2.140)	(1.869)	(1.862)
样本量	240	240	240	240	240	240	240	240	240
R-squared	0.638	0.138	0.575	0.578	0.113	0.559	0.579	0.113	0.559

注:括号中的数值为标准误,*、**、*** 分别表示在 10%、5%、1% 水平下显著

(二) 基于资源依赖视角的异质性分析

1. 资源型地区选取标准及模型设定

中国早期的经济以优先发展重工业为主要特点，改革开放后，工业结构转型稳步推进，但是以资源型产业和劳动密集型产业为主导的传统产业发展模式仍深刻影响着中国部分城市的发展格局。不少地区和城市以资源开采、加工、利用为主要产业，随着经济发展，环境、资源、社会等问题愈发凸显。2001 年开始，我国就开始关注资源型城市的转型发展问题，截至 2020 年，资源型城市仍承载着约 30% 的人口，但已经出现了"矿竭城衰"、环境污染和生态破坏等问题，其单位 GDP 的碳排放量是非资源型城市的 1.6 倍[126]，大多数资源型城市是我国大气污染和碳排放治理的重点关注对象，其碳污协同减排绩效往往较低。因此，可基于资源依赖视角，探究环境规制政策的地区异质性减排效应。

目前关于资源型城市的研究界定和分类有几种代表性的讨论，其中学者研究比较深入的就是由国家计委宏观经济研究院课题组[127]所提出的结合定量分析和定性分析判断的资源型城市判定步骤，2006 年刘云刚[128]从城市发生学角度对资源型城市范畴进行了再考察。2013 年国务院[129]正式划定了 262 个资源型城市，资源型城市是以本地区自然资源（如矿产资源、森林资源等）开采加工产业为主导的城市（包含地级行政区、县级市等）。在城市层面，本研究即选取了由国务院划定的资源型城市，通过与样本城市的匹配，确定了在 279 个样本城市中有 111 个城市是资源型城市，具体城市名单见本节附件。在省级层面，我国目前没有官方文件确定资源依赖型省份，本研究参考现有研究[128]以及国家计委宏观经济研究院课题组提出的资源依赖型地区的划分方法，采用采矿业总产值占工业总产值比重来划定资源依赖型省份。由于受到数据可获得性的限制，采用"采矿业行业用电量"代替行业生产总值来进行计算，根据最新的行业划分标准，具体选取了煤炭开采和洗选业、石油和天然气开采业、黑色金属矿采选业、有色金属矿采选业、非金属矿采选业及其他采矿业。根据测算结果，排名前 10 的省份依次是山西、黑龙江、内蒙古、新疆、甘肃、陕西、宁夏、青海、辽宁与河北，上述省份在本研究中被划定为资源依赖型省份。

现有研究普遍表明资源型地区在资源禀赋、产业结构、市场依赖性等方面与非资源型城市具有显著差别，且各类环境规制政策对资源型城市与非资源型城市的影响程度和路径上存在差异[130,131]。一般而言，资源依赖型地区能源消耗水平更高、环境治理压力也更大，由此，本研究拟针对"大气十条"的协同减排效应在资源型城市与非资源型城市之间的异质性展开分析，具体的模型设定与前文类似，*didresource* 与 *didresource_n* 分别是资源型城市与非资源城市的区位等级变量。

2. "大气十条"的异质性检验

表 5 – 24 和表 5 – 25 分别展示了"大气十条"政策对资源型城市与非资源型城市的协同减排效应。第（1）列与第（5）列结果显示，不管是在资源型城市还是在非资源型城市，"大气十条"对碳排放的影响均在 1% 水平上显著为负，且资源型地区的平均处理效应略高于非资源型城市，这说明"大气十条"在资源型地区的碳减排效果更强。"大气十条"强调必须严格执行重点行业的环境准入门槛和排放标准，在生产项目审批前严格控制主要污染物排放总量。在资源型地区，高耗能产业占比较大，受到"大气十条"影响更强，产生了更为显著的减排效果。第（2）列与第（6）列结果显示，"大气十条"不仅未对两类城市的碳污协同减排绩效产生积极影响，还降低了非资源型城市的协同减排绩效。第（3）与第（7）列结果显示，"大气十条"未对资源型城市的协同减排技术效率产生显著影响，但在 1% 水平上显著降低了非资源型城市的协同减排技术效率。第（4）与第（8）列结果显示，"大气十条"未对资源型城市的协同减排技术进步产生显著影响，但在 1% 水平上显著促进了非资源型城市的协同减排技术进步。"大气十条"对非资源城市的影响，与全国整体保持一致，这与"大气十条"的末端治理措施和总量控制目标有关，运动式治理方式使得地区的资源配置效率降低，抑制了协同减排绩效增长。

表5-24 大气十条"的协同减排效应分析：资源型城市

变量	(1) Ln（CO$_2$）	(2) Ln（SERE）	(3) Ln（SEREEC）	(4) Ln（SERETC）
didresource	−0.0389 ***	0.00498	0.0231	−0.0101
	(0.0149)	(0.0100)	(0.0145)	(0.00824)
控制变量	加入	加入	加入	加入
时间固定效应	加入	加入	加入	加入
个体固定效应	加入	加入	加入	加入
常数项	2.824 ***	−1.324 ***	−0.991 ***	−0.370 **
	(0.302)	(0.203)	(0.294)	(0.167)
样本量	2,232	2,232	2,232	2,232
R-squared	0.486	0.336	0.039	0.400

注：括号中的数值为标准误，*、**、***分别表示在10%、5%、1%水平下显著

表5-25 "大气十条"的协同减排效应分析：非资源型城市

变量	(5) Ln（CO$_2$）	(6) Ln（SERE）	(7) Ln（SEREEC）	(8) Ln（SERETC）
didresource_n	−0.0224 ***	−0.0130 ***	−0.0333 ***	0.0202 ***
	(0.00599)	(0.00468)	(0.00581)	(0.00329)
控制变量	加入	加入	加入	加入
时间固定效应	加入	加入	加入	加入
个体固定效应	加入	加入	加入	加入
常数项	2.672 ***	0.0875	−1.141 ***	−0.276 *
	(0.302)	(0.0617)	(0.293)	(0.166)
样本量	2,232	2,232	2,232	2,232
R-squared	0.488	0.325	0.053	0.411

注：括号中的数值为标准误，*、**、***分别表示在10%、5%、1%水平下显著

3．"三年行动计划"的异质性检验

表5-26和表5-27分别显示了"三年行动计划"在资源型地区与非资源型地区的协同减排效应。第（1）列与第（5）列结果显示，"三年行动计划"

在1%的水平上显著促进了非资源型地区的碳减排，但是对资源型地区的碳减排效果并未产生显著影响。这可能是由于"三年行动计划"的实施在现阶段并未进一步改变资源型地区的能源结构、产业结构和生产方式。资源型地区的大气污染治理已经进入攻坚阶段。我国严格的大气污染防治政策实施已有一段时间，早期治理难度小、成效显著，而进入治理后期所需资金投入更大，且短期内难以见效。未来大气污染防治政策对资源型地区的政策设计需要进一步调整。第（2）列与第（6）列结果显示，"三年行动计划"对资源型地区的协同减排绩效未产生显著影响，但在1%水平上显著提升了非资源型地区的协同减排绩效，这与"大气十条"的影响效果相反。这说明"三年行动计划"在非资源型地区的治理模式有了较大进步，具体可结合协同减排技术效率与协同减排技术进步进一步分析。第（3）与第（7）列结果显示，"三年行动计划"对资源型地区的协同减排技术效率未产生显著影响，在1%水平上显著提升了非资源型地区的协同减排技术效率。第（4）与第（8）列结果显示，"三年行动计划"在5%显著性水平上降低了资源型地区的协同减排技术进步，但在1%水平上显著促进了非资源型地区的协同减排技术进步。这说明"三年行动计划"对于资源型地区的协同减排绩效仍未产生显著影响，但显著提升了非资源型地区的协同减排资源配置效率与技术水平。"三年行动计划"的治理措施同时兼顾了交通、农业、生活污染源等多个领域，激发了非资源型城市除工业部门之外的其他部门的减排潜力。此外，减排技术的创新转化需要一定时间，早期技术设备的研发可能进入了落地应用阶段，也为非资源型城市提供了减排技术支持。

表5-26　"三年行动计划"的协同减排效应分析：资源型地区

变量	(1) Ln（CO$_2$）	(2) *SERE*	(3) *SEREEC*	(4) *SERETC*
didresource	0.0298	-0.0324	0.0167	-0.0492 **
	(0.0304)	(0.0301)	(0.0232)	(0.0247)
控制变量	加入	加入	加入	加入
时间固定效应	加入	加入	加入	加入
个体固定效应	加入	加入	加入	加入

	（1）	（2）	（3）	（4）
变量	Ln（CO$_2$）	SERE	SEREEC	SERETC
常数项	0.899	−0.400	0.105	−0.0571
	（2.045）	（2.031）	（1.562）	（1.661）
样本量	240	240	240	240
R-squared	0.254	0.436	0.080	0.478

注：括号中的数值为标准误，*、**、*** 分别表示在10%、5%、1%水平下显著

表 5 – 27　"三年行动计划"的协同减排效应分析：非资源型地区

	（5）	（6）	（7）	（8）
变量	Ln（CO$_2$）	SERE	SEREEC	SERETC
didresource	−0.0628 ***	0.124 ***	0.0355 **	0.0728 ***
	（0.0204）	（0.0187）	（0.0157）	（0.0162）
控制变量	加入	加入	加入	加入
时间固定效应	加入	加入	加入	加入
个体固定效应	加入	加入	加入	加入
常数项	1.492	−1.566	−0.221	−0.751
	（2.011）	（1.850）	（1.551）	（1.605）
样本量	240	240	240	240
R-squared	0.285	0.537	0.101	0.517

注：括号中的数值为标准误，*、**、*** 分别表示在10%、5%、1%水平下显著

（三）基于创新能力视角的异质性分析

1. 模型设定

第4章的实证分析结果表明，"大气十条"与"三年行动计划"并非都对碳排放及协同减排绩效产生了积极影响，探究影响大气污染防治政策协同减排效应的因素对于更加全面深入地理解该问题具有重要意义。技术进步是大气污染防治政策提升绩效的关键因素，而地区技术进步潜力最直接的体现就是创新能力。因此，为了深入挖掘在不同创新能力水平地区，大气污染防治政策协同减排效应的差异，本研究基于创新能力视角检验了大气污染防治政策的协同减

排效应的异质性。参考王桂军和卢潇潇[132]、史丹和李少林[133]的模型构建方法，将地区创新能力与政策效应的交互项（didinvg）纳入基准模型，模型设定如下：

$$\ln(CO_{2(i,t)}) = \alpha_5 + \beta_5 time_i \times treat_i \times \ln invg + \gamma_5 time_i \times treat_i$$
$$+ \lambda_5 \ln invg + \delta_5 X_{i,t} + \upsilon_i + \nu_i + \varepsilon_{i,t} \tag{11}$$

$$Y_{(i,t)} = \alpha_6 + \beta_6 time_i \times treat_i \times \ln invg + \gamma_6 time_i \times treat_i$$
$$+ \lambda_6 \ln invg + \delta_6 X_{i,t} + \upsilon_i + \nu_i + \varepsilon_{i,t} \tag{12}$$

其中，i 代表地区，t 代表时间。Ln（$CO_{2(i,t)}$）和 $Y_{i,t}$ 是被解释变量。$CO_{2(i,t)}$ 代表 i 地区 t 年的二氧化碳排放量，$Y_{i,t}$ 代表 i 地区 t 年协同减排绩效、协同减排技术效率指数与协同减排技术进步指数。υ_i 和 ν_i 分别代表各城市的地区固定效应和年份固定效应。$\varepsilon_{i,t}$ 为随机误差项。$time_i \times treat_t$ 是大气污染防治政策双重差分的交互项。$\ln invg$ 代表地区创新能力。$time_i \times treat_i \times Lninvg$ 是地区创新能力与双重差分的交互项，在模型中的变量名称用 $didinvg$ 表示。系数 β_5 和 β_6 是 $didinvg$ 的估计量，为本研究关注的核心参数。$X_{i,t}$ 代表控制变量。本研究采用地区的专利获得情况的对数来表征地区创新能力[134]。

2. 异质性检验

（1）"大气十条"的异质性检验

表 5 - 28 展示了"大气十条"协同减排效应的异质性检验结果，第（1）列结果显示，地区创新能力与双重差分的交互项系数在1%水平上显著为负。这说明地区创新能力越高，"大气十条"对该地区的碳减排效果越大。第（2）列结果显示，地区创新能力与双重差分的交互项系数在5%水平上显著为正。这说明地区创新能力越高，"大气十条"对该地区协同减排绩效提升的效果越好。第（3）列结果显示，地区创新能力与双重差分的交互项系数不显著，这说明地区创新能力与"大气十条"对该地区的协同减排技术效率没有影响。第（4）列结果显示，地区创新能力与双重差分的交互项系数在1%水平上显著为正，这说明地区创新能力越高，"大气十条"对该地区协同减排技术进步的提升作用越强。

表 5 – 28　基于创新能力视角的异质性检验："大气十条"

变量	(1) Ln（CO_2）	(2) Ln（*SERE*）	(3) Ln（*SEREEC*）	(4) Ln（*SERETC*）
didinvg	– 0.0175 ***	0.00520 **	– 0.00357	0.00862 ***
	(0.00336)	(0.00244)	(0.00329)	(0.00210)
控制变量	加入	加入	加入	加入
时间固定效应	加入	加入	加入	加入
个体固定效应	加入	加入	加入	加入
常数项	2.653 ***	– 1.314 ***	– 1.088 ***	0.0118
	(0.299)	(0.171)	(0.293)	(0.0473)
样本量	2,232	2,232	2,232	2,232
R-squared	0.497	0.327	0.049	0.414

注：括号中的数值为标准误，*、**、*** 分别表示在 10%、5%、1% 水平下显著

（2）"三年行动计划"的异质性检验

表 5 – 29 展示了"三年行动计划"协同减排效应的异质性检验结果，该结果显示，基于创新能力视角的"三年行动计划"异质性分析结果与"大气十条"基本一致，地区创新能力水平越高，"三年行动计划"对该地区的碳减排、协同减排绩效和协同减排技术进步指数的提升作用越强，但地区创新能力与"三年行动计划"对其自身的协同减排技术效率没有影响。

表 5 – 29　基于创新能力视角的异质性检验："三年行动计划"

变量	(1) Ln（CO_2）	(2) *SERE*	(3) *SEREEC*	(4) *SERETC*
didinvg	0.0522 ***	0.0683 ***	0.0137	0.0522 ***
	(0.0128)	(0.0147)	(0.0124)	(0.0128)
控制变量	加入	加入	加入	加入
时间固定效应	加入	加入	加入	加入
个体固定效应	加入	加入	加入	加入
常数项	0.196	– 0.414	– 0.0653	0.196

续表

变量	(1) Ln（CO₂）	(2) SERE	(3) SEREEC	(4) SERETC
	(1.600)	(1.838)	(1.553)	(1.600)
样本量	240	240	240	240
R-squared	0.527	0.550	0.112	0.527

注：括号中的数值为标准误，*、**、***分别表示在10%、5%、1%水平下显著

（3）关于异质性检验结果的讨论

通过对两项大气污染防治政策的异质性检验分析，发现地区创新能力的高低对于大气污染防治政策的协同减排效应具有较强的影响。在较强的创新能力下，大气污染防治政策具有更好的碳减排效果，也可以带来更高的协同减排绩效。其背后可能的机制是，高创新能力地区有更多的战略型新兴产业发展空间，产业转型成本低、震荡期短，在大气污染防治政策的冲击下，有能力迅速调整生产结构，实现能源利用效率提升与污染减排的协同控制。高创新能力地区在源头减排与末端治理技术等方面都处于领先水平，在大气污染防治政策实施期内，这类地区能更大程度的降低生产活动对大气环境和气候变化的损害和负面影响。此外，较高水平的创新能力也有助于提升这类地区的生产要素利用效率与末端治理设施的利用效率，使得治理过程中碳污协同效应抵消更小。

七、结论与政策建议

（一）研究结论

温室气体与大气污染物排放具有"同根同源性"。早期中国经济的发展以要素驱动为主，对自然资源开采和化石能源依赖的程度高，导致多地陷入"资源诅咒"困境。协同减少二氧化碳排放和大气污染物排放对于我国实现可持续发展以及如期实现"双碳"目标具有重要意义。"大气十条"与"三年行动计划"是我国进入新时期以来典型的大气污染防治政策，带来了显著的空气质量提升效果，但已有大气污染防治政策是否在控制大气污染物排放的同时实现了碳减排的协同效益，并进一步提升了减污降碳综合效能则需要进一步探讨。针对该问题，本研究基于超效率SBM模型和GML指数测算了全国各地区的碳污

协同减排绩效及其分解项，并选取 DID 模型探究大气污染防治政策对碳排放及碳污协同减排绩效的影响，同时基于地理区位、资源依赖程度和创新能力三个视角展开异质性分析。主要结论如下：

①从碳污协同减排绩效的时空演化特征看，在 2010—2020 年间，全国各省协同减排绩效平均值增长了 14.9%，其中协同减排技术效率指数增长了 0.2%，协同减排技术进步指数增长 14.7%，这反映了样本期内绩效增长的主要原因是技术变化，而技术效率的贡献度较低；协同减排绩效经历了增长瓶颈期(2010—2014 年) 和稳步提升期（2015—2020 年），在 2020 年达到样本期内的最高水平；省份间碳污协同减排绩效的相对差异随着时间增加逐步拉大；东部地区的碳污协同减排绩效明显高于中西部地区，且其主要依赖技术进步保持领先地位。

②从两项大气污染防治政策的碳污协同减排效应看，"大气十条"能够促进二氧化碳减排，却抑制了协同减排绩效的增长。从分解项来看，"大气十条"的实施推进了技术边界的拓展，但降低了资源要素的配置效率。"三年行动计划"不仅推动了二氧化碳减排，还同时优化了要素配置、促进了技术进步，显著提升了碳污协同减排绩效。就两项政策比较，"三年行动计划"较"大气十条"明确了碳污协同减排的目标、结构性调整力度更大且市场化措施更完善，促进了碳污协同减排绩效的增长。

③从政策效应异质性看，在地理区位方面，"大气十条"降低了东部地区的碳排放量且提升了西部地区的协同减排绩效；"三年行动计划"则同时实现了东部地区的碳减排及协同减排绩效提升，但对中部及西部地区无显著影响。在资源依赖程度方面，"大气十条"同时降低了资源型城市和非资源型城市的二氧化碳排放量，但对两类城市的碳污协同减排绩效均未产生积极影响；而"三年行动计划"降低了非资源型地区的二氧化碳排放量并提升了其协同减排绩效，但在资源型地区没有发挥协同减排效应。在创新能力方面，无论"大气十条"还是"三年行动计划"，均在创新能力更强的地区发挥了更明显的二氧化碳减排和碳污协同减排绩效提升效应。

(二) 政策建议

本研究的分析结果表明，我国颁布的两项重点大气污染防治政策都协同推动了二氧化碳减排，但在对协同减排绩效的影响上有所差异。根据本研究得出的具体结论，在未来的政策制定中要充分考虑结构性调整、要素配置优化、技术水平提升和差异化政策制定四个方面，具体建议如下：

（1）应进一步加强碳污管控政策的协同性，提高结构性调整和源头管控措施在大气污染减排中的驱动贡献

研究结果表明，"三年行动计划"较"大气十条"而言，显著提升了协同减排绩效。"三年行动计划"强调坚持源头防治、调整"四个结构"，可见通过结构性调整和实施源头管控措施可以提升大气污染防治政策的碳污协同减排效果。在未来的政策制定中应加强碳污管控政策的协同性，综合考虑环境、经济、社会效益，高质量实现碳污协同减排。一方面，要推进产业高级化，推动产业链内部的生产跃迁，增加企业附加值、提高产出的增加值率，降低能源和排放密集的生产环节在域内企业和产业集群中的贡献率。同时还需推动产业链整体向更高能级跃迁，加强对产业链布局调整的政策引导，培育和鼓励绿色环保产业等战略性新兴行业发展。另一方面，要促进能源利用清洁化，既要严格实行能源消费、煤炭消费的强度和总量"双控"，对生产工艺落后、节能技术不达标、管理粗放、排放严重的纺织、机械、化工和再生纸等企业进行综合整治；也要大幅提高水电太阳能、风能、生物质能等清洁能源占比，提高清洁能源消纳能力、推进清洁储能技术突破，通过系列结构性调整及源头管控措施，从根本上减少大气污染物与二氧化碳的排放来源。

（2）开展减污降碳工作的同时还应关注管理效率提升和要素配置优化，从而实现"降碳""减污""增长"目标的协同推进

"三年行动计划"逐条明确具体措施的落实部门并注明牵头、参与部门，促使多部门协同参与污染治理，提升了管理效率；同时强调激励与约束并举机制，设立专项资金、引入市场化竞价采购机制等，优化了要素配置。因此，一方面，应构建多部门协同的管理体制和组织机制，这是提高管理效率、化解多目标发展冲突的重要途径。在未来的政策设计中，亟需构建多部门协同的管理体制以化解污染减排过程中可能存在的不同领域、不同部门各自为政、权力交叉、责任不明等问题，实现系统研究和统筹管理。另一方面，未来可继续引入激励机制（例如，可建立健全绿色技术创新激励机制，可对绿色产业技术研发以及"两高"行业转型给予资金和政策支持；健全绿色电价政策，实行分时电价、可中断负荷电价和季节性电价，探索针对不同能耗的行业实行差别电价策

略）。此外，要协调好市场机制与政府宏观调控的关系，优化既有技术水平下的要素投入产出模式，推进其向生产前沿面逼近。

（3）应依托新型举国体制，鼓励和支持原创性绿色低碳技术创新，健全技术研发激励和创新成果转化机制，拓展碳污协同减排的整体技术边界

本研究的结果表明，"大气十条"和"三年行动计划"均对技术进步起到了推动作用，可见技术边界的拓展是提升协同减排绩效的重要驱动因素。未来，一方面要引进、研发和推广新技术，深入推进工业行业，尤其是钢铁、火电、化工等"两高"行业的生产技术革新；加大对现有产线升级改造，以高电锅炉和热泵替代燃气锅炉和燃煤锅炉；引入减碳生产技术和新工艺，落实精细管理，利用新技术、新工艺改进生产流程，发展循坏经济，提升生产效率，降低能耗水平。另一方面要降低减排技术的转化成本、畅通技术创新的转化渠道。不仅要关注绿色创新专利、知识产权数量上的增长，还需关注创新专利的转化率与转化成本，防止二者错位与脱节。同时，将环境政策、金融支持政策、产权专利保护政策、产业发展政策等相结合，形成科技创新产业园区、科技人才平台等创新载体，为技术进步推动绿色发展提供外围政策环境的充分保障，以提高协同治理效果。

（4）在政策制订和实施过程中关注不同地区在发展阶段、资源禀赋和创新能力等方面的差异，因地制宜的设计差异化协同减排政策

一方面，要引导资源型地区自主转型、提前转型。着重提高资源型地区的能源利用效率，应用低能耗生产模式、推广清洁工艺、淘汰落后产能，逐步降低资源型地区发展的资源依存度。同时要着力构建多元化现代产业体系，积极培育替代产业，支持资源型地区发展诸如新能源、智能制造、信息技术、节能环保等现代产业。另一方面，要鼓励经济发展水平较低、创新能力较弱的地区向发达地区学习先进协同减排技术。技术具有溢出效应，地区间的技术学习可以缩小不同区域之间技术边界的差距。政策设计要引导技术、信息和高端人才等核心要素向中西部地区与创新能力较弱的地区集聚，以缩短上述地区产业转型的震荡期，以最小的成本实现协同减排效益。

本节附件　本研究所选用的资源型城市名单

唐山市	本溪市	宿州市	泰安市	自贡市	榆林市
邯郸市	阜新市	滁州市	东营市	攀枝花市	金昌市
张家口市	盘锦市	池州市	莱芜市	泸州市	白银市
邢台市	葫芦岛市	淮南市	洛阳市	广元市	张掖市
承德市	吉林市	铜陵市	平顶山市	南充市	武威市
大同市	辽源市	马鞍山市	濮阳市	广安市	衡阳市
阳泉市	通化市	淮北市	焦作市	达州市	平凉市
长治市	白山市	亳州市	鹤壁市	雅安市	庆阳市
晋城市	松原市	三明市	三门峡市	六盘水市	石嘴山市
朔州市	牡丹江市	南平市	南阳市	安顺市	克拉玛依市
忻州市	鸡西市	龙岩市	黄石市	昭通市	
晋中市	鹤岗市	景德镇市	鄂州市	曲靖市	
抚顺市	宣城市	临沂市	百色市	延安市	
运城市	黑河市	新余市	邵阳市	保山市	
鄂尔多斯市	伊春市	赣州市	郴州市	萍乡市	
包头市	大庆市	宜春市	娄底市	铜川市	
乌海市	徐州市	淄博市	韶关市	宝鸡市	
赤峰市	宿迁市	枣庄市	云浮市	咸阳市	
鞍山市	湖州市	济宁市	贺州市	渭南市	
临汾市	双鸭山市	临沧市（2003年前为临沧地区）	陇南市（2004年前为陇南地区）	普洱市（2007年前为思茅市、思茅地区）	

本节参考文献

[1] LIN B, ZHOU Y. Does energy efficiency make sense in China? Based on the perspective of economic growth quality [J]. Science of The Total Environment, 2022, 804: 149895.

[2] ZHOU P, ZHANG H, ZHANG L. The drivers of energy intensity changes in Chinese cities: A production-theoretical decomposition analysis [J]. Applied energy, 2022, 307.

[3] 国家统计局. 中国能源统计年鉴 [M]. 北京: 中国统计出版社, 2021.

[4] JIANG P, CHEN Y H, GENG Y, et al. Analysis of the co-benefits of climate change mitigation

and air pollution reduction in China［J］. Journal of Cleaner Production，2013，58：130 - 137.

［5］生态环境部. 全国地级及以上城市 PM$_{2.5}$ 平均浓度 7 年下降 34.8%［EB/OL］. http：//www. gov. cn/xinwen/2022 - 06/07/content_5694356. htm.

［6］中华人民共和国生态环境部. 中国生态环境状况公报（2021）［EB/OL］. https：//www. mee. gov. cn/hjzl/sthjzk/zghjzkgb/202205/P020220608338202870777. pdf.

［7］YANG Y，LIWEN L，CHAO S，et al. Spatiotemporal Assessment of PM$_{2.5}$ - Related Economic Losses from Health Impacts during 2014 - 2016 in China［J］. Int J Environ Res Public Health，2018，15（6）：1278.

［8］WANG J，DU P. Quarterly PM 2.5 prediction using a novel seasonal grey model and its further application in health effects and economic loss assessment：evidences from Shanghai and Tianjin，China［J］. Natural Hazards，2021：1 - 21.

［9］国务院. 大气污染防治行动计划［EB/OL］. http：//www. gov. cn/zhengce/content/2013 - 09/13/content_4561. htm.

［10］杨斯悦，王凤，刘娜.《大气污染防治行动计划》实施效果评估：双重差分法［J］. 中国人口·资源与环境，2020，30（05）：110 - 117.

［11］FENG Y Y，NING M，LEI Y，et al. Defending blue sky in China：Effectiveness of the "Air Pollution Prevention and Control Action Plan" on air quality improvements from 2013 to 2017［J］. Journal of Environmental Management，2019.

［12］HUANG J，PAN X，GUO X，et al. Health impact of China's Air Pollution Prevention and Control Action Plan：an analysis of national air quality monitoring and mortality data［J］. Lancet Planetary Health，2018，2（7）：e313 - e323.

［13］PENG J，XIAO J，ZHANG L，et al. The impact of China's 'Atmosphere Ten Articles' policy on total factor productivity of energy exploitation：Empirical evidence using synthetic control methods［J］. Resources Policy，2020，65.

［14］国务院. 打赢蓝天保卫战三年行动计划［EB/OL］. https：//www. mee. gov. cn/ywgz/fgbz/gz/201807/t20180705_446146. shtml.

［15］蔡兴. "蓝天保卫战"空气污染治理效应评估［J］. 中南大学学报：社会科学版，2022，28（5）：14.

［16］RAFAJ P，SCHOPP W，RUSS P，et al. Co-benefits of post - 2012 global climate mitigation policies［J］. MITIGATION AND ADAPTATION STRATEGIES FOR GLOBAL CHANGE，2013，18（6）：801 - 824.

［17］任保平，李培伟. 中国式现代化进程中着力推进高质量发展的系统逻辑［J］. 经济理论与经济管理，2022，42（12）：4 - 19.

［18］王谢勇，金光辉. 我国经济高质量发展视域下创新要素配置效率研究——基于三阶段 DEA-Malmquist-Tobit 模型的分析［J］. 价格理论与实践，2022（12）：174 - 178.

［19］ AYRES R U, WALTER J. The greenhouse effect: Damages, costs and abatement ［J］. Environmental and Resource Economics, 1991, 1 (3): 237-270.

［20］ IPCC. Climate change 1995: economic and social dimensions of climate change ［M］. Cambridge University Press, 1995.

［21］ XIAODONG, WANG, KIRK, et al. Secondary Benefits of Greenhouse Gas Control: Health Impacts in China ［J］. Environmental Science & Technology, 1999.

［22］ 蔡佳楠, 高烁, 孙星, 等. 环境, 经济与社会发展协同效益研究综述 ［J］. 中国人口、资源与环境, 2016, 26 (S2): 35-38.

［23］ IPCC. Climate change 2001: mitigation ［M］. Cambridge University Press, 2001.

［24］ IPCC. AR4 Climate Change 2007: Mitigation of Climate Change ［M］. Cambridge University Press, 2007.

［25］ 毛显强, 曾桉, 邢有凯, 等. 从理念到行动: 温室气体与局地污染物减排的协同效益与协同控制研究综述 ［J］. 气候变化研究进展, 2021, 17 (3): 13.

［26］ BOLLEN J G B J S. Co-benefits of climate change mitigation policies: literature review and new results ［R］. Paris: OECD Publishing, 2009.

［27］ IPCC. Climate change 2014: synthesis report ［M］. Cambridge University Press, 2014.

［28］ 胡涛, 田春秀, 李丽平. 协同效应对中国气候变化的政策影响 ［J］. 环境保护, 2004 (9): 3.

［29］ 郑逸璇, 宋晓晖, 周佳, 等. 减污降碳协同增效的关键路径与政策研究 ［J］. 中国环境管理, 2021, 13 (5): 7.

［30］ OESTBLOM G, SAMAKOVLIS E. Linking health and productivity impacts to climate policy costs: a general equilibrium analysis ［J］. Climate Policy, 2007, 7 (5): 379-391.

［31］ WILLIAMS M L. UK air quality in 2050—synergies with climate change policies ［J］. Environmental Science & Policy, 2007, 10 (2): 169-175.

［32］ MA D, CHEN W, YIN X, et al. Quantifying the co-benefits of decarbonisation in China's steel sector: An integrated assessment approach ［J］. Applied Energy, 2016, 162 (JAN.15): 1225-1237.

［33］ XUE B, MA Z, GENG Y, et al. A life cycle co-benefits assessment of wind power in China ［J］. Renewable & Sustainable Energy Reviews, 2015, 41: 338-346.

［34］ ZHENG J, JIANG P, QIAO W, et al. Analysis of air pollution reduction and climate change mitigation in the industry sector of Yangtze River Delta in China ［J］. Journal of cleaner production, 2016 (Feb.15): 114.

［35］ DHARMALA N, KHOLOD N, CHATURVEDI V, et al. Win-win transportation strategies for India: Linking air pollution and climate mitigation ［J］. Energy and Climate Change, 2022, 3: 100072.

［36］ JIAO J, HUANG Y, LIAO C, et al. Sustainable development path research on urban transportation based on synergistic and cost-effective analysis：A case of Guangzhou［J］. Sustainable Cities and Society，2021，71（November 2018）：102950.

［37］ XING R，HANAOKA T，KANAMORI Y，et al. Achieving China's Intended Nationally Determined Contribution and its co-benefits：Effects of the residential sector［J］. Journal of Cleaner Production，2018，172：2964 - 2977.

［38］蔡博峰. 中国城市二氧化碳排放空间特征及与二氧化硫协同治理分析［J］. 中国能源，2012，34（7）：33 - 37，19.

［39］薛婕，罗宏，吕连宏，等. 中国主要大气污染物和温室气体的排放特征与关联性［J］. 资源科学，2012，34（8）：1452 - 1460.

［40］季浩宇. 污染减排的协同效应评价研究——以攀枝花市为例［J］. 中国人口·资源与环境，2010（S2）：5.

［41］毛显强，邢有凯，胡涛，等. 中国电力行业硫，氮，碳协同减排的环境经济路径分析［J］. 中国环境科学，2012，32（4）：9.

［42］阿力木江，蒋平，董虹佳，等. 推广新能源汽车碳减排和大气污染控制的协同效益研究——以上海市为例［J］. 环境科学学报，2020，40（5）：11.

［43］任明，徐向阳. 京津冀地区钢铁行业能效提升潜力和环境协同效益［J］. 工业技术经济，2018，37（8）：7.

［44］傅京燕，原宗琳. 中国电力行业协同减排的效应评价与扩张机制分析［J］. 中国工业经济，2017（2）：17.

［45］赵彦云，陆香怡，王汶. 低碳城市的 CO_2 与 $PM_{2.5}$ 减排协同效应分析［J］. 中国环境科学，2023，43（01）：465 - 476.

［46］俞珊，张双，张增杰，等. 北京市减污降碳协同控制情景模拟和效应评估［J］. 环境科学，2022：1 - 17.

［47］李莉莉，王琨，闫耀宗，等. "大气十条"实施期间哈尔滨市大气污染特征研究［J］. 环境科学与管理，2020，45（02）：31 - 36.

［48］马国霞，於方，张衍燊，等.《大气污染防治行动计划》实施效果评估及其对我国人均预期寿命的影响［J］. 环境科学研究，2019，32（12）：1966 - 1972.

［49］中国科学院大气灰霾追因与控制专项总体组，贺泓，谢品华，等. "大气国十条"实施以来京津冀 $PM_{2.5}$ 控制效果评估报告［J］. 中国科学院院刊，2015，30（05）：668 - 678.

［50］张小曳，徐祥德，丁一汇，等. 2013—2017 年气象条件变化对中国重点地区 $PM_{2.5}$ 质量浓度下降的影响［J］. 中国科学：地球科学，2020，50（04）：483 - 500.

［51］罗知，李浩然. "大气十条"政策的实施对空气质量的影响［J］. 中国工业经济，2018（09）：136 - 154.

［52］刘茂辉，岳亚云，刘胜楠，等. 天津"大气十条"实施期间污染物减排研究［J］. 环境科学与管理，2020，45（11）：7 - 11.

[53] 卢亚灵, 范朝阳, 蒋洪强, 等. 北京市"大气十条"实施的空气质量改善效益 [J]. 环境科学, 2021, 42 (06): 2730 - 2739.

[54] YU Y, DAI C, WEI Y, et al. Air pollution prevention and control action plan substantially reduced PM$_{2.5}$ concentration in China [J]. Energy Economics, 2022, 113: 106206.

[55] 武祯妮, 尹应凯. 大气污染防治行动打好了资源型城市的"蓝天保卫战"吗? [J]. 产业经济研究, 2022 (01): 43 - 56.

[56] SONG Y, LI Z, YANG T, et al. Does the expansion of the joint prevention and control area improve the air quality? —Evidence from China's Jing-Jin-Ji region and surrounding areas [J]. Science of The Total Environment, 2019, 706: 136034.

[57] ZHANG N, ZHAO K, YU Y. The effect of environmental regulation on air pollution, productivity, and factor structure: a quasi-natural experiment evidence from China [J]. Environmental Science and Pollution Research, 2020, 27 (16): 20392 - 20409.

[58] 陈林, 肖倩冰, 蓝淑菁. 基于产业结构门槛效应模型的环境政策治污效益评估——以《大气污染防治行动计划》为例 [J]. 资源科学, 2021, 43 (02): 341 - 356.

[59] 杜雯翠, 夏永妹. 京津冀区域雾霾协同治理措施奏效了吗? ——基于双重差分模型的分析 [J]. 当代经济管理, 2018, 40 (09): 53 - 59.

[60] 赵志华, 吴建南. 大气污染协同治理能促进污染物减排吗? ——基于城市的三重差分研究 [J]. 管理评论, 2020, 32 (01): 286 - 297.

[61] MIAO Z, BALEZENTIS T, TIAN Z, et al. Environmental Performance and Regulation Effect of China's Atmospheric Pollutant Emissions: Evidence from 'Three Regions and Ten Urban Agglomerations' [J]. Environmental & Resource Economics, 2019, 74 (1): 211 - 242.

[62] CHENG Y, DU K, YAO X. Stringent environmental regulation and inconsistent green innovation behavior: Evidence from air pollution prevention and control action plan in China [J]. Energy Economics, 2023: 106571.

[63] KIM B, YANG Z. Environmental Regulation and Chronic Condition: Evidence from Chinas Air Pollution Prevention and Control Action Plan [J]. Discussion Paper Series, 2019.

[64] LIAN L, CHEN S, MA J, et al. Population Aging Driven Slowdown in the Reduction of Economic Cost-Attributed to PM 2.5 Pollution after 2013 in China [J]. 2022.

[65] CHAE Y. Co-benefit analysis of an air quality management plan and greenhouse gas reduction strategies in the Seoul metropolitan area [J]. Environmental Science & Policy, 2010, 13 (3): 205 - 216.

[66] WEI X, TONG Q, MAGILL I, et al. Evaluation of potential co-benefits of air pollution control and climate mitigation policies for China's electricity sector [J]. Energy Economics, 2020, 92.

[67] 张瑜, 孙倩, 薛进军, 等. 减污降碳的协同效应分析及其路径探究 [J]. 中国人口·资源与环境, 2022, 32 (05): 1 - 13.

［68］ JCIK A, CGH B, TA C, et al. Development of the Low Emissions Analysis Platform-Integrated Benefits Calculator（LEAP-IBC）tool to assess air quality and climate co-benefits：Application for Bangladesh［J］. Environment International, 2020, 145.

［69］ DONG, HUIJUAN, DAI, et al. Pursuing air pollutant co-benefits of CO_2 mitigation in China：A provincial leveled analysis［J］. Applied Energy Barking Then Oxford, 2015.

［70］ RAO S, PACHAURI S, DENTENER F, et al. Better air for better health：Forging synergies in policies for energy access, climate change and air pollution［J］. Global Environmental Change, 2013, 23（5）：1122 – 1130.

［71］ MULLER N Z. The design of optimal climate policy with air pollution co-benefits［J］. Resource and Energy Economics, 2012, 34（4）：696 – 722.

［72］ WU D, MA X, ZHANG S. Integrating synergistic effects of air pollution control technologies：More cost-effective approach in the coal-fired sector in China［J］. Journal of Cleaner Production, 2018, 199（PT. 1 – 1130）：1035 – 1042.

［73］ LI N, CHEN W, RAFAJ P, et al. Air Quality Improvement Co-benefits of Low-Carbon Pathways toward Well Below the 2 °C Climate Target in China［J］. Environmental Science and Technology, 2019, 53（10）：5576 – 5584.

［74］ XING J, LU X, WANG S, et al. The quest for improved air quality may push China to continue its CO 2 reduction beyond the Paris Commitment［J］. Proceedings of the National Academy of Sciences of the United States of America, 2020, 117（47）：29535 – 29542.

［75］ YANG Y, ZHAO L, WANG C, et al. Towards more effective air pollution governance strategies in China：A systematic review of the literature［J］. Journal of Cleaner Production, 2021, 297（7488）.

［76］ KANADA M, FUJITA T, FUJII M, et al. The long-term impacts of air pollution control policy：historical links between municipal actions and industrial energy efficiency in Kawasaki City, Japan［J］. Journal of Cleaner Production, 2013, 58（nov. 1）：92 – 101.

［77］ GU A, TENG F, FENG X. Effects of pollution control measures on carbon emission reduction in China：evidence from the 11th and 12th Five-Year Plans［J］. Climate Policy, 2016：1 – 12.

［78］ 贾璐宇, 王艳华, 王克, 等. 大气污染防治措施二氧化碳协同减排效果评估［J］. 环境保护科学, 2020, 46（06）：19 – 26.

［79］ 张扬, 付凌波, 李薇, 等. 基于黑龙江省大气污染防治行动计划的温室气体减排核算［J］. 中国人口·资源与环境, 2015, 25（S2）：333 – 336.

［80］ 李少林, 王齐齐. "大气十条"政策的节能降碳效果评估与创新中介效应［J］. 环境科学, 2022：1 – 16.

［81］ 邢有凯, 毛显强, 冯相昭, 等. 城市蓝天保卫战行动协同控制局地大气污染物和温室气体效果评估——以唐山市为例［J］. 中国环境管理, 2020, 12（04）：20 – 28.

［82］ XU M, QIN Z, ZHANG S. Carbon dioxide mitigation co-effect analysis of clean air policies：

lessons and perspectives in China's Beijing-Tianjin-Hebei region [J]. Environmental Research Letters, 2020, 16 (1).

[83] EMROUZNEJAD A, YANG G L. A survey and analysis of the first 40 years of scholarly literature in DEA: 1978 – 2016 [J]. Socio-Economic Planning Sciences, 2017.

[84] TSAPLES G, PAPATHANASIOU J. Data envelopment analysis and the concept of sustainability: A review and analysis of the literature [J]. Renewable and Sustainable Energy Reviews, 2021, 138.

[85] ANDERSEN P, PETERSEN N C. A Procedure for Ranking Efficient Units in Data Envelopment Analysis [J]. Management ence, 1993, 39 (10): 1261 – 1264.

[86] TONE K. A slacks-based measure of efficiency in data envelopment analysis [J]. European Journal of Operational Research, 2001, 130 (3): 498 – 509.

[87] HONG L, SHI J F. Energy efficiency analysis on Chinese industrial sectors: an improved Super-SBM model with undesirable outputs [J]. Journal of Cleaner Production, 2014, 65 (FEB. 15): 97 – 107.

[88] LI H, FANG K, YANG W, et al. Regional environmental efficiency evaluation in China: Analysis based on the Super-SBM model with undesirable outputs [J]. Mathematical & Computer Modelling, 2013, 58 (5 – 6): 1018 – 1031.

[89] 卢新海, 陈泽秀, 杨喜. 中国城市土地绿色利用效率测度及其时空演变特征 [J]. 中国人口·资源与环境, 2020, 30 (8): 9.

[90] 侯孟阳, 姚顺波. 中国城市生态效率测定及其时空动态演变 [J]. 中国人口·资源与环境, 2018, 28 (3): 9.

[91] 关伟, 许淑婷, 郭岫垚. 黄河流域能源综合效率的时空演变与驱动因素 [J]. 资源科学, 2020.

[92] PASTOR J T, LOVELL C. A global Malmquist productivity index [J]. Economics Letters, 2005, 88 (2): 266 – 271.

[93] 邱斌, 杨帅, 辛培江. FDI 技术溢出渠道与中国制造业生产率增长研究: 基于面板数据的分析 [J]. 世界经济, 2008 (08): 20 – 31.

[94] ZHAO X M, LIU C J, YANG M. The effects of environmental regulation on China's total factor productivity: An empirical study of carbon-intensive industries [J]. JOURNAL OF CLEANER PRODUCTION, 2018, 179: 325 – 334.

[95] CHEN J D, GAO M, CHENG S L, et al. County-level CO_2 emissions and sequestration in China during 1997 – 2017 [J]. SCIENTIFIC DATA, 2020, 7 (1).

[96] HAMMER M S, Van DONKELAAR A, LI C, et al. Global Estimates and Long-Term Trends of Fine Particulate Matter Concentrations (1998 – 2018) [J]. Environmental Science and Technology, 2020, 54.

[97] 叶宗裕. 中国省际资本存量估算 [J]. 统计研究, 2010, 27 (12): 65 – 71.

［98］张军，吴桂英，张吉鹏．中国省际物质资本存量估算：1952—2000［J］．经济研究，
2004（10）：35 - 44.

［99］XIAO H，MA Z，MI Z，et al. Spatio-temporal simulation of energy consumption in China's
provinces based on satellite night-time light data［J］．Applied Energy，2018，231：1070 - 1078.

［100］HAO L A，LIN M B，LIN X B. Estimating spatiotemporal dynamics of county-level fossil fuel
consumption based on integrated nighttime light data［J］．Journal of Cleaner Production，
2021，278.

［101］余奕杉，卫平．中国城市绿色全要素生产率测度研究［J］．生态经济，2021，37
（03）：43 - 52.

［102］邵汉华，夏海波．中国城市蔓延对绿色全要素生产率的影响［J］．资源科学，2020，
42（04）：790 - 800.

［103］张华，魏晓平．绿色悖论抑或倒逼减排——环境规制对碳排放影响的双重效应［J］．
中国人口·资源与环境，2014，24（09）：21 - 29.

［104］REXHAEUSER S，RAMMER C. Environmental Innovations and Firm Profitability：
Unmasking the Porter Hypothesis［J］．Environmental & Resource Economics，2014，57
（1）：145 - 167.

［105］FRANK，M.，GOLLOP，et al. Environmental Regulations and Productivity Growth：The Case
of Fossil-fueled Electric Power Generation［J］．Journal of Political Economy，1983.

［106］许冬兰，董博．环境规制对技术效率和生产力损失的影响分析［J］．中国人口·资源
与环境，2009，19（6）：6.

［107］REXHAEUSER S，RAMMER C. Environmental Innovations and Firm Profitability：
Unmasking the Porter Hypothesis［J］．Environmental & Resource Economics，2014，57
（1）：145 - 167.

［108］JAFFE A B，PALMER K L. Environmental Regulation and Innovation：A Panel Data Study
［J］．Social Science Electronic Publishing，1997，4（79）：610 - 619.

［109］PORTER M E，LINDE C. Toward a New Conception of the Environment-Competitiveness
Relationship［J］．Journal of Economic Perspectives，1995，9（4）：97 - 118.

［110］李园园，李桂华，邵伟，等．政府补助，环境规制对技术创新投入的影响［J］．科学
学研究，2019，37（9）：8.

［111］MEYER B D. NATURAL AND QUASI-EXPERIMENTS IN ECONOMICS［J］．Journal of
Business and Economic Statistics，1995，13（2）：151 - 161.

［112］MOSER，PETRA，VOENA，et al. Compulsory Licensing：Evidence from the Trading with the
Enemy Act.［J］．American Economic Review，2012.

［113］CAI W，YE P. How does environmental regulation influence enterprises' total factor
productivity？A quasi-natural experiment based on China's new environmental protection law
［J］．Journal of Cleaner Production，2020，276.

[114] WAN Z, ZHOU X, ZHANG Q, et al. Do ship emission control areas in China reduce sulfur dioxide concentrations in local air? A study on causal effect using the difference-in-difference model [J]. Marine Pollution Bulletin, 2019, 149.

[115] 卢盛峰, 董如玉, 叶初升. "一带一路"倡议促进了中国高质量出口吗——来自微观企业的证据 [J]. 中国工业经济, 2021 (03): 80-98.

[116] LIU X, LI Y, CHEN X, et al. Evaluation of low carbon city pilot policy effect on carbon abatement in China: An empirical evidence based on time-varying DID model [J]. Cities, 2022 (Apr.): 123.

[117] MU L, LIU Y, CHEN S. Alleviating water scarcity and poverty through water rights trading pilot policy: A quasi-natural experiment based approach [J]. Science of the Total Environment, 2022: 823.

[118] 周朝波, 覃云. 碳排放交易试点政策促进了中国低碳经济转型吗? ——基于双重差分模型的实证研究 [J]. 软科学, 2020, 34 (10): 36-42.

[119] CAI X, GONG J, LU Y, et al. Recover Overnight? Work Interruption and Worker Productivity [J]. Management Science, 2017: 2017-2792.

[120] 王韵杰, 张少君, 郝吉明. 中国大气污染治理: 进展·挑战·路径 [J]. 环境科学研究, 2019, 32 (10): 1755-1762.

[121] 中国环境报.《大气污染防治行动计划》实施情况中期评估报告 [EB/OL]. https://www.mee.gov.cn/xxgk/hjyw/201607/t20160706_357205.shtml.

[122] XWA B, ZT A, YUN K A, et al. Study on spatial correlation of air pollution and control effect of development plan for the city cluster in the Yangtze River Delta [J]. Socio-Economic Planning Sciences, 2021.

[123] 周沂, 郭琪, 邹冬寒. 环境规制与企业产品结构优化策略——来自多产品出口企业的经验证据 [J]. 中国工业经济, 2022 (06): 117-135.

[124] 肖宏伟, 王庆华. 我国全要素生产率驱动因素及提升对策 [J]. 宏观经济管理, 2017 (03): 49-53.

[125] 袁航, 朱承亮. 国家高新区推动了中国产业结构转型升级吗 [J]. 中国工业经济, 2018 (08): 60-77.

[126] 吴康, 张文忠, 张平宇, 等. 中国资源型城市的高质量发展: 困境与突破 [J]. 自然资源学报, 2023, 38 (01): 1-21.

[127] 国家计委宏观经济研究院课题组. 我国资源型城市的界定与分类 [J]. 宏观经济研究, 2002 (11): 37-39.

[128] 刘云刚. 中国资源型城市界定方法的再考察 [J]. 经济地理, 2006 (06): 940-944.

[129] 国务院. 全国资源型城市可持续发展规划 [EB/OL]. http://www.gov.cn/gongbao/content/2013/content_2547140.htm.

[130] 李虹, 邹庆. 环境规制、资源禀赋与城市产业转型研究——基于资源型城市与非资源

型城市的对比分析 [J]. 经济研究, 2018, 53 (11): 182 - 198.

[131] 黄怡, 程慧. 碳市场建设对资源型城市资源依赖度的影响研究——基于异期 DID 模型 [J]. 科技管理研究, 2022, 42 (15): 212 - 219.

[132] 王桂军, 卢潇潇. "一带一路" 倡议与中国企业升级 [J]. 中国工业经济, 2019 (03): 43 - 61.

[133] 史丹, 李少林. 排污权交易制度与能源利用效率——对地级及以上城市的测度与实证 [J]. 中国工业经济, 2020 (09): 5 - 23.

[134] 程钰, 张悦, 王晶晶. 中国省域碳排放绩效时空演变与技术创新驱动研究 [J]. 地理 科学, 2023: 1 - 11.

后 记

　　本书呈现的研究与实践是我和我的课题组近五年来在相关领域研究成果的总结与归纳，本研究利用多维视角，通过聚焦二氧化碳和大气污染协同减排，探讨我国近些年来减污降碳协同增效的效果与实现路径，进而为减污降碳协同增效发展路径设计提供科学支撑，并为国家"双碳"战略决策和环境协同治理政策的设计和实施提供科学建议和参考。

　　硕士毕业生董虹佳参与了第二章第一节的研究；硕士毕业生阿迪拉·阿力木江参与了第二章第二节研究；博士研究生蔡钟瑶参与了第三章和第四章第一节的研究；博士研究生林华兴参与了第四章第二节和第三节的研究；博士研究生杨昕钰参与了第五章第一节和第二节的研究；硕士毕业生杨晓卉参与了第五章第三节的研究；博士研究生褚旭承担了这本书的主要格式规范和修改工作。没有以上课题组成员的参与和贡献，这本著作没有机会出版，在此对以上课题组成员表示衷心的感谢！另外，也要感谢本书的编辑群言出版社的刘大朋先生，本书的顺利出版得益于他付出的努力和心血。

　　在此还要感谢我的妻子和女儿，她们无条件支持是我完成这本书的最大动力。最后，对所有给予这本书出版支持和帮助的朋友和机构一并表示衷心的感谢！

蒋　平

2024 年 4 月 30 日